《广东省普通高等学校成人教育研究论文集》（第五辑）编委会

广东省普通高等学校成人教育研究论文集

Adult Education Research

第五辑 05

曾荣青 主编

暨南大学出版社
JINAN UNIVERSITY PRESS
中国·广州

图书在版编目（CIP）数据

广东省普通高等学校成人教育研究论文集（第五辑）/曾荣青主编. —广州：暨南大学出版社，2013. 11

ISBN 978 -7 -5668 -0720 -5

Ⅰ. ①广…　Ⅱ. ①曾…　Ⅲ. ①成人教育—高等教育—文集　Ⅳ. ①G724 -53

中国版本图书馆 CIP 数据核字（2013）第 190079 号

出版发行：暨南大学出版社

地　址：中国广州暨南大学

电　话：总编室（8620）85221601

营销部（8620）85225284　85228291　85228292（邮购）

传　真：（8620）85221583（办公室）　85223774（营销部）

邮　编：510630

网　址：http：//www. jnupress. com　http：//press. jnu. edu. cn

排　版：广海照排设计中心

印　刷：佛山市浩文彩色印刷有限公司

开　本：787mm ×1092mm　1/16

印　张：22. 75

字　数：568 千

版　次：2013 年 11 月第 1 版

印　次：2013 年 11 月第 1 次

定　价：80. 00 元

（暨大版图书如有印装质量问题，请与出版社总编室联系调换）

目　录

第一编　理论纵横

第二编 管理探索

第三编 教学研究

第四编 调查研究

第五编 经验交流

第一编

理论纵横

科学发展观视域下广东省成人高等教育的发展

曾荣青

（华南师范大学继续教育学院　广东　广州　510631）

【摘　要】用科学发展观来指导成人高等教育的发展，是成人高等教育发展的客观需求和历史使命。本文主要分析广东省发展成人高等教育的必要性和目前成人高等教育发展的制约因素，并就如何坚持科学发展观，促进广东省成人高等教育的改革发展进行探索。

【关键词】广东省　科学发展观　成人高等教育　发展

一、广东省大力发展成人高等教育的必要性

根据广东省人口计生委统计，截至2008年底，广东省常住人口已突破9 500万人，实际管理人口则居全国第一[1]。近年来，广东省产业结构转型对人口的素质和技能的要求越来越高，但广东省人口的素质与产业转型升级并不协调，要想提高广东省在国内外的综合竞争力，必须大力发展成人教育，尤其要大力发展成人高等教育。广东省常住人口众多和拥有2 000万跨省流动人口这一基本省情决定了广东省成人高等教育发展的空间是巨大的。

另外，学习型社会的构建为成人高等教育的发展提供了无限的空间。广东省作为我国改革开放前沿和经济大省，随着经济社会特别是高等教育的发展，成人高等教育也取得长足进步。成人高等教育以其灵活的教育形式和良好的社会声誉，吸引了全省数以十万计的社会成员参与学习，大大增加了接受高等教育的公民的数量，扩大了高等教育的规模，传播了继续学习、终身学习、全面学习的教育理念，加快了高等教育大众化和建设学习型社会、建立终身教育体系的进程。

据统计，2007年我国高等教育在学总人数达2 700万，其中接受成人高等教育的学生有530万。广东省接受成人高等教育的学生有46万，约占全国成人高等教育学生的8.7%。近几年来，全国不少省、直辖市、自治区成人高等教育的生源逐年减少，但2008年广东省成人高考报名的考生仍多达26.6万，比2007年多5万多人，而招生计划只有16.6万，以致不少上了分数线的考生无法被录取。从相关数字可以看出，广东省成人高等教育仍然保持强劲的增长势头。广东省高等教育毛入学率虽然达到22%，但仍有近78%的18~22岁适龄人口没有机会接受高等教育，他们当中的许多人和绝大多数流动人口一样，还需要通过成人高等教育来圆大学梦。

二、当前广东省成人高等教育发展的制约因素

1．社会对成人高等教育缺乏正确的认识

自20世纪90年代中期以来，成人高等教育受到“补偿论”、“代替论”、“淡化论”、“黄昏论”等的影响。在2009年3月的全国“两会”上，有的代表甚至提出取消成人教育和自学考试。受上述诸多思想的冲击，成人高等教育面临严重的生存危机。这些思想是对成人高等教育在构建终身教育体系中的地位和作用的熟视无睹，是对成人高等教育在提高公民的素质、促进经济和社会发展中的价值的漠视。在广东省，特别是省内经济发达地区，如珠三角，一些用人单位在招工、晋升、工资待遇等方面对通过成人高等教育学习取得学历的人员持有歧视态度，没有给予成人高等教育学习者公平竞争的机会。事实上，成人高等教育学生有自身的特点，他们大多是在岗学习，学习目的明确，注重知识运用，有丰富的经历和工作经验，分析、理解和解决问题的能力更强，并且通常比一般的传统全日制高等教育学生具有更强的自控能力和自学能力[2]。

2．过分重视经济效益而忽视社会效益

从办学主体来看，广东省成人高等教育主要有普通高校继续（成人）教育学院、独立设置的成人高校、社会力量办学的成人学校和企业内部设立的培训机构等形式，办学主体呈现多元化格局。虽然成人高等教育在普通高校中占有一席之地，但许多普通高校对成人高等教育的地位、作用及发展趋势认识不足。普通高校中普遍存在两种倾向：一是轻视成人高等教育；二是单纯地从经济角度对待成人高等教育，将其视为学校财政收入的重要来源和教职工福利的可靠保证。独立设置的成人高校过早步入市场化行列，缺乏必要的经费保障，成人高等教育模式只能依靠高校经费维持其生存。社会力量办学的成人学校也因为高校的连年扩招而面临生存危机。许多企业在转制过程中，为了减负也基本撤销原有的教育培训机构。成人高等教育经费缺乏，极大地限制了自身的发展。

3．现行成人高等教育制度混乱，缺乏公平的竞争环境

近几年，广东成人高等教育发展较快，但存在法规滞后的情况，某些教育法规不适应成人高等教育的快速发展，甚至阻碍其发展。目前成人高等教育的办学主体呈现多元化的态势，既有行业办学也有系统办学，既有封闭式教育也有开放式管理。教育主管部门往往只能对教育系统内的学校加以规范，对其他系统的学校则缺乏制约。因此，一些成人高等教育机构钻法律的空子，没有合法的经营权或者是没有足够的资历就开设成人高等教育培训课程，教师专业技能不足，使得教学质量难以保证。

4．成人高等教育教学改革滞后，师资队伍专业化水平有待提高

一是教育目标基本套用全日制高校学生的培养模式，没有体现知识经济、信息时代对素质、能力和创新教育的要求。在课程设置、教学大纲、教学计划等方面沿袭普通高校教育，没有体现成人高等教育特点的教学计划和课程体系[3]。二是教材内容比较陈旧，应用性差，不适合成人学生自学；教学方法简单，在教学时数、教学内容及考试的要求上，都存在一定的“缩水”；对任课教师和学生的管理虽有章可循，但监管不力，教师备课马虎、学生不上课的现象时有发生。三是由于成人高等教育没有像普通高等教育那样引起社会的重视，因此成人高等教育队伍建设存在明显缺陷，教学队伍的专业化和管理队伍的专业化均存在许多问题。教师和管理人员对成人高等教育的规律以及成人高等教育的课程、教学

管理、教学方法等问题缺乏深入和系统的研究，对许多新出现的成人高等教育机会把握不准，如农民工教育、社区教育等。

三、用科学发展观指导广东省成人高等教育改革发展

1. 坚持科学发展观，指导成人高等教育改革

2008 年，广东省生产总值达 35 696 亿元，同比增长 10.1%。广东省社会经济快速发展是包括成人高等教育在内的高等教育存在、发展的基础，社会经济发展同样必须依靠包括成人高等教育在内的高等教育。高等教育对社会经济发展的服务手段和贡献，主要是向社会提供各种各样的高素质、掌握一定技能的专门人才。广东省要成为经济强省，首先必须成为教育强省，自然也是高等教育强省，从而实现从人口大省向人力资源强省的转变。而要实现向人力资源强省的转变，首先要树立全民教育、终身教育的观念，建立学习型社会。成人教育是终身教育的主体，在大力倡导学习型社会和终身教育的今天，大力发展成人高等教育具有其他教育不可替代的作用，它对提升国民的综合素质，促进社会经济效益的提高都具有积极的作用。目前社会对于成人高等教育认识模糊及一些人的观念有偏差，这不能仅靠成人教育体系来导正，应将终身学习的观念深植于社会和学校教育之中，让终身学习成为每一个国民的生活态度，在社会中生根。

2. 践行科学发展观，全面促进成人高等教育改革

（1）以构建终身教育体系为目的，促进成人高等教育的可持续发展。

成人高等教育经过近 30 年的发展，其面临的经济、社会和教育环境如今已发生了巨大的改变，教育对象和受教育的目的也已经发生了根本变化。如果说过去的成人高等教育主要是一种文化素质的提升的话，那么今天的成人高等教育则面对着职业技能的提升、应用技术的更新、知识的更新等多元的教育需求。在此情况下，如果不及时更新过去的主要是作为学历补偿教育的成人高等教育的发展理念，成人高等教育势必将面临困境甚至走向尽头。

知识在不断更新发展，而且在现今的信息时代其更新发展速度更快，因此接受教育、学习知识没有终结，即便是接受过完整的大学教育也并不意味着学习的终结，这是终身教育理论产生的根源。而正是这种终身教育理论为成人高等教育的发展开辟了广阔的空间。随着广东全省发展规划特别是珠三角发展规划的实施，当前珠三角地区的发展面临着新一轮的产业发展转型和升级，这正是知识发展更新导致的结果。新知识和新技术的出现导致原来的产业技术迅速滞后，原有的产业员工必须接受新知识和技能的继续教育培训。而且这种知识和技能培训的层面是广泛的，涉及技术、管理和文化各个方面。这是广东省成人高等教育也是整个成人高等教育体系得以可持续发展的根本原因和动力。

以构建终身教育体系为目的的成人高等教育发展远景决定了我们必须正确处理经济效益与社会效益之间的关系。就办学主体而言，目前成人高等教育主要依托普通高校。举办成人高等教育的高校必须将成人高等教育放在构建终身教育体系这个战略高度来对待，摈弃轻视成人高等教育的观念，摈弃单纯出于经济目的而开办成人高等教育的行为，重视发展高水平的成人高等教育，切实以成人高等教育为支撑，构建好终身教育体系，以此来发展好高等教育。

（2）以人为本，积极应对社会需求，提高成人高等教育发展的针对性。

沿用全日制教育模式的成人高等教育已经日益不能适应社会的需求，因为成人高等教育学习者与全日制学生的身份有很大的不同，而现行成人高等教育的理念和模式受到学历教育的影响，其教育目的、课程体系设置实际上在很大程度上与成人高等教育学生的需求脱节。沿用全日制教育模式的成人高等教育更多地侧重于文化素质的提升，注重理论的学习，而成人高等教育的学生越来越多地倾向于对实践应用技能知识的掌握，显然，现行的成人高等教育的目的与学生的学习目的产生偏差。

科学发展观的核心是“以人为本”，对于成人高等教育而言就是要“以生为本”，重视学生的教育需求。“以生为本”要求我们从总体设计上改革成人高等教育培养体系，建立以应用技能提升等学生需求为目的的成人高等教育体系。在专业设置和课程设置、教材、教学模式上力求更贴近实践应用和学生的需求，确保学生能够从成人高等教育的学习和培训中真正学到可以实际应用的知识和技能。这是成人高等教育发展的内在需求，也是成人高等教育区别于全日制高等教育的根本。目前全日制高等教育在不断地面向学生和社会的需求作出改革，而作为受束缚相对较少的成人高等教育实际上有更大的改革空间和可能。特别是当前，新的珠三角发展规划提出广东要先行先试，要成为新一轮改革试验的先行区。广东省的成人高等教育在“以生为本”的理念指导下，完全可以对整个成人高等教育体系作出更大幅度的改革，包括扩大成人高等教育的范围，探索社区教育、农民工教育的可行性等等。只有成人高等教育发展体现出较好的针对性，发挥成人教育的特色优势，才能促进高等教育体系协调发展。

（3）将成人高等教育纳入高等教育发展全局，创建更好的成人高等教育发展环境，促进教育的全面协调发展。

前面已经对广东省成人高等教育的需求作了分析，仅仅依靠全日制高等教育绝不可能满足社会的需求，因为社会对成人高等教育的需求是巨大的。这表明成人高等教育不仅要发展，而且要科学规划发展，必须将成人高等教育的发展纳入高等教育发展的全局考虑。这就要求在成人高等教育的未来发展中，要将成人高等教育作为高等教育的一部分，协调好全日制高等教育与成人高等教育的关系，为成人高等教育创造更加规范合理的发展环境，切实促进成人高等教育和全日制高等教育的协调发展[4]。对于成人高等教育自身而言，也要协调发展，如要协调好成人高等教育内部学历教育与非学历教育的关系，协调好成人高等教育高校办学与其他办学机构的关系，以确保成人高等教育的健康发展。

参考文献

［1］广东省统计局．2008年广东统计年鉴［M］．北京：中国统计出版社，2008.

［2］吴云成．新时期成人高等教育发展思路探索［J］．中国成人教育，2007（18）.

［3］王金营，刘淑霞．普通教育与成人教育在提高人口质量中的作用比较［J］．河北大学成人教育学院学报，2001（1）.

［4］李劲松，李岚．论我国成人教育课程的改革［J］．中国成人教育，2005（5）.

广东省成人高等教育模式的改革与创新

王康华　陈文光　杨展德　麦少君
（汕头大学继续教育学院　广东　汕头　515061）

【摘　要】成人高等教育有自身的运行规律，成人高等教育应当在符合成人高等教育运行规律的基础上，确立以培养目标为核心的人才培养模式和以服务成人学习者为核心的管理模式。本文从战略高度和先行一步的角度，提出有广东特色的成人高等教育模式创新的思路及政策建议。

【关键词】成人教育　模式　创新

一、成人高等教育模式研究引发的思考

长期以来，对成人高等教育（以下简称“成人教育”）模式研究的成果主要表现在：将成人教育模式概括为人才培养模式和管理模式。人才培养模式以培养目标定位为核心要素，并以此区别于普通高等教育和高等职业教育模式，提出了针对成人职业性、业余性特点的教育与学习模式。研究存在的缺憾主要有：对教育规律的简单化理解和对普通高等教育模式的简单套用，使得研究成果简单化，指导实践的示范性不强；在政策建议上多是就事论事地提出存在的问题和调整诉求，缺少政策调整的理论依据和对有效实现途径的分析。如对成人教育“普教化”问题的反思有重要现实意义，却试图在“普教化”框架内解决“普教化”问题，又如将自主创新教学、互动教学等归纳为成人教学模式。[1]这些模式大多基于教学实践经验的总结并被证明是有效的，但问题在于这些模式未必不是其他高等教育形式的有效运行模式，把具有普适性的运行模式，说成是成人教育特有的运行模式是缺乏说服力的，也更加重了成人教育有没有自身特殊运行规律和运行模式的疑问。

应当思考：①基本教育规律的客观必然性与教育运行规律的或然性的存在，使普通高等教育、高等职业教育、成人教育具有同一性和差异性。研究差异性时不应否定教育规律及其表现形式的普适性，研究同一性时也不能将高等教育模式简单化。②高等教育规律的实现形式或运行方式是多样化的，在高等教育规律层面无所谓“普教化”，只有在运行规律层面才存在由于培养目标差异而产生不同的高等教育模式的情况。将成人教育运行规律等同于普通高等教育运行规律，作出的课程设置、教育质量等结论就难以摆脱“普教化”的“规范”。因此，探求高等教育运行规律与高等教育模式之间存在的对应关系，研究成人教育运行规律及运行模式，是解开教育实践中诸多困惑的钥匙。③研究成人教育运行模式应该把握的基本问题是培养目标的确立，其他要素都应围绕这一基本问题展开。

二、成人高等教育模式的构建

1. 高等教育规律与运行规律

教育规律属于社会规律范畴。虽然教育理论界对教育规律及其表现形式的看法不尽一致，实践中仍然较多地套用规律的定义，将教育规律理解为“教育现象内部诸方面的本质的必然的联系”，是不以人的意志为转移的客观存在，进而简单地将各种不同条件、不同层次的教育活动冠以“客观性、必然性、稳定性、普遍性和抽象性”[2]等特征。按此逻辑，同为高等教育的普通高等教育、高等职业教育、成人教育理所当然地受到无差别高等教育规律制约，而不必考虑其他或然性因素。毫无疑问，基本教育规律是具有必然性和普适性的，但教育规律在不同条件下的具体运行又表现出相对性的特点，且表现形式是多样的。决定论的教育规律观仅把教育规律界定为必然性，把探求教育规律等同于寻找教育的确定性和有序性，忽视教育运行中的不确定性和无序性[3]，忽视了教育规律研究的其他范畴和多元表达，这正是导致成人教育“普教化”的思想理论根源。

高等教育运行规律并不具有绝对“真理”性，它只不过是针对适应特定历史时期的高等教育运作所进行的描述，当客观条件变化后，原有的运行规律可能会丧失其普适性而为另一种具有适应性的运行规律所替代[4]。由于受多种因素的影响，教育活动具有确定性和不确定性，显示出必然性与或然性交织的样态，使得教育规律逻辑层面和实践运行层面并非简单对等。换言之，高等教育运行规律不能取代成人教育运行规律，成人教育运行规律也不能排斥高等教育规律。研究成人教育模式要打破原有的教育规律观和教育模式观的制约，去研究那些“不成体统”的新现象，探求新规律。

2. 成人高等教育运行规律与运行模式的特点

成人教育运行规律集中表现为培养目标的职业导向性、培养对象的成人性、培养计划的实用性、实施方式的业余性和多样性等方面。这与普通高等教育突出的学术性特征、高等职业教育突出的职业技能特征存在着明显差异。这种运行规律层面上的差异反映到成人教育人才培养模式和管理模式上，必然具有自身的特点。

在办学理念上：作为学习型社会建设的重要组成部分，具有终身教育的基本特征，是全日制学院教育转向开放的社会教育的起点，其运行模式与学院教育区别明显。

在人才培养模式上：培养目标具有成人职业导向，培养计划贯彻实用的学术标准，专业与课程设置体现从事相关职业所需的基本素养，培养过程需要特殊的教材体系和师资队伍结构，教学方式、时间与地点具有多样化和开放性，质量评价侧重于职业实践能力，学位体系具有非学院性，更多地体现对实际操作能力的要求。

在管理模式上：作为高等继续教育的一种形式，无论是学历教育还是非学历教育都具有开放性、包容性和互通性的特征；通过高等学校与政府部门、行业企业等社会组织的协调和资源共享，实现人才培养与人才使用的衔接，促进人力资源向人力资本转变，合作办学越来越成为成人教育的主流趋势；在教育教学过程管理、师资队伍管理、学籍管理、学位授予等方面，具有突出的成人性特征；办学的地方性与区域性明显，即使跨区域办学，也主要依托当地社会组织办学。

这些特征体现了我国经济社会发展和高等教育大众化进程的客观要求，是高等教育规律在现阶段成人教育领域的表现，是中外成人教育实践经验的总结，应当成为进一步研究和构建成人教育模式的重要因素。构建成人高等教育模式的基本途径主要有推进思维创新、研究成人特点、培养目标定位、建立学术标准与评价体系、课程体系创新、教学过程创新、管理模式创新、构建教师队伍等方面。

三、广东省成人高等教育模式创新的思考

1．广东省成人高等教育模式现状

广东成人教育运行模式经历了长期探索与实践，并在改革中不断发展变化，具有一定的科学性和可行性，其合理性集中表现在几个方面：在人才培养模式上，注重对培养目标的定位研究，推进特色办学，出现一批高等学校与各类社会组织合作的特色办学模式，合作办学成为成人教育人才培养模式的重要特征之一；强调质量保障体系建设，成人教育人才培养计划正从学校本位向职业本位转变，出现一些根据社会需要量身定制的特色培养计划，多角度、多渠道研究解决成人教育“普教化”问题和“工学矛盾”问题；组织成人教育教材研究，出版了一批针对性较强的有成人特色的教材；网络教学逐步成为重要的教学手段并被运用于成人教育教学过程，出现了一批质量较好的网络课程；考核方式出现多元化趋势，末端考核向过程化考核转变的趋势明显；推进教师队伍多元化建设有一定成效。

存在的问题集中表现在：成人教育核心理论研究相对滞后，实践研究零打碎敲，研究成果层次低且分散，缺乏设计与合理布局，面向行业、企业、农村和社区提供成人教育服务的研究不足，非学历成人教育领域研究与实践相对滞后，对有广东特色的成人教育模式研究尚未形成较完整的体系；人才培养目标不够清晰且未达成共识，真正意义上的有特色的成人教育运行模式尚未形成；办学理念、课程计划、师资构成、教材选用、教学方式、质量评价等方面“普教化”现象较为明显；教学内容更新缓慢，实践教学薄弱，传统教学手段和方法占主导地位；各高校改革进程不平衡，缺乏资源整合，综合优势难以发挥；管理体制总体上比较封闭，对社会、企业、学生的需求反应慢，难以满足成人学习者职业化、多样化的需求。

问题的存在固然有教育体制、政策约束等原因，但根本原因还在于长期形成的固有的教育规律观的影响，即人才培养模式是从普通高等教育套用而来的理论主导型模式，在运行实践中，基于传统培养目标的思维方式与改革措施反而制约了改革的深化。

2．构建有广东特色的成人高等教育运行模式的目标与原则

应当从适应广东经济社会发展对人才培养的需要的角度，以在全国先行一步的高度研究并构建成人教育运行模式。确立培养具备较高职业素养、鲜明创新意识和创造个性的劳动者群体的目标定位，并在此基础上构建人才培养模式；确立在教育行政部门指导下，符合培养目标要求的以行业自律为主要特征的管理模式。

构建有广东特色的成人教育运行模式，要做到以下几个方面：首先，贯彻科学与创新原则，在基本教育规律引领下，探索成人教育运行规律的实现途径，尊重市场人才需求规律和人才成长规律，并在此基础上建立科学的、有广东特色的成人教育运行模式；其次，贯彻服务原则，适应经济和社会发展，服务于广东高等教育发展目标与政策，服务于中长期教育发展规划纲要的实现，服务于终身教育体系和学习型社会建设，以推动教育公平的实现为己任，为劳动者群体的全面发展提供优质的成人教育服务；第三，贯彻协商、协调

原则，要注重在协商中协调模式运行中的各种关系，正确认识成人教育模式与其他高等教育模式的关系，教学与学习模式的继承与创新的关系，实行规范管理与推进办学特色的关系，省内各类教育资源整合与共享等。这些问题涉及各高校办学理念、传统与特色、利益分割等诸多方面，只有通过协商一致，达成共识，才能最大限度地发挥广东成人教育的整体功能。

3. 人才培养模式创新

创新广东成人教育人才培养模式应当着重加强几个方面的建设：第一，健全成人教育学科规范。建立有广东特色的成人教育人才培养模式，应当协调力量，加强应用研究。以培养目标为依据，以专业设置、课程标准、教材建设、运行规范、评价体系等为着力点，完善专业学科规范，并逐步将经过实践证明可行的学科规范上升到政策层面。第二，更新培养计划。应当建立各成人高校基本素质课程一致、专业素质课程协调、职业素质课程各具特色的课程体系；实现部分教材省内统编，部分课程成绩全省互认，部分网络课程资源省内共享；执行计划中留有不同高校特色办学和学生多样化选择的空间，以符合市场需求和突出办学特色；加大应用性课程的比重，突出体现基本素质基础上的职业能力，课程设置注重与职业资格和岗位培训相衔接；强化实践教学环节，将成人学生的毕业论文（设计）环节统一规范为与其职业相关的研究报告、设计说明，创新实践教学与管理方法。第三，研究试行具有较强操作性的运行规范。贯彻终身教育、开放教育的理念，建设开放的成人学习系统。第四，在合作办学中寻求人才培养模式的新突破。合作办学和订单式培养的形式，有利于体现服务社会的功能，发挥成人教育在终身教育体系建设中的独特作用，推进广东从人口大省向人力资源大省转变；有利于整合社会教育资源，改变生源结构，保证生源的质量和数量；有利于推进人才培养模式改革，推进专业与课程设置向职业化转变，从根本上解决长期困扰我们的“普教化”和“工学矛盾”等问题。第五，构建教师队伍。建立成人教育教师资格准入制度，使其从教资格合法化、教学行为规范化，这是提高成人教育质量的必要条件和重要保证。

4. 管理模式创新

成人教育运行规律决定管理模式特色。广东成人教育管理模式创新的主要任务是：加强管理模式探索与实践，整合办学资源，发挥综合优势；组织修订学术标准和办学规范，对教学大纲、教学计划及实施过程、教材建设、互通互认等进行协调；对教育质量进行行业内监控和评估；推进广东成人教育品牌战略。

成人教育管理模式创新应当着重加强几个方面的建设：第一，管理理念创新。根据成人教育培养目标要求，推进面向市场的以管理服务为核心的成人教育管理模式建设；加强区域沟通与合作，以利于促进整体协调发展和突出办学特色，最终形成有特色、多样化、协调发展的广东成人教育品牌。第二，管理体制创新。面对广东成人教育管理机构缺位与多元并存的现状，应当在教育行政主管部门指导下，在普通高校成人教育研究会框架下建立成人教育学术委员会或专家委员会，变务虚为主为务实为主，在理论与政策研究、规范建设、实践指导等方面提供组织保证；全面修订现行规章制度，对招生、学籍、教学、考核、学位及校外教学点建设等运行环节进行细化和指导性规范；研究学习成果在各校之间以及与其他高等教育模式之间的互认问题，为“学分银行”建设创造条件。第三，管理手段与方法创新。注重发挥整体优势，实现资源共享；在规范课程标准的基础上推进网络课程一体化进程；在规范管理过程的基础上推进学籍管理、成绩管理的一体化进程。第四，管理队伍创新。推进管理开放，采用“以研代训”的方式加强教师和管理人员培训，充分利用校内外各种人力资源，建设由成人教育、职业教育、行业管理人员组成的专兼职结合的管理队伍，推动培养过程与市场需求衔接，减少高等学校人员编制压力，降低管理成本，保证培养目标的实现。

（本文为广东省普通高校成人教育研究会资助课题）

参考文献

[1] 罗莉莉．中外成人教育教学模式分析与借鉴［J］．体育成人教育学刊，2007（2）．
[2] 马兆掌．现代教育论［M］．杭州：浙江教育出版社，1990．
[3] 唐德海，李枭鹰．论教育规律与似规律现象［J］．华东师范大学学报（教育科学版），2007（2）．
[4] 唐建国．复杂性思维中的教育规律［J］．玉溪师范学院学报，2006（1）．

广东各类继续教育体制、机制与管理的战略研究

韩兆洲
（暨南大学教育学院　广东　广州　510632）

【摘　要】各类继续教育体制、机制与管理的战略问题是一个很难说得清、道得明的问题，但是，它像一只无形的手主宰着各类继续教育的发展。科学先进的教育体制、机制与管理是促进各类继续教育蓬勃、健康和持续发展的原动力；反之，则成为各类继续教育发展的桎梏。如何摆脱各类继续教育中原有体制、机制与管理中陈旧的条条框框，在各类继续教育体制、机制与管理的战略问题上创新发展，是摆在各类继续教育工作者，特别是研究者面前的一项重要课题。本文将从广东各类继续教育办学类型及体系，广东各类继续高等教育的构成分析，广东各类继续教育的沟通、衔接与融合，广东各类继续教育管理体制、机制存在的问题，完善继续教育管理体制、机制的建议等方面进行论述，旨在进一步促进广东各类继续教育的迅速发展。

【关键词】继续教育　教育体制　教育机制　继续教育管理

一、广东各类继续教育办学类型及体系

继续教育发端于第二次世界大战前后的英、美两国。我国作为发展中国家，于1979年，以清华大学张宪宏教授出席在墨西哥城召开的第一次世界继续工程教育大会为标志，卷入了世界继续教育的发展洪流。

（一）继续教育的概念

联合国教科文组织出版的《职业技术教育术语》写道："广义的继续教育是指那些已脱离正规教育、已参加工作和负有成人责任的人所接受的各种各样的教育。它对某个人来说，可能是接受某个阶段的正规教育；对另外的某个人来说，可能是在一个新领域内探求知识和技术；对另外的某个人来说，可能是在某个特殊领域内更新或补充知识；还有的人可能是在为提高其职业能力而努力。"这一定义蕴含着三层含义：①继续教育是指一种全新的教育领域；②继续教育是指一种特定对象的教育；③继续教育是指一种行为。

继续教育已成为以终身教育理念为指导的宽门类、多样化，灵活地开展包括学历及准学历教育、大学后继续教育、各行业的专业培训以及闲暇的社会文化生活教育等在内的大众教育。

（二）继续教育的类型

在我国教育体系中，继续教育、成人教育、职业教育、远程教育各自的特征和相互关系一直混淆不清，尤其在教育对象上更是互相重叠。这种概念上的混淆和教育对象的重叠

造成的结果是继续教育、成人教育、职业教育和远程教育在管理机构和办学单位上并存。这四类教育机构都是以在职成人学习者为主要教育对象的，由于机构重叠，容易造成管理资源上的重复、教学资源开发上的重复、技术资源开发上的重复、研究资源使用上的重复、生源竞争上的资源重复等问题。继续教育是一种全民化的教育，是和正规教育并列的两个系列，它主要包括以下类型：

1. 成人高等学历教育

教育对象主要是未圆“大学梦”的成人，其目的是通过成人学历教育的学习，可以获得国家承认的学历文凭。目前我国举办成人学历教育的学校有八种类型：①普通高等院校成人（继续）教育学院；②独立设置的成人高等院校；③独立设置的函授大学；④农民大学；⑤管理干部学院；⑥省、市教育学院或教师进修学院；⑦广播电视大学；⑧高等教育自学考试。

经历了20多年的成人高等学历补偿教育，城市中原来的一代知识断层基本上已弥合。随着高等教育大众化，社会上持有成人教育可有可无的“兼并论”和“涵盖论”观点的人越来越多。成人高考作为普通高等教育的补充，一度成为已经离开校园的人提高学历、补充知识的重要途径。近年来，随着普通高校的扩招以及中等职业教育的迅速发展，各类继续教育不仅生源数量下滑，生源质量也直线下降，成人教育边缘化现象突出，成人高等教育文凭在社会上的认可度较低，成人高等教育遭遇了前所未有的挑战。

2. 以获得职业资格证书为目的的职业教育

在我国，有“职业教育”与“职业技术教育”两个通用术语，按照《中华人民共和国职业教育法》的定义，职业教育是各级各类职业和技术教育以及普通教育中的职业教育的总和。温家宝总理在2005年全国职教会议上对它的界定是：“职业教育是个统称，它既包括技术教育也包括技术培训，既包括职业教育也包括职业培训，既包括中等职业教育也包括高等职业教育。”职业资格证书是认证的产物，是职业劳动者具备从事某一职业的资格和相应职业能力的书面证明，它与特定职业的具体要求密切联系，反映了职业劳动者从事特定职业应达到的理想水平。经过十几年的努力，我国职业资格证书制度取得了较大的进展。但由于社会上一直存在重理论轻实践、重学历证书轻职业资格证书的倾向，使得学历教育与职业资格证书被人为地分为两个体系，成为职业资格证书发展的障碍。另外，管理体制的缺陷使得职业资格证书体系及其管理不尽完善、职业教育与职业培训之间缺乏统一的机制等，导致职业教育的发展陷入困境。

3. 远程高等教育

1999年教育部批准清华大学、浙江大学等四所高校开展远程高等教育试点，启动了我国远程高等教育工程。之后，分5批批准了共68所高校为远程高等教育的试点院校，建立了远程高等教育学院，开展以计算机和电子通信技术为基础的远程高等教育。现代远程高等教育的主要特点是教师和学生能够实行跨空间的实时或非实时的交互，能有效地解决成人学生的工学矛盾，这是现代远程高等教育与传统教育最显著的区别，也是现代远程高等教育的优势所在。正是因为这种优势，远程教育一度得到飞速发展。当热闹和喧嚣都沉寂下来以后，人们开始关注远程高等教育的教学质量问题。由于远程教育的“教”与“学”分离，致使学校对教学质量及考试质量难以把握，从而使社会对远程教育的文凭认可度较低，远程高等教育的发展也陷入了瓶颈。

4. 以培训为主的大学后继续教育

大学后继续教育是指对大学毕业在职人员或具有中级专业技术职务的人员不断进行知识补充和更新，不断开发他们的潜力，使之不断掌握一生中所需的知识、技能、准则和理解力，从而促进经济发展和社会进步的一种高层次、追加型的教育。随着扫盲教育及学历补偿教育逐渐退出历史舞台，大学后继续教育已成为21世纪初我国继续教育体系新的增长点。知识经济时代和国家创新体系建设，对大学后继续教育提出了新的、更高的要求，要求大学后继续教育要加快改革的步伐，加强为经济建设服务的力度，全方位开展大学后继续教育工作，使继续教育的规模不断扩大。

二、广东各类继续高等教育的构成分析

目前，广东各类继续高等教育在校生主要包括成人高等教育系列、现代远程教育系列、广播电视大学系列及自学考试系列。广东各类继续高等教育在校生以及年平均报考人数如下表所示：

（一）广东成人高等教育构成分析

广东成人高等教育人才主要有两大来源：①来源于成人高等学校，如广播电视大学、职工高等学校等。②来源于普通高校附设的各种培训部门。近年来，多数高校顺应国家政策，提高了对成人高等教育的关注度，普通高校附设的各种继续教育学院，以及各类培训部门已经成为成人高等教育的重要培养基地。如广东各类继续高等教育构成分析表所示：

（1）从横向上看，成人高等教育主要依附于正规普通高校。2007年在广东省区域内，普通高校附设的继续教育学院以及培训部门的成人高等教育人数共有39.37万人，占成人高等教育在校人数总数的92.8%，而成人高等学校人数（3.05万人）仅占成人高等教育人数的7.2%；在成人高等学校中，又以教育学院培养的成人高等人才居多（1.17万人），占成人高等学校人数的38.3%，而在普通高校附设的继续教育学院以及培训部门中，通过夜大学习的成人高等教育人才（21.89万人）占55.6%，通过函授部学习的成人高等教育人才（15.62万人）占39.7%。

（2）从纵向上看，成人高等学校培养的成人高等教育人才人数总体呈现下降趋势。1990年，成人高等学校培养的成人高等教育人才人数占成人高等教育人才总数的68.0%，而到2007年通过成人高等学校培养的成人高等教育人才人数仅占成人高等教育人才总数的7.2%，下降趋势非常明显。通过对广东各类继续高等教育构成分析表的分析，不难发现，2000年以后广东成人高等学校培养的人数呈锐减态势，这主要与国家相关政策有关。1990—2007年间，普通高校附设继续教育学院以及培训部门的成人高等教育人数占成人高等教育人才总数的比例却呈现明显上升趋势，1990年这一比例仅为32.0%，2007年这一比例达到92.8%。

（二）广东现代远程高等教育构成分析

广东现代远程教育肇始于2000年，先在中山大学、华南理工大学两所院校进行试点，2002年，华南师范大学也获得试点资格。经过几年的试点发展，广东三所现代远程教育试点高校的软、硬件得到了迅速发展，在校生规模也迅速扩大。据统计，2007年广东三所试点高校现代远程教育在校生共达49 527人。

根据广东省参加2008年度报年检现代远程教育校外学习中心（点）统计，目前全国共有45所普通教育试点高校在广东省内设立了232个校外学习中心，其中广东省内三所试点高校设立学习中心150个，仅占全省学习中心的64.7%。广东历年现代远程高等教育在校生人数参见广东各类继续高等教育构成分析表。

（三）广东广播电视大学高等教育构成分析

广东广播电视大学是全国44所省级电大之一，是运用多种媒体开展现代化远程本、专科教育的高等学校，业务上隶属于中央广播电视大学。自1978年11月15日创办，至今已有35年的办学历史。

（1）广东广播电视大学的历史沿革。1978年2月6日，邓小平同志在教育部和中央广播事业局《关于筹备电视大学的请示报告》中圈阅“同意”二字。1978年7月，教育部、中央广播事业局正式通知全国各省，要求积极筹备成立广播电视大学。1978年9月，邓小平同志在全国教育工作会议上的讲话指出：“要制定和加快发展电视广播等现代化教育手段的措施，这是多快好省发展教育事业的重要途径，必须引起充分重视。”1978年11月15日，中共广东省委常委会议在吴南生同志主持下，通过了开办广东电视大学和中山大学基础学院的决定，由省文教办具体组织实施，校址设在广东省展览馆（交易会旧址），标志着广东广播电视大学正式成立。经过近三个月的紧张筹办，广东广播电视大学招收学生13 000多人（含单科生），于1979年2月6日和全国28所省、自治区、直辖市广播电视大学同时开学，并于2月8日由中央电视台播出电大课程，数学家华罗庚教授主讲了第一课。

广东广播电视大学最初在广州及其附近的佛山市、江门市及当时的南海、三水、东莞、番禺、从化、花县、增城等七县招生办学，在1980年至1985年间如雨后春笋般迅速遍及全省内陆和海南岛（海南1988年建省之前属广东省管辖）部分市、县，形成一个庞大的教育网络。广东广播电视大学现在的校址在广州市下塘西路一号，于1984年征地，1988年至1992年陆续建成，1990年从沙面大街74号搬到现址。目前，广东广播电视大学下辖19所地级市电大，71所县电大、5所省直分校，已形成以省电大为龙头，市级电大为骨干，县级电大为基础，覆盖全省范围的远程教育网络。

（2）广东广播电视大学的办学特色。广东广播电视大学建立30年来，形成了自己的办学特色。①扎根基层：广东广播电视大学长期坚持面向基层、面向农村、面向边远地区、面向少数民族地区办学。目前以远程开放教育试点本、专科教育为主，成人高等专科教育、中等专业教育和继续教育与岗位培训并举，形成多层次、多规格、多形式，学历教育和非学历教育协调发展的格局。②免试入学：为所有愿意接受高等教育的求学者提供便利的学习机会。只要具有高中、中专或大专学历，就可报读高等专科或本科学历教育，不受性别、年龄、地域、单位背景等限制。③实行远程教学：学生自主学习，以教育技术和多种信息传播媒体为课程载体，超越时间和空间的限制，开展远程教学；允许学生自主选择课程注册时间，实现真正意义上的完全学分制。④系统办学：电大在办学体制上实行“统筹规划、分级办学、分级管理”，广东广播电视大学负责对全省（广州、深圳除外）各级电大和分校教学业务的指导、管理和服务。

（3）广东广播电视大学的基本情况分析。截至2007年底，广东广播电视大学先后开设理工、财经、文法类本科专业15个，理工、财经、文法及农林类大专专业110多个，中专专业34个，非学历教育项目30多个，累计为社会输送本、专科毕业生46万多人，非学历教育培训40多万人次。

目前，广东广播电视大学在校生22.51万多人，规模位于全国电大系统前列，其中开放教育学生14万多人，占全国电大系统的7.6%，居全国电大系统第一；占广东省同期各类继续高等教育在校生的10.78%，占全省同期成人高等教育在校生的26.3%；广东广播电视大学毕业生占广东省同期高校毕业生的18%，占全省同期成人高校毕业生的55%。历年广东广播电视大学在校生人数参见广东各类继续高校教育构成分析表。

（四）广东自学考试高等教育构成分析

广东自学考试高等教育（以下简称自考）自1984年下半年首次开考以来，已经走过了29个年头。29年来，广东自考从1984年的4个专业（中文、英语、商学和统计）开考，9.4万多人报考，到2007年开考本、专科专业121个，其中本科专业62个，专科专业59个，有27所普通高等学校担任主考学校，2007年10月参加自考报考人数达22.6万多人，走出了一段不平凡的发展之路。目前，全省累计报考自考人次达到331.8万人次，在籍考生累计158.2万人，其中37万人已取得毕业证书，其中本科毕业生14.4万人。据统计，广东平均每30人中就有1人报考自学考试，构建了一所“没有围墙的大学”。历年自学考试年平均报考人数、报考科次和毕业生人数参见广东各类继续高等教育构成分析表。

（五）广东各类继续高等教育构成问题分析

（1）广东各类继续高等教育人数规模偏小。相比西方发达国家，成人高等教育人数规模明显偏小，从绝对数看，2007年广东成人高等教育人数为42.42万人；从相对数看，成人高等教育占总人口比率不到0.5%，难以满足广东省经济快速发展、经济结构升级变化的需要。

（2）广东各类继续高等教育培养结构的科学性仍需优化。成人高等教育培养结构中，成人高等教育培养的大部分资源都用于提高学习者的专业技能，而忽视了针对广大学习者的知识普及培训，造成学习者知识结构不合理，成人高等教育的效率和效果也大打折扣。可见，不科学的培养结构不利于人才的培养，也不利于区域人才竞争力的提升。

三、广东各类继续教育管理体制、机制存在的问题

目前，世界各国继续教育的管理体制、机制建设还不尽完善，我国在继续教育管理体制、机制建设方面更处在起步阶段，与国外相比有很大的差距，有很多尚待完善和改进的地方（由于篇幅原因，该部分仅列出主要问题的标题）：

（1）开展和接受继续教育的观念相对陈旧。

（2）继续教育的教学模式缺乏创新和多样性，办学特色不明显。

（3）教学和管理团队的结构合理性需要提高。

（4）继续教育的硬件设施、教学软件需要补充和更新。

（5）继续教育经费稳定来源和管理机制尚未确立，一些地区经费投入明显不足。

四、完善继续教育管理体制、机制的建议

为了促进继续教育的发展，针对继续教育在管理体制、机制方面存在的不足，拟从以下几个方面改进（同理，由于篇幅原因，该部分仅列出主要问题的标题）：

（1）正确树立管理观念，推进继续教育法制化进程和管理体制、机制改革。

（2）优化师资队伍、管理队伍的结构，提高教学管理的质量、效率。

（3）及时更新继续教育专业、课程的设置，满足社会发展需求。

（4）加强各类继续教育的沟通、衔接与融合。

①实现成人教育与职业教育的沟通和融合。②加强学分互认，促进各类继续教育衔接。③大力加强学历教育和非学历教育的沟通和衔接。④加强成人高等学历教育与非学历教育的沟通与衔接。

（5）积极筹措、合理管理教育经费，为继续教育提供财力保障。

（6）加强硬件设施、教学软件建设，为继续教育提供良好的教学环境。

（7）建立健全监管考核制度，保证继续教育可持续发展。

（本文为“广东继续教育改革与发展战略和政策研究”重大课题子课题的压缩稿。课题组长：韩兆洲；副组长：廖仕湖；成员：朱海明、秦三定、郑凡强、肖春红、张靖磊、栗万里。）

资源依赖理论视角下的普通高校成人教育发展战略

何勇斌
（广东外语外贸大学　广东　广州　510420）

【摘　要】由于社会政治、经济、教育的发展及国家政策的调整，我国成人高等教育目前面临许多困难。本文从普通高校成人教育组织面临"资源困境"的现实背景出发，借鉴资源依赖理论对普通高校成人教育机构的性质进行分析，认为普通高校成人教育机构有高度的外部资源依赖特征。基于这一特征，本文认为市场导向和特色办学是普通高校成人教育发展的战略选择。

【关键词】成人教育　发展战略　资源依赖

成人高等教育作为满足成人学习需求、构建学习型社会和提升国民素质的主要力量，在我国教育系统中有着十分重要的地位。改革开放以来，我国成人高等教育事业取得了巨大的成就，形成了由普通高校成人教育学院、独立设置成人高校、高等教育自学考试、现代远程高等教育等组成的庞大体系，成为我国高等教育的生力军。但是，随着我国高等教育大众化的快速推进，普通高等教育的规模迅速扩张，成人学历教育的生源日益萎缩。同时，随着区域经济发展需求的增加以及人力资源开发和人力资本理论的盛行，企业越来越重视职工的教育和培训，专注于职业技能培训的职业教育在满足企业和职工的教育需求方面也比传统的成人教育有着明显的优势，职业教育大有取代成人教育的趋势，普通高校成人教育遇到前所未有的发展困难。在困境中如何作出正确的战略抉择，从而增强生存与发展能力，是当前普通高校成人教育机构必须研究的重大问题。

一、资源依赖理论的主要思想

有关资源依赖理论的代表作是菲佛和萨兰基克于 1978 年合著的《组织的外部控制：对组织资源依赖的分析》。该书提出了一套详细的理论陈述和作者一些早期经验研究的结果。两位作者在书中给出了基本的逻辑结构：组织最重要的是关心生存；为了生存，组织需要资源，而组织自己通常不能生产这些资源；结果，组织必须与它所依赖的环境中的元素互动，而这些元素通常包含其他组织；生存因此建立在一个组织控制自身与其他组织关系的能力的基础之上。一个组织对另一个组织的依赖程度取决于三个因素：资源对于组织生存的重要性；组织内部或外部一个特定群体获得或处理资源的程度；替代性资源来源的存在程度。组织所需要的资源包括：人员、资金、社会合法性、顾客以及技术和物资投入等。如果一个组织非常需要一种专门知识，而这种知识在这个组织中又非常稀缺，并且不存在可替代的知识来源，那么这个组织将会高度依赖掌握这种知识的其他组织。[1]

斯科特对资源依赖理论的基本观点有一个概括：没有任何一个组织是自给自足的，所有的组织都必须与环境进行交换，环境是组织生存的条件。获取资源的需求产生了组织与外部单位的依附性，资源的重要程度和稀缺性则决定了组织依赖性的本质和范围。依赖性是权力的对立面，经济依赖产生了政治问题，并且服从于政治的解决方法。[2]

吸收霍利的人类生态学观点，菲佛和萨兰基克区分了竞争性互依（在同一市场中运行的组织的特点）与共生性互依（交换资源对于各自生存极其重要的组织的特点）。组织能够采取许多策略来处理它们的互依性。这些策略包括合并、购并、合资企业和其他的联盟形式，以及通过交叉董事会等机制来委派组织代表加入公司的决策部门。[3]

1983 年，伯特在汲取前人理论研究的基础上，又提出了“结构自主性”模式，认为社会网络中的行为者将会受益，只要他们避免依赖其他人，在社会结构中占据相对稀疏的（非竞争性的）位置并且受到那些占据相对拥挤的位置的行动者的依赖。[4]

到了 1990 年贝尔克堤进一步将资源依赖理论向工商实践方向推进了一步，从而使该理论研究的重心转移至理论的应用研究。其间的代表作有该学派最著名的代表人物杰伊·B. 巴尼的《从内部寻求竞争优势》及《企业资源与可持续的竞争》，他认为，企业资源的价值、稀缺性、难以模仿性对于竞争优势的形成显得非常重要。[5]

二、普通高校成人教育机构的资源依赖特性

Anderson 在“组织的顾客基础”理论中提出将资源依赖的方法应用于市场营销。[6]资源依赖的观点之所以适合于对营销问题的研究，是因为在很多产业中，顾客可以针对不同的供应商进行选择，从而以“需求”的形式形成供应方组织生存所需资金的重要来源，顾客也因此可以对供应方组织施加市场力量。普通高校成人教育机构只有通过满足学生的需求，才能真正地达成组织使命，也只有学生的需求得到了有效的满足，才能表明其组织存在的合法性。

按照资源依赖理论的观点，组织 A 对组织 B 的依赖程度取决于以下三个方面：X_1——B 拥有的资源对 A 的生存是必需的；X_2——B 有着充分的控制能力来权衡是否向 A 提供这些资源；X_3——除了 B 以外，A 很难从其他地方获得所需的资源。这样，组织的资源依赖程度可用如下函数关系式表示：

资源依赖程度 $= F(X_1, X_2, X_3)$ [7]

结合公式进行分析，可以发现普通高校成人教育机构对外部环境资源具有高度的依赖特性。这是因为：首先，普通高校成人教育机构无法做到自给自足，作为一个有机的开放系统，必须从外部环境中获取资源以维持组织的生存与发展，向获得的生源收取学费对组织而言是必不可少的投入资源，因此 X_1 的程度较高；其次，学生在寻求学习需求的满足时有能力对供应方组织进行选择，组织所依赖的外部环境有足够的控制能力来决定是否向组织提供所需的资源，因此 X_2 的程度较高；最后，因为学费收入在组织的收入中占有绝大部分的比重，除此之外，组织很难寻求到其他足够的替代资金来源，因此 X_3 的程度较高。

三、普通高校成人教育机构发展战略

资源依赖理论认为，组织并不是完全被动地依赖于外部环境，任何权力依赖关系的依赖方都可以通过实施战略来减少这种依赖性。菲佛和萨兰基克说过，“与其把环境看作是

一个组织必须去适应的给定条件，倒不如更现实地认为，环境是（组织）适应环境和改变环境的一系列过程的结果”。[8] 组织“有能力改变环境和对关键作出反应。管理者像管理组织一样管理环境。而且后面的活动的重要性不小于前面的活动”。[9]

制定发展战略是组织对环境的应对和对未来的谋划，旨在通过实施优选的战略突出组织的优势，促成组织目标的实现，而组织目标的实现又会给组织积累更多的资源（包括资产资源、知识资源和组织资源），促进组织的成长。组织发展战略立足点的选择包括对条件和机遇的把握以及对发展机制的建构与利用。笔者认为，基于普通高校成人教育机构对外部环境资源具有高度的依赖特性，市场导向和特色办学是其生存与发展的应然之策。

1. 市场导向

没有任何一个组织能够回避营销，它唯一的选择就是做好或做差。[10] 经过长时间的演进和发展，营销观念已经普遍为组织所接受，但接受营销观念并不代表组织一定能获得成功，营销观念必须经由市场导向来具体实施，才能实现竞争优势和卓越绩效。营销观念是市场导向的基础，而市场导向则是营销观念的具体执行。市场导向的本质内涵在于主张确立优先考虑顾客利益的信念，同时兼顾其他利益相关者的利益，从而建立长期获利的组织。[11]

以市场为导向，优先考虑顾客利益的经营理念，可以促进组织充分了解产品或服务在目标市场上、顾客心目中的独特价值，并预测顾客需求可能发生的改变。组织内不同职能部门所构成的价值链，是为顾客创造价值的关键所在，一个市场导向的组织会整合内部的各种资源，各个职能部门协调合作，收集和传播市场信息并对市场信息作出适当的行动回应，包括选择目标市场、设计和提供满足顾客当前及未来需求的产品与服务等。因此，市场导向的组织可以为顾客创造出卓越的价值，从而增加顾客对本组织的依赖性。与此同时，顾客需求的满足使得组织存在的价值得以体现，组织的合法化身份得以加强，其他利益相关者对组织的依赖性会增长。

市场导向是一种由外而内的组织过程，反映了组织不断努力探索任务环境时可能存在的机会和威胁，减少组织对环境中不同要素的依赖，并消除由这些要素所施加的外部力量，同时在运营于组织任务环境的不同利益群体之间维持一种微妙的平衡，努力实现合法化并巩固组织的领域和使命。

通过收集和解释与顾客当前及未来需求和偏好相关的信息，分析影响这些需求与偏好的外部因素，如政府法规的限制、竞争者策略、技术变革等，有助于组织保持对外部环境的适应性。市场信息在整个组织范围内传播给有关的职能部门或个人，使得组织中不同的服务单元之间可以产生一致的行动。并且经由所有职能部门和人员的参与，共同创造顾客价值，从而有效地响应了顾客需求，减少了组织所面临的不确定环境所带来的冲击，促进了组织与外部环境之间的信息和资源流动，同时减少了组织的资源依赖数目。

2. 特色办学

市场经济的基本特征是竞争，竞争的基本规则就是优胜劣汰。在市场环境中办学成功的学校都是在激烈的竞争中求生存、求发展的产物。竞争的策略有两种，一种是“人无我有”的竞争策略，另一种是“人有我优，人优我强”的竞争策略。第一种竞争策略往往是竞争各方只要能适应社会发展需要，避开竞争对手，就能开辟新的生存空间；第二种竞争策略是在市场需求有限的情况下胜人一筹。

资源依赖理论家们把内部所积累的资源看作比反复无常的市场上可变的需求更稳定的靠山。这一思想也明示，组织积累资源的目的就是要形成自我独特且稀缺的异质资源，利用这些资源产生现实的竞争优势，使组织形成鲜明的特色，从而立于“不败之地”。

特色是从比较、对比的角度，立足于同种事物的独特差异性的。提倡特色办学，借用经济学的语言来说，是因为特色办学具有比较优势。有特色就有优势，有优势就有实力，有实力就有发展。特色办学是市场经济条件下普通高校成人教育机构的生存与发展的必由之路。具体来说，特色办学至少具有如下重大意义：

第一，可以降低竞争程度。竞争程度的高低，是和参与竞争者的数量、竞争的领域大小相关的，参与的竞争者越多，竞争程度越高；竞争的领域越小，竞争的程度也越高。竞争者众多且产品同质的情况，就是经济学上的“完全竞争”。

在学校林立的今天，每所学校都在谋求自己的生存与发展之道。激烈的竞争虽然从整体上说有利于提高办学质量，但对于单个的学校来说，也意味着生存和发展越来越不易。提倡特色办学，不是减少了竞争者的数量，而是扩大了竞争的领域，使竞争程度相应降低，为学校的生存与发展开辟了更多的途径和空间。

第二，可以更好地顺应社会需求。社会对人才的需求是多元化的，这既包括人才的多个层次，也包括人才的多个方面。办学的根本目的是培养社会所需的人才，既然社会对人才的需求是多元化的，学校的办学也应多元化，不能所有学校都采取同一个办学模式，培养同样的人才。提倡特色办学的一个很重要的内容，就是要求每个学校根据自己的实际情况，找准社会对人才需求的某个方面和某个层次。也正因为社会对人才的需求是多元化的，所以一个学校如果在培养某一个层次或某一个方面的人才上没有优势，那么，可以另辟蹊径，培养另一个层次或另一个方面的人才，这样就能够更好地满足社会对人才的需求。

四、结束语

组织是一个开放的系统，由于大量攸关组织生存的资源都包含于组织的外部环境中，所以组织在某种程度上都依赖于外部环境。由于“顾客资源依赖”特性在普通高校成人教育机构中表现非常明显，普通高校成人教育机构如果不能满足顾客的需求，就会失去市场，进而影响到生存。同时，只有发挥自身优势，强化办学特色，走个性化发展之路，普通高校成人教育机构才能在困境中重生并获得发展。

参考文献

[1] Pfeffer, J. & Salancik, G. R. *The External Control of Organizations: A Resource Dependence Perspective* [M]. New York: Harper & Row, 1978.

[2] [美] W. 理查德·斯科特著. 组织理论：理性、自然和开放系统 [M]. 黄洋等译. 北京：华夏出版社，2002.

[3] 马迎贤. 资源依赖理论的发展和贡献评析 [J]. 甘肃社会科学，2005 (1).

[4] Burt, R. S. *Corporate Profits and Cooptation: Networks of Market Constraints and Directorate Ties in the American Economy* [M]. New York: Academic Press, 1983.

[5] 卜华白，刘沛林. 企业竞争战略选择的途径确定——一种基于资源依赖理论的分析 [J]. 湖南

社会科学，2006（2）.

［6］Anderson. Marketing，Strategic Planning and the Theory of the Firm［J］. *Journal of Marketing*，1982，46（2）：15－26.

［7］胡杨成，蔡宁. 资源依赖视角下的非营利组织市场导向动因探析［J］. 社会科学家，2008（3）.

［8］Pfeffer，J. & Salancik，G. R. *The External Control of Organizations：A Resource Dependence Perspective*［M］. New York：Harper & Row，1978.

［9］Aldrich，H. & Pfeffer，J. Environments of Organizations［J］. *Annual Review of Sociology*，1976（2）：93.

［10］Kotler，Levy. Broadening the Concept of Marketing［J］. *Journal of Marketing*，1969，33（1）：10－15.

［11］Deshpande，Farley，Webster. Corporate Culture，Customer Orientation and Innovativeness in Japanese Firms：A Quadrad Analysis［J］. *Journal of Marketing*，1993. 57（1）：23－37.

对高校“十二五”期间发展非学历继续教育的思考

庄典洲

（广东外语外贸大学 广东 广州 510420）

【摘 要】普通高校在“十二五”时期发展非学历继续教育有着良好的契机，因此，高校要树立市场导向的理念，以满足学习者的需要为出发点来办学，在加强市场调研的基础上开发培训项目和创新办学模式，建立全面质量管理体系，不断提升办学项目的内涵，着力打造名牌化、特色化的教育培训项目，通过教学质量的持续提高和品牌项目的建设，增强非学历继续教育的核心竞争力，使高校继续教育事业健康而持续地发展。

【关键词】普通高校 “十二五” 非学历 继续教育

普通高校在“十二五”时期发展非学历继续教育既有良好的机遇，也是一种义务和责任。《国家中长期教育改革和发展规划纲要（2010—2020 年）》（以下简称《教育规划纲要》）提出我国到2020 年“继续教育参与率大幅提升，从业人员继续教育年参与率达到50%”的战略目标和“以加强人力资源能力建设为核心，大力发展非学历继续教育，稳步发展学历继续教育”的发展任务，并且“鼓励学校、科研院所、企业等相关组织开展继续教育”[1]。“十二五”期间是各高校落实《教育规划纲要》的重要战略时期。然而，目前不少普通高校在发展非学历继续教育方面，还存在着观念上没有完全摆脱计划经济时代的框框、机制上未能突破事业单位行政管理模式的制约，行为上跳不出传统的成人本、专科学历教育的路径等问题，这些问题将影响到普通高校在国家实施继续教育发展战略中发挥应有的作用。因此，普通高校在“十二五”时期，需要增强抓住机遇发展非学历继续教育的意识，转变观念，清晰定位，创新路径，提高质量，打造品牌，增强后劲。

一、普通高校在“十二五”时期发展非学历继续教育的良好契机

1. 我国非学历继续教育具有广阔的市场

世界银行在2007 年发布《发展终身学习，提高中国竞争力》的报告时就指出，随着经济继续发展及教育培训机会增多和质量不断改进，中国市场必然是世界上增长最快的教育和培训市场，在未来10 年内，将达到全球教育市值的17%[2]。目前，中国有7.69 亿从业人员，每年有1.2 亿左右农村富余劳动者需要转移到第二、三产业，以及数以千万计新增和需要再就业的劳动者，还有1.44 亿的老龄者，这些总数近10 亿的社会成员对学习和教育的要求，在类别、内容、方式、时间等方面将会更加多样化，使得继续教育的任务在中国尤为复杂和艰巨[3]。就我国从业人员继续教育而言，《教育规划纲要》提出了更为具体的目标，即从2009 年的16 600 万人次，到2015 年增加到29 000 万人次，再到2020 年增加到35 000 万人次，计划十年间增加一倍多，因此“十二五”时期是快速增长期。从

这些数据中，足见我国非学历继续教育市场的宽广性和持久性。

2. 我国非学历继续教育市场的新动向

清华大学的学者认为，在金融危机之后，我国非学历继续教育市场呈现出以下一些新特征：政府主导的经济、产业结构的调整和升级，要求对劳动者能力结构进行调整，对其职业能力进行提升和转型，为教育培训提供了新的发展空间；以青少年为对象、以提高未来就业竞争力为目的的培训课程快速增长，家庭教育投入保持增长态势；以就业为导向，面向35岁以下就业人群的职业培训、技能培训课程上扬；人们对以就业为导向的培训选择更加理性，把培训与职业能力提升和职业发展结合起来，把培训机构品牌知名度、师资力量和学习结果作为选择培训机构最重要的因素[4]。这些特征预示着我国非学历继续教育将朝着领域更加扩展、市场更加细化、实效更受重视的方向发展，这给高校发展非学历继续教育提供了更多的选择性和切入点。

二、普通高校发展非学历继续教育应有的市场导向理念

1. 应该树立非学历继续教育市场营销观念

市场营销观念是一种以消费者为中心、满足消费者需要的经营观念。从市场学的角度来说，教育是一种服务类型的产品，市场是指产品的现实的和潜在的购买者[5]。在现代市场营销观念支配下的组织奉行以下几项原则：把争取顾客作为组织的最高目标；爱自己的顾客而非产品；经常从顾客的立场来指导和检查组织的经营；生产那些顾客愿意购买的东西，而不是那些容易生产的东西；制造能够销售出去的产品，而不是推销所生产的产品[6]。根据这些现代市场营销的观点，高校要发展非学历继续教育，就必须在进行深入细致的市场调研的基础上，确定开办哪类继续教育、怎样开办继续教育、办成什么样的继续教育，即要根据市场（学生及其家长、企事业单位）的需求设计和推出继续教育的类型、课程、教学手段和方式，开展个性化和特色化的培训，而不是简单地推销现有的办学项目。

2. 应该树立“产业经营、企业管理”的发展理念

高校非学历继续教育不享有国民教育体系那样的财政拨款，它具有鲜明的市场化特征，具有事业性和产业性的双重性质，因而在办学时要遵循教育规律和市场规律，兼顾社会效益和经济效益。这就要求高校要充分运用市场机制，让从事非学历继续教育的机构直接面向市场，直接参与到市场竞争中去。所以，高校要以“产业经营，企业管理”的理念去组建和管理新型的非学历继续教育机构，使这种新型机构能够彻底从学校传统的计划性的事业单位管理模式转变为市场化的企业管理模式。条件成熟的高校可以参照现代公司制度，建立责、权、利明确的、自主经营的非学历继续教育工作机构，这些机构享有较为独立的（或具有独立法人资格的）人事聘用权和奖惩权、财务运作权、项目决定权和经营管理权等。唯有这样，才能使它们真正的地以市场需求为导向，更加关注非学历继续教育市场的发展变化情况，增强竞争意识和能力，高水平、高质量、高效益地开展办学工作。

三、普通高校可持续发展非学历继续教育的举措

1. 要根据市场情况准确定位

各类高校面对我国非学历继续教育的宽广市场和新的动向，首先要选择好并致力于一

个或几个自己着重建设和发展的办学项目和目标市场，做好市场定位并制定好市场策略。在确定非学历继续教育市场目标和市场策略时，高校要进行战略营销分析，目前比较普遍采用的有SWOT分析、波士顿矩阵、GE矩阵（通用矩阵）、小周期投资组合分析、卡瓦萨科矩阵等方法[7]。高校可以运用这其中的一种或几种方法，在广泛调研自身的内外部环境、客户和潜在客户、竞争对手、教育服务质量等具体信息的基础上，认真分析对比自身和竞争对手的优势与劣势，然后在发展方向、规模和办学项目结构上有所取舍，明确应该占领和拓展的细分市场，设定具有明确性、时效性、可测性、可实现性的营销目标。同时在办学的项目、专业和方式上，确定是多元推进还是单项或少数几项挺进，是比较大而全地铺开，还是小而精地发展。当然，不管定位如何，都应该为选定的目标市场和服务对象制订有效的培训方案，并及时有效地将培训信息送达目标群体。

其次，高校非学历继续教育要根据就业市场发展变化和培训需求多样化的特点，有针对性地开拓市场。要根据培训对象的需要和本校继续教育的特点，组织力量深入研究和探索具有交互性、灵活性、差异性的团体化和个性化的培训模式，形成新的办学项目和新的办学优势；要加强继续教育项目和内容的研发，增强教育培训内容、方法和人才培养模式的针对性、多样性与实效性；要遵循“按需施教”、“学用一致”的原则，在多个层次、多个渠道、多种形式中选择或组合培训项目和模式。

2. 要创新办学模式和办学形式

在办学模式上，要按照构建终身学习“立交桥”的思路去开拓创新。高校要大力探索培训证书、职业（执业）资格证书与学历证书相结合的教育方式，在课程和教学内容的设计上注意相互之间的衔接，促进职业培训与学历教育的沟通；积极开展与企事业单位的合作，实行项目制管理，按照企事业单位对专业型和技能型人才的需求以及它们的用人“订单”，按照“一单一设计”的原则，规划好培训课程；根据学习者的具体情况，实行灵活多样的教学组织方式和管理制度，推行“菜单式”选课和“模块式”组课，提供现场培训、网络培训以及二者有机结合等多种教学形式，建立个性化的培训模式。高校还应该主动与国内外其他办学机构合作，开展多类型、多领域、多层次的非学历教育，譬如，可以引进国外一些名牌的职业资格证书培训项目和考试培训项目，以便为学习者提供或设计出更为丰富的、有特色的培训项目。同时，通过合作办学，吸收国外先进的办学思想、课程体系、教学模式和管理经验，增强非学历继续教育的教学效果。

在办学形式上，要充分利用现代远程教育手段。现代远程教育是推进学习型社会和终身教育体系的重要途径与手段，《教育规划纲要》就明确提出“大力发展现代远程教育，建设以卫星、电视和互联网等为载体的远程开放继续教育及公共服务平台，为学习者提供方便、灵活、个性化的学习条件”，因此，高校要整合校内外优质教育资源，加快现代远程教育资源建设，使非学历继续教育项目既可以独立运用网络教育资源施教，也可以使用网络辅助教学。同时，高校要有计划地将继续教育数字化学习资源向社会全面开放，为社会各类人员特别是职业人士提供终身教育的机会和多样化、个性化的教育选择，从而扩大继续教育规模。

3. 要实施全面质量管理

优良的教育服务质量是让学习者满意和使办学单位实现可持续发展的基础，为此，高校发展非学历继续教育要实施全面质量管理。所谓全面质量管理，是指一个组织以质量为中心，以全员参与为基础，通过对涉及产品质量的对象、过程、人员的全面管理和应用各种科学管理方法，达到让顾客满意和本组织所有成员及社会受益的目的，从而使组织长期成功的一种管理途径。它要求必须做到“三全”，即全面性的、全过程的、全员参加的质量管理。根据全面质量管理的内涵和要求，高校非学历继续教育要达到长期成功，就必须做好以下几个方面的工作。

（1）建立全面的质量标准。高校要牢固树立不断地全面提高办学质量的理念，在教学、学生管理、招生、行政、后勤等各方面，都要以让教育对象满意为出发点，制定具体的服务质量指标。

（2）规范每个办学环节。高校要在非学历继续教育的市场需求及调研分析、业务接洽及项目开发、市场推广及招生组织、课程设计及教学实施、保障措施及学生服务、效果评估及反馈改进等环节上，都明确权责与健全制度，增强工作的规范化和科学性。

（3）重视办学项目设计过程的质量管理。设计过程，包括市场调查、制订教学计划、设计课程、选编教材、选择教师、准备教学设施、制订教学效果评估方案等过程。诚然，高校要针对不同的培训项目，专门设计和实施不同的教学内容、过程、结构、方法和标准，即在市场调研的基础上，根据学习者的需求、行业企业发展信息和高校的经营目标，组织教学、学生管理、招生、行政、后勤等部门的人员研究制定办学项目的质量目标和办学方案；要细化每个培训项目的阶段性教学目标、教学内容、教学方法及评价方法，根据不同项目、不同对象而采用不同的施教方式，凸显教学实效性。

（4）抓好教学过程的质量管理。要建立教学质量管理有效保障体系，对教学过程和课堂教学各环节加强检查、监控与评估，建立教学事故的预防及纠正的机制和措施，定期组织教学质量分析、反馈和纠偏，保证教学质量的稳定和持续提高，以及教学效果的长期有效和不断改善。

（5）注重教学辅助过程的质量管理。教学辅助过程，是指为保证教学正常进行而提供各种条件和手段的过程。高校要组织好教学设备维护工作，使设备保持良好的状态，并在招生、入学、生活条件、课外活动、离校等各方面为学习者提供便利、高效、优质的服务。

（6）加强全面工作质量督导。要建立检查各部门制订、实施工作计划和质量标准的制度，通过进行日常检查、多方面收集意见建议、调查教育对象的满意度等手段，强化各项工作的过程管理和结果评估，并通过对教学教育各环节的反馈和调整机制，促使教育服务质量全面提升。

4. 要凸显特色和打造品牌

特色是一个教育机构产品区别于其他教育机构产品的工具。教育机构可以通过选择最具有吸引力的特色，以满足特定市场范围的需求。[8] 据此，高校如果要在非学历继续教育市场中拥有一定的份额并使其持续地扩大，就要紧紧围绕大学的优势学科和优质师资等资源，加大力度提炼和丰富办学项目的特色，走特色发展之路，做到向客户提供的非学历继续教育的课程和方式即使不是社会上最优秀的，也一定是让学习者感到最适合的。

教育品牌是学校教育质量、办学水平、个性特色和风格的集中表现形式，是社会对学校教育功效最优化的公认与评价，是优质教育实践的必然结果。高校的非学历继续教育应充分发挥其拥有优质教育资源的优势，精心培植拳头产品，力求形成品牌，努力打造非学历继续教育的名专业、名课程、名教材、名教师、名教法、名管理、名校园文化，以增强高校非学历继续教育的社会影响力和核心竞争力。

总之，高校发展非学历继续教育，必须坚持市场导向理念，遵循教育规律和市场规律，从满足社会和学习者的需要出发来办学，注重在市场调研的基础上开发培训项目，创新办学模式、教学内容和方式，建立全面质量管理体系，不断提升办学项目的内涵，着力打造名牌化、特色化的教育培训项目，通过教学质量的持续提高和品牌项目的建设，增强高校非学历继续教育的核心竞争力，使高校继续教育事业能够健康而持续地发展。

参考文献

[1] 国家中长期教育改革和发展规划纲要（2010—2020 年）[EB/OL]. http://www. gov. cn, 2010-07-29.

[2] [美] 卡尔·达尔曼，曾智华，王水林. 关于实施终身学习，提高中国竞争力（概要）[EB/OL]. http://siteresources. worldbank. org/EXTNEWSCHINESE/Resources/Lifelong.

[3] 高靓，张晨. 终身学习：城市化进程中的最佳实践 [N]. 中国教育报，2010-06-15.

[4] 孟至和，吴志勇，王爱义. 后金融危机时代高校继续教育发展的思考 [J]. 继续教育，2010 (6).

[5] 庄典洲. 以市场营销观念促进高等外语院校继续教育的发展 [J]. 广东外语外贸大学学报，2003 (14).

[6] 何永祺，傅汉章. 市场学原理（第二版）[M]. 广州：中山大学出版社，1997.

[7] [英] 布瑞特·戴维斯，[英] 琳达·艾利森. 学校战略营销：如何建设一所有影响力的学校 [M]. 吴志功等译. 北京：北京师范大学出版社，2007.

[8] [美] 菲利普·科特勒，凯伦 F. A. 福克斯. 教育机构的战略营销（第二版）[M]. 庞隽，陈强译. 北京：企业管理出版社，2005.

对发展有自学考试特色开放教育的思考

王康华 杨展德
（汕头大学开放学院 广东 汕头 515061）

【摘 要】国家中长期教育发展规划对高等继续教育提出新的要求，作为开放教育的一种形式，广东高等教育自学考试应当也能够有所作为。面对新形势、新任务，高等学校开放学院应当更新观念、理清思路，加强研究、准确定位，调整政策、办出特色，把开放学院建设成高等教育自学考试的综合试验与示范平台，为我国高等开放教育发展作出积极贡献。

【关键词】开放教育 自学考试 开放学院 发展

《国家中长期教育改革和发展规划纲要（2010—2020年）》明确了基本实现教育现代化、基本形成学习型社会、进入人力资源强国行列的教育发展目标，提出高等教育大众化水平进一步提高、毛入学率达到40%的战略任务，吹响了新一轮的高等继续教育发展的号角。面对新目标和新要求，普通高校开放学院应当解放思想、发挥优势，大胆实践，有所作为。面对复杂形势和艰巨任务，只有准确定位，找准进一步发展的突破口，才能真正实现开放学院这一特殊开放教育机构的可持续发展。本文拟通过对高等教育自学考试（以下简称“自学考试”）及其开放学院模式的研究，探讨发展有自学考试特色开放教育的途径与方法。

一、开放教育的理论界定

1. 开放教育及其模式

大众化高等继续教育目标的实现，客观上要求“健全宽进严出的学习制度，办好开放大学，改革和完善高等教育自学考试制度”。开放教育相对于传统教育而言，是为了适应特定群体接受高等教育的需要，通过在教育教学理念、教育对象、入学条件、专业设置与教学内容、教育时间与场所的全方位开放，实现教育目的的一种教育思想及实践。开放教育既是一种高等教育理念，也是可以用多种手段来表现的办学形式，从教育理念到实践，经历了不断完善和发展的过程。开放教育包括学历教育与非学历教育，因主要服务对象是成年人，故人文和专业培养目标、课程设置、教学过程、评价体系通常具有鲜明的职业特色。

目前国内外开办的开放教育有多种模式和称谓，如“开放学院”、“开放教育学院”、“网络学院”、“远程大学”、“空中大学”等，凡此种种都可以视为开放教育的载体或形式，它们共同服务于高等开放教育的目标。研究开放教育，办好开放大学，不是指办好开放教育的某一种形式，而是指办好高等继续教育中开放教育的总体，否则，不仅在理论上讲不通，还可能在实践中产生误导。

2．发展中的开放教育

中国高等继续教育开放模式，依照办学主体、服务对象、管理模式和教学手段的特色，大体可分为成人学历教育（函授）开放模式、以现代教育技术为主要实现手段的开放教育、自学考试框架下的开放教育和各类开放的非学历教育等类型。

成人学历教育的开放性主要表现为根据在读学生的特点，以高校及其设立的校外教学点的业余面授为主要实现形式；以现代教育技术为主要实现手段的开放教育包括网络教育和电大开放教育，以利用网络或广播、电视等远程教育方式为成人学习者提供个性化高等教育服务为主要特征；自学考试本质上是开放教育，而自学考试框架下的开放教育模式特指普通高校开办的开放学院，是实行特殊自学考试政策的开放教育模式，也是继续教育体系中少有的全日制开放教育；开放的非学历教育是高等教育的一种类型，主要根据学习者的职业需要，提供职业素养和技能培训。各种开放教育模式具有开放教育的共性特征，也具有各自的特定领域和办学特色，共同构成当代中国高等继续教育的开放体系。

3．开放性是自学考试的内在特性

自学考试是一种有中国特色的国家考试制度和高等教育形式，它融国家教育考试职能、高等教育职能于一体，在入学资格、专业设置、管理模式和支持系统等方面有着独特的体系设计和运行机制，体现了终身教育的思想和目标追求，得到社会的普遍认可。开放性是自学考试的内在性质和重要特征，也是其长久不衰的根本原因。

随着高等教育改革的深入，在各种教育形式不断开放以及服务对象发生变化的背景下，自学考试的特色和优势受到挑战，无论在国家考试层面还是教育教学层面，都面临新的问题，表现出诸多不适应：国家考试体系接近普通高等教育，导致自学考试的“普教化”倾向严重；严格的质量保障体系下的张冠李戴，既不符合培养目标要求，也使许多成人学习者望而生畏；国家考试的主导性与服务性功能较为完善，但开放教育功能的发挥受到制约。自学考试作为发展较早、也最有中国特色的高等开放教育，在各种开放教育模式的比较中，显得思想观念滞后了，运行机制僵化了，专业与课程设置陈旧了，有些方面甚至越来越走向传统教育。随之而来的是教育功能弱化、教育氛围缺失、应试教育现象普遍、助学管理机制不到位，高等教育过程中诸如教学过程、检查评估、学生教育管理等环节被单一的合格率所取代。

解决上述问题的思路还必须从自学考试的本质属性去寻找，并在此基础上探讨有自身特色的发展道路。有人将近年来自学考试规模滑坡的原因归结为人口和竞争等外部因素，以及毕业率、教师水平、助学机构等内部因素的影响，这是有一定道理的，但这些并非根本原因。根本原因在于：自学考试的开放教育性质是否在现代高等教育大背景下得到充分发挥发展，从某种意义上说，自学考试得益于开放，发展于开放，其生命力和发展思路也在于开放。自学考试中国家考试功能的开放性体现较好，应当在改革和调整中继续坚持，但教育功能的发挥却显得不尽如人意，应当认真研究并寻求突破。

二、自学考试的特殊模式——普通高校开放学院

1．开放学院的办学特色

开放学院是指由普通高校设置的、面向全社会的、综合体现国家考试辅导和高等教育

功能的开放性大学。它在高等教育大众化和普及化发展过程中具有特殊的地位与作用，是高等教育贯彻公平原则的重要补充和载体。它按照高等继续教育培养目标的要求，综合利用普通高校的教育资源，以全日制自学考试助学辅导为主要形式，满足待就业成人享受高等教育服务的宽进严出的开放教育模式。

国内关于自学考试属性的研究有几种主要观点："考试制度说"认为自学考试本质上是一种考试制度，其他有关活动都依附于学历考试而存在；"教育制度说"提出自学考试是一种教育形式或者教育制度，考试制度无法涵盖这一制度下广泛而丰富的社会活动；"双重属性说"认为自学考试既是一种考试制度，又是一种教育制度。普通高校开放学院模式更接近于"双重属性说"的观点，其办学特色更有利于发挥自学考试框架下国家考试的功能与高等教育的功能。

开放学院是普通高等教育体制外的高等开放教育，其设计特色主要表现在：由普通高校面向全社会直接办学，享有自学考试特殊政策，没有或者较少有中间环节；有效利用普通高校的各类人力、物力资源，有较完善的管理体系和校园文化体系，能较好地发挥高等教育的功能。

2. 开放学院的优势与面临的问题

开放学院是自学考试开放教育的特殊模式，在办学实践中已经表现出其特殊的优势和生命力，同时也存在困难和问题，需要在开放教育理念下进行创新设计。

自学考试开放模式的优势表现在：①目的明确。坚持为社会特定人群提供高等教育服务的意识，为自学考试可持续发展提供经验。②兼有国家考试和高等教育双重特征。这是最有利于体现国家考试特征与教育过程要求相结合的模式，可以较好地解决一般自学考试难以解决的应试教育倾向严重、科学文化素质和职业素养培养欠缺等问题，有利于营造良好的自学考试文化氛围，具有较强的示范性。③教育功能完善，教学管理规范。强调过程管理，提供较为全面的高等教育服务，较好地整合了普通高校的资源和行之有效的管理方法，因而具有良好质量和信誉，社会认可度高。④具有综合优势。具有学术与学位优势，可以满足学生进一步学习的需要，招生规模弹性较大，对提高高等教育毛入学率有积极贡献。

自学考试开放模式发展面临的主要问题：①研究与宣传不够。对开放教育质量及其保障等基本问题缺乏深入研究与大胆探索，对开放学院的特色研究与宣传不足。②考试与教育功能存在矛盾。普通高校办学自主权受到自学考试管理体制的约束，办学自主权被弱化和考试导向的刚性使开放教育陷入与普通办学机构通过率的简单比较之中。③特殊政策的具体贯彻实施调整空间狭小，高校整体优势和教育功能发挥受到限制，导致开放学院面临政策新、制约多、有优势、难突破的局面。④缺乏有特色的管理规范和评价标准。有特色的管理规范和评价标准是自学考试开放模式安身立命的基础。开放学院与普通自学考试在专业与课程设置、教学过程要求、考试考核等方面，采取基本相同的管理规范和评价标准，对其发展产生了技术性约束，使之只能将主要精力放在应试教育上，从而淡化了教育功能的作用。⑤开放学院发挥自身优势的动力不足，市场开发意识较为淡薄，以致办学资源整合过程中存在的矛盾与问题对开放学院的定位产生影响，需要进行相应政策和措施的调整。

总之，开放学院在高等继续教育体系中有着独特地位和优势，完全有可能在我国自学考试和开放教育的体系中发挥特殊作用，而进一步深化改革、推进开放则是我们必然的选择。

三、对办好有广东特色的普通高校开放学院的思考

1. 更新观念、准确定位

开放是现代大学的重要特征之一，大学的历史是开放的历史，高水平大学的建设需要通过开放办学彰显其学术大气，形成其办学特色。所以，普通高校本身就具有开放教育所需要的思想观念和办学条件。

在实现国家和广东中长期教育发展规划的进程中，普通高校办好开放学院，需要更新观念，明确定位。①明确社会责任。《高等教育法》指出“高等学校和其他高等教育机构应当根据社会需要和自身办学条件，承担实施继续教育的工作”，规定了普通高校在开放教育中的社会责任。发挥自身优势，通过举办各种形式的高等继续教育贯彻终身教育思想，推进教育公平，是高等学校义不容辞的责任。②明确培养目标与实现途径。开放学院的培养目标表现在：为普通高等教育体系外一切有需要的人提供高等继续教育服务，培养在职业生涯和社会生活中具有较强社会责任感和较好的职业素养、勇于探索的创新精神、善于解决问题的实践能力的劳动者。高等开放教育除了受高等继续教育教学规律制约外，受人才成长和教育市场规律的影响更加明显，应当尊重继续教育规律和人才市场规律，综合运用教育手段与市场手段，实现高等开放教育功能的最大化。③明确质量标准。保证教育质量是开放学院的优势和运行的根本目标，应当根据培养目标要求建立满足国家考试与高等教育双重要求的质量标准体系。④明确办学特色。开放学院办学应当体现国家考试与高等教育并重、以教育为主的办学特色，为特殊社会群体提供不同层次的学历和非学历教育服务，体现开放的学术特色和办学方式特色，成为有特色的高等开放教育品牌。

2. 调整政策，教育为本

普通高校具有现代大学的办学理念和综合优势，有良好的教育资源和校园文化氛围，它们在此基础上发挥开放学院的优势，推进高等开放教育，有助于形成良好的高等继续教育环境，营造独具特色的自学考试校园文化。办好开放学院，首先应根据培养目标的要求，在保证符合国家考试基本规范的基础上，针对发挥教育功能的要求调整政策，以发挥高等教育功能为基本点来建设开放学院；其次应确立大众化、普及化进程中的自学考试质量观，建立与培养目标相适应的质量标准和保障体系；再次应减少基础理论课程比重，提高素质课程、实践课程的比重，增加委托考试课程，建设个性化的选修课程体系，加强现代教育技术手段在教学中的运用；最后应将学生在学习过程中表现出的综合素质水平纳入评价体系，实行国家考试与教育过程的综合评价。

3. 发挥优势，办出特色

普通自学考试作为国家学历检验制度，靠一次性考试和评价模式很难排除偶然性，学生也很难享受完整的高等教育服务。开放学院既具有开放教育的基本特征，又不同于一般的开放教育；既是以自学考试助学辅导为基本特征而区别于其他继续教育形式，又以其特殊办学形式而区别于一般自学考试助学形式。开放学院的生命力在于依托大学所具有的优势和办学特色，提供完整的高等教育服务。开放学院应当从满足社会特殊群体享受高等教育的需要、促进其全面发展出发，综合利用各种教学资源和教育手段，推行全日制、走读制、业余制、合作制等多种办学形式，形成开放学院的办学优势和特色。需要说明的是，

质量保障并不必然与某种办学形式相联系，问题的关键在于质量保障体系及所采取措施的有效性，这一点可从境外开放大学的实践中得到证明。

4. 扩大合作、面对市场

开放学院既要贯彻自学考试的基本要求，同时又必须面对市场需求。质量标准应当与市场的人才标准相联系，改善办学条件需要高校与社会的投入，而保证基本办学规模需要参与市场竞争。所以，开放学院的发展必须遵循市场规律，具有市场意识，不是封闭的，而是要通过合作竞争来实现。开放学院应该通过合作破除办学过程中各种因素的制约，利用各种办学资源，发挥各种积极因素，在竞争中不断完善和发展，从而实现自身功能和效益的最大化。

面对市场、扩大合作是开放学院实现发展的重要途径。开放学院应当进行市场细分，比如将市场定位于专科教育和本科全日制教育，以满足未能就读普通高等教育专科和本科的学生的需要；各大开放学院可以推广开放模式的走读形式，以满足历年未毕业的自学考试学生的需要；开放学院还可以采取合作办学形式，把教育送进企业和农村，调动合作方参与办学和管理的积极性，解决学习者的实际困难；开放学院推进自学考试还应与相关部门合作，在实现学历教育目标的同时，实现与职业资格培训和企业培训的沟通等。

合作办学是有条件的，应当是以开放教育为基本办学理念，以特色自学考试为依托，以开放学院为主体，以学历教育助学和非学历教育培训为主要内容，为社会提供高等教育服务的合作。我们完全可以集高校的品牌、质量、师资、管理、学术、非学历教育等优势与合作方办学资源投入、生源动员、实践条件的提供等优势于一体，形成广东自学考试开放教育的特色模式。

5. 建设综合实验与示范平台

设立开放学院的目的不仅仅在于扩大自学考试规模，更应在于利用普通高校的综合优势，探索自学考试开放教育的办学模式和实现途径，并使之产生示范作用。开放学院应当承担起贯彻教育发展规划、探索自学考试改革发展道路及有效实施手段、推动终身教育体系建设等任务，其国家考试助学职能和高等教育教学职能在办学模式上应当具体化为探索学历教育与非学历培训沟通平台建设、校企业合作沟通平台建设、学习与就业沟通的平台建设、继续教育与职业教育沟通的平台建设、终身教育载体、“课程超市”及“学分银行”试验平台建设等诸多方面。开放学院应通过积极探索和主动实践，寻求为教育而考试而不是为考试而教育的途径，通过深化自学考试改革、保证教育教学质量、实现教育公平来起到示范和推动作用。

6. 加强特色自学考试模式研究

加强理论研究，为特色自学考试发展提供理论依据是非常必要的。目前自学考试研究中大部分成果是针对普通模式的，开放教育发展研究更是存在缺失，似乎形成了开放教育与开放大学仅有一种实现模式的观点，在这种背景下有人提出自学考试生命力何在的问题就在情理之中了。面对这种情况，开放学院更应有所作为。开放学院应加强高等开放教育的多品种、多功能开发，加快有中国特色的高等开放教育评价体系的建设，推进高等开放教育体系与职业教育体系的沟通。同时，开放学院还可提供独特的教育服务项目，加快自身与境外的高等开放教育的衔接，制定新的发展战略和政策措施，大胆实践，创造自学考试新的辉煌。

网络教育开放资源建设与成人高等教育的发展

尹北晖　梁艳萍
（华南农业大学继续教育学院　广东　广州　510642）

【摘　要】全国高等院校网络教育资源免费开放计划已正式启动。网络教育开放资源建设对推进网络教育优质教学资源的整合与共享、提高网络教育质量，使网络教育在终身学习体系和学习型社会建设中发挥更大作用具有重要意义。网络教育开放资源建设内容包括服务对象定位，人力资源、环境资源、教学信息资源建设，以及各种运行制度建设。网络教育开放资源建设要促进成人高等教育发展，需加强传统教学模式、基层教学点设备普及建设、师生 IT 技能培训、教学过程监控和质量考核等方面的改革完善。

【关键词】网络教育　开放资源　成人高等教育

随着网络信息技术的高速发展，网络教育已逐步成为世界发展高等教育的重要手段，建立和发展网络教育成为我国面向 21 世纪教育发展的重要战略举措。1999 年 1 月，国务院批转教育部《面向 21 世纪教育振兴行动计划》，提出实施“现代远程教育工程”，希望形成开放式教育网络，构建终身学习体系。全国 68 所普通高校试点开展现代远程教育工作，招收网络教育学生。经过近十年的发展，2008 年国内网络教育在校生规模已达到 356 万人。2000 年，教育部启动“新世纪网络课程建设工程”，这是现代远程教育工程资源建设高等教育（含网络教育支撑环境）重大项目最重要的内容。至 2003 年，该工程总课题及 299 个网络课程、1 个试题库、9 个资源库和案例库都已通过验收。2007 年 1 月，教育部启动网络教育国家精品课程评审工作。至 2009 年，共评审出 149 门网络教育国家精品课程，分布在 43 所网络教育学院、中央电大及两所省级电大。2008 年 3 月教育部“网络教育数字化学习资源中心建设”项目启动，由中央电大承担建设任务。该项目主要内容是研究并构建网络教育数字化学习资源共享机制、标准、技术与平台，把各地数字化学习资源整合起来并进行共享，拓展目前的远程教育服务空间和服务内容。2009 年 12 月，53 所现代远程教育试点高校的网络教育学院院长、副院长汇聚北京，参加全国高校远程教育协作组主办的全国高校网络教育资源免费开放研讨会。教育部高教司远程与继续教育处刘英处长出席了研讨会并对网络教育开放资源建设提出了具体的要求：①高等院校网络教育要在发展中规范，保证学历教育的高质量。②优质网络教育资源要向社会免费开放，让网络教育优质资源通过网络服务于社会大众。③网络教育资源免费向社会大众开放，要重点解决社会关注的问题。在这次会议上成立了全国高等院校网络教育资源免费开放联盟，标志着全国高等院校网络教育资源免费开放计划的正式启动。

广东省以中山大学、华南理工大学、华南师范大学作为教育部批准远程教育试点单位，开展现代远程学历教育。经过十年的发展，广东省在网络教育规模和探索网络教育教学模式方面取得了一定的成绩，但是在网络教育共享平台搭建和开放资源建设方面仍处于探索阶段，需要更多高校参与其中，共同开展网络教学资源共享以及共享平台建设的工作。

一、网络教育开放资源建设的必要性及现实意义

网络教育以其资源利用最大化、学习行为自主化、学习形式交互化、教学形式个性化、教学管理自动化的特点，成为人们接受继续教育和进行终身学习的重要形式，成为构建终身教育体系和学习型社会的基础和平台。《国家中长期教育改革和发展规划纲要(2010—2020 年)》明确提出“高校要牢固树立主动为社会服务的意识……为社会成员提供继续教育”，“大力发展现代远程教育，建设以卫星、电视和互联网为载体的远程开放继续教育及公共服务平台”，进一步明确了高等院校开展继续教育以服务社会的目的，以及利用网络教育开展远程开放继续教育和公共服务的发展目标。高等院校凭借自身教育资源优势和在重点学科建设方面的经验及名师特色，推出了一系列优质的网络教育教学资源。丰富的、优质的教育教学资源是网络教育的基础，而推进各高校优质网络教育教学资源的整合与共享是网络教育和公共服务平台建设的关键。开展网络教育开放资源建设的理论与实践研究，对推进网络教育优质教学资源的整合与共享、提高网络教育质量以及使网络教育在终身学习体系和学习型社会建设中发挥更大作用等具有重要意义。

(1) 网络教育开放资源建设可以有效整合高等院校优质教学资源，从而提高网络教育的质量。通过网络教育的资源开放可以对各高等院校重点、特色学科的教学资源进行整合与共享，或者将某一专业中不同课程需要的教育资源建设通过高等院校间的配合与分工协作来完成，这样就能在网络教育教学资源的建设上集中最有优势的资源，更有利于网络教育资源质量的提高。

(2) 网络教育开放资源建设能实现高等院校间优质网络教育资源的合理配置、整合与共享，避免重复建设。我们仅需要建设一套优质网络教育教学资源就可以满足学生学习的需要，在网络教育资源的建设上可以节约大量的人力、物力和财力投入，从而有利于节约成本。

(3) 通过网络教育开放资源建设可以进一步推进网络教育管理的规范化。网络教育开放资源建设要求各高等院校在教学资源建设以及运行过程中遵循统一的标准和运行机制，包括网络教育平台的搭建也需要遵循统一的技术标准。网络教育通过这种统一的建设标准和运行机制，进一步推进了自身的规范化管理，从而保证其质量。

(4) 网络教育开放资源不仅可以为在校教师教学备课提供更加丰富、全面的知识作为参考，从而有利于课堂教学质量的提高，而且为在校学生业余自主学习、开拓思维和视野、培养自学能力和学习技能提供更大的便利。网络教育开放资源建设可以更好地为普通高等教育提供辅助教学便利。

(5) 网络教育可以作为成人学历教育、自学考试以及继续教育的重要教育途径。网络教育开放资源建设将对推动网络教育更好地为成人学历教育、自学考试以及继续教育服务发挥积极作用。

(6) 网络教育开放资源建设同样是公共教育服务平台建设的基础与关键，整合各高校优质网络教育教学资源可以有效满足社会大众对不同知识的多样化需求，对终身学习教育

体系和建设“人人皆学、时时能学、处处可学”的学习型社会具有重要意义。

二、网络教育开放资源建设的内容

1. 确定网络教育开放资源建设的服务定位

定位准确是网络教育开放资源建设工作顺利开展及达到预期成果的必要条件，结合网络信息技术的发展以及现代高等教育服务定位的要求，网络教育开放资源建设的服务定位如下：

（1）网络教育应主要应用于各类继续教育的远程网络教学。网络教学是师生准分离状态下的教学形式，对学生的自律性和求知的目的性具有较高的要求，而各类继续教育的成人求学者具有明确的学习目的和学习的自律性，因此成人求学者是最适合接受网络教育教学的群体。网络教育开放资源建设的主要服务对象应为各类继续教育的成人求学者。

（2）网络教育开放资源建设的服务对象也不仅仅局限于继续教育的成人求学者，在校教师也能从中对自身的教学获得一定的帮助。在校教师可以借助丰富的网络教育资源丰富自己的课堂教学知识，提高课堂教学质量。另外，网络教育开放资源建设对在校学生的业余辅助学习以及课外知识、业余爱好等非专业领域的科学知识的获取也能提供帮助。网络教育开放资源建设可以为普通高等教育提供辅助教学作用。

（3）随着网络和计算机的普及以及普通高校教育资源的开放，高校借助网络教育服务于大众并提供社会公共教育服务的责任越来越大。网络教育开放资源建设为高校服务社会提供了公共教育服务平台，为构建终身学习体系和学习型社会贡献力量。

2. 网络教育开放资源建设的主要内容

网络教育开放资源建设包括网络人力资源建设、网络环境资源建设、网络教学信息资源建设，三者缺一不可。

（1）人力资源建设。组织优秀的网络教育教师队伍和专业技术人员队伍是开展网络教育开放资源建设的保障，教师队伍是网络教育教学资源的主要来源。优秀的网络教育教师队伍应该是学科专业水平较高、教学经验丰富并且掌握网络课件制作技能和网络教育心理学知识的教师队伍，建设优秀教师队伍能够为网络教育的教学质量提供保障。专业技术人员是网络教育教学平台与教学信息资源开发、建设和管理的主要人员，主要参与网络教育教学平台的开发与维护以及网络教育教学资源的录制、管理和维护，为网络教育的正常开展提供技术支持。

（2）网络教育环境资源建设。环境资源主要包括网络教育硬件环境和网络教育软件环境。网络教育硬件环境是网络教育教学信息资源的载体，存储并系统管理网络教育教学信息资源。硬件资源主要包括服务器、宽带、防火墙、录播系统等设备。软件资源主要是指网络教育教学平台，即教学服务软件系统，结合服务定位的作用，教学平台应该可以满足不同对象的教学要求。网络教育软件资源是实现网络教育教学的关键支持系统，是实现教师与学生交流的重要条件。

（3）网络教育教学信息资源建设。网络教育教学信息资源是网络教育开展的基础和关键，也是网络教育开放资源建设的重要工作。网络教育教学信息资源建设的优劣，直接影响网络教育开展的教学质量和最终成果。网络教育教学信息资源主要包括教学视频资源、课件资源、试题库资源、辅助教材库资源等。网络教育教学信息资源建设的方法和途径包括自主开发、合作开发、国际引进这三种。其目标为既能实现各类教育教学资源的整合共享又能分类开放，满足不同教育对象的需求。

3. 网络教育开放资源建设的运行与保障机制

（1）高校内部管理体制及运行机制。

网络教育开放资源建设是一项大的教学改革项目，涉及高校内部各个部门，甚至校际、国际的教育交流与合作，因此高校应成立专门部门或者领导机构来建设网络教育开放资源。高校还应完善高校网络教育开放资源建设的管理体制和运行机制，明确分工，各个部门协调工作，为网络教育开放资源建设工作的进行提供体制保障。

（2）校际网络教育教学资源合作开发的运行机制。

广泛开展校际网络教育教学资源的合作开发，是整合、共享优质网络教育教学资源的基础，是提高优质教育教学资源效率和网络教育教学质量的主要途径。而合作开发网络教育教学资源必然面临高校间彼此互认相关课程，以及如何开展合作达到优势互补和利益共赢的问题，因此探讨完善高校间网络教育开放资源合作开发的运行机制意义重大。

（3）网络教育开放资源使用与管理条例。

网络教育开放资源使用与管理条例是网络教育开放资源建设的制度保障，它明确了网络教育开放资源的服务定位、管理体制、各部门分工，教学资源开发、使用、维护办法，经费投入及使用等方面的管理，为网络教育开放资源建设工作的顺利开展提供指导。

（4）教师知识产权保障机制。

教学资源的免费开放，涉及教师知识产权的保障问题。为了调动优质教师参与网络教育开放资源建设的积极性，主管部门应完善教师知识产权保障机制，给予教师适当报酬补偿，这具有重要的现实意义。

三、借助网络教育开放资源建设，促进成人高等教育发展

网络教育开放资源建设为传统成人高等函授教育改革提供契机。如何把握网络信息技术发展带来的机遇，使传统成人高等教育向现代成人高等教育转变，让网络教育这种现代化教育手段在成人高等教育中发挥更大作用，还有许多关键问题需要我们去改善。

（1）网络教育作为一种教学手段应该在各类继续教育教学中加以运用。这也对传统继续教育借助网络教育技术开展教学模式改革提出了要求。实现网络教学与传统面授教学的优势互补，开展“网教＋面授”的教学模式改革，是发挥网络教育资源优势，促进继续教育整体发展的关键。

（2）网络教育在传统继续教育领域的开展对继续教育接收端的教学条件提出了要求——具备最基础的网络数据接收设备和影像播放设备。因此，加快继续教育教学点等基层站点教学设备建设并普及网络和计算机的使用，在最大范围内实现继续教育求学者接受网络教育的可能，是借助网络教育资源促进继续教育发展的基础。

（3）网络教育教学的实施，特别是运用计算机设备开展师生互动式教学，对继续教育求学者的计算机知识和熟练操作网络教学系统平台的能力提出了要求。授课前对继续教育求学者进行计算机知识和相关教学系统操作的技能培训是充分发挥网络教育优势、保障网络教育教学质量及促进继续教育发展的必要手段。

（4）网络教育是师生准分离状态下实施的教学活动，在从教学过程中了解学生掌握知

识的程度和对学生进行学习监督以及教学质量监控等管理等方面存在困难。对于保障继续教育教学质量，完善网络教育教学的过程监控和学习成绩考核机制建设具有重要意义。

［2010年度广东省高等教育教学改革立项“网络教育开放资源建设的理论与实践”（编号：BKWT2011005）项目成果之一］

参考文献

［1］黄琼珍，黄颖．高校网络教育资源共建共享机制探究［J］．高教探索，2010（3）：60～63.

［2］李增兵，李瑞华．高校网络教学资源建设问题探讨［J］．中国管理信息化，2010（4）：128～129.

［3］李振平．实现网络教育资源共享　促进现代远程教育发展［J］．中国成人教育，2009（11）：33～34.

［4］祁志敏．高校网络教育资源的共建与共享［J］．吉林师范大学学报（自然科学版），2009（1）：125～127.

［5］孙进康，陈章其．高校网络教学资源的建设与共享［J］．中国电化教育，2008（1）：60～63.

［6］印喜麟，赵柯．浅谈校园网教学资源库的建设与应用［J］．今日科苑，2007（24）：185～186.

［7］柯和平．高校数字化教学资源系统的建设与管理［J］．远程教育杂志，2006（4）.

关于继续教育及终身教育体系的若干思考

邓　铭　董玉珊　黄文玲
（五邑大学　广东　江门　529020）

【摘　要】知识经济时代是一个学习型社会和终身教育的时代，继续教育终身化进程符合我国国情，也符合区域经济快速发展的要求。继续教育是构建终身教育体系的重要手段和有效途径，为终身教育理论的形成和发展奠定了实践基础。在发展成人继续教育及终身教育时，各大高校必须转变办学观念，增强市场竞争和服务意识，积极开发与区域主导产业、新兴技术产业发展相融合的专业、课程和培训项目，统筹继续教育与经济社会协调发展，使继续教育发展成科学发展的人才支持和智力保障基地。

【关键词】继续教育　终身教育　体系　设计

一、构建继续教育及终身教育体系的重要性

1. 继续教育终身化进程符合我国国情，也符合区域经济快速发展的要求

（1）科技产业发展需要大力发展继续教育。资料显示，2011 年，广东省高等教育毛入学率仅为28%，每年有大量的适龄学生被普通高校拒之门外，失去继续接受教育的机会，给就业市场和学生家庭以及社会稳定带来严重的压力；同时，许多在职员工要求进一步更新知识和提高技能，以适应新的工作要求。这些需求随着就业市场竞争的加剧和区域经济发展的加快，给普通高校继续教育的发展提出了更高的要求和更新的挑战。

（2）大力发展继续教育，加快构建终身教育体系。知识经济时代是一个学习型社会和终身教育的时代。继续教育要实现由发展相对落后的“学习型”、“赶超型”向水平相对较高的“引领型”、“示范型”转变，为广东省教育改革发展作出新贡献。[1] 随着知识经济时代的到来，人类社会经济的发展将更多地依赖于知识的生产、处理、传播和应用。信息技术的快速发展使得各种岗位的知识含量增大，加之知识更新速度加快，因此，一次性的学校教育已经远远不能满足人们对新知识和新技术的渴求。普通高等学校成人继续教育工作在实施终身教育、为社会提供更多更好的终身学习机会方面肩负着越来越重要的责任，扮演着越来越重要的角色。同时，这也是继续教育自身实现可持续发展的需要。普通高等学校成人继续教育要发挥本地区继续教育龙头的作用，引领区域科技产业发展，成为以区域融合发展为特征的继续教育服务中心。

2. 终身教育体系的基本内涵及其设计

《国家中长期教育改革和发展规划纲要（2010—2020 年）》明确将建构完备的终身教育体系作为我国教育发展战略目标的基本内涵。终身教育体系是一个在传统学校教育体系上进化而来的新型教育体系，它是由国家或地区建构的，整合了各级学校教育以及社会教

育、家庭教育等各种教育形态，旨在为人的终身发展提供教育服务的一体化教育系统。不同层次、不同类型、不同对象、不同性质的教育均为其必要元素。终身教育体系的社会功能是全方位的，就其本质功能而言，应服务于每一个社会成员的终身发展，实现其生命的价值。[2]

教育终身化理论自20世纪60年代后期产生以来，得到了联合国教科文组织的大力倡导和宣传，而成人继续教育作为实施终身教育的手段和方法同样引起了世界各国政府的高度重视，并为社会各阶层所普遍接受。

终身教育体系可以进行如下划分：

（1）以学历教育为主的学校教育体系，包括初、中、高等学历教育和成人学历补偿教育如成人高校、职业学院的各级学校学历教育等。

（2）以职业资格教育为主的非学历教育体系，包括受政府、行业委托的职业资格教育、岗位培训、成人就业和再就业培训等。[3]

（3）以文化生活教育为主的社会、家庭教育体系，包括各种科技文化生活的教育、以“三道教育”（即为生之道、为人之道、为学之道）为主要内容的家庭教育、在职和退休人员以改善生活质量和提高幸福指数为目的的继续教育等。

二、发展继续教育及终身教育的建议

（1）积极转变办学观念。普通高校在其总体规划中，不能把成人继续教育当作其附属品，而应该搭建终身学习“立交桥”。普通高校应健全宽进严出的继续教育学习制度，铺设成人继续教育这个桥梁，使普通高校继续教育向社会各阶层渗透，以满足社会各方面对教育的终身需求。同时，这种渗透必须将它的触角扎根于区域科技产业发展中，从而获得旺盛的生命力和核心竞争力。因此，普通高校要切实转变观念，重视成人继续教育工作，推动继续教育的发展。[4]

（2）增强市场竞争和服务意识。首先，我们要强化市场竞争意识。在社会主义市场经济条件下，公平、有序、合理的竞争是推动区域经济文化发展的保证。我们应该以市场化管理的观念开发和培育市场，求得继续教育的生存与发展。其次，我们要提高服务意识。我们必须坚持继续教育为社会主义区域经济文化建设服务的原则，继续教育的特点决定了其必须与区域科技产业发展相联系、相融合，并服务于社会各行各业。

（3）积极拓展办学思路和办学途径，走学历教育与非学历教育相结合、继续教育与区域新兴科技产业发展相融合的办学之路。在培养层次和方式上，应在开展成人高等学历教育的同时，积极开展更新知识、提高技能的非学历教育。

成人学历教育应积极开发与区域新兴科技产业发展相融合的相关专业。例如2011年五邑大学继续教育学院开办了专升本新专业——应用物理学（LED光源与照明、科技干部管理两个方向）；继续教育以招收成人学历教育等中长期项目为主体，非学历教育以原有培训市场项目为基础，以与江门市合作承办各类短期培训班为依托；以五邑大学培训中心为基地开办社会需求的相关培训为补充，充分发挥学校主体办学的资源优势；还积极将继续教育拓展为面向市场、社会化办学的立体型培训模式，力争在培训渠道、层次、规模、效益等方面实现稳步提升。

在办学形式上要多样化，一方面要坚持与巩固短期脱产、函授、夜大等办学形式和办学成果，另一方面要积极推进现代化远程教育。在远程教育中，教师仅仅是学生的指导者和向导，作为学习者的学生将处于主体地位。这种淡化“教”而突出“学”的教育模式自然要求学习者进一步提高学习过程中的主动性，使得教育活动的一体化真正成为可能。

（4）积极筹建普通高校大学培训学院，扩大继续教育的竞争力和影响力。普通高校要秉承“教育创新，服务社会”的宗旨，形成“前沿、创新、精品”的核心理念和培训特色。各大高校应加强培训学院的社会服务能力的建设，促进各学院教学改革，服务区域社会经济建设；同时，各大高校还要加强培训学院与企业、社会和政府机关的联系，拓宽办学渠道与途径，架起为区域经济服务的桥梁，逐步形成本区域较大、引领区域经济创新发展的技术培训与推广、服务地方的非学历教育培训基地。普通高校大学培训学院应该依托大学优越的教育环境及雄厚的教学资源，以市场需求为导向，整合各类资源，以能力培养为本位，致力于培养和造就生产、建设、服务、管理等一线急需的高技能人才，例如：五邑大学继续教育学院积极跟踪轨道交通建设——江门新会南车项目和广东省三大新兴产业之一——LED 产业的发展，发掘培训商机，并进行了有益的尝试。

（5）加强和改进课程建设工作，以促进教学环节管理和教学质量监控为核心，确保成人继续教育及终身教育持续健康发展。

在社会主义市场经济条件下发展成人继续教育及终身教育，必须端正办学指导思想，深化改革，严格管理，加强和改进课程建设工作，努力提高教学质量，全面融入区域创新发展之中。首先，各大高校应加大教学管理环节的力度，逐步实现教学管理的科学化、规范化和现代化。其次，各大高校应切实加强对人才培养计划的修改和调整，使人才培养计划全面融入区域科技产业的创新发展。最后，各大高校应发挥普通高校继续教育在本区域继续教育的龙头地位作用，引领区域经济社会更快更好地发展。

政策方面建议：①积极探索通过地方性立法保障继续教育经费的法制化途径，建立财政对继续教育经费增长的监督和责任追究机制。②建立和完善终身教育的法律体系，中央政府为终身教育建立相关的独立法，例如尝试建立《中华人民共和国终身教育法》。目前实行的教育法律《中华人民共和国教育法》中仅仅渗透着终身教育法的思想，地方政府可根据中央政府法律条文，建立终身教育地方法规。例如，2005 年 7 月 29 日福建省通过了《福建省终身教育立法促进条例》，这是我国第一部终身教育地方法规。③建立和完善职业资格认证制度和就业准入制度以及终身教育相关认证系统。④成立专门的终身教育管理机构，制定具体的政策及措施，同时鼓励民间团体积极参与。

总之，在终身学习观念日益深入人心的今天，各大高校必须转变继续教育发展方式，统筹继续教育与经济社会的协调发展，使继续教育发展成为科学发展的人才支持与智力保障高地之一；同时，各大高校还要改变继续教育被动适应经济社会发展的局面，充分实现继续教育主动引领经济社会发展的作用，使继续教育能够促进区域现代产业的持续发展，提高服务经济社会的能力；大力加快全民终身教育体系建设，着力满足人民群众教育多样化的需求，建立和完善全方位、宽领域、多渠道的教育国际合作新格局，这也是继续教育发展的必然趋势。各大高校应充分依托产业优势，构建与现代产业体系相适应的地方继续教育培训基地，实现继续教育的均衡协调发展，走出一条具有地方特色和符合自身特点的创新之路，为继续教育及终身教育辉煌的明天而努力！[5]

参考文献

[1] 罗伟其. 打造南方教育高地的思考与实践［N］. 学习时报，2011-01-03.

[2] 黄健. 论终身教育体系及其建构［J］. 成才与就业，2010（17）：24.

[3] 周兰蓉. 发展终身教育　完善现代教育体系［J］. 探索者学刊，2002（4）：38~40.

[4] 教育部官方网站：教育部关于全面提高高等教育质量的若干意见（教高〔2012〕4）［EB/OL］. http：//www. moe. gov. cn/publicfiles/business/htmlfiles/moe/s6342/201204/xxgk_134370. html.

[5] 罗伟其. 以提高质量为核心推进广东高教全面融入区域创新发展［J］. 中国高等教育，2011（11）：8~11.

高校层面成人高等教育实施“学分银行”培养探析

陈舒怀　杜秋虹　王　蔚
（广东工业大学　广东　广州　510640）

【摘　要】成人高等教育必须研究成人学生的自主性、多样性、开放式和便利式的特征，本文研究在高校层面创建“学分银行”的培养模式，以学分积累为基础，创建“学分银行”的机制，对承认学生与专业有关的多种学习成果、开放教学资源方法、设置功能强大的管理平台及建设适合“学分银行”管理的质量保障体系方面作了探讨。

【关键词】学分银行　成人高等教育　学分制

国内教育资源的相对丰富和结构性的剩余以及国外教育营销的渗透对我国教育市场乃至人才市场造成了强大的冲击，成人高等教育已从过去的弥补高等教育不足的角色转变为在职人员继续教育的渠道。笔者认为，这是成人高等教育角色的真正回归。所以，成人高等教育在构建终身教育体系中应该着重提高在职人员继续教育的学历以及专业能力与素质，尤其要关注这个群体的特殊性。

一、成人高等教育对象特征的研究

成人高等教育广义上表现为终身学习，终身学习是指社会个体在其一生中通过持续不断的学习，从而求得意识和行为的改善，但成人高等教育又有别于普通高等教育。成人的学习要求成人自身有高度的自主性和多样性，同时要求教育机构能够提供开放式、便利式的教育资源及管理模式。成人高等教育具有以下几个特点：

（1）自主性。成年人的自主意识和自主能力均偏成熟。成人学生要求学习过程中能够自我组合知识模块，他们能根据自身的特点和工作的需要确定学习目标、制订学习计划、选择学习方法，以充分发挥自身的优势获得最好的学习效果。成人学生还要能自觉地管理自己的学习活动，对学习质量有一定的要求，能够自主监控学习过程，评价自身的学习成果。

（2）多样性。成年人的学习基础与社会阅历各有不同，差异度大。他们学习是为了满足个人适应社会急剧变化和科学技术不断革新的知识技能更新的需要，但具体的学习目标又与其年龄、受教育程度、职业水平以及社会环境等诸多因素有关，因此，成人终身学习的层次、方式等注定是多样的。即使是同层次、同方式的终身学习，由于个体的能力、经验、社会环境等的差异，其学习目的、学习内容和方法也会多种多样。多样化的教育方式、培养方式就是为了更多样化地满足成人学生个性化的学习需求。

（3）开放式。成年人有丰富的社会经历和阅历，但成年人又承担着一定的社会责任，他们必须同时兼顾学习和工作。这就要求终身学习的课程设置、学习方式、教学管理等必须是开放式的，这样才能让学习者积极参与教学过程，实现教与学的互动互长、理论与实践的紧密结合、学校与社会的沟通融洽。

（4）便利式。成人高等教育的开办主要是为了满足在职人员对学历提升的需要，由于现在从职人员工作岗位流动性强，他们往往需要经常性地更换服务地点，工作时间也经常有变化，加上生活各方面的繁杂事务使他们参加学习的时间得不到保障。所以，成人高等教育的办学机构要设法让学习变得随时随地可以进行，使各种学习方式的成果能够得到承认和积累。

综上所述，成人高等教育的特点呈现为自主性、多样性、开放式、便利式。因此，成人高等教育不能囿于目前普通高等教育的教学模式，应以“以人为本”的教育理念为指导，探索适合成人高等教育“学分银行”的人才培养模式，创建一种使成人的多种学习成果得到承认和积累并能够合理兑换学分的机制。

二、在高校层面实施“学分银行”的构想

当前世界各地“学分银行”的实施多以政府、行业、学会等机构为主体，如韩国、欧盟、我国上海的职业教育，这是一种必然的趋势。但是目前我国“学分银行”尚未在多数城市开展。成人高等教育目前最突出的问题是学费过低，约是十五年前的缴费标准。高等学校通过合班上课，利用全日制的教学资源，还能为社会作点贡献，争取良好的社会声誉，但是对于一般的办学机构而言却难以保本运行。即便如此，社会的办学机构还是趋之若鹜。这是业内尽知而不言的事实。

这些现状其实是可以改变的。通过“学分银行”的构建，成人学生可随时随地进行学习，按学分付费，还可自己搭建知识结构，应用前景非常广阔。在地方政府没有全面启动的情况下，高校可以作为实践的先驱者，探寻一种“学分银行”的操作规程。

1. 开放课程是实施“学分银行”的基础

实行开放课程学习，必须为学生制订弹性结构的教学计划。弹性结构的多样化专业培养计划围绕两个核心问题：①建立多样化的专业培养目标，以基本保持学科体系的完整性且又使灵活选择的课程体系满足受教育者的需求，从而发挥受教育者的主观能动性，激发其潜能，使社会接纳受教育者的非正规学习成果。②社会个体以自身的能力服务于社会，知识是构成能力的基础，素质是提升能力的动力。为此，我们应以能力（认知能力、实践能力、适应能力、交流协作能力）作为主线构建课程体系。

课程体系的基本构架：“基础平台＋能力模块”。基础平台包括：宽广的专业基础知识、基本理论、基本技能和通识教育课程。课程按培养学生能力构建，分必修和选修。其中部分课程还分A、B级，A级为基本要求的内容，B级为拓宽加深的内容。学生可根据自身的学习目标和水平选读。能力模块包括：胜任本专业工作的能力和技能，根据学科特点和社会需求，模块中课程分若干组，每组分基础和专业方向两层，学生可选择其中的一组、多组或跨组选课，自己拼成模块。培养计划还可安排10%～15%的选修课，学生可在基础平台、能力模块中选课，也可选读本专业菜单中没有提供的课程。基础平台的课程允许学生的专业证书代替课程的学习，如获大学英语四级证书可代替英语课程的学习，一些与专业有关的文章或专业课程的证书可作为基础平台B级的成绩。能力模块可接纳的范围更宽一些，如技能证书、社会培训课程、其他高校的学习成果、自学考试的成绩，甚至单

位技能劳动能手的光荣称号等都可纳入学分的承认范围。但本校培养方案至少有60%体现在成人学生的学习成果上。

2. 开放教学管理的资源

"学分银行"的实施，为使学员的学习过程得到落实，要求学习过程所占用的学习资源必须完全开放。高等学校必须实行完全学分制的管理模式，把选课制、学分积点制、弹性学制作为支撑，把师资、课室、机房、实验室、图书馆的开放使用作为基础。为学生营造良好的教学环境，实现学生自主学习、按需学习、学以致用，保证多样化、个性化人才培养模式的顺利实施，使学生在教学过程中高效率地达到既定的学习目标。这是"学分银行"的基础。

学生参照弹性结构的专业培养计划自主选课。允许跨专业、跨学科选课，对已掌握的知识和技能，经办理一定的认证手续，可免听或免修，对学得不满意的课程可重修。每学期按学生选读的学分收费，从学分绩点反映学生的学习状况。学制适当放宽，规定最低毕业学分，学生可根据自己的情况安排学业，某学期多修、少修甚至不修。学生可自由转换专业，转专业后，承认其之前修读的与本专业相关的课程学分。基础平台部分主干课程实行教师挂牌上课，并有意地把教师上课时间错开，学生可根据时间安排和兴趣选择任课教师。

同样高校也可开放一些珍贵的学习资源，收取合理的学习费用，如按学分收费。使学生在学期间取得相关的技能证书，如电工师、建造师、会计师、程序员等的证书。使高等学历的成人教育与职业教育、技能教育结合起来，提高成人学历教育的含金量，也使丰富多彩的优质培训教育得到学历教育的承认。同样，自学考试的课程学习，甚至单位的优质培训课程都应该以学习时间为单位折算成学分，纳入学生毕业总学分要求。

开放教学资源的同时也意味着为来参加学习的其他高校或全日制的学生提供课程学习的机会，也提供学习成果的官方认证资料。这可以通过高校间的协议，建立校际学分互认的办法来实现。

3. 适应"学分银行"运作的认证体系的建立

由于学生的培养计划中有大量的认证学分，所以，教学管理过程第一步是要建立学分认证的条例，根据现行的各级各类的教育课程、各种技能证书进行学分的核算；第二步是通过学生的入学教育，教会学生注意学分的积累与兑换；第三步是教学管理部门要认真核实、鉴定学生所申请学分的真实性以及有无过程学习的辅助材料等；最后在网上公示学分兑换的结果。其中的操作难点是学分认证量化标准的确定，成人学生付出的学习时间可作为量化的参考值，这方面韩国有较成熟的量化体系，如珠算的认证，可折算成8个学分。

在"学分银行"的培养模式中，每一个学生都有较大的自主权。为了让拥有不同能力、不同经验的成人学生适应并掌握这种自主权，准确选择学习方向，充分发挥潜能，达到预期的学习目标，得到一种随时可以提供的个性化的指导是必需的。为成人高等学历教育配备专业导师是一种合理的制度选择。专业导师可由学校聘请的一批经验丰富、有一定学术造诣的退休教师和党政干部担任。专业导师的职责：①引导学生了解专业和学科的发展，帮助学生正确认识自己，合理定位，制定学习目标和学习计划。②作为学校与学生之间的纽带，贯彻学校的教学意图，及时反映并帮助学生解决学习中的困难。③检查教学运行情况，及时反馈信息并协助解决存在的问题。实施"学分银行"的完全学分制，将使教学班的组织形式淡化，而专业导师提供的咨询让成人学生觉得心中有底。

4. 为“学分银行”建设功能强大的教学管理平台

开放式的教学管理使管理工作量骤增，加上成人学生居住地域分散、学习时间不同、学习的途径多种多样等因素，如果没有先进的管理手段，多样化、个性化人才培养就难以实现。教学管理平台的开发首先要确立工作理念。为适应多样化的成人高等教育的管理，教学管理平台的工作理念就必须以人为本，以服务成人学生为宗旨进行平台开发，集教学管理、网上教学和交流于一体。

教学管理平台至少应包括两大模块：一是高等学校教学管理信息系统，主要是内部管理的模块，学校可从方便管理的角度去进行设计。如学籍管理、认证系统、排课管理、考务管理、选课管理、成绩管理、毕业审核等都是教学管理的内容。二是学生网上个人的服务系统，以人为本的理念一般在这个模块可得到实现。如学生成绩查询、认证学分申请、课程表查询、调课通知、办证情况查询、统考通知、补考通知、网上选课、师生交流等，使学生足不出户，就能在网上查询个人的各类信息和进行各种交流。

管理平台还应建立学习网站，使学校丰富的教学资源不受时间、地点的制约而得到充分利用，教师可把答疑、辅导挂在学习网站上，便于与学生交流。管理平台还可开通“院长信箱”，处理各类咨询、投诉，并提供思想交流平台，将学生、教师、专业导师和学校行政无形地连接起来，使大学的校园扩展到社会。

5. 建立多目标的质量保障体系

“学分银行”促进成人学生人才培养的多样化，在培养方案中，应设置“学业规划指导”课程，教会成人学生使用其自主权，享受这种多样化的教育，自主安排学习量、学习进程和学习结构；教会学生利用以人为本的培养机制和个性化服务条件，充分满足自己的个性化需求，为自己定制个性化的成人高等教育；教会学生认真规划自己的成人高等学历教育的学习生涯，根据培养方案，形成自己的学习规划，甚至可以做出自己的职业规划，使成人教育学生生涯为自己的事业添砖加瓦，而不是混文凭。

“学分银行”为学生实现多样化的学习目标提供方便，如灵活柔性的课程体系、以人为本的学分认证机制。因此，“学分银行”的质量标准也应是多样化、人性化的。在“学分银行”培养方面，应有相应的完善的成人教育制度体系。制度包括了学生学籍的管理细则、学分制与“学分银行”的管理办法、考试的管理办法、毕业设计的管理办法等。管理条款都应结合成人教育多样化培养的措施来设置，其中的难点应是成人教育学分互认折算办法，要建立按专业结算与按课程结算相结合的经费分配机制，制订与多样化培养相适应的收费方案，实现按学分、按课程学科门类收费。必须反复计算不同专业、不同类型的课程的成本，既要努力减轻学生的经济负担，又要能维持正常的教学运作，还要符合当地物价部门的有关规定，依法收费，合理收费。

尽管当前成人教育的管理仍存在多级管理，但笔者更倾向于成人高等教育的“学分银行”实行一级管理、柜台式服务。面对学生个体，“一站式”受理学生的各种个性化要求，逐一解决。前台由管理人员解答学生问题，重大问题通过领导班子研究、共同商议解决，并及时向学生反馈处理意见。

三、高校层面"学分银行"的本质

人的一生大部分的知识和能力实际上是通过非正规的和无一定形式的渠道来获得的，这部分占人的知识与能力的80%左右，如果非正规的学习成果得到承认与鼓励，则会对人的成长与对社会的贡献起到合理的推进作用。如欧盟、法国、智利这些组织和国家，在2004年通过立法和公共政策，制定了对非正规学习和无一定形式学习的核定和认证的基本原则。构建"学分银行"的主要意义如下：

（1）通过"学分银行"的构建，使不同渠道的教育形式能够对接。如毕业学分的构成可以有高校的学习经历，也可以有各种学习证书兑换的学分，以及培训课程的参加。甚至一些个人的小科研、小制作都可以适当作为学分构成的一部分。以高校为主体实施"学分银行"，高校须有一定的胸怀去接纳学生从非正式渠道获取的学习成果，又要以负责的态度和严肃的工作规范去鉴定学生的学习成果的真实度，避免弄虚作假，管理人员更不能徇私。其实只要教学管理过程公开透明，这些作假的问题都可以解决。

（2）通过"学分银行"的构建，促进社会公平，为底层的从业人员争取学习机会，使成人学生有更多的自主权、更多的学习渠道，其学习成果都能得到承认，这种学历教育既为从业人员参加学习带来方便，又使教育过程有了质量的保证，客观上使成人学生提高学习的附加值，对改进从业人员的境遇是很有帮助的。

（3）通过"学分银行"的构建，成人学生可进行积累式的学习。由于成人学生经常受到各种条件的限制，学生同时入学，可按自己的情况进行规划，安排毕业的时间。所以"学分银行"对学习年限的要求较宽松，学习完全是学生个人的事，高校只需提供优质的教育服务管理，对及格率、毕业率可以较宽容的心态待之。

（4）通过"学分银行"的构建，成人高等教育的质量可接受社会的全面监督，按照保本运行来核算学分的单价。只有这样，才能使成人高等教育走上一条健康发展、可持续性强的道路。

（广东省教育科研"十一五"规划研究项目："以'学分银行'为载体构建高校优质学科资源社会服务平台的研究"；2010年度"广东省普通高校成人教育研究专项课题"："适应珠三角区域经济增长方式，构建成人高等教育'学分银行'的研究与实践"。）

面向企业的现代远程教育模式探索

孙树民　施旭英　张京京

（华南理工大学继续教育学院　广东　广州　510640）

【摘　要】面向企业开展现代远程教育是社会发展和时代进步的必然要求。本文围绕企业人才培养目标，以现代远程教育基本理论为指导，分析影响面向企业现代远程教育的关键因素，并结合我校华南理工大学继续教育学院在企业开展现代远程教育的实践经验，提出了面向企业开展现代远程教育的几点思路。

【关键词】面向企业　现代远程教育　教育模式

当今社会，企业的生存、发展与企业拥有的人才息息相关，企业的竞争归根结底就是人才的竞争。现代远程教育作为一种信息化时代的先进教育手段，是培养人才的重要力量，面向企业开展现代远程教育，能够为企业的发展注入新的活力和动力。

一、面向企业开展现代远程教育是社会发展和时代进步的必然要求

人才是我国经济社会发展的第一资源[1]。经济全球化发展对企业提出了更高的要求，企业要提高生产力、提升国际竞争力，关键靠人才，而人才的培养靠教育。高校承担着人才培养的重大任务，采取有效的途径和手段为企业培养更多更优秀的人才是高校履行社会职责的重要内容，也是各高校主动适应国家和社会发展需要，探索和创新多种人才培养方式的重要方面。

随着科学技术的进步和时代的发展，尤其是计算机技术、信息技术和网络技术的蓬勃发展，以互联网为主要载体的现代远程教育手段，为学习者提供了便利的学习方式。由于企业在职人员利用业余时间来学习，并要求自主安排学习，传统的教育方式限制教学的时间、地点，而现代远程教育具有可突破时空限制等优势，所以面向企业开展现代远程教育是满足企业人才培养的理想途径。

国家对企业开展继续教育以及发展现代远程教育给予了高度的重视。《国家中长期教育改革和发展规划纲要（2010—2020年）》指出要“构建灵活开放的终身教育体系，鼓励学校、科研院所、企业等相关组织开展继续教育”，并提出“要大力发展现代远程教育，建设以卫星、电视和互联网等为载体的远程开放继续教育及公共服务平台，为学习者提供方便、灵活和个性化的学习条件”[2]。因此，面向企业开展现代远程教育既响应国家鼓励企业组织员工参加继续教育的号召，又符合国家大力发展现代远程教育的趋势。

二、面向企业的现代远程教育模式的关键因素分析

依据教育模式的基本概念，“现代远程教育模式”可以理解为借助现代远程教育手段，

为实现特定教学任务而形成的相对稳定而具体的教学活动结构。从结构与要素的关系来看，模式功能的发挥有赖于内部各要素的优化和有机组合。因此，我们需要统筹考虑面向企业现代远程教育的教育内容、教师和学习者、教学手段等多方面因素，围绕企业人才培养规格，合理建构、优化组合，形成一个教学相长的动力系统。

1. 人才培养目标和教育内容

在人才培养目标上，一方面，要符合继续教育人才培养质量的要求，注重应用性、技能型人才的培养质量；另一方面，应紧跟企业人才培养规格的要求，与企业生产实际相结合，培养与企业发展相适应的专业人才。

在教育内容上，要结合企业的人才培养需求适时调整和改革专业教学计划，合理设置课程，开发符合企业需求的课程资源。传统全日制普通高等教育重理论轻实践，而面向企业的继续教育应避免出现“普教化”的倾向，既要保证基本理论教学，又要加强实践教学，应结合企业的生产实践适当提高实践课程的比重，在课程结构上应充分体现针对性、应用性和实践性的特征。在教学资源的设计和配备上，强调企业和高等学校之间各种资源的优化组合，实现优势互补。

2. 教师和学习者

从教师角度来看，面向企业的现代远程教育对教师提出了新的挑战。一是企业定制式培养员工，教师应当具有良好的专业素养、广博的知识，为企业提供优质的教学服务，达到企业的预期效果；二是教师和学生处于准永久性分离的状态，致使教学的互动过程较贫乏，这就要求教师了解在职学生的学习心理和学习需求，善于运用教育心理学，增加课堂吸引力；三是要求教师熟练运用现代远程教育技术与手段，充分发挥多媒体等技术优势，多样化利用教学资源，提高教学技巧。

从学习者角度来看，企业员工接受继续教育存在着工作与学习相冲突的现实问题。但从学习者的学习心理来看，则具备共同的学习心理特征：一是学生群体有较为丰富的工作和实践经验，感性认识丰富，学习目的明确，学习主动性强；二是学生都在同一企业工作，生活居住地域相对集中，且往往具有共同的职业生涯，又受到共同的企业文化的熏陶，遵守共同的企业管理制度，普遍比较有归属感和凝聚力，易形成共同的理想和信念，容易组织集中辅导和实践环节的教学活动。

3. 教育手段和方法

由于企业员工只能利用业余时间学习，在时空上无法按照全日制的模式组织教学，现代远程教育（网络教育）具有突破时空限制等优势，成为解决这一问题的理想途径和手段。当然，在面向企业开展现代远程教育时，除了提倡利用网络平台资源进行自主学习之外，还可以结合企业的自身特点组织并开展多样化的教学活动，如送教上门、集中面授教学、基于任务式的小组协作、校园文化讲座、参观实习等丰富的教学活动，也可以聘请企业技术骨干直接参与教学实践。

总之，在设计面向企业的教育教学活动时，要坚持从实际出发，坚持理论和实践相结合，发挥学校和企业的各自优势，构建高效的教育服务体系。

三、华南理工大学继续教育学院面向企业开展现代远程教育的实践经验

华南理工大学现代远程教育坚持“规范管理、服务到位、稳步发展”的发展思路，突出学校自身的办学特色，通过现代远程教育手段向社会和企业开展多样化的教育培训服务。自2003年以来，华南理工大学现代远程教育先后面向深圳富士康、东莞电信、捷普电子公司、恩斯迈等企业开设了电子科学与技术、计算机科学与技术、工商管理等专业，帮助企业培养了一大批高级技术和管理人才，参加现代远程教育的企业员工近3 000人。

华南理工大学通过多年与企业合作开展现代远程教育的实践，在教学内容和教学手段以及教学管理体制上做到了理论与实践相结合，逐步形成了自己的办学特色，对面向企业的现代远程教育模式进行了初步的探索。

1. 结合企业行业实际，调整培养计划和课程结构

在教学计划的制订上，紧密结合企业的人才培养需求和学生对岗位的实际需求，精心规划课程设置，实现企业定制式的人才培养方案。针对一些基础性不是很强的课程，企业可以根据需要灵活选择。华南理工大学在面向东莞电信的现代远程教育中，面向生产服务和管理工作，分别向员工开设了计算机科学与技术和工商管理两个专业；在课程结构和教学内容的安排上，适当加大了教学实践的比重。此外，为体现全面发展的需要，进一步开阔学生视野，提高思维能力，学校开展和组织了一系列通识类的讲座课程，如形势报告、员工心理健康辅导等。

2. 结合企业行业实际，调整教学手段和方式，严密组织教学

在教学组织上，华南理工大学结合企业的需求与实际，注意区别不同课程的教学特点，采取不同的教学组织形式。对于公共基础理论课程，充分发挥现代远程教育资源丰富、交互便捷等优势，主要采取网上教学和学习的方式，学生登录课堂查看教学视频等学习资料，完成随堂练习和作业；对于专业基础课，要保证专业基本素质要求，体现专业培养的需要，故在网络学习的同时辅之以适当的面授辅导教学，网络学习和集中面授辅导相结合；对于实践类课程，则利用企业生产第一线的优势，邀请或聘请企业工程师进行实践教学，使学生在提高专业技能的同时提高理论思维能力和水平。此外，华南理工大学还应用网络视频会议系统对企业员工进行远程辅导和答疑。

3. 改革教学管理机制，促进学分互认、学习成果共享

企业行业对员工技能方面培训的需求相当迫切，针对一些职业技能方面的培训，华南理工大学现代远程教育利用企业或培训机构的优势，积极探讨和实践学分互认机制，促进学习成果共享。如我校在面向广东南方软件职业培训学院的“软件工程”专业教学中，经过一定的课程评估体系和认证程序，实现了对若干职业培训课程的学分互认，有效推进了学历教育和职业教育的衔接。

4. 取得的成绩和效果

根据企业岗位需要，利用在职员工的生源特点，以班级为单位建制。同一企业的员工大多选择同一专业，学生集中、专业集中为教学活动的组织提供了便利。根据规模情况，我们以班级为单位建制，既易组织集中面授辅导、课程考前辅导，又能保证教学效果；在教学组织上，对于一些推理性较强、学习难度较大的理工类课程，采取面授为主、网络学习为辅的教学组织方式，受到了学生的普遍欢迎和一致好评，他们认为通过教师的细致讲

解更容易掌握一些专业性强的知识。

通过多年的实践，在面向企业的现代远程教育方面，我们取得了一定的成绩，获得了宝贵的经验，形成了一定的社会影响和示范效应。在企业的员工中形成了浓厚的学习氛围，大大地增强了员工的凝聚力，提升了员工的工作能力和综合素质。为此，大部分合作企业都选择继续与我们保持长期合作，分批分期组织员工继续接受现代远程教育，有效保证了企业的可持续发展。

四、面向企业开展现代远程教育的几点思路

面向企业开展现代远程教育是我国加强企业人才培养、搭建终身学习“立交桥”的重要途径。当然，要形成完善的现代远程教育模式，还需要学校、企业乃至国家和社会等多方面的支持和保障。

1. 以现代远程教育理论为指导，探索面向企业的现代远程教育模式

传统教育是一种封闭的教学，现代远程教育则打破了这种封闭的局面而形成开放式的、灵活的教学系统，它与社会、政治、经济、科技、文化的联系紧密，是一种开放的、灵活的人才培养体系。实施现代远程教育的试点高校，应以现代远程教育理论为指导，树立终身教育观念，树立面向企业的人才培养观念，探索面向企业的现代远程教育模式。首先，结合企业实际，加强课程体系改革，加强教学资源建设，为在职人员提供便利的学习途径和条件；其次，要考察面向企业的现代远程教育教学过程中的教师、学生、教学手段、教学内容等关键因素，优化教学模式结构，提高教学效果；再次，要更大程度地发挥现代信息技术手段的作用，努力探索新方式新方法，实现教学组织与管理的科学化。

2. 企业要建立工学结合的激励机制，鼓励员工参与现代远程教育

从企业层面看，事业要发展，企业对各方面人才的需求必然会越来越大；作为企业员工，面对知识经济的发展，也都面临着重新学习、再受教育的需要。企业领导人要具备高度的人才意识和发展意识，要充分认识到员工参加继续教育可为企业的发展注入新的活力和动力，更好地为企业的生产和发展服务。

现代远程教育“突破时空”等优势使之成为企业培养人才的理想途径。企业通过鼓励职工积极参与现代远程教育学习专业知识以提高其综合素质，形成企业发展的内在驱动力。企业应努力为员工创造良好的继续学习的条件和氛围，建设学习型企业，建立培养人才、留住人才的相关支持机制，促进工学结合等人事制度的有效衔接。

3. 建立继续教育与人事考核衔接机制，加强企业人才培养

试点高校面向企业开展现代远程教育，毕竟只能解决一部分企业或区域发展的需求，这是远远不够的。要构建灵活开放的终身教育体系，还需要国家和社会层面的推动，党和政府应树立系统培养观念，完善企业行业继续教育法规制度，推进继续教育学分积累和学习成果转换制度。同时要健全和落实工作绩效考核、人事考核等相关制度，推进学校、企业、社会有效衔接，这样才能使现代远程教育成为企业人才培养和发展的强大推动力。

参考文献

[1] 国家中长期人才发展规划纲要（2010—2020 年）[Z]. 新华社，2010-06-06.

[2] 国家中长期教育改革和发展规划纲要（2010—2020 年）[N]. 人民日报，2010-03-01.

［3］顾明远．教育大辞典（增订合编本）［M］．上海：上海教育出版社．1998.

［4］查有梁．论教育模式建构［J］．教育研究，1997（6）.

［5］祝怀新，钱启．面向民营企业的大学继续教育探析——浙江大学个案分析［J］．继续教育，2009（12）.

浅析高等教育自学考试本科教育与高职高专教育相沟通的特点及意义

余玲玲
（华南师范大学继续教育学院　广东　广州　510631）

【摘　要】自学考试在构建继续教育、终身教育体系和学习型社会中发挥着重要作用。自学考试本科教育与高职高专教育相沟通是自学考试发展的一种新的探索，本文试图对其产生的背景进行阐述，分析其特点，并剖析它对自学考试教育、高职高专教育和学生个人所具有的意义，指出了相沟通办学的裨益和必要性。

【关键词】自学考试　高职高专　教育　本科　沟通

一、高等教育自学考试本科教育与高职高专教育相沟通的产生背景

20世纪末，我国高等教育大众化发展迅速，各地普通高校大规模扩招，网络教育迅速兴起，各种公办、民办高职高专院校如同雨后春笋般出现，高等教育在规模上得到极大发展。特别是高职高专教育的开办，是我国实现高等教育大众化目标的重要手段和途径，高等专科人才培养速度尤其迅速。高等教育大众化使得人才市场的供求关系与过去相比发生了显著的变化，同时知识与技术的日新月异，这些都导致社会用人标准越来越高，对人才学历层次的要求也越来越高，现在专科毕业生在许多领域或行业已经很难找到就业机会，面临着继续学习和接受继续教育的局面。高等专科教育的迅速发展和社会发展对高规格人才的需求呈现双重矛盾。

在此形势下，高等教育自学考试本科教育和高职高专教育相沟通的出现，有效地缓解了人才总量需求和高规格需求的双重矛盾，是自学考试主动适应社会需求、大力发展本科教育和积极探求与其他高等教育形式搭建“立交桥”的一种体现和发展诉求，也是实现高等教育构建继续教育、终身教育体系和学习型社会目标的有效方式。

二、高等教育自学考试本科教育与高职高专教育相沟通办学的模式与特点

高等教育自学考试本科教育与高职高专教育相沟通办学的基本模式，主要是指符合条件的高职高专院校组织在校学生，由高等教育自学考试主办学校实施助学辅导，参加高等教育本科专业自学考试，获得继续教育和提高学历层次的机会，从而增强就业竞争力。高等教育自学考试本科教育与高职高专教育相沟通办学的主要特点如下：

1．生源的沟通

自学考试本科教育与高职高专教育相沟通的生源，主要是指经国家批准并经教育行政

主管部门评估合格、开办相沟通教育的高职高专院校的在校生，本高职高专院校以外的自考生或非本高职高专院校在校的全日制高职高专学生均不能参加相沟通班的学习。同时必须明确，自学考试本科教育与高职高专教育相沟通，仅仅是自学考试助学辅导工作向高职高专院校的一种延伸，高职高专学生的主要学习任务是完成专科学历教育，绝不能将高职高专学生的主要学习任务与参加自学考试助学辅导加以混淆，从而影响高职高专院校正常的教育教学秩序，因此，参加相沟通学习的必须是“学有余力”的高职高专院校在校生。另外，由于自学考试本科教育与高职高专教育相沟通本质上是自学考试的一种助学辅导形式，需要学生利用“业余时间”进行学习，且需要按收费标准缴纳一定学费，因此，参加相沟通学习的必须是出于个人自愿且“家有财力”的学生。

自学考试本科教育与高职高专教育能够在生源上进行沟通并实现共享，是构建终身教育体系和学习型社会的具体体现，也是现实的需要。经过近年的扩招，我国高职高专在校生数量已经达到一定规模，而且还将大力发展，这为开展自学考试本科教育与高职高专教育相沟通的工作提供了大量潜在的生源，创造了良好的合作环境。

2. 人才培养目标的沟通

高职高专教育培养目标指向明确：“高职高专教育是我国高等教育的重要组成部分，培养拥护党的基本路线，适应生产、建设、管理、服务第一线需要的，德、智、体、美等方面全面发展的高等技术应用型专门人才。”[1] 而自学考试本科教育对于高职高专学生而言，实质上是一种高职后教育（学生必须在取得专科学历文凭的前提下方可办理毕业登记，获取自学考试本科学历文凭），所体现的是继续教育的人才培养目标。

依上所述，自学考试本科教育与高职高专教育在人才培养目标上的沟通，实质上是高职后教育与高职高专教育在人才培养目标上的互补。高职高专教育培养目标基本定位于培养“技术型或技能型的专门应用人才”，而自学考试本科教育既然是一种高职后教育，就更强调受教育者的理论知识素养（包括基础理论知识和专业理论知识），较之高职高专教育，它提升了人才培养的理论素养和规格。因此，自学考试本科教育与高职高专教育相沟通，既要在理论上体现自学考试本科教育的理论高度，又要在实践上体现高职高专教育的应用性和技术性，即“培养具有较高理论水平但又具备较强应用能力的专门技术人才”。它从真正意义上实现了“技术应用型专门人才”在理论与实践上的结合。

3. 专业选择和课程设置的沟通

自学考试本科教育与高职高专教育相沟通，目的是培养具有较高理论水平但又具备较强应用能力的专门技术人才。因此，在选择何种专业进行沟通教育的问题上，自学考试本科教育需充分遵循与适应高职高专教育的培养目标与专业特点。在此原则下，相沟通的专业应以高职高专教育的培养目标和专业特点为基础，以应用技术型自学考试本科专业为主，充分贴近高职高专学生的学习特点和高职高专教育特点，从而实现在专业选择上“沟通”的针对性和有效性。

“人才培养目标主要是通过执行专业教学计划来实现的，构成教学计划最基本的教育影响因素的是各门具体的课程”[2]，因此，自学考试本科教育与高职高专教育之间真正的沟通，是通过二者教学计划之间尤其是教学课程之间的沟通与衔接来实现的。参加相沟通学习的学生在专科学习期间已取得考试合格的课程成绩，若课程名称与所修自学考试本科专业中公共基础课的课程名称相同，在课程内容、学分、学时及考核方式相同或相近的情况下，经过主考学校专家组和省考办专家组的双重认证，办理手续后可确认为高等教育自学考试本科段该课程的考试成绩，即互认（或免考）。它充分地体现了自学考试本科教育与高职高专教育在课程互认制度上的沟通与衔接。

虽然课程可以互认，但必须明确，高职高专教育与自学考试本科教育是两种不同学历层次的高等教育，二者的专业基础课和专业课在知识结构上存在本质差别，不能借“沟通”之名将课程互认制度的优越性无原则地扩大，从而降低人才培养规格的标准，影响自学考试本科教育的教学质量和教育功能。所以，自学考试本科教育与高职高专教育相沟通中的课程互认，仅限于公共基础课，不包括专业基础课和专业课。这也充分地体现了相沟通教育在课程“互通”上灵活性与原则性的高度统一。

4. 教育、教学资源的沟通

参加相沟通学习的学生，在自学考试助学辅导、报名报考、学籍管理、考试组织、转免考和毕业登记办理等方面，接受主考学校和高职高专院校的双重管理，这要求主考学校和高职高专院校在教育、教学资源配置或投入上必须高度配合，进行互补。对实施自学考试本科教育的主考学校而言，它必须与高职高专院校在管理人员与师资队伍上加以共享、实现沟通，如对相沟通班的教学管理进行指导、派遣合格的教师进行助学辅导等。对接受自学考试本科教育的高职高专院校而言，需提供相沟通班学生的教学场地与生活设施、设备（如课室、图书馆、食堂、宿舍等），在教育硬件资源上实现共享；同时在教育软件资源上，高职高专院校负责建立相沟通助学班学生的学籍档案和健全的班级管理制度与班主任制度，并对学生进行自学考试报名报考、学籍等方面的指导与管理，实现与自学考试本科教育在教育资源上的“互通”。

三、高等教育自学考试本科教育与高职高专教育相沟通的意义

积极开展自学考试本科教育与高职高专教育的相沟通，既实现了主考学校和高职高专院校之间的资源共享和优势互补，又满足了社会需求和学校教育层次、学生个人知识水平和理论素养的提升。它对推动高等教育大众化发展与构建继续教育、终身教育体系和学习型社会，具有极其重要的意义。

1. 充分发挥自学考试教育和高职高专教育各自的优势，在沟通中真正实现资源共享和优势互补

通过相沟通，高职高专学生可以充分享受自学考试的灵活性、开放性和优质的教学资源：在专业选择上，学生可根据自己的兴趣和能力选择或中途放弃所修专业，但在改换其他专业时可以免修与已通过的课程名称相同和代码相同的课程，避免重复学习，节省学习时间；在学习年限上，由于自学考试采取的是单科合格的考核方式，考试成绩长期有效，学生可以自由控制完成学业的年限，可操控性较强；更为重要的是，在教学资源上，高职高专学生可以获得自学考试主考学校优质的助学辅导，接受主考学校优秀教师的课程讲授和学习指导，提升自身知识水平，这也是相沟通教育最突出的优势所在。

通过相沟通，自学考试可以充分利用高职高专院校优质的全日制学生管理模式和管理队伍，对本来组织上相对零散和缺少人文关怀的自考学生进行规范的管理，从而提高助学质量。同时，高职高专学生是经过国家统一考试录取的，学生基础较好，这为相沟通教育生源质量提供了有力保证，确保了自学考试的教育质量。

2. 充分实现了主考学校、高职高专院校和学生个人三者共赢

对主考学校而言，积极开展自学考试本科教育与高职高专教育相沟通，可以充分利用高职高专院校生源数量和质量的优势，扩大助学规模，发展壮大自学考试事业。它是主动适应和积极贯彻教育部与全国考委第五届第二次会议关于“积极发展自学考试事业”和“大力发展自学考试本科教育”的决议的现实表现，也是对全国考委第三届第一次和第二次会议关于“构建高等教育立交桥”精神的具体实践。

对高职高专院校而言，积极开展自学考试本科教育与高职高专教育相沟通的实践，使学有余力的学生在经济允许的情况下攻读本科，给学生提供更高层次的学习平台，可以增强自身的品牌竞争力和社会影响力。学生在接受本科教育过程中，其整体素质和学习能力均会日益提高，因此对专科教师的教学要求亦会相应提高。这就促使高职高专院校必须想方设法不断加强自身的师资力量和提高教师的教学水平，从而主动适应学生日益增长的知识需求。由此可见，这对相沟通高职高专院校的办学而言显然是一个互动过程，会产生良好循环的实际效果。

对学生而言，接受相沟通教育，意味着在修读专科学历的同时可以攻读本科学历。它既充分发挥了个人潜在的学习能力，拓展了自身的学习层次和内容，又节省了学习时间和学习成本。同时，相对于没有参加相沟通学习的学生，参加相沟通学习的学生在学历提升上拥有更多的机会和更大的优势，就业竞争力明显增强，为个人今后的发展奠定更加坚实的基础。毫无疑问，学生个人是开展相沟通教育的最大受益者。

参考文献

[1] 教育部关于加强高职高专教育人才培养工作的意见（教高〔2000〕2号）[Z]，2000－01－17.

[2] 顾明远．教育大辞典 [M]．上海：上海教育出版社，1998. 899.

增强普通高校成人教育竞争力策略探究

魏小瑜
（华南师范大学继续教育学院　广东　广州　510631）

【摘　要】探究增强普通高校成人教育竞争力的策略，应明确学校办学理念，依法治校，规范管理，树立良好的学校品牌形象，建立健全各项规章制度，重视教育管理质量，为社会输送合格的人才而努力。

【关键词】普通高校成人教育　竞争力

就普通高校成人高等教育而言，稳定的生源是学校稳定发展的基本保证，但如何保证充足的生源，又是值得我们探究的问题。自从我国加入 WTO 以后，教育市场面临着全球化和国际化带来的冲击和挑战，因此寻求学校稳步发展的主要途径，应从下列几方面努力：

一、明确办学理念和目标

依法治校是教育事业深化改革、加快发展以及推进教育法制建设的重要内容。依法治校是高校办学的根本，其本质是学校管理者要树立法治观念，弘扬法治精神，以法律为最高权威，在法制的轨道上高度重视规范管理，坚持依法治校，不断建立和完善各项民主规章制度，开展学校的综合管理，包括教育教学、服务保障和其他一切教育活动。

高校的办学理念首要的是突出学校的特色。大学特色是指一所大学在长期的发展历程中，形成具有自身独特发展优势且被社会公认的显著特征，是一所大学赖以生存和持久发展的生命力与优势所在。

在办学目标上的定位，高校举办者应根据时代和地域特点，地区社会政治、经济、文化发展需求和教育资源分布等情况，考虑学校的历史传统和学科优势，明确学校的类型、层次、专业结构和规模等要素，对学校作出符合实际的恰当定位。同时，高校的社会责任决定了打造教育品牌要始终把培养人才放在第一位，把社会效益、教育效益放在第一位，这是任何时候都不能忽视、不能动摇的。只有这样，才能够真正树立起知名教育品牌，并且使之长期传承、永不褪色。

二、充分展示学校的良好形象

在名牌崇尚上，高校要积极实施名牌战略。学校的品牌形象是一笔无形的财富，良好的学校形象不仅可以为学校创造发展的契机，还可以为学校增加教育能量，提升学校整体实力。因此，一方面要重视提高学校的学术水平和人才培养质量，树立良好的形象和声誉，形成自身的品牌；另一方面，要加大宣传力度，扩大社会影响和提高品牌的知名度；

同时，要求全校师生洁身自好，爱惜学校品牌，为学校品牌增添光彩。

1. 充分发挥网络媒体的作用

信息社会为信息传播和人际沟通提供了便捷、有效的手段。随着信息科技的发展，网络宣传已成为招生宣传工作的主要宣传窗口，引起各高校的高度关注，究其原因，网络具有随时访问、双向交流、超级链接、多媒体展示等优点。针对网络宣传窗口上述特点，应采取有效措施，为考生提供必要信息：

（1）内容要丰富。宣传网站上应反映学校基本情况、专业课程、学科、招生人数、招生范围、招生政策及注意事项等基本信息；充分展示学校的办学水平和整体实力，学校的发展现状和未来发展规划；社会对学校的评价；学校的重大成就和获得的重大奖励；名师和学生取得的成就展示；各专业发展现状、专业特点；教学设施等教学资源；学习和生活条件介绍；学校地理位置等等。

（2）对各专业就业形势进行分析预测。随着大学生面临就业困难的形势，考生、家长对学校、专业选择的重视程度加大，针对考生和家长关心的焦点问题作出科学的分析和预测，引导学生把自己的兴趣和国家的需要结合起来选择自己的报考志愿。招生网站要充分论证、预测各学科在国民经济建设中的地位与作用，使毕业生真正认识到毕业后应有的社会地位和发挥的作用。

（3）重视加强与考生的互动交流。学校和考生之间的互动交流是增进考生对学校的了解、学校对考生的需求的一种沟通渠道。互动交流可采取以下形式：①在招生网站上公布电子信箱，及时认真回复来信；②对一些常见的问题，在 FAQ（常见问题，Frequent Asked Questions）中给以解答；③派出招生工作人员、本校教师或在校学生参加与考生的交流。

（4）宣传信息要真实。学校发布在招生网站的信息必须真实，宣传形式要具有合法性，宣传的对象要有针对性，否则，当考生进校后的感受体会与宣传内容不一致的时候，会导致学生对学校的期望值降低，更会使学校在社会上的信誉度降低。

2. 重视宣传的持续性

一所学校在社会上良好形象的树立，除了必须经过长期应用实践证明外，还应坚持不懈、持续不断地予以全方位宣传，以加深人们对学校良好形象的认识、了解，使学校的影响深入人心。

建立招生网站是进行招生宣传工作的重要手段，也是节约人力、时间、精力以及宣传费用的有效途径，应高度重视其作用的发挥。

首先，要注重网络的整体效果。网页设计要充分显示活泼、生动，图案简洁、精美、富有吸引力；其次，在学校主页上，招生网站要醒目，以吸引更多的人关注。

3. 设立招生咨询专用电话

每年高考前后，都有考生或家长对学校情况感兴趣，但有些问题在招生网站、招生简章等处又无法找到答案的情况，而且这些问题又往往都是政策、收费等“硬件性”的问题，它们确实需要通过电话咨询来解决。但由于学校人力、时间的限制，很难设立 24 小时咨询电话。因此，我们可以借鉴企业集团（公司）中设立“呼叫中心”的方式来应答考生的电话咨询，开通“呼叫应答”和人工回答两条服务热线。对于一些“硬件性”问题制成电话录音，由电脑来自动应答，有条件的高校可以把自动应答设定为考生免费拨打线路，由高校从招生经费中支付电话费；招聘具有一定素质的退休人员、本科生或研究生等，经专门培训后担任值班咨询人员，应答考生的电话咨询。

三、深化成人高等教育内部改革机制，增强竞争实力

1．重视内涵建设

创建现代管理制度，为提升大学的核心竞争力创造制度环境。机制创新是提升大学核心竞争力最重要的动力和源泉。大学的管理是一门科学，要用科学的态度、思想与方法进行管理。建立能激发广大师生进行知识传承、知识共享和知识创新的管理机制，充分调动全体师生员工的积极性，促进学校核心竞争力的提升。

2．重视课程创新教育

目前，就成人教育而言，存在“普遍教育化”的现象，偏重经济效益、忽视社会效益；探讨成人教育特色课程创新教育机制，成人高等教育课程的设置要遵循市场经济发展的规律，适应社会发展和学习者的需要；建立创新办学模式，优化课程结构，根据市场需求设置培养目标、专业及课程是增强竞争力的前提。因此，改革教学大纲，探讨创新课程的设置势在必行。

3．根据市场需求，调整专业设置

如何创新教育模式和教育特色，根据市场需求建立适应市场的专业和课程模式，应成为高校品牌建设的重点。应把这个重点作为提高高校核心竞争力的关键建设内容来抓。

学生选择专业考虑的因素有两个方面：一是选择自己喜欢，能够发挥自己爱好与特长的；二是选择适应社会需求，应用性强，就业门路较宽的。因此，高校需要按照市场经济发展的需要和人才供求随时调整专业，坚持以市场需求为导向，以服务市场为目的，设置“关键专业”、“创新专业”；依据产业结构以及人才的变化需要，调整学科专业层次；加大专业改革力度，基础课打破专业界限，增加跨专业、跨学科的课程，形成新的知识结构。

4．狠抓教学质量

当前，我国成人高等教育已经进入一个需要稳步协调发展的关键期。高校成人教育工作的着力点将更加集中在提高质量和效益上。高校要充分意识到，适度扩大规模是大势所趋，提高质量则是名校所系。质量是学校赖以生存和发展的生命线，规模扩大应以质量保证为基础，效益提高则以质量保证为前提，三者既相互依存，又彼此制约。因此，教学质量是增强学校竞争力的根本，要提高教学质量，除了需要有良好的硬件建设，更要求学校在选拔优秀教师的基础上，重视抓好教学质量，坚持进行教学质量测评制度；课前审查；教学周信息回报；师生评教；师生互动考勤；考教分离；教学巡查制度；建立教师课酬和奖金与教师评级挂钩的制度；建立教师优课厚酬与差课低酬甚至无酬，不合格辞退的激励机制。为提高教学质量、全面提高学生整体素质创造条件。

参考文献

［1］张建发．高校招生宣传的心理策略与传播技巧［J］．黑龙江高教研究，2004（6）．

［2］陈国秋. 成人高等教育招生工作对教学质量的保证体系［J］. 武汉市经济管理干部学院学报，2004（3）.

［3］聂波，苟国旗，冯晓桦. 高校招生宣传策略探微［J］. 西华师范大学学报（哲学社会科学版），2004（6）.

成人教育突出的政治作用

熊 静 蔡美玲
（深圳大学成人教育学院 广东 深圳 518008）

【摘 要】教育，尤其是成人教育，具有一定的政治属性，在受到巨大的政治经济制度影响的同时，也发挥着空前的政治作用。不同时期的成人教育，在反映和满足不同时期的政治、经济、文化等发展需求的同时，也在为其所代表的不同阶级与统治集团服务并创造更大利益。本文从历史发展脉络梳理我国成人教育在其发展过程中所发挥的突出的政治作用，并对现今成人教育所起的政治作用作出简要分析。

【关键词】成人教育 发展 政治作用

成人教育，作为国家教育体系中的重要组成部分，其发展与不同历史时期特有的国情和政治制度有着密切联系。在中国近现代史上，成人教育的兴衰与政治有着不可分割的联系，也表现出突出的政治作用。

一、清末民初，成人教育学制初建，成人教育的政治作用开始显现，其特点是配合简易识字教育巩固当时政权

在我国，成人教育作为以成人为教育对象的教育活动，迄今为止已有3 000多年历史，然而，中国古代成人教育却缺乏系统的学制和明确的划分。纵观中国成人教育发展历史，真正意义上的现代成人教育始于20世纪初期。

1902年，清政府下诏废除八股文，颁布《壬寅学制》；1903年，在《壬寅学制》基础上，颁布《癸卯学制》，并于1904年1月起实施。《癸卯学制》以尊孔读经为宗旨，以“中学为体，西学为用”为指导思想，开始重视普通劳动大众的教育和西方先进文化技术的引进，规定了与高等学堂平行的高等实业学堂专门面向社会成人，开展识字与文化技术教育。1905年，清政府正式设立实业司专管成人教育，开始创立“为救济年长失学成人”的补习教育。由此，有组织的成人教育被提出，全国出现大量的为成人举办的讲堂、夜校、通学所、简易识字学塾、补习班等。但需要指出的是，这种有组织的成人教育是一种简易识字运动，一种简朴的扫盲教育，其仅仅是在未触及当时统治者“忠君、尊孔”封建思想的前提下，传播基本的文化知识和当时西方的先进技术，最终的政治目的其实是维系清王朝的统治，缓和日益激烈的阶级、民族矛盾。

1912年，南京临时政府成立，中华民国的教育宗旨为：“注重道德教育，以实利教育、军国民教育辅之，更以美感教育完成其道德。”其中实利教育的主要内容是“以人民生计为普通教育之中坚”，面向民众传授知识技能，训练思维，增进国计民生。于是，成

人教育得到当时政府重视。通过成人教育，两千多年“忠君、尊孔”封建教育思想体系被摒弃，资产阶级的政治原则和人权观念登上历史舞台，社会上层逐渐具有了“资产阶级民主”的氛围。之后，北洋军阀政府统治时期，成人教育以“通俗教育”的名义继续履行其普及普通文化知识的义务，其实质还是为巩固当时政治统治服务，宣扬其政治思想。

二、“五四”时期至新中国成立之前，成人教育的特点是突出政治、服务政治，为传播各党派政治主张服务，为政党立足打下政治思想基础和人才基础

五四运动前后，各种新文化、新思想在中国广泛传播，教育在知识分子、进步人士眼中成为可以挽救“国弱民贫”的利器，“以教育唤醒民众，以教育解救民众，以教育造福民众”成为革新教育的新动向，“教育救国”、“教育万能”等思想遂成为时尚。此后，教育包括成人教育，不仅因受到前所未有的重视而得到空前的发展，而且因受到进步主义教育思潮的影响发生变革，并随着政治浪潮的不断转变而分流。从五四运动至新中国成立这一时期，中国成人教育进入分化期，逐步形成民主主义者、国民党、共产党三足鼎立的成人教育局面。三者为各自的政治、理想、生存等目的而发展各自的成人教育。

十月革命后，为了向工农群众传播马克思主义真理，唤起民众的觉悟，同时扩大共产主义思想的政治影响，毛泽东在湖南第一师范学校创办了工人夜校，共产主义小组先后在上海、北京、武汉、长沙、广州等地开办了工人学校、夜校、劳动补习学校、识字班、业余学习班等。这些不同形式的成人教育实践活动，“不但使工人学习文化，提高了觉悟，为革命培养了骨干力量，也使革命的知识分子在与工人结合的实践中得到锻炼，许多创办者后来都成为中国共产党著名的领导人，从而为中国共产党的成立准备了条件”。1921 年 7 月，中国共产党成立，为扩大党的影响，配合工农运动的开展，各地相继创办各种干部学校、工农补习学校，学习内容除涉及社会文化知识和劳动技能，还包括马克思主义著作。在众多干部学校中，由毛泽东和何叔衡于 1921 年创办的传播马列主义、培养革命干部的湖南自修大学最为突出，它不仅是党最早的干部学校，标志着党的干部教育正式成立，还在我国现代成人教育史上产生了重要意义，标志着在党领导下的成人教育首次建立了高等学校。

1924 年至 1927 年，国共第一次合作。共产党为适应时局，将干部学校纷纷改组。这一时期，共产党为吸收青年工人、爱国青年等，开办夜校、女子学校、工人学校等，同时为了扩大党的群众基础、普及马克思主义思想，开始重视人口众多的农民的教育，著名的广东农民运动讲习所即诞生于此时。至此，农民教育得到发展，开创了工农大众“革命化”、“知识化”的道路，这也为以后根据地的工农教育奠定了良好而广泛的基础。

1927 年至 1937 年，北伐成功并进入土地革命时期。国民党政府迫于当时全国革命形势的压力，打着“三民主义”的旗号举办一些群众教育，制订了一些以识字补习文化为主的教育行动计划，但由于腐败无能和战争动乱，都以失败告终。这一时期的成人教育一般被称为“劳工教育”或“民众教育”，但重点并非在传播科学文化、技能知识上，而是作为一种政治工具，强调“党化教育”的实行。南京国民政府于 1929 年颁布的《三民主义教育实施原则》中公开声明，在大学设立党义课程的目的是：“①应以阐扬孙中山先生全部遗教及本党政纲、政策及重要宣言为主要任务。②应以理论事实，证明三民主义为完成

国民革命，促进世界大同之唯一的革命原理。③应根据三民主义，比较批判其他社会主义学说。”“党化教育”的目的就是阐明国民党“一个主义、一个政党、一个领袖”的政纲、政策及宣言，批判社会主义学说，抵制共产党领导的工人农民解放运动，为建立独裁统治服务。

在国民党统治的这一时期，与国民党的成人教育并行的共产党的成人教育（或称“工农教育”）在艰难中发展。这一时期，共产党的成人教育以干部教育、士兵教育和农民教育为主体。1927 年，创办中国工农红军的第一个教导队；1929 年，创办红军学校；1931 年 8 月，创办中国工农红军中央军事学校；1931 年 11 月，中华苏维埃政府宣告成立，在苏区深入而持久地展开了扫盲运动、工人补习教育、红军官兵教育、干部教育等；1933 年，陆续成立苏维埃大学、马克思主义大学、中央教育干部学校、游击队干部学校等；1935 年，成立中国工农红军学校；1936 年，成立中国人民抗日红军大学（1937 年改为中国人民抗日军事政治大学）。这期间成立的教育学校，根据当时战事需要，均以成人教育、军事教育、政治教育为主线，通过专业或短期培训，快速培养出一大批优秀军事人才、革命人才、领导人才，并迅速提高了工农群众的共产主义思想，从而为之后革命根据地的建立打下了坚实的基础。

1937 年 7 月 7 日，抗日战争全面爆发。这一时期共产党领导的成人教育最为突出的政治作用体现为党的干部教育和民众的抗战教育。根据党的“一切为着前线，一切为打倒日本侵略者和解放中国人民”的总方针，中共中央提出一系列教育方针政策，如国防教育、抗战教育、“干部教育第一，国民教育第二”等，在革命根据地先后成立了陕北公学、延安大学、中央党校、鲁迅艺术学院、中国女子大学、中央研究学院、行政学院等，在教学上突出政治教育和作风建设。“造就为民族解放而斗争到底的先锋队”是党乃至中国革命对所有干部学校的培养要求。同时，在人民群众中开展扫盲运动和抗战教育，各个抗日根据地积极开展了以成人教育为中心的群众教育，鼓励创办民众学校（民校），积极开办冬学、夜校、识字班等。解放战争时期，中共中央继续执行“干部教育第一，国民教育第二”方针，创办了东北大学、辽宁公学、中国医科大学、白求恩医科大学等成人学校，大力培养各类干部人才，并加强对工人与农民的教育，在工人中开办政治学校、业余技术补习学校和识字班，在农民中继续发展冬学、民校、识字班等，以宣传党的政策，提高工人农民的觉悟和政治文化科技水平。战争时期共产党领导的成人教育事业，因突出民族解放和抗战精神，顺应了民心而焕发出勃勃生机和强大生命力，为取得战争胜利发挥了重要的政治动员和人才培养作用。

三、新中国成立之后至文化大革命前，我国成人教育进入新的历史发展阶段，成人教育肩负起战后文化、经济、思想重建和传播社会主义思想的政治任务

至 1949 年新中国成立之前，成人教育基本上都在为革命、战争服务。即各政权、各党派不断巩固或宣传其政治思想，为其立足创造有利的政治氛围及群众基础。新中国成立之后，成人教育的任务发生转变，成为为社会主义思想建设和社会生活、生产建设服务的有效途径。这个时期是中国扫盲教育、工农教育、干部教育、业余教育迅速发展的重要时

期，逐渐形成了以工人、农民、干部教育为主体，初、中、高三个层次的成人教育的新体制。这个时期的成人教育被称为社会教育，后又改称为工农教育、业余教育。1982 年开始正式称为成人教育。

新中国建立初期，党和政府面临的首要任务是战后重建，既要巩固政权，又要解放和发展生产力、恢复国民经济，还要同时提高人民的科学文化与生活水平。面对文盲人数占全国人口 80% 的严峻现状，“扫盲”和提高人民的文化知识水平、劳动技能迫在眉睫。1949 年，第一届中国人民政治协商会议制定的具有临时宪法性质的《共同纲领》明确提出，“要加强对劳动者的业余教育和在职干部教育”。1950 年，教育部颁发《关于开展职工业余教育的指示》、《关于开展农民业余教育的指示》等文件，接着各地纷纷成立农校、夜校，教育内容主要为识字扫盲和普及文化知识、提高劳动技能，通过扫盲教育和文化知识技能教育，极大提高了工农干部及民众的文化科技水平，最终求得政局的稳定，使社会主义建设进入稳步发展阶段。

1957 年至 1966 年，我国成人教育在曲折中前进。随着国家政策的调整，我国成人教育也在进行相应改变。中共八大二次会议指出，“在继续进行经济、政治和思想战线上的社会主义革命的同时，积极地进行技术革命和文化革命”。1958 年，毛泽东、刘少奇强调教育“两条腿走路”的方针，半工半读，半农半读，实行“两种劳动制度”和“两种教育制度”，在理论和实践上为成人教育的发展奠定了基础。在刘少奇的倡导下，天津市国棉一厂试办了全国第一所半工半读学校。以天津为榜样，全国各地开始试办各种各样的半工半读或半农半读学校。此时，成人教育兼顾巩固社会主义政治思想和传播科学文化知识的双重任务，并最终为国家经济建设培养人才。两者的地位不同于动荡时期，战时传播政治思想占主要地位，而文化及技能知识只是为政治思想传播奠定知识基础；而新中国进入发展时期，面临的是走发展道路、强国道路，政治思想教育成为传播先进科学文化的基础并由此开始辅助科学文化知识教育。结合当时中国国情，成人教育和普通教育得以结合式发展，两种教育制度并行。另外，随着社会发展，远距离成人教育有了新的发展，高等函授教育和夜大学作为高等教育改革的内容，在全国范围内得到逐步发展。1960 年 3 月，北京电视大学成立，成为我国第一所电视大学。1962 年至 1966 年，函授教育、夜大学在政策支持下有了很大改进和提高。在这一阶段，虽然成人教育受到当时国情、政治、经济等方面的影响，但也取得了历史性发展。

四、改革开放至今，成人教育恢复了生机，进入新的发展时期，教育的文化功能得到凸显，政治功能逐步弱化，重新重视政治贡献迫在眉睫

1966 年至 1976 年，“文革”十年内乱时期，我国教育受到严重的影响，成人教育也难以正常开展，夜校、函授院校等基本停办。

1977 年，教育战线拨乱反正工作开始。1980 年，国务院批转了教育部《关于大力发展高等学校函授教育和夜大学的意见》，将函授、夜大纳入高等教育事业发展计划。此后，各普通高校先后恢复了成人教育。1981 年，中共中央、国务院发布《关于加强职工教育的决定》，要求有条件的厂矿企业都要办一所职工大学。同年，国务院批准了教育部《关于〈高等教育自学考试试行办法〉的报告》，首先在北京、天津、上海试点，1983 年下半

年起向全国推广。1983 年，国务院还批准了教育部、国家计委等五部委《关于成立管理干部学院的请示》。在这些文件精神的指导和推动下，成人教育得到迅速恢复和发展。特别是 1986 年召开的全国成人教育工作会议和国务院转发的《国家教育委员会关于改革和发展成人教育的决定》，确立了“成人教育是当代社会经济发展和科学技术进步的必要条件”，“是我国教育的重要组成部分”，将成人教育事业推向了新的高度。同时，全国开始对青工推行“双补”教育，全国青工文化水平、技术水平得到提高。另外，农村成人教育逐步恢复。这一阶段，我国成人教育在学历教育方面得到迅速恢复和发展，在职工教育领域取得突破，成人教育走向新的发展阶段，成为高等教育的重要组成部分。在政治上，此时的成人教育对国家恢复经济、弥补十年教育损失、建立良好的社会政治精神面貌发挥了重要作用。

1986 至 1991 年，中国成人教育步入低谷，其主要特征是成人教育出现“泡沫化”现象，学员学习积极性下降、成人高考报考人数下滑。这一时期，由于经济发展加速导致人才需求上升，社会上文凭之风劲吹，因此出现了“乱办学、乱收费、乱发文凭”的“三乱”现象。此外，成人教育的“普教化”状态引发“学用脱节”及“工学矛盾”，加之 1986 年夏季开始实施的全国成人高教入学统一考试和招生计划的“刚性控制”提高了成人教育入学门槛，使得该时期成人教育市场一度疲软。

1992 年至 1997 年，成人教育一度恢复活力。1992 年 10 月召开的党的十四大提出了“积极发展成人教育”的方针。1994 年 6 月全国教育工作会议召开，确定了“大力发展”成人教育的方针。1995 年 3 月《中华人民共和国教育法》颁布，明确规定“国家实行职业教育和成人教育制度”。国家政策的支持使得各级各类成人教育事业再次步入快速发展的新阶段，普通高校、成人高校招生量不断攀升。社会上各级各类培训机构如雨后春笋般成长起来，岗位培训、职业教育、技能教育越来越普及。但从 1998 年至今，一方面普通高校扩招，考试入学制度改革，高等教育普及率大幅提高；另一方面成人教育“三乱”现象依然存在，成人教育社会认可度降低，对成人教育造成了冲击。这一时期，成人教育学校减少，成人教育规模出现缩减，成人教育的政治影响力减弱，最终导致成人教育地位逐步下降。

纵观中国近现代史，成人教育在革命、战争和建设的不同时期都发挥了重要的政治作用。当今社会是一个信息全球化、经济发展区域化的社会，在这一特定时期内，社会制度不同的国家，其政治、经济、文化相互作用、相互影响的深度和广度都超越了历史上任何一个时期。在政治竞争尤其激烈的现在，任何一个国家或地区想实现自己的政治主张，维护社会稳定，必然要通过教育尤其是成人教育这一教育途径来实现。在推进终身教育、建立学习型社会的今天，在中国实现民族复兴、国家强盛的进程中，成人教育本应该对国家经济建设、国民精神建设起到重要推进作用，但目前我国社会普遍认为成人教育处于从属地位，是普通高等教育的简单补充，甚至认为其可有可无。这一思想观念，是与我们党和国家对成人教育和继续教育十分重视的战略思想格格不入的。因此，我们有必要重新正视和重视成人教育的政治属性，积极推进成人教育的健康发展，并为社会的发展做出应有的贡献。

参考文献

[1] 董明传，毕减，张世平．成人教育史［M］．海口：海南出版社，2002．27~28．

[2] [3] 李中亮．中国成人教育学发展史纲要（上）[J]．成人教育，2007（11）．

[4] 朱新均．百年成人教育发展回顾与展望 [Z]．中国成人教育协会网．

[5] 周慧梅．民国时期关于民众教育概念的论争 [J]．河北师范大学学报（教育科学版），2006（1）．

[6] 智效民．民国时期的公民教育与党化教育 [J]．炎黄春秋，2010（3）．

[7] 李忠．民国时期劳工教育述论（1927—1937）[J]．山东师范大学学报（人文社会科学版），2011（1）．

[8] 陈祖怀．抗日民主根据地教育特色论 [J]．史林，1995（2）．

[9] 陈军胜．以抗日根据地的干部教育谈当时我国的成人教育 [J]．继续教育研究，2007（4）．

[10] 刘传进．从历史的角度看中国成人教育发展的阶段和特点 [J]．继续教育研究，2008（6）．

[11] 周江平．全面建设社会主义时期“半工（农）半读”教育述评 [J]．湘潭师范学院学报（社会科学版），2004（6）．

[12] 李燕，马勇．对中国成人高等教育历史发展的认识与思考 [J]．湖北大学成人教育学院学报，2007（1）．

[13] 李红亮．建国60年我国大学成人教育研究综述 [J]．继续教育研究，2010（5）．

[14] 王艳，李长明．我国成人教育的历史发展与现实思考 [J]．职业技术教育，2007（34）．

[15] 马金萍．新世纪初期我国成人教育发展的现状与思考 [J]．科教新报（教育科研），2010（27）．

[16] 李光．新世纪我国成人教育发展趋势探析 [J]．山西高等学校社会科学学报，2006（11）．

[17] 李建生．现代社会对成人教育政治和文化功能的影响——兼谈社会主义市场经济对成人教育的期待 [J]．中国成人教育，1994（7）．

乡村成人教育功能的弱化

李兴敏
（深圳大学成人教育学院　广东　深圳　518008）

【摘　要】随着中国农村城市化速度的加快，乡愁现象受到广泛关注，今天的乡愁更多的是对中国乡村现状的担忧，其中成人教育功能的弱化导致许多农村社会问题的产生。本文主要分析我国成人教育史上乡村成人教育典型的成功案例，反思了重大历史事件对成人教育发展的影响，试图找到解决乡村成人教育功能弱化问题的方法。

【关键词】农村文化　成人教育　改革

一、问题的提出

2012 年，中国社科院发表的第六次全国人口普查数据显示，中国城市人口已超过 50%，中国农村人口的比重进一步下降。中国社科院社会学研究所所长李培林认为，对于国家建设来说这是具有里程碑意义的。但是从另一方面来说，我们不得不担忧：农村到底会变成什么样子？为什么农村人口在逐渐减少？农村还会是当年的古朴之貌吗？农村的教育是否会被城镇教育所取代？

古往今来，多少名人雅士向往田园生活，陶渊明的《归园田居》，王维的《山居秋暝》，辛弃疾的《清平乐》，流沙河的《就是那只蟋蟀》，余光中的《乡愁》……这些诗词描写的意境令人神往，农家是一个幽静祥和的地方，那里湖水平静，那里山色清明，那里民风淳朴……

农村人口下降，走的人去了城里，城市的繁华与便捷也改变了人的思想，常有一个词这么称呼进入城市的这些人——“外来务工人员”。务的是工，务的也是金钱。现在信仰什么？金钱、物质。缺乏了宗教和教育的约束，人什么都不会怕，无论是在城市还是在农村。宗教的一个好处是让人意识到现在所做出来的事，是需要今后的自己或自己的后代来承担责任的，这不是封建迷信之说，而是佛家讲究的因果循环，用马克思主义哲学来解释也是一样的，所以这并不是封建的宗教，而是立足于现实的宗教。

“故乡的沦陷”这个问题被当代学者们提醒已久，主要的担心集中在道德层面的沦陷，导致信仰缺失、宗教的正面教育意义弱化、拜金主义及物质至上思想占上风。成人教育功能的弱化以及由此导致的环境破坏和乡村政权的缺失，造成成人价值观的扭曲。看到媒体关于乡村村民或者进城新居民违法或者犯罪的报道，笔者的心情都会很沉重，深感没有尽到职责，也羞于承认自己是成人教育工作者。

二、与乡村教育有关的成功案例

通过对成人教育史的研究发现，成人教育功能弱化的问题并不仅存于当代，该现象在历史上也有过，其他历史时期有时也可以解决得很好。

1．清末民初，贵州石门坎现象的出现

贵州石门坎地区苗族聚居，西方的传教士在此地缔造了一个中国国土上的小外国，文明、有序而有文化，其成人价值观靠宗教传播。

石门坎位于贵州省威宁县西北，地处该县与云南交界之处，苗族300余户，伴有彝族及回族等少数民族。1904年8月，英国基督教圣道公会传教士伯格里在威宁黑土河传教，次年3月在当地建了第一所教堂。至1914年，据伯格里统计，当地有近万人可视为基督徒，5 000余人正在接受洗礼，新建或改建的小教堂或学校超过70座。石门坎现象的特别之处还在于：相对发达地区（包括发达的少数民族地区）宗教传播迅速的同时，学校的兴建和人们受宗教影响的程度也随之加深，带来当地文明程度的极大提高。

石门坎现象在以前仅被认为是帝国主义对中国在文化方面侵略的一种现象，理由是连偏远地区也受到了西方宗教的影响，可见帝国主义的文化入侵之深。历史学方面的学者大多认为石门坎现象不是一个很好的现象，他们认为在教育不发达的地区，宗教的流传往往借助于人民对现实的不满而寄希望于鬼神之说。而纵观发达国家的宗教史，科学教育与宗教并行的同时，宗教在一定程度上是一种保护着科学教育的信仰，这种信仰不是落后地区人们的消极期盼，而是一种积极的行动指南和希望。这种“无心插柳柳成荫”的结果，是我们成人教育工作者应该感到欣慰的。

2．“庚子事变”与清华大学的设立

“庚子事变”爆发于十九世纪末，主要针对帝国主义列强、在华传教士及国内外基督教徒，主要组织形式是义和团。参加义和团运动的人员成分复杂，下至贫农、工人、手工业者、小商贩，上至王公卿相，中间混杂流氓无赖等人，这也造成了义和团本身组织的混乱。义和团将国家危亡的根本原因归于外国列强的入侵，这是因为其本身没能看到国难的全部本质，再加上大多数参与者为贫困大众，思想落后，掺杂太多封建思想。随着八国联军攻入北京，义和团运动也彻底宣告失败。经此次事件，清政府与十一国签订《辛丑条约》，战后赔款高达四亿五千两白银，史称“庚子赔款”。

后来，美国将部分赔款退还清政府，条件是要求清政府建立留美预备学校，并成立留美学务处。借口是：提高中国人素质，消灭愚昧而有代表性的义和团封建思想，也就是对中国人开展“素质教育”，在此基础上与美国政府对话，彻底打破“秀才遇到兵、有理说不清”的僵化局面。在这种背景下，1911年，清华学堂开学；1912年，更名为清华学校；1925年，设大学部，招收四年制大学生，并设国学研究院；1928年，更名为“国立清华大学”。

经过义和团运动，清政府与帝国主义列强的“教育对话”正式形成：1908年，赴美留学生50名，第二年70名，第三年63名。清政府向美国输送培养对象，妄图利用国外先进知识培养出维护清王朝统治的优秀人才，美帝国也妄想通过培植具有美帝国思想的中国傀儡来颠覆中国政权。无论两国政府目的如何，客观上造就了中国最著名的学府，也的确在一定程度上提高了部分中国人的素质。

义和团运动是大众对帝国主义入侵的强烈反应，直接导致的结果就是清政府赔款以求息事宁人。义和团本身就是缺乏组织和教育的，所以行事混乱、无章法。这也就显现出基层百姓，尤其是农民运动不可能成功的主观原因：缺乏正确的思想指导、目标不明确、无法看到实物本质、缺乏高度认识、行动组织不科学等。但是不难发现，这次运动规模之大，也证明劳苦大众的力量是巨大的，要将这股力量转化为真正强大的斗争武器，教育、成人教育尤其农村的成人教育可以说是至关重要的，这也为后来的革命领导者所意识到。

3. 民国时期的乡村教育运动

电影《建党伟业》中，那位坐在中共一大闭幕会址游船船头上的女演员周迅，原型是浙江桐乡的乡村教师王会悟，一大代表李达同志的夫人。她曾在家乡办学堂、兴新学。当时（即20世纪二三十年代）被公认为乡村教育发展的黄金时代，主要贡献者包括陶行知、梁漱溟、晏阳初、黄炎培、余家菊、黄质夫等人。其中，陶行知最早关注乡村教育问题，创办中华教育改进社、（南京）晓庄学校、山海工学团、生活教育社、育才学校和社会大学；梁漱溟创办了山东乡村建设研究院、邹平乡村建设实验区；晏阳初指出中国农民问题的核心“愚贫弱私”，突出三大改进农村教育的方式——学校式、社会式、家庭式，创建中华平民教育促进会、河北定县乡村教育实验区、衡山实验区、新都实验区、华西实验区；黄炎培主要关注职业教育发展，创办中华职业教育社、中华职业学校、徐公桥乡村改进区。

另外还有在30年代以高阳为代表设立了江苏省立教育学院研究实验部，设有无锡惠北实验区、北夏实验区，进行乡村成年民众教育、电化教育、农事教育等。

乡村教育常忽视当时的社会问题——教育与政治无法分开的事实。现代学者复旦大学教授刘昶认为，中共早期乡村党组织有70% ~80%是由乡村教师创建的。

这一时期的乡村教育只看到表面问题，而无法深入解决社会政治问题。但是积极影响是有的，它提高了农村教育质量，促进了我国农村教育发展，增强了农村人口学习的意识，提升了他们的知识水平等。

4. 大革命时期和土地革命时期的乡村教育

1924年至1927年，国共第一次合作，共产党人开始重视人口众多的农民的教育，这一时期的农民教育，为之后内战时期根据地的工农教育奠定了广泛基础。比较著名的有：广东农民运动讲习所（简称农讲所），其设施齐全（包括：办公室、教务部、军事训练部、教室、阅览室、宿舍、食堂等）、课程丰富（至第六届时，已开设了政治、经济、文化、历史等20多门课程）、师资力量大（周恩来、萧楚女、阮萧仙、郭沫若、何香凝等人），培养出一大批革命骨干。

土地革命时期，以干部教育、士兵教育、农民教育为主体，创办了中国工农红军中央军事学校，后又在苏区开展扫盲运动，进行工人补习、干部教育等，创办中国人民抗日军政大学。

三、近现代历史事件对乡村成人教育的影响反思

1. 历史事件的正面影响

农会的开办始于1896年罗振玉成立上海农学会，但当时其只为学术性组织。至1907年，实体农会才在各地出现。大批农会成立之初，正是中国共产党刚成立之后，农会在党

的领导下进行了早期的维权斗争。在离石县，围绕“如何打胜仗”、“如何组织农救会”等课程先后组织了5期训练班，培养了200名学员。

抗战时期，为推动中国革命的进程，最大可能地扩大抗日统一战线，提升党的影响力和领导力，中国共产党以服务战事为目标，积极开展干部教育、抗战教育；在民众方面，鼓励民众办学，创办民校，开展冬学、夜校、识字班等，于是各地先后扩建农会，可见农会组织对中国革命功不可没。

新中国成立后，党和政府高度重视乡村的成人教育。1950年，教育部颁发关于开展职工业余教育的指示和关于开展农民业余教育的指示等，各地纷纷响应而成立农校、夜校，教育内容主要为识字扫盲和普及文化知识、提高劳动技能，通过扫盲教育和文化知识技能教育，极大地提高了工农干部及民众的文化科技水平。同时，在基础教育系统中，新中国的中小学成为名副其实的乡村文化中心，教师获得了应有的尊重，村民之间的纠纷往往由教师来义务调解，他们在广大的乡村坚守着道德底线和知识分子的良心。

粉碎“四人帮”之后实行的改革开放，极大地提高了人民的物质文化生活水平，同时，1977年高考制度的恢复，也极大地促进了除全日制普通高等学校教育之外的业余教育、函授教育、自考制度、电大教育和网络教育的发展，直接推动了乡村成人教育的发展。

2．历史事件的多面效应

1950年，教育部颁发的《关于开展职工业余教育的指示》、《关于开展农民业余教育的指示》等，客观上提高了工农干部及民众的文化科技水平。但是其不利影响一直持续到现在，人们意识中还将成人教育等同于工农教育，而且对于继续教育、终身教育只有成人教育工作者明白其含义。这些不利影响直接造成成人教育学科建设难度加大，在普通高等学校处于弱势地位，勉强好于教辅、后勤等部门。一度出现在其他专业教育学院犯了错误的管理者、全日制本科院校教学水平低的教师被学校安排前来从事成教工作的极端例子。

“文革”时期知识青年的“上山下乡”运动，曾经给很多城市家庭带来苦难，但是知识青年为乡村教育起到过正面作用，他们往往成为乡村教师、赤脚医生，即使当农民也是农业技术员，他们代表了城市文明，在特定的历史时期将城市文明传播到大江南北、长城内外。

邓小平同志倡导的“改革开放”，使社会主义中国彻底摆脱了贫困和落后，但是其提倡的商品经济概念动摇了一切，特别是摧毁了乡村一些宝贵的精神传统。乡村学校的文化中心功能已经丧失，一些教师也拜倒在孔方兄脚下。在很多乡村我们最不愿意看到的现象出现了：经济上去了，环境破坏了，人不再幸福了。人们已经浮躁，乡村年轻人在追赶城里人的生活方式，在用一生的时间来赶时间，乡村生活已经不再安详。

四、问题的解决

成人教育的历史证明：通过一些学者和教育工作者的努力，在特定的时代背景之下，乡村教育在一定程度上得到了很大的发展，这也显示出未来的乡村教育可以在新的时代环境中借助先进的教育思想及前所未有的设施条件而得到充分的发展。

1．主观认识的提高

“发展就是硬道理”不应该过于片面指向经济发展，而是社会综合发展。商品经济太有杀伤力了，但是要知道“生于忧患，死于安乐”是一个亘古不变的道理，经济条件优越了，但是精神世界缺乏更新、缺乏崇高信仰，就只能停留在对物质的不断追求中，在浮躁的、便捷的生活中渐渐失去精神家园。

在我们广博的中华大地上，还存在着一些被人们叫作“世外桃源”的地方，“世外桃源”同时也是“老少边穷”地区的代名词，这些地方风景秀丽，往往是少数民族聚居地，交通不便，民风淳朴，人均GDP低，但是人们还都有自己的信仰，人与自然相处得非常和谐，且生活得很快乐。从这些地方可见，“人神共处”是美好的，经济的发展绝不应该以道德水准下降为代价，我们在想好如何改造这些地方之前，请先别急着向这些“世外桃源”灌输“发展就是硬道理”的观念。因为事实上，我们已经看到，罗大佑歌曲《鹿港小镇》中担忧的现象也正在这些地方逐渐出现。

2. 现代传媒的破坏与乡绅制度的提倡

广播、互联网和电视网络，近年布网尤其迅猛，基本达到让乡村民众“不是没得用，就是想不想用”的地步，虽然这三种媒体传达党和政府的精神很到位，但值得注意的是：在乡村没有准备好之前，灌输商品经济的观念，会破坏人们的传统道德。传媒的正面意义所占比例到底有多大？看看电影的例子：抗战时期沿海地区被日本人占领了，日本人炮制了“中华无盐论”，妄图摧毁国人的抗战意志，金陵大学的孙明经教授拍摄了一部相关题材的电影《自贡井盐》，广为放映，让百姓重拾信心，粉碎了日本人的美梦。金陵大学当年的性质相当于现代的中国传媒大学，现在传媒大学的学者和毕业生在做什么？能够让人马上想到的就是“选秀”，做得最火的是类似《非诚勿扰》的节目，包括现在公交移动台都是搞这类节目，受众面广、收入来源多、又能得到高收视率。再看看电台的例子：1932年，无锡各界购置教育电台一部，无锡、江阴、常熟、太仓等地民众教育馆均可收听，收听条件就是收音机，收音机用于宣传进步思想，教育民众。现在的电台做什么？听到的最多的节目是“老中医问药”，这玩意儿有广告收益啊！现在的电台、电视台和网站的大部分收益来自广告，为了广告费都得做相应节目，你不接受自有别家媒体接受，自己就会在竞争中被淘汰。重庆卫视在重庆“唱红打黑”期间，由于黄金节目时段被市委主流宣传占用，广告收益锐减，重庆卫视流失了一大批人才。

试想，在乡村人不具备鉴别能力的时候，让他们一步跨入美国社会，基本操守虽不会丧失，但也会无所适从。早年我们的乡村兄弟们听到朱明瑛演唱《莫愁啊莫愁》的歌词：“莫愁女前留个影，江山秀美人风流”，他们不知道“莫愁女”是个景点，不甚明白“风流”的解释，理解就会出偏差。因此，现代中国太需要乡绅了。

乡绅阶层是近代一个不可忽视的重要阶层，负起率民为善的教化责任，他们作用于儒学的发展，无形中影响着周围的人的文化价值观乃至社会价值观，乡绅从乡村的宗族、家族、民众那里得到支持，这种源于古典式民主并具有较广泛民众基础的社会地位，使他们成为乡村民众的代表，又是政府、乡里所期望造福乡里或教化民众的不二人选。

乡绅可以充当中转角色，帮助乡村理解消化城市文明，从而逐步接受外来文明；调解民众之间的纠纷；化解乡民与政府之间的矛盾。我们的成人教育工作者如果出身乡下且退休后身体健康状况尚可的话，也可回到家乡做乡绅，为乡村社会尽一份力。

3. 开展乡村教育必须结合农村发展实际

想当建设者，首先得能够成为生存者。要想建设社会主义新农村，首先要解决乡村生产和乡民生存的问题。乡村成人教育可以结合农业教育，如高科技养殖技术、高产种植技术等等。如何更好地生存与如何更有价值地生存之间并不矛盾，在外务工其实一样累，如果农村的条件好了、农业技术高了、教育水平高了、收入也高了，国人之间自然没有歧视了，再让多数人去务农、建设社会主义新农村也不会是什么难事了。

关于农村中小学教育，村委会不应该以学生减少和经费紧张为借口而放弃，一味想着撤并学校。一方面可以提高教师待遇、提倡尊师重教；另一方面，加强农村基础设施建设，做到保持农村古风特色的同时使农村生活环境变得干净、便捷，争取吸引大学生到农村任教，让他们安心建设全新的社会主义新农村。

参考文献

[1] 林芊. 石门坎现象：对清末黔西北苗族地区基督教传播的思考［J］. 贵州民族研究，2004（3）：22～25.

[2] 刘克辉. 民国时期乡村教育问题研究评述［J］. 史学月刊，2007（11）：35～36，55.

[3] 韩振国. 浅论晋绥边区农会的历史作用［J］. 前沿，2010（18）：57～60.

成人教育教师专业发展特色研究探新

雷　丹
（华南师范大学继续教育学院　广东　广州　510631）

【摘　要】成人教育教师专业发展研究宜突显“成人专业”特色，在研究视角上表现为以教师专业发展理论与成人教育专业化理论为基础，宜采用定性与定量相结合的多元化研究方法，在研究内容上重点加强对成人教育教师专业发展内涵、角色与功能、专业能力及专业发展路径等方面的研究。

【关键词】成人教育教师　专业发展　特色　研究

20世纪90年代中期，我国成教界开始关注成人教师的研究，或从社会学视野或从教育学、心理学角度，对成人教师的角色、功能、素质等进行了一般性探讨。伴随教师专业化的研究热潮，以及成人教育专业化发展进程的加快，对成人教育教师的专业化研究不断推进。2000年之前与之后相比，我国对成人教育教师专业发展的研究成果大幅增长，这既得益于教师专业化研究成果的借鉴启发，也得益于人们对成人教育学科归属感的不断增强。尽管从成人教育教师专业化的理论基础、意义与内涵、专业标准、专业素质及实现策略等方面展开研究者众多，但从总体上看，对成人教育教师专业发展的研究视角分散、方法单一，对其特色的提炼与研究深度还有待加强。笔者试从研究视角、研究方法、研究内容等方面，对成人教育教师专业发展特色的研究创新点进行探讨。

一、成人教育教师专业发展特色的基础研究视角

尽管成人教育教师专业化研究需要寻求多种学科的支持，但教师专业发展理论与成人教育专业化理论应该是成人教师专业发展特色研究的立足之基。理解其发展脉络，或许可以为深入研究成人教育教师专业发展特色提供新的视角。

1. 教师专业发展研究视角

20世纪下半叶，欧美国家开始掀起教师专业化发展热潮，国外学者纷纷从社会学、哲学、教育科学等角度开展了对教师专业发展本质、专业标准、专业素质、专业化发展阶段理论以及外部保障促进机制等方面的研究。社会学家们对专业本质特征的研究，经历了从最初的“特质模式”到“权力模式”以及“历史发展模式”分析方式的演变[1]，也揭示了教师专业发展不同于其他专业发展模式的特殊性规律。事实上，各行业均有其本身工作及组织上的独特性，同时也因不同历史阶段的经济、政治制度而发展成不同的历史形态。以“历史发展模式”理解一个行业的专业化过程，必须从其产生与发展的历史背景、自身的独特性等多种因素进行考虑，才可能对其专业化过程有正确的理解。从教师专业发展研究历程来看，教师发展经历了从组织发展阶段到专业化发展阶段，以及“专业化—反

专业化—专业化”争论交织的历程。教师专业发展理论研究领域重心也从群体的被动专业化转移到教师个体的主动专业化发展，教师个体内在的能动性越来越受重视。众多研究论证表明：教师以其职业发展的特殊性正走向专业化；教师专业发展经历了从外部专业标准建构到教师个体自主发展，且伴随各种教育制度完善与机制保障的发展过程。成人教育教师是较为独特的教师群体，教师来源的多元、教师成分的异质似乎更难以传统专业化理论来解读其专业发展过程。所以也不难理解学界对成人教师是否应专业化的质疑。“历史发展模式”的专业发展视角为成人教师专业发展研究注入了活力。它诠释了成人教育教师专业发展是与成人教育历史发展相伴随的，其特殊的实践性、多样化、广泛性，也促进了成人教师个体针对专业发展主动寻求内在动力。而教师专业发展理论研究重心的转移，也为成人教育教师专业化研究从对过于追求社会专业化标准的困惑逐渐转向对教师个体专业特质的关注，特别是以发展成人教师专业能力为目标取向的关注，以及对成人教师专业发展特殊路径的探索等，如此则研究维度豁然开朗。

2. 成人教育专业化发展研究视角

成人教育是现代教育发展的必然产物。从成人教育民众文化运动走向制度化建设，进而形成相对独立的教育体系，以至在现代终身教育体系中拥有“火车头”地位，均体现了现代大教育观下成人教育分支系列的独特性质。20 世纪 20 年代开始，欧美学者就成人教育走向专业化发展的问题进行了研究，成人教育学科体系的建立成为成人教育走向专业化发展的重要标志。尽管在 20 世纪 70—80 年代欧美国家掀起的“成人教育专业化”大讨论中质疑者众多，但是比较一致的观点则是：成人教育教师专业化发展比成人教育专业化更加重要，它是促进成人教育专业化的重要因素。为了避免在传统专业化道路中可能会产生的弊端，诺克斯与麦克来胥（Knox & Mcleish）于 1989 年对成人教育专业化提出了新的建议[2]：一是重视继续教育实施的有效性，以提升专业内涵与标准；二是建立合理的评估制度，将继续教育与更换证书制度结合起来，动态地促进成人教育专业化发展；三是强调专业教育功能，增强学习者的专业能力。由于成人教育工作者不同于律师或医生“同质性”的特点，在其专业化过程中又面临更多需要被克服的障碍，如：缺乏必备的专业知识体系、精熟的专业能力、实务工作者的工作指标以及大家共同认可的证书实施制度等。因此，在研究成人教育教师专业化发展时，可以延伸出更多研究角度，如成人教师专业发展内涵与标准研究，成人教师角色、功能与知能情意体系研究，成人教师继续教育与评估制度研究，成人教师专业发展路径研究等等。从成人教育专业化角度展开对成人教育教师专业发展的研究，能使研究思路明确、维度清晰，并保证研究内容的“成人”特色。

二、成人教育教师专业发展特色的多元研究方法

从国内现有的多数研究成果来看，对成人教育教师专业化的研究方法相对狭窄，对成人教师专业发展特色的研究方法比较单一，理论思辨居多，实证研究偏少。正如“教育科学研究应该真正用社会、历史、实践的观点，全面、变化、发展的观点来观察教育理论和实际中的矛盾运动”[3]，对成人教育教师专业发展特色的研究必然要遵循教育科学研究方法，并尝试以多元研究方法，深入探究成人教育教师专业化的本质规律。以笔者所在研究团队于近年内开展的成人教育教师专业化发展特色研究过程为例，我们主要采取了调查、比较、文献分析、历史研究、个案研究、生活史研究等方法，将定性与定量研究有效地结

合起来，增强了研究的可信度。现举例如下：

1. 以问卷、量表、统计、访谈的方法研究不同维度的成人教师专业特质

研究团队通过调查问卷，就来自高校成人学员对教师专业素质的评价数据，采取了频数统计与方差分析法，描述了成人教育教师在专业知识、教学技能与专业情意各单项维度的现状，以及得出不同职称、成教教龄的教师专业素质呈显著性差异的结论；以诺尔斯(Knowles)《自我诊断等级量表》为基础，编制了《成人教育教师自我诊断等级量表》，对115名不同高校的成人教师进行调查，分析了成人教育教师专业特质自我诊断的表现并提出建议；以个案访谈方式，深度访谈几位优秀的成人教育教师，对成人教师专业素质进行了实证分析。这些研究方式或量化或质性，以多维实证方法努力丰富相关研究成果。

2. 以历史研究、比较研究方法探究成人教师专业发展的特色路径

历史研究与比较研究方法仍然是教育科学研究的至真法宝。成人教育教师的专业发展不是一蹴而就或者标准化的过程，需要探究历史人物的成功秘籍、借鉴发达国家的成功经验。笔者以历史个案研究方法，对美国成人教育家诺尔斯的专业成长过程进行了历史解析；以生活史研究角度对美国名校中的教师与名人的教育背景、学术兴趣及职业经历进行分析，力图对我国成人教育学硕士点研究生导师专业队伍建设有所启迪；研究还借鉴美国高顿大学“学习合约”课程管理模式，提出对我国成人教育教师专业能力发展的启示。这些研究方法的尝试，从纵深维度完善了相关研究成果。

三、成人教育教师专业发展特色的重点研究内容

从教师专业发展理论来看，教师专业发展与教师专业化是内外不同的研究维度。研究成人教育教师专业发展，固然离不开对成人教师专业化标准、制度保障、社会地位、自主权等“外铄”方面因素的研究，但当传统教师专业化研究逐渐转为对“内发”的教师专业发展研究时，对成人教育教师专业发展特色的研究似乎更与此相呼应。而成人教育专业化进程的加快，成人教育学理论的日益成熟，对成人教师专业发展内涵的建构又有了相对充足的依据。从研究内容上看，较为重要的几个维度如下：

1. 关于成人教育教师专业发展内涵研究

对于教师专业发展，社会学理论研究已颇深，近些年教师专业发展理论研究也有较一致的结论。但对于成人教育教师专业发展，除了遵循一般性规律外，也宜从成人教育学专业维度来探讨其内涵与本质。由于成人教师专业发展是与成人教育专业化的进程密切相关的，因此，对成人教育“专业”理念，成人教育专业化的内涵、特质，成人教育专业工作者的界定与分类，成人教育教师专业发展的内涵等均可从成人教育专业发展角度进行厘清。

2. 关于成人教育教师角色与功能的研究

教师角色与功能是教育学理论的基本问题，在社会学、心理学、教育科学的纵深研究视域下，教师角色与功能转型也成为热门话题。成人教育教师则是较为特殊的教师群体，从众多学科维度都能找到科学理论。但是要突现其特色，仍然是要与成人教育学交融。成人教育学及其他有关成人发展与学习的研究发现，成人及其学习特征有别于青少年儿童，于是逐渐凸显成人教学的专业性及成人教师角色的重要性。成人教师的角色因此而有所转变，开始朝专业化方向发展。

按诺尔斯的观点，成人教育教师应该扮演“学习促进者”角色，其角色功能就是应用各种学习资源，帮助、促进成人学习，除了具备教育通才的角色功能，还应具备成人教育专才所拥有的角色功能与能力[4]。此后，有更多学者拓展其角色功能，成人教师的专业角色也趋于多元化，如定位于知识传递者、团体领导者、过程管理者、沟通协调者、研究指导者[5]等。笔者也从教师专业发展背景下探讨了成人教育教师对传统教师角色的超越，论证了成人教师是推进专业性发展的反思型实践者、引导学生主动建构学习意义的促进者和帮助成人学习者实现生命发展任务的关怀者角色，其他相关研究也日益丰富。

3. 关于成人教育教师专业能力研究

以教师专业发展理论为基础，从教师知、能、情意等维度呈现出成人教师的专业素质发展，此类成果较多，但仍有待从研究方法上突破。而以专业能力发展为重要取向则是成人教育教师专业发展特色之所在，这也是诸多研究的热点。与成人教育教师角色功能相伴随，早在20世纪60年代诺尔斯就提出了成人教师的专业能力，70年代诺克斯也提出成人教育工作者的精熟能力。两位美国成人教育大师的研究突显了成人教育教师特有的专业能力。当然，由于成人教师的多元与异质性，要形成固定的标准有一定难度，但作为研究者，围绕专业角色功能与能力的动态适应发展，却是充满创新的丰富研究选题。目前，国内研究成果中对成人教育教师专业能力的研究有些亮点，但要形成体系还有待努力。

4. 关于成人教育教师专业发展路径研究

成人教育教师专业发展路径或者是专业成长方式、培训方式等，也不外乎是从“内发”与“外铄”两方面来推进。国内针对成人教育教师的专业培训，无论是政策、制度还是实施推进均处于起步阶段，对于成人教育教师专业成长阶段的理论研究也未能表现出特色，可研究的内容也比较多。培训制度与证书制度需要政府机构、教育机构的积极推进与参与，研究者对成人教育教师专业发展的策略也在作进一步探讨。相比之下，教师专业发展的“内发”机制研究要加快步伐，激发成人教育教师内在的专业发展需求与自我发展意识，提升其自主发展能力，从而拥有自觉的专业发展状态，面对众多差异性的成人教师，研究者对其专业发展路径的探索充满了价值性与挑战性。

[项目来源：中国成人教育协会“十一五”成教科研规划课题“成人教育教师专业化发展特色研究”（课题批准号：07A122Y）]

参考文献

[1] 曾荣光. 香港教育政策分析：社会学的视域［M］. 香港：三联书店，1998.
[2]［4］台湾成人教育协会. 成人教育专业化［M］. 台北：中正书局，1995. 49，261.
[3] 王本陆，王策三.《教育论集》评价［J］. 教育学研究，2006（1）.
[5] 胡梦鲸. 成人教育现代化与专业化［M］. 台北：师大书苑有限公司，2001. 106.

成人高等教育师资队伍建设存在的问题与解决对策

丁邦友

（广州大学继续教育学院　广东　广州　510405）

【摘　要】本文首先回顾了学术界近年来有关成人高等教育师资队伍建设问题的研究成果，接着分析了目前成人高等教育师资队伍中出现的一些新情况和新问题，最后，就这些新情况和新问题提出了解决方案。

【关键词】成人高等教育　师资队伍　建设　问题　对策

师资是成人高等教育成败的关键所在，只有拥有一支高素质的师资队伍，只有从事成人高等教育的教师均具有高尚的职业道德、高超的业务能力素质，才有高质量的课堂教学，才能满足学员的实际需求，才能从根本上提高成人高等教育的质量。

一、近年来学术界关于成人高等教育师资队伍建设的探索

进入新世纪以来，随着成人高等教育事业的发展，学术界越来越重视成人高等教育的师资队伍建设，许多学者就此展开了研究。研究的成果大致可以分为两个方面，一是关于成人高等教育师资素质要求及其培养途径的探索，主要成果有薛滩《现代教育对成人教育教师素质的基本要求》[1]，马卫花《新世纪成人教师的素质构成》[2]，牛丽、郭海波、赵丽萍《论成人教师应具备的素质和能力》[3]，潘明《论成人高等教育的创新与教师素质的提高》[4]，孙书光《成人教育教师的基本素质及其培养途径》[5]，丁炳泉《提高师资素质，促进成人教育发展》[6]，丁书俊《我国成人高等教育目标定位及教师的素质要求》[7]；二是关于成人高等教育师资队伍建设存在的问题及其对策的探索，主要成果有郑恩福《关于成人教育教师素质要求及师资队伍建设问题的探讨》[8]，余瑞云《略论高校成人教育师资队伍建设问题》[9]，朱蕾《成人高等教育师资队伍存在的问题及对策探析》[10]，欧颖、全红《学习型社会条件下成人教育师资队伍建设的思考》[11]。综合来看，上述诸位学者均对进一步加强成人高等教育师资队伍建设提出了许多富有见识的观点，学者们都认为：作为出色的成人高等教育的教师，无论是专职还是兼职，都必须具备良好的职业道德修养，如敬业、言传身教、为人师表，要熟悉成人高等教育的有关理论，掌握成人教育的教育教学规律，具有高超的成人高等教育教学技能，具备较强的学科研究与成人教育研究能力等。也有学者指出了目前成人高等教育师资队伍中存在的一些问题并提出了解决方案，如对成人高等教育的学生缺乏应有的重视；教学内容陈旧，教学手段落后，对学生出勤、考试的标准把关不严；教师队伍的职称结构重心较低，学历结构偏低，专业结构不合理；成人高等教育教师定位存在与普通本科教师定位趋同的现象，等等。但我们也应该看到，成人高等教育事业与市场联系紧密，随着经济社会的发展而迅速变化，并且随地域的不同而显现

着较大的地区差异。关于成人高等教育师资队伍建设的探讨，现在是，将来也是成人高等教育工作者的一个重要课题，远没有达到题无剩义的地步。因此，笔者不揣浅陋，拟就此再作一点探索，敬请方家指正。

二、成人高等教育师资队伍建设存在的问题

目前，成人高等教育师资队伍的总体情况是好的，但毋庸讳言的是，成人高等教育的师资队伍建设也确实存在不少问题，在这些问题中，有些是多年积累下来久悬未决的，有些则是最近新出现的。归纳起来，主要有如下诸方面：

1. 年轻教师对教师职业规范、教育教学工作规律与方法等缺乏深刻认识

进入21世纪以来，随着高等教育事业的迅速发展，高等学校的师资队伍结构发生了很大的变化，一大批年轻有为的博士、硕士进入高校教师行列，这无疑大大增强了高校发展的活力，为学校今后的发展奠定了良好的基础。这批年轻教师中的多数都自觉不自觉地投身到成人高等教育的教学第一线，越来越成为成人高等教育教学工作的主力军。新世纪以后走上高校教师岗位的年轻教师有着良好的专业素养，他们接受了系统的专业教育，有较强的科学研究能力，了解最前沿的学术信息，他们走进成人高等教育的课堂，对扩大学生的视野，增强学生分析问题、研究问题的能力，培养学生的专业能力越来越发挥着重要的作用。

但我们在喜悦的同时，也应该看到问题的另一面。这批年轻教师由于入职时间不长，对教师职业规范、教育教学工作规律与方法等还缺乏深刻认识，所以，他们在成人高等教育教学工作中也存在一些普遍性的问题。第一，一些年轻教师对教师的职业理想、职业责任、职业义务、职业纪律等缺乏深刻思考与感悟，还没有很好地将教师职业道德规范内化为自己的行动指南。具体表现为，少数教师工作责任心差，出现旷课、迟到、早退等违纪行为；少数教师不按时上交教学进度表，个别老师在考试（考查）结束后迟迟不上交考试成绩单、试卷及试卷分析等重要教学资料；少数教师在思想上不重视成人教育教学工作，工作态度消极，不认真钻研成人教育教学规律，苦练教学基本功，备课不认真，教学方法单调，课堂教学不顾学生感受，不注意启发学生思维，课后不愿解答学生提出的问题；个别教师不认真了解学生的知识结构，不布置、不批改学生作业，对学生的学习情况知之甚少，在考试命题上把握不好难易程度，要么太容易，全体合格，要么太艰深，出现大面积不合格，达不到考核的目的；个别教师不能很好地处理教书与育人的关系，不注意培养学生良好的行为习惯，对学生在课堂上的不良行为如讲话、玩游戏、打电话、睡觉、饮食等不予劝阻，听之任之。第二，一些年轻教师对教育教学基本理论与基本方法认识、把握不到位，教学基本技能不过硬，对成人学生的特点与需求了解不多、把握不准，课堂教学手段呆板、单调，有人津津乐道于艰深理论，有人照本宣科，导致学生厌倦，不愿上课。

2. 教学型教师偏多，学术型教师偏少

进入新世纪以来，各普通高校大力加强学科建设，将教师的科研项目、科研成果直接与职称评聘、岗位竞争挂钩，从而使部分教师在思想认识上重科研轻教学，他们将更多的精力放在了科研方面，不愿意承担教学工作，有些教师只愿意指导硕士生、博士生，给硕士生、博士生上课，连普通本科生的课程教学任务也不愿意承担，更不用说成人教育的课程了。如此一来，普通高等学校的成人教育教学任务更多地落在了教学型教师身上，结果

导致成人高等教育的任课教师中教学型教师所占的比例逐渐上升。诚然，教学型教师大多有着丰富的教学经验和良好的职业操守，他们以教学为荣、以教学为乐，为成人高等教育事业的持续发展作出了突出贡献。但是，如果在成人高等教育的任课教师中教学型教师所占的比例越来越高，将会导致成人高等教育师资队伍单一，使普通高校的知名教授、知名专家越来越远离成人高等教育工作。这是成人教育工作者和广大学员都不愿意看到的现象。再者，由于教学型教师本身也承担着较繁重的普通本科课程教学任务，他们的人数和精力有限，仅靠他们，也不能从根本上解决成人高等教育的师资问题。又由于不少普通高等学校的教师和管理者对成人教育教学工作的地位认识不到位，存在重视普通高等教育、轻视成人高等教育的不正确态度，有人甚至歧视成人教育教师，认为他们低人一等，使得一些长期从事成人高等教育的教学型教师无端承受着不小的心理压力，挫伤了他们承担成人高等教育教学任务的积极性，对他们从事成人高等教育的热情造成负面影响。

3. 编外教师有所增加，在编教师有所减少

进入新世纪以来，在市场需求的推动下，成人高等教育自身发展不平衡的情况较为突出，一些商科类、外语类、管理类的专业招生人数多，教学任务繁重。由于普通高等教育大众化的推进，这些热门专业普通本科的招生规模也越来越大，其结果是这些热门专业的教师基本上只能满足普通本科以及研究生教学的需要，很难再抽身从事成人高等教育教学工作。同时普通高等教育的大众化也为成人高等教育的下一步发展新增了一些不确定的因素，再加上普通高等学校人事制度改革的进程步步深入，高校一般都不愿意投放较多的人员编制用于成人高等教育的师资队伍建设。在这样的情况下，普通高等学校的成人高等教育教学工作，只能更多地依赖聘请的编外教师来承担。又由于成人高等教育学生缴纳的学费不高，受办学成本的制约，学校无法以较高的授课酬金聘请优秀的编外教师承担成人教育教学任务，因此，在一些热门专业，由于难以聘请到在编教师授课，只得由在读研究生来顶岗授课。编外教师的质量参差不齐，流动性大，难于管理；而在读研究生由于大多没有教学经验，缺少社会实践经验，专业基础也不够扎实，因此难以保证教学质量。

三、加强和改进成人高等教育师资队伍建设的途径

当前成人高等教育师资队伍建设中之所以会出现上述新问题，其原因是多方面的，要想解决这些问题，无疑需要从多方面入手，多途径、多渠道齐头并进，才能取得理想的效果。笔者认为，要想解决这些问题，必须从下列方面着手。

1. 正确认识成人高等教育在学校发展中的地位

少数普通高校对成人高等教育在学校发展中的地位认识不足，将成人高等教育仅视作学校的创收机关；一些学校虽然认识到了提高成人高等教育质量的重要性，但在经费投入、师资安排等方面没有采取刚性措施。例如有些学校不将教师承担的成人高等教育教学任务列入教学工作量，有些学校很少投入经费改善成人高等教育的办学条件，有些学校将成人高等教育的教师编制卡得很死，无法形成稳定的高质量的师资队伍。不改变这些现象，不从思想和行动两方面真正重视成人高等教育事业的发展，将无法从根本上扭转局面。因此，首要的任务是在学校形成重视成人高等教育、发展成人高等教育的共识。在此基础上，采取多种措施，多管齐下，鼓励高职称、高学历的优秀教师投身成人高等教育教学工作，鼓励教师钻研成人高等教育教学规律，进而从根本上提高成人高等教育质量。

2. 加强对青年教师的培训，充分发挥老教师的传、帮、带作用，培养成人高等教育的生力军

如前所述，目前已有相当一批学历较高的青年教师投身到成人高等教育的教学工作中。我们认为，在可以预见的将来，积极参与成人高等教育的普通高校在编教师主要还是拥有较高学历的年轻教师，青年教师是成人高等教育中的生力军。这些年轻教师的优势是突出的，如他们大多拥有博士或硕士以上学位，接受过系统的学科研究训练，专业基础较扎实，了解最新的学科研究成果，视野开阔。但他们也有不熟悉成人教育教学规律、教学经验不多、教学方法较单一、教学内容不适应成人的实际、对成人学生存在偏见等不足。毫无疑问，这些青年教师能否尽快成长起来，将在很大程度上决定着一个学校的成人高等教学质量的高低。笔者认为，学校的成人教育机构应该制订相应的针对性计划，采取多方面的措施，帮助他们尽快熟悉成人教育教学规律，掌握成人教育教学技能。如发挥老教师的优势，开展成人高等教育教学方法的传、帮、带；组织青年教师开展教学观摩、教学竞赛；组织青年教师参加成人高等教育教学方法的座谈与培训，等等。

3. 把好入口关，严格控制任教资格，拒绝让不符合要求的教师承担成人高等教育的教学任务

成人高等教育管理机构在选聘教师时，应坚持标准，尽可能选聘富有成人高等教育教学经验、教学效果优良、受学员欢迎的教师。即使有些课程一时难以选聘到合适的教师，宁可调整课程安排，也不能降低标准，随便聘请一个不符合要求的教师来敷衍。成人高等教育管理机构应当加强教学过程的检查与质量监控，一旦发现不胜任成人高等教育教学的教师，要立即采取措施，果断撤换。原则上要拒绝在读研究生授课，如果因某些特定原因需要在读研究生授课，则首先必须让他们接受严格的培训，坚决做到不经培训不许上岗；其次要加强质量监控，及时发现问题，及时采取措施，确保教学质量。

4. 加强引导，让学术型教师尽可能参与成人高等教育

如果不扭转普通高校的学术型教师逐渐远离成人高等教育第一线的局面，那么，提高成人高等教育的质量只能是一句空话。没有高水平的学术型教师的支撑，普通高校必然会丧失开办成人高等教育的优势。因此，普通高校必须尽可能调动学术型教师参与成人高等教育的积极性，让成人学生也能分享到学校的优质教学资源，聆听优秀教师的教诲。要实现这一目标，学校必须制定相应的激励政策，加强引导，让更多的学术型教师愿意走进成人高等教育的课堂，乐于把自己的研究成果、研究方法与体会奉献给成人学生。如有的学校认真开展成人高等教育优秀教师评选，对那些积极为成人教育事业作贡献的优秀教师予以精神和物质奖励，让他们充分感受到自身的社会价值；有的学校为成人高等教育的优秀教师提供出国进修、深造的机会，这些措施都是切实可行的好办法，值得推广。

5. 努力建设一支高素质的稳定的成人高等教育专职教师队伍

不少高校的实践证明，建立一支高素质的稳定的成人高等教育专职教师队伍是保证和提高成人高等教育质量的有效手段。专职教师能够全身心专注于成人高等教育事业，他们热爱自己所从事的事业，愿意钻研成人教育教学规律，了解成人学生的特点，关心成人学生的需求，能够根据市场和学生的需要及时学习新的知识、技能和教育教学方法。因此，将专职教师队伍建设好，不仅能够较好地解决成人高等教育核心课程任课教师的稳定性问题，而且能够促进普通高校对成人高等教育教学规律、教学方法与技能的探索，有利于建

立和谐的师生关系。要建立高素质的稳定的成人高等教育专职教师队伍，首先，必须严把质量关，将思想品德好、教学技能精、学科研究能力强的教师选拔进来；其次，成人高等教育的特殊性决定了专职教师队伍的人数不可能很多，因此必须贯彻少而精的原则，选择专职教师时要优先满足专业核心课程的教学需求；再次，要采取走出去、请进来的方式，有计划地对专职教师队伍进行培训，让他们及时了解成人高等教育的新理念、新方法，不断更新知识结构，提高能力素质；最后，要激励专职教师从事学科研究，只有积极开展学科研究，才能了解学科发展的最新动态，才能对学科知识有深刻的体会，也才能有自己的特色和风格。

参考文献

[1] 薛滩. 现代教育对成人教育教师素质的基本要求 [J]. 河北大学成人教育学院学报，2000 (2).

[2] 马卫花. 新世纪成人教师的素质构成 [J]. 继续教育研究，2001 (5).

[3] 牛丽，郭海波，赵丽萍. 论成人教师应具备的素质和能力 [J]. 中国成人教育，2002 (12).

[4] 潘明. 论成人高等教育的创新与教师素质的提高 [J]. 乐山师范学院学报，2003 (6).

[5] 孙书光. 成人教育教师的基本素质及其培养途径 [J]. 辽宁行政学院学报，2003 (11).

[6] 丁炳泉. 提高师资素质，促进成人教育发展 [J]. 中国成人教育. 2007 (9).

[7] 丁书俊. 我国成人高等教育目标定位及教师的素质要求 [J]. 中国成人教育，2008 (8).

[8] 郑恩福. 关于成人教育教师素质要求及师资队伍建设问题的探讨 [J]. 辽宁广播电视大学学报，2004 (3).

[9] 余瑞云. 略论高校成人教育师资队伍建设问题 [J]. 河南师范大学学报（哲学社会科学版），2006 (1).

[10] 朱蕾. 成人高等教育师资队伍存在的问题及对策探析 [J]. 成人教育，2007 (1).

[11] 欧颖，全红. 学习型社会条件下成人教育师资队伍建设的思考 [J]. 云南农业大学学报，2008 (6).

终身学习背景下高校成人教育教师职业发展探析

张 洪

（广州大学继续教育学院 广东 广州 510405）

【摘 要】职业发展的顺畅与否直接影响着成人教育教师的职业历程。在终身学习背景下，成人教育教师必须树立新的职业发展观，利用学校组织提供的发展环境与条件，准确进行角色定位，确定合理的职业发展目标，努力实现个人职业理想和人生价值的最大化；高校应积极为成人教育教师的职业发展搭建平台，提供通畅的渠道，加强教师职业发展激励，最终实现高校组织与成人教育教师个体的共同发展。

【关键词】终身学习 成人教育 职业发展

对高校成人教育教师而言，职业发展是指成人教育教师根据个人兴趣、专业、能力及所处的学校组织环境，对其在教师生涯中所承担的角色的预期和计划，并通过各种方式、途径进行理论学习与教育教学实践，不断自我更新和提高，实现其个人发展目标的过程。在终身学习背景下，以人为本的职业发展观是当前高校成人教育教师发展的方向和必然趋势，如何有效地促进教师职业发展，从整体上提高成人教育教师的综合素质，已成为当今高校成人教育可持续发展的重要研讨课题。

一、成人教育教师职业发展的意义

1. 有利于教师自主管理职业生涯，避免职业发展误区

职业生涯周期占据了人生命的大部分时间，它是人生存和发展的前提条件。有效地实施成人教育教师职业生涯发展规划与管理，可以促使教师对自己的特性、能力、专业技术与知识等影响职业生涯的要素进行客观、准确的评价，从而有针对性地发挥自己的潜能。然而在高等教育大众化的趋势下，高校教师，尤其是普通高校从事成人教育的专职教师，对自身作为教师的职业发展不够重视，缺乏理性的认识与科学的职业生涯规划。一方面，他们日益感到成人教育的边缘化，对成人教育教师这一职业的长远发展感到迷茫；另一方面，却又顽固地将自身的角色定位于传统的“教书匠”这一层面，整天忙碌于给学生授课，充当“教学知识的旁观者”，满足于知识的传递和搬运，甘心成为课本的“附庸”与工具，缺乏对成人教育系统与专业知识、课本的认真思考和分析，没有认识到教学研究、科学研究、专业实践与教学水平、专业能力提高之间相辅相成的关系。加强成人教育教师的职业发展，有利于教师认识到自身存在的价值，进一步发挥其在终身学习型社会中的作用，避免走进职业发展的误区。

2. 有利于匹配个人与学校发展目标，克服教师成长的个体性和低效性

与过去相比，现在的高校教师管理已发生了深刻的变化。对教师个人而言，从事教师

这一职业，不再仅仅把其作为谋生的一种手段，而更多的是期望自我价值的实现。除了得到相应的物质报酬外，教师还渴求着良好的职业预期并有强烈的成功愿望，期望通过积极的职业生涯规划走向事业的成功。作为高校办学的主体，教师群体职业发展的成功与否，决定着高校整体发展目标的实现。因此，高校的人事组织部门也会根据学校的发展蓝图，对学校一切可利用的人力资源进行统一的、系统的规划，制定恰当的选拔、培养、任用和激励机制，以充分挖掘本校各类教师的创造力和潜能，增强学校的核心竞争力。然而，目前还有很大一部分人片面地认为教师工作是个体性劳动，教师职业的发展在于教师个体创造性的努力，与学校组织没有关联[1]。这种观念没有认识到教师的职业发展与其所处的社会组织环境、所承担的组织职务以及组织目标紧密相连，缺乏组织的人文关怀和职业规划指导，教师个体的职业发展就没有有效的努力路径，缺少扶持与激励，教师个体即使有成功的愿望与努力，往往也是事倍功半，发展缓慢。

3. 有利于促进教育公平，更好地履行高校服务社会的职能

成人教育是我国终身教育体系的重要组成部分，是终身学习思想、建设学习型社会的最好体现。它为所有愿意继续深造的人们提供了学习的机会，是实现教育公平的重要举措，是促进社会公平、构建和谐社会与学习型社会的重要保障。加强成人教育教师职业发展有利于他们提高自身专业能力与水平，保持教学科研工作的高效率与职业生涯的动力，满足广大学员各阶段、各层次的学习需求，为成人教育学员提供新知识、新理论、新方法、新技能以及拓展工作能力等方面的培训，满足社会人员追加性、持续性继续教育的需要，为地方社会经济发展培训急需的实用性人才，从而更好地履行高校服务社会的职能。

二、成人教育教师职业发展中存在的问题

1. 教师职业角色陈旧，无法实现社会的角色期望

在人类教育很长的一段发展历史上，教师因其“闻道在先”、“术业有专攻”而能够为“师”，其角色职能为“传道、授业、解惑”。我国自举办成人教育以来，成人教育教师的职业角色可以概括为三个方面：一是课程知识的“传递者”，其基本作用是向学生传递一定的学科专业知识，弥补学生文化知识及专业知识的缺乏。二是课程的实施者，成人教育的教学活动往往局限在教学计划、教学大纲和教材的狭小空间之中，教师机械地执行课程目标设计者的意志，内在价值没有得到展现。三是学生的管理者，受传统文化和礼教的影响，教师被美化为知识唯一的拥有者，而学生则异化为知识的接受者。[2]然而，在终身型学习社会中，教育的关键问题是如何教育学生学会做人、学会认知、学会做事、学会共同生活。这样的教育观，要求成人教育教师必须转换职业角色，不仅要“授人以鱼”，更要“授人以渔”。教师不能再仅仅传授确定的知识，更要培养学生的学习能力。传统的成人教育教师职业角色的局限性已日益明显，无法实现学习型社会对教师的角色预期与期望。

2. 教师职业发展意识淡薄，缺乏自我提升内驱力

目前，仍有不少成人教育教师的职业发展意识淡薄，缺乏内在的“自主发展”和“自主提高”的心理需要和成长动机，热衷于扮演传统“教书匠”的角色，长年累月重复进行着课本知识的搬运，对新时期教育的变革与教学研究漠不关心，缺乏自身职业发展的意愿，即便有粗略的职业发展规划，也往往是教师个人的自发行为和自然成熟现象。[3]成

人教育教师没有客观地审视自我，发展意识不强，不能有效利用学校现有条件和资源来发展、提高自己；部分教师的职业发展带有太多的功利取向，被动地参加各类培训，以完成刚性培训任务、提高学历层次为主要目的，忽视了对成人教育事业所承担的社会责任感与对教师服务精神的追求和发扬，忽略了教师内在整体素质生成性的发展与提高；此外，现行的教师职业发展多以教师短期的职业要求为核心，对成人教育教师长远的职业发展考虑不足，大多数培训和提高仍是学校阶段性的要求在教师成长上的体现，而没有教师对自身职业长远发展的主动规划和自主行动。

3. 学校与教师缺乏职业发展的匹配，激励机制有待健全

从事成人教育的教师与其他教师一样，存在着职业需求，关心自己的专业发展目标。然而，成人教育教师的职业发展还没有在理论、制度和组织上形成科学的长效机制，教师个体的发展需求在发展方向、目标上没有很好地与学校的整体发展需要结合起来，没有有效的组织约束与职业指导。由于高校工作的重心通常放在普通教育，着眼于教师整体学历层次的提高，取向功利，造成对成人教育教师群体的职业理想和发展需求了解不够，考虑不多；在成人教育教师职业发展的理念、取向、理论研究及实践运作上，滞后于学习型社会的时代需求和学校改革的需要，没有使成人教育教师职业发展的计划同学校整体发展目标相匹配；缺乏行之有效的促进教师全员发展的组织管理模式与激励手段，没有建立起一种适合成人教育教师职业发展追求的理想通道和晋升阶梯，导致成人教育教师职业发展的通道不畅。

三、成人教育教师职业发展途径探析

1. 确立新的成人教育教师职业发展观

在终身学习型社会，教师的职业发展不可能指望通过间断的、孤立的培养方式一次性地提供其终生职业发展所需的一切职业素养，而应该是一个在实践中持续不断的、全面的、终生的学习实践历程。要想从整体上促进成人教育教师的职业素质与发展潜力的提高，学校和教师必须确立新的成人教育教师职业发展观。高校要由“管理人就是控制人”的观念向“管理人就是发展人”的观念转变，推行以人为本的人性化管理，坚持以教师自主发展为中心，以满足教师发展的良好需要，实现教师的职业期望，达成学校事业的发展目标。作为成人教育教师，要认识到职业发展空间的无限性与发展过程的阶段性。成人教育教师要从一名新手成长为一名成熟的成人教育专家，需要经历一个逐步发展、逐渐成熟的过程，要经历专业发展的多个不同阶段，要合理确定各个阶段的培训目标和发展任务，通过周而复始的“职业目标→行动实践→实现目标”发展过程，实现职业生涯的螺旋式上升。

2. 促进学校发展与教师职业发展的融通

教师个人职业发展的最终目标是实现个人职业理想和人生价值的最大化，而学校的人才战略则希望通过人力资源的最优配置和教师群体综合能力的不断提升，实现学校事业的可持续发展。当高校与教师的发展目标相匹配时，两者就能相互促进，实现学校事业发展和教师职业发展相互交融、合二为一的最佳目标。

因此，高校的人才战略应在尊重教师个人职业选择的基础上，引导和指导包括成人教育教师在内的所有教师确立正确的职业发展观，协助他们进行职业生涯设计并帮助他们实

现。在要求成人教育教师为学校发展作出贡献的同时，要根据成人教育的特点，建立宽松的人才成长机制，消除成人教育教师的角色超载与职业倦怠，为他们的职业发展提供机会，创造条件，促使成人教育教师自觉地把个人职业生涯与学校目标紧密结合。通过一定的制度与机制建设，实施有效的管理与激励，增强成人教育教师的职业认同感。高校从事成人教育的教师也应力求使自身职业生涯规划与学校组织总体发展目标相匹配，要主动根据学校的战略发展目标、激励机制与制度、教师考评体系以及成人教育与自身专业在学校发展中承担的职能任务等，对个人的职业发展进行合理的规划与设计。教师个人只有充分认识学校人才培养环境的特点、发展变化情况，明确高校对教师的具体要求，才能更好地利用这些环境因素所提供的活动空间、发展条件与机遇，成人教育教师职业生涯的发展才会空间广阔，充满活力。

3. 转换成人教育教师的职业角色

为实现终身学习型社会对成人教育教师角色的期望，成人教育教师应尽快转换角色职能，树立新的职业角色形象。一是由知识的传授者向学习的引导者转换。在信息化社会，教师对知识的占有优势已不复存在，其职责更多的是激励学生思考，成人教育教师要主动根据社会与学习者本身的需求，实现由知识的传授者向学习的引导者和促进者转换，成为学生学习的引路人与指导者。二是由课程的实施者向课程的研究者与教学的创新者转换。成人教育教师要主动适应现代教育的需求，培养自身的创新精神与创造能力，进行具有创造性的教学实践活动，建构出自身对成人教育教学的开放理念，创造出新的教学方法，促进课程教学的创新。三是由学生的管理者向学习活动的服务者转换。成人教育的教师要将人文关怀的理念贯穿于教学过程的始终，将教学过程视为师生交往与共同发展的互动过程，深入学生当中，融入学生群体，真正成为学生学习活动的服务者与组织者，为学生提供优质的教学服务。

4. 搭建彰显成人教育教师价值的职业发展平台

为促进成人教育教师的职业发展，在尊重教师的专业自主权的前提下，高校还应积极采取各种措施，为成人教育教师的职业发展提供机会，搭建彰显成人教育教师价值的职业发展平台：一是组织各种形式的教学活动，加强对成人教育教师专业发展的督导与帮扶。如广州大学继续教育学院定期组织成人教育教师进行教学讲课比赛，开展公开课、示范课，组织督导和教学专家听课、评课，帮助、指导教师把握成人教育的教学特点，提升课堂教学技能，使得教师的教学方法、手段得以改进，成人教育教师队伍整体素质得到了较大的提高。二是加强教师的继续教育，保持成人教育教师职业发展的活力。聘请业界著名学者来校讲学，举办学术会议，开展现代教育技术、成人教育教学的专题研讨，选派教师参加国内外的培训班与进修学习，促使成人教育教师紧跟时代，保持职业发展的活力。三是鼓励教师开展教研、科研活动，以学术研究水平的提高带动成人教育教师专业能力和教学水平的提升。制定科研奖励条例，设立成人教育研究专题项目，组织教师进行成人教育系列教材的编写，出版成人教育教研的专题论文集等，有意识地将教师的科研成果化，为成人教育教师的职业发展提供通畅的渠道。四是加强职业发展激励，树立成人教育教师先进典型。广州大学继续教育学院通过组织开展“成人高等教育十佳教师”、教学优秀奖等评选活动，对教师职业发展取得的成绩及时进行肯定与鼓励，增强了成人教育教师的光荣感与归属感，大大激发了他们加强职业发展、投身成人教育的热情。

参考文献

[1] 柯文进，戚聿东. 高校教师职业生涯规划的目标与路径［J］. 国家教育行政学院学报，2009(12)：3～7.

[2] 张华. 教师角色的校正与开发［J］. 四川师范大学学报（社会科学版），2008，35（3）：53～57.

[3] 尹绍清，赖怡. 地方高校教师职业发展问题与管理对策研究［J］. 楚雄师范学院学报，2008，23（11）：97～103.

浅谈成人高等教育教师队伍建设

常　薇
（华南农业大学继续教育学院　广东　广州　510642）

【摘　要】文章分析了普通高校成人高等教育教师队伍的现状，提出了对成人高等教育教师队伍建设的几点思考，以提高成教教师队伍建设的科学性和有效性。

【关键词】成人高等教育　教师队伍　建设　管理

一、引言

成人高等教育是我国高等教育的重要组成部分。成人高等教育的教师队伍建设直接影响到成人高等教育的教学质量，提高成人高等教育的教师队伍管理水平成为高校成人教育建设的迫切需要。目前大部分成人高等教育都是依托本校的普通高等教育专业进行办学，教师队伍大部分都是本校的普教教师和行政管理人员。加强对这类兼职教师的队伍建设和管理，对提高成人高等教育的教学质量和保持成人高等教育的可持续发展具有重要的意义[1]。

二、成人高等教育教师队伍存在的问题

目前普通高校成人高等教育教师队伍普遍存在着兼职教师数量过多、队伍结构不合理、教学监管缺失、教学质量无保障等问题[2]。具体体现在以下几个方面。

1. 专职教师数量少，兼职教师数量过多

普通高校成人高等教育在开设专业与教学上都依靠普通本科教育的现有师资力量办学。因此，普通高校的本科教学素质和水平决定了成人高等教育的办学质量。目前，大部分普通高校的教师素质和业务水平都相当不错，特别是近几年，随着全日制学生的扩招，各高校吸收了相当一部分高学历、高职称的年轻教师，给成人高等教育教师队伍注入了新鲜血液。虽然成教教师队伍发展前景很好，但是仍然存在着专职教师数量少、兼职教师数量过多的现象。表面上，成教师资以普高教师为依托，有强大的基础支撑力量；但是实际上，大部分高校的成教教学在大多数教师看来都是一项“炒更”，是“创收的来源”，很少有人真正关心教学质量，认真去思考教学工作。

2. 成教师资队伍结构不合理，缺乏规划

目前，成人高等教育的师资队伍建设结构不合理，缺乏长期发展规划。大部分普通高校为了降低办学成本，没有招聘全职教师授课，而是采用聘请全日制老师兼职上课的教学管理模式。每学期末，待第二学期教学计划开出后，根据课程安排，逐一致电相关学院任

课教师，询问是否愿意兼职授课。一般愿意兼职授课的多数是年轻教师，他们刚走上工作岗位，职称较低，固定收入有限，因而更愿意利用周末等休息时间“炒更”。这种现象造成成人教育教师队伍结构普遍年轻化，经验不足，人员不固定；有些教师依靠同事、朋友等介绍，不履行正规的聘任程序，将成教授课变成了人情往来，使一些不具备教学资格和授课能力的人员进入了成教教师队伍，造成不良的影响。

3. 成人高等教育教学监管缺失，教学质量无保障

成人高等教育在当前的兼职授课教学管理模式下，教学监管缺失，教学质量较低。大部分高校成教教师都是兼职授课，全日制教师的考核仅仅限于各自的专业学院及学校人事、科研等职能部门，考核内容也只是给全日制学生授课的全职工作，造成成人教育主管部门对这些老师基本没有约束力的尴尬局面。一方面，成教学院需要这些老师授课。另一方面，没有相关制度和文件来监管和考核这些兼职教师，使得教师责任心缺失，照本宣科完成授课任务，由此教学质量没有保障。

4. 普通高校间成人高等教育缺乏交流，合作意识不足

目前普通高校成人高等教育基本都是各校独成一体，各自独立办学授课。高校之间很少开展成人教育的学术交流、教学研讨等活动；在成教的远程教育方面，各高校都是独立开发网络课程，很多同样的课程各个高校都开发了网络版本，这种重复开发工作造成了资源的大量浪费。

三、加强成人高等教育教师队伍建设的几点思考

1. 更新理念，制订成教教师队伍建设长远规划

随着《国家中长期教育改革和发展规划纲要》的出台，成人高等教育面临着新的发展机遇和挑战。首先，要推进成人教育事业的进一步发展，必须要更新办学理念，与时俱进。当前成人教育已经不再是一种普通的教育形式，而是一种具有社会性、应用性和技能性的多元化教育形式；成教教师队伍建设不应当局限于因课聘人的老思路，应当制订适应国家教育发展改革的长远规划。高校成人教育管理部门和人事部门首先应当重视成教教师队伍建设，既要认识到成教教师队伍建设的艰巨性，也要认识到这项工作的长期性。其次，要充分考虑成人教育的办学规模，本校普通高等教育现有的师资力量以及地区经济发展对成人教育相关行业、相关专业的扶持性和需求性。再次，要合理预测未来一段时期内，本校成教师资队伍的需求总量和专业发展走向。最后，要根据国家和地区经济发展的大趋势，结合本校的专业优势学科，在综合考虑成教教师的年龄结构、学历结构、职称结构的基础上，确定成人教育各专业的教师需求数量，逐步形成一支稳定的成教教师队伍。

2. 加强培训和管理，提高师资质量

首先，完善成教教师聘任制度。无论对专职教师还是兼职教师，都应当坚持公平、公正、公开的原则，按照高校正规的用人程序进行招聘。引进试讲制度，拟聘教师无论职称和年龄均要参加聘任前的课程试讲，一方面考察教师的学识水平和实际授课能力，另一方面以此保障师资质量。合理推行各种形式的聘任流程，针对各专业的课程特点，可采用不同的招聘程序，组织相关专家进行评聘。综合各项考察结果后，应给拟聘教师发放聘书，签订合同。

其次，加强成教教师的岗前培训工作。成教教学与普通高等教学在教学对象、教学目标、教学规律等各方面都有较大差异，成教教师一般是兼职教师，对成人教学缺乏经验。因此，成教管理部门应组织兼职教师参加岗前培训，通过举办成人教育的专题讲座、教学经验交流等活动[3]，促使教师熟悉成教学生的特点，了解成教教学规律。

最后，制定成教教师的教学管理规范，形成制度，保证教学质量。高校要加强对成教教师教学过程的管理和教学质量考核。目前普通高校成教教学基本采用在各地开设教学点，由教师到教学点授课这种形式。在这种模式下，高校必须在校本部建立统一的成教教学管理平台，规范成教教学的每个环节，如教学大纲的执行情况、课堂授课效果、教学方法的科学性等等，并定期和不定期地安排领导和督导到教学点进行听课和检查，以制度来保障成教教学质量。

3. 建立评估体系，完善激励机制

建立一套科学合理的成教教师评估体系，不断健全和完善成教教师队伍的各种激励机制。评估体系由督导评分、教师自评和学生评教等部分构成。借助评估体系，能实时跟踪和管理教师的教学情况，将督导听课意见、学生评教结果等及时反馈给任课教师，促使教师改进教学方法，提高教学质量。同时，要采取奖惩并重的方式完善各种激励机制。对考评不称职的教师，要求其积极调整和整改，确实不合格的教师不再聘用。对责任心强、学生反映好和教学效果优秀的老师要积极给予奖励，可设置“优秀成教教师”等奖项，进行鼓励和表彰。此外成教管理部门要与学校职能部门积极沟通，通过将成教教学计入职称考核工作量，成教优秀教师等荣誉与职称评定挂钩等形式，使广大的成教兼职教师热爱成人教学工作。在科研项目方面，成教职能部门应积极创造条件，引导成教教师参与各类成人教学改革和科研活动，如编写成教教材、参加成教教学研讨会等等。

4. 结合专业特色，加强校际合作

《国家中长期教育改革和发展规划纲要（2010—2020 年）》明确提出“大力发展现代远程教育”的目标，各普通高校凭借自身教育资源优势和在重点学科建设方面的经验及名师特色，建立一系列优质网络教育资源。结合地缘优势和学科特色，探索如何开展校际合作开发与共享优质网络教育教学资源，合理配置和有效整合，不仅能提高教育资源利用效率，而且也将提高成人教学的教学质量。各高校成人教育管理部门要树立科学的人力资源观，在建设成人教育师资队伍方面，不同于普通高校教师队伍建设。成教师资队伍应当是一种可重复利用的资源，要努力促进优质师资在各高校之间的流动和交流，才能不断吸收别人的优势和长处，改进自身的不足，从而保障成教教师队伍的健康发展。

四、结束语

总之，要想建立一支结构合理、素质较高和相对稳定的成教教师队伍，必须经过一个长期的、持续发展的过程。只要我们坚定信念，采取积极有效的措施，不断完善各项制度，就一定能将成教师资队伍建设推上一个新台阶。

参考文献

[1] 余瑞云. 略论高校成人教育师资队伍建设问题 [J]. 河南师范大学学报（哲学社会科学版），

2006（33）：220～221.

［2］姜平. 高职院校兼职教师队伍建设的问题与对策［J］. 福建信息技术教育，2010（4）：34～37.

［3］张洪. 高校成人教育兼职教师队伍建设探析［J］. 继续教育研究，2010（10）：86～88.

浅析新教师培训效果的缺失及其对策

姚 婧 梁伟其
（广州大学继续教育学院 广东 广州 510405）

【摘 要】新教师培训的目的是促进教师专业化发展。新教师成长的过程性与新教师培训的时效性、新教师成长的主体性与新教师培训的政策性之间的矛盾，导致了培训效果缺失的现象。培训机构人员与新教师自身应及时调适培训的期望值，新教师还应主动参与到培训活动中。此外，培训的内容与培训形式更具有针对性是提高新教师培训实效性的有效途径。

【关键词】新教师培训 对策 教师专业成长

新教师培训是促进教师专业成长的一项重要的、不可或缺的活动，为了使新教师顺利成长为一名优秀的青年教师，国家将新教师培训列入各级教育部门的培训计划中，并规定了相应的培训课程。伴随着新课程改革实施及教师专业化问题的提出，各级部门对新教师的培训工作提出了更高的要求。反思新教师培训工作，虽然其在理论及实践层面取得了一些成绩，但其实效性的提升仍是人们关注的热点话题。本文就新教师培训实效性缺失的原因进行探讨，并在此基础上提出相关建议。

一、新教师培训效果缺失的原因

1. 新教师培训效果的时效性与教师成长的过程性之间的矛盾

时效性是指新教师培训要着眼于新教师的职业态度、知识、技能发展，培训过后能取得立竿见影的效果。教育部《关于印发〈中小学教师继续教育工程方案（1999—2002年）〉及其实施意见的通知》中，对于新教师的培训与培养有明确的规定：培训目的是要通过培训，使其巩固专业思想，熟悉有关教育法规，初步掌握所教学科的教学常规，熟悉教学内容，尽快适应中小学教育教学工作。各地教育行政部门、教师培训部门在制定新教师培训计划时，体现了通过培训尽快使新教师获得必备知识及提升教学实践能力的意愿，即通过短时间的培训，新教师要树立正确的教育观、师生观、学习观、评价观，要熟悉教学常规，提高教学技能，加强师德修养，形成正确的价值取向，有教育激情，具有独立思考和创新能力等。最终，新教师应在短时期内实现教师素质的根本性变革，体现出较强的培训时效性。

然而，教师的转变无论是在教育观念方面，还是在教学能力方面都需要一个过程。首先，教师成长理论认为，教师的改变涉及教师知识、信念、观点、态度、行为和兴趣等各种因素的发展和变化，是一项艰难的系统工程。富兰（M. Fullan）根据教师改变的程度，认为至少应包括使用新的教学材料、运用新的教学手段以及拥有新的教育观念等三个高低有别的层次和类型。但现实中教师可能只在其中某一或两个层面发生了变化，很难在三个层面上同时更新，其中教师信念、价值观和思想等的改变被认为是最难发生的，通常需要较长时间。史巴克（A. Sparkes）也将教师在课程中经历的变革分为类似的三个层次，并认为只有三个层次都发生显著改变，该变革才是“真正变革”（real change），否则，就只是一种“表层变革”[1]。其次，林崇德等人（1996）认为教师的知识结构包括本体性知识、条件性知识和实践性知识。本体性知识是指特定学科知识，如语文、数学，它是作为教师的必要条件；条件性知识是指教师必须具备的教育学、心理学等方面的教育类理论知识，它是保障教师教学成功的前提性条件，它可以通过教师的讲解与亲身的教学实践获得，而后者更加重要；教师的实践性知识是指教师在面临实际的课堂情境时所具有的课堂背景知识及相关的知识，它更多地来源于教师的教学实践，具有明显的经验性成分，是教师在教学实践中慢慢积累的，是需要教师不断实践、不断反思、不断研究的提升过程。因此，新教师无论是观念的变化还是技能的掌握，都不可能是一蹴而就的，它是一个由众多因素导致的、不断提升的漫长过程。

2. 新教师培训的政策性与教师成长的自主性间的矛盾

《中小学教师继续教育规定》（中华人民共和国教育部令第7号）要求，进入教育系统工作的新教师必须接受不少于120课时的培训。以广州为例，《2008—2012年广州市中小学教师继续教育规划》要求，新教师培训分两个阶段。第一阶段为新教师岗前培训，新入职的教师要在当年7—9月间参加培训，时间为4天（32学时），培训内容为教师职业道德、班主任工作经验介绍、教育行政法规、教材教法研究等。第二阶段为新教师见习期培训，具体为：其一，在新教师工作的第一年期间，新教师需参加本校的学科听课、集体备课、校内公开课、班主任工作等多种形式的实践活动，以利于新教师尽快掌握教育教学技能，计60个继续教育学分；其二，教师培训机构组织新教师进行集中培训。新教师要完成培训机构设置的培训课程，参加培训考核，经评定，达到合格以上者方能取得该培训的继续教育60个学分。新教师参加的岗前培训和见习期培训要登记入册，广州市人事部门将它作为办理新教师转正的依据。可见新教师培训是一个政府行为，无论新教师的主观愿望如何都必须参与，是新教师必须接受的一个受教育过程。

然而，新教师的成长必须通过自身主动性的参与才能真正起到作用，外在的政策要求是教师成长的外因，教师自身的努力是其发展的内因。建构主义的代表人物冯·格拉塞斯费尔德提出：“人的知识不是通过感知也不是通过交际被动获得的，知识是由认知主体积极建构的，建构是通过新旧经验的互动实现的。学习必须是积极的、建构的、积累的、目标指引的、诊断性的、反思性的。”[2]就是说学习应是积极主动的。在学的意义上，学生是学习的主人，离开学生的积极主动的参与，任何教学都是无效的，学生对知识的“接受”只能靠他自己的建构来完成，以他自己的经验、信念为背景来分析知识的合理性，学生的学习不仅是对新知识的理解，而且是对新知识的分析、检验和批判；在教的意义上，教师是教学的主体，教师的作用就在于积极利用教学资源构建新的教学环境，激发、引导学生主体性的发挥，协助、促进学生学习，引导学生理解在各种情况下知识的应用并不是简单套用，具体情境总有自己的特异性，学习知识不能满足于教条式的掌握，而是需要不断深化，把握它在具体情境中的复杂变化，使学习走向“思维中的具体”。

由此，外在的培训政策要求必须转化为新教师自身内在的发展需要，在积极的建构中才能实现新教师的成长，才能取得培训的高效率。然而，在新教师培训工作中，部分新教师参与培训的积极性不高，参与培训的动力不足，缺乏自觉的学习动机和强烈的求知欲望，把参与培训当作屈就于压力的“应付”现象并不少见，缺乏参与的积极主动性必然造成培训实效的缺失。

二、提升新教师培训效果的途径分析

1. 培训工作者与新教师自身对培训效果应适度期望

新教师培训的目的是使教师通过培训树立正确的教育理念，养成良好的职业道德，完善专业知识结构，提高履行岗位职责能力，熟悉新课改的理念和基本要求等，各层面对其实施寄予了极大的期望，但这种期望必须适度。耶克斯—多德逊定律（Yerkes Dodson Law）认为：活动效率与动机强度有密切关系，在一定范围内，学习效率随学习动机强度的增大而提高，直至达到学习动机最佳强度而获得最佳效果，之后随动机强度进一步提高而下降；动机强度的最佳水平点还会因人而异，表现出一定的个别差异[3]。因此，第一，应树立正确认识。应认识到新教师成长的渐进性，新教师旧观念的转变、新观念的获得、教学实践能力的提升等要经过内化积累的过程，对新教师的培训效果应作出科学、客观的评价。第二，培训课程的目标及内容应适度。新课程培训目标不能过高，内容的深度及难度应符合教师成长的规律，以防止给教师造成巨大的心理压力，引起他们焦虑、彷徨、灰心，继而产生阻抗心理。第三，新教师自身应适度期望。新教师应充分了解培训的目的意义，正确看待自身素质的缺失，对自身有一个适度要求，尽快实现自身素质的提升，并正确对待成长历程中的曲折。

2. 新教师应具有自我成长的动力

（1）新教师的心理认同和参与意识。新教师的心理认同是新教师培训取得实效的前提条件。我国学者认为青年教师的发展分为四个阶段：适应、分化定型、突破、成熟阶段[4]。适应阶段的特点是教师具有专业知识而缺乏丰富的实践经验，教师应尽快进入角色，学习和探索教育教学技能技巧；分化定型阶段的特点是绝大多数青年教师由于发展的主观努力及智慧不同，出现分类、分化发展情况，绝大多数新教师会成为基本功扎实、经验丰富、教学实效明显的经验型教师。我们的新教师就是处于这个发展阶段，需要付出努力，给自己定一个较高的目标，从而实现由新手教师到经验型教师的过渡。改革专家吕克（Maurer Rick）在《超越抗拒之墙》一书中把改革实施者的心态发展分为六个阶段：①发生了什么（Something's up）？②这是什么（What is it）？③我需要做什么（What do I need）？④我打算做它（I will do this）。⑤我能够做好它（I am able do it）。⑥下一步怎么办（I got through what is next）？吕克认为，改革参与者的心态发展是这样一个周期循环的过程，即从第一阶段到第六阶段再进入下一次改革的初始阶段，它是螺旋式发展的过程，其周期的长短主要取决于改革的复杂性、艰巨性及改革的准备条件等综合性因素[5]。对于新教师而言，将自身的专业成长作为职业生涯中必须经历的发展过程，作为改变的对象，新教师自身必须认同新教师培训，以积极的心态参与培训变得异常重要。

（2）新教师应具有较高的教学效能感。自我效能感（self-efficacy）是由美国心理学家班杜拉（A. Bandura）于1977年提出的一个概念。他认为人们对自己能力的判断在其自主系统中起主要作用，自我效能感就是对自己在特定情境中是否有能力操控行为的预期。它影响着个体行为的发生及其发展水平，具体为：自我效能感影响个体对活动的选择；影响着个人表现的品质；决定着个体努力程度和坚持性；影响着人们在处理问题时的思想方法和情绪反应。教师教学效能感是多种心理成分的整合，可从多角度理解：第一，就教学效能感的本质而言，它既是一种能力，又是一种信念。其能力特性表现在：教学效能感使教师深信自己能指导学生，其信念特性表现在教师拥有一种能够克服各种阻力去提高学习者学习能力的信念。第二，就教学效能感的成分而言，它是一个既包括认知成分，又包含情感成分的多维整体性概念。第三，就教学效能感的核心内容而言，它包括一般教育效能感与个人效能感两个方面，而一般教育效能感指教师对教与学的关系，对教育在学生发展中的作用等问题的一般看法与判断，个人教学效能感是指教师对自己教学结果的认识和评价。这里教学效能感是指教师对于自己“能否准确领悟教育相关理念、能否胜任教学各项工作以及能否有效达成教学目标”所持有的一种认知和信念。有学者认为教学效能感与教学行为有相当高的一致性，即高效能感的教师，在课堂教学中表现出较高水平的教学行为。因此，新教师应对自身的教师素质充满自信，正确地认识自己的能力及价值，充分发挥自身的主体意识和作用，在培训中发挥主观能动性，形成较强的工作能力，尽快进入教师角色，走向成熟。

3. 新教师培训内容、培训形式更具有针对性和实效性

（1）培训内容应更加丰富、更具有实践意义。新教师的知识结构包括本体性知识、条件性知识和实践性知识。毕业于师范院校与非师范院校的新教师，其知识层面都有待提高。第一，设置教育理论课程，拓宽教师的条件性知识。课程主要包括教学理论、课程理论、师德修养、班级管理、教材分析等。舒尔曼（L. S. Shulman）明确提出了教学知识基础的概念，他认为教学知识的范围包括学科内容知识、学科教学知识、课程知识，并试图将教学知识作为教师的专业标准、专业设计、专业教育与专业考试的依据[6]。由此可见，丰富的教育理论知识，可以有助于新教师先进的教育理念的形成，继而对教学实践有指导意义。第二，开设实践性课程。尼利（A. M. Neely，1986）研究发现，教学常规等部分教学技能和部分教学策略是可以通过传授获得的，受训练的教师在教学上明显优于不受训练的教师。由此，应给予新教师相关实践性知识的培训，如课堂教学技能、学科教学设计、课堂管理技能等实用性较强的课程，并通过课堂上师生互动、案例教学、问题研讨等多种方式，调动新教师积极主动参与进去，感受有经验教师的实践性知识，为新教师自身实践性知识的形成及提升打下基础。

（2）培训模式应更具有针对性和可操作性。新教师培训形式整齐划一现象较严重，缺乏创新，“一言堂”讲授式较多，参与式和研讨结合的形式较少，即使课堂教学中融入了“互动”，也只是培训过程中的点缀，培训过程存在着理论讲解过多而实践性不足的问题，导致了作为培训主体的新教师参与的积极性不高。为此，第一，新教师培训方案应具有针对性。培训方案的设计要主动听取新教师的建议，了解新教师的实际需求。新教师虽然教学经验不丰富，但已具有了一定的教学感受，头脑中存有很多来源于实际的问题和困惑，让他们参与培训方案的设计和培训内容的选定，有利于提高教师培训的针对性。第二，采用“精讲—观摩—演练—反思”的协作对话式的培训形式。“精讲”指对新教师进行教育教学理论专题讲座式集中培训，帮助新教师系统地学习专项教育理论；“观摩”指名师引领式的实践观摩活动，通过“骨干教师上展示课—课后专家和名师点评—新教师与骨干教

师、专家、名师展开对话式质疑”的互动环节，帮助新教师跳出浮于表面的观摩活动；“演练”是让每一位新教师有机会进行实际操作，专家与骨干教师面对面对其进行辅导，提高新教师的教学实践能力；“反思”是新教师及时对教学实践进行自我思考与梳理，使新教师在反思中发现问题，在问题的研讨中提高自己。

总之，新教师阶段是教师专业生涯发展的起点，也是影响教师职业倾向性的关键期，新教师顺利实现了“学生—教师”角色的转换，顺利实现了这一关键期的过渡，将为其今后的专业发展奠定良好的基础。因此，提高新教师培训的实效性，为新教师提供良好的发展平台是一项任重道远的工作。

参考文献

[1] 操太圣，卢乃桂. 抗拒与合作：课程改革情境下的教师改变［J］. 课程·教材·教法，2003(1).

[2] 钟启泉等. 多维视角下的教育理论与思潮［M］. 北京：教育科学出版社，2004. 58.

[3] 黄希庭. 心理学［M］. 上海：上海教育出版社，2003. 11.

[4] 卢真金. 试论学者型教师的成长规律及培养策略［J］. 高等师范教育研究，2001 (1).

[5] 邓志伟. 促进新课程实施过程中的教师角色转变［J］. 全球教育展望，2005 (9).

[6] 朴雪涛. 教师工作专业化：理念与行动［J］. 高等教育研究，2001 (7).

浅谈成人高等教育强化学生信息素养的途径

杜秋虹
（广东工业大学继续教育学院　广东　广州　510090）

【摘　要】人类已全面进入信息时代，信息技术的迅猛发展已成为人类社会进步不可或缺的重要因素，而个人是否拥有良好的信息素养，则直接关系到其自身能否更好地工作和拥有高质量的生活。成人高等教育应根据自身特点，帮助学生习得获取信息、利用信息、开发信息等方面的能力，从而提高他们的信息素养。

【关键词】成人高等教育　成人学生　信息素养　培养

一、信息素养应基于终身学习

信息素养这一概念最早是由美国信息产业协会主席保罗·泽考斯基于1974年提出的，主要包括文化素养（知识层面）、信息意识（意识层面）和信息技能（技术层面）三个方面[1]。2003年9月，在美国图书情报学委员会和国家信息论坛组织召开的布拉格会议上，联合国信息素养专家会议发表了《布拉格宣言：走向信息素养社会》。宣言认为，如何使人们从互联网时代的信息和通信资源及技术中受益是当今社会面临的重要挑战。会议宣布，信息素养是终身学习的一种基本人权。会议将信息素养定义为一种能力，它能够确定、查找、评估、组织与有效地生产、使用和交流信息来解决一个问题。会议指出，信息素养正成为全社会发展的一个重要因素，是人们投身信息社会的一个先决条件，如果没有信息素养，信息社会将永远不能发挥其全部潜能[2]。

如今，国内外学者就信息素养提出了各种见解，并对其重要性达成共识，信息素养是人们适应信息社会的必备素质之一。《21世纪中国成人教育发展论坛宣言》中指出：成人高等教育是现代教育体系中的一个组成部分，是终身教育的前沿阵地和实践领域，是促进可持续发展的一个必不可少的要素。而且成人教育的特点是它鲜明的成人性、职业性，其主要对象是在岗从业或准备再就业人员。因此，信息素养的培养对成人高等教育的学生而言就显得尤为重要。

二、成人学生信息素养培养的必要性和紧迫性

高度信息化已成为21世纪人类社会的重要特征之一。现代信息技术的迅猛发展，既为经济全球化的快速发展提供了强有力的技术支持，也为世界各国充分利用人类共有的信息资源，加快本国科技进步、经济发展和制度创新，缩短不同国家间经济和科技水平的差距提供了可能。以计算机和网络技术为核心的信息技术发展日新月异，使得终身学习成为

适应时代发展的必然要求，而信息处理能力是实现终身学习的必要条件。每个人都要具有能够知道何时需要信息，并拥有确定、评价和有效地利用所需信息的能力，即信息素养。

曾有人指出：在当今知识型社会里，对于任何个人、组织、企业和国家，获取和应用知识的能力业已成为在激烈竞争中取胜的关键。可见，在高度信息化的社会中，只有学会学习才能不断地广泛吸收各种有用的知识信息，才能不断地更新知识，也才能真正地实现学习的终身化。而要学会学习则必须具备良好的信息素养。成人学生信息素养的培养，一方面来自信息社会及教育信息化建设的要求，另一方面也来自个人工作和社会竞争的压力，即成人学生谋求个人职业发展的内在需求。目前，在全球金融海啸的冲击之下，就业环境日趋严峻，人事聘任必然通过激烈的优胜劣汰来实现，这无疑给成人学生的就业带来很大压力。成人高等教育培养出来的学生，必须拥有较高的信息素养，较强的学习能力，并能及时更新自己的知识，只有这样才能满足信息社会和经济建设发展的需要，最终成为社会的有用之材。否则，将遭遇社会的残酷淘汰。

三、成人学生信息素养培养的内容

信息素养不仅包括熟练运用当代信息技术来获取、识别、加工、传递和创造信息的基本技能，还包括在不断发展的信息技术所创造的新环境中，进行独立学习的能力以及具有创新意识、批判精神、社会责任感和参与意识。从信息素养概念来看，在信息素养教育方面要注重人文和社会因素，以信息获取和信息组织为基础，以创造性思维和创造能力的培养为核心，以社会道德、法律意识为保障。具体来说，对成人学生信息素养的培养内容应包括以下方面：

1. 信息意识

信息意识是指对待信息的敏感程度，对自然和社会的各种现象、行为、理论、观点的理解、感受和评价。通俗地讲，就是面对不懂的问题，能积极主动地寻找答案，并知道用什么方法或工具去哪里获得答案，这就是信息意识。它具体表现为对信息是否具有特殊的、敏锐的感受力和持久的注意力。具有强烈信息意识的人能够敏锐地感受各种社会信息，发现并捕获常人难以发现的有价值的信息，积极主动地挖掘、搜集有利于工作的各种信息，充分利用信息提高学习效率和工作效能。

2. 信息能力

信息能力包括信息获取能力、信息加工处理能力和信息技术的利用能力等。信息能力是指有效利用信息设备和信息资源获取信息、加工处理信息以及创造新信息的能力。成人学生面对数量庞大、鱼龙混杂的信息，如何捕捉到能为我所用的信息，光有信息意识是难以实现的，还必须加强信息捕捉、组织、加工、分析和存储能力的训练。成人学生应具有对信息从新角度、深层次加工处理，并进行创新的能力。培养成人学生具有这种不断创新的信息能力既是培养信息素养的根本目的，也是其核心内容。

3. 信息知识

信息知识是指对信息基本常识的了解，对各种信息源以及信息检索工具、检索方法等方面知识的掌握。信息知识的掌握程度关系到成人学生信息意识和信息能力的强弱。一般而言，成人学生的信息知识应该包括三个部分：信息文化知识、计算机和信息网络技术常识、一定的外语和法规知识。

4. 信息道德

信息道德是指在个体获取和使用信息过程中，应遵循的道德伦理规范，主要是获取和传播信息的行为不得危害社会或侵犯他人的合法权益，能自觉保护他人的知识产权、隐私权等，同时不传递各种不良信息。信息道德关系到成人学生信息素养发展的方向，高尚的信息道德是成人学生信息行为正确的重要保证。

四、强化成人学生信息素养的途径

《中国教育技术标准》（简称 SETC）对参与教育过程的所有人员（学生、教师、教育管理者和教育技术职业人员）应具备的教育技术素养作出明确规定，该标准要求第五段的学生（即高等学校学生）和 21 世纪的未来教师（师范生及准备从事教师职业的人）应该做到：其一，能高效地利用技术获取所需信息，进行研究性学习，形成自己的见解；运用技术进行信息的收集、分析和处理，并学会选择那些能够促进教学、提高教学效率的信息和资源。其二，能高效利用网络和各种信息源获取与专业有关的资源，能合理评价所选资源，并能批判性地借鉴和使用，以进行创新性研究。其三，能利用各种媒体（尤其是网络）展示自己的作品，善于与他人进行交流，并能积极使用技术创造性地解决学习和生活的实际问题[3]。

通过成人高等教育强化学生的信息素养，可在遵循上述要求的同时兼顾自身的特点。成人高等教育与全日制普通教育的根本区别是：成人学生一般具有一定的社会阅历，他们利用业余时间学习，与教师、教学管理者面对面的交流少；成人学生的构成极为复杂，学习动机与目的、思维方式与方法不尽相同，学历层次参差不齐，年龄差异较大。成人学生多为在职从业人员，背负家庭、工作、经济等多重压力，由于面临工学矛盾，加之记忆力减退，学习与生活负担较重，其学习时间难以保证。成人学生学习的动力不仅是出于对知识的渴求，更出自对知识应用的注重等。因此，结合我校成人高等教育多样化、个性化的人才培养模式，笔者认为应该有意识地采取以下措施对成人学生实施信息素养的培养。

1. 将信息素养培养融入专业培养计划

在成人高等教育培养计划中设置计算机文化基础、文献检索与利用和信息素养等课程，将信息素养培养融入专业培养计划，有针对性地培养成人学生的信息意识和信息能力。计算机文化基础等计算机相关课程主要在信息素养的技术层面上教会学生计算机方面的理论知识；文献检索与利用则是向学生讲解各种数据库的使用方法，教会学生获取信息的方法；信息素养课程，就是要将计算机、互联网等方面的技术知识与人文知识相结合起来，提高学生的信息意识以及对信息的加工和应用能力。

在信息时代，如果只是具有强烈的信息意识和丰富的信息常识，而不具备较高的信息能力，仍然无法有效地利用各种信息工具去搜集、获取、传递、加工、处理有价值的信息，更无法提高学习效率和质量，也无法适应信息时代对成人学生的要求，因此信息能力是信息素质诸要素中的核心。所以要在对成人学生的培养计划中坚持信息素养意识与能力并重的举措，才更符合信息素养的培养目的。

2. 将信息素养培养融入课堂教学过程

课堂教学作为传统的教学组织形式，在培养成人学生信息素养方面同样具有“主渠道”的作用，把信息素养的精神、意图整合到课程和教学的要求中，贯穿于整个教学活动过程的始终，才能使成人学生充分接受信息知识的熏陶和信息能力的培养。

在教学过程中，任课教师要充分运用电脑，使用数字课件，充分利用多媒体，将图、文、声、像、乐等形式结合起来，以实现教学内容的呈现方式、学生的学习方式、教师的教学方式和师生互动方式的不断创新。各专业教师更须重视教给成人学生多种形式、多种方式收集信息和处理信息的途径，如通过网上检索工具或进入数据库查询、到图书馆查阅、从报刊上了解、从广播电视节目中收听收看、参观展览、参加各种活动等。让成人学生习惯于课前收集、储存信息，课中传递、交流信息，课后运用、创造信息，这既强化了学生的信息意识，培养了学生的信息处理能力，也为成人学生将来的学习和发展提供了丰富的教育资源和可利用的学习工具。

3. 将信息素养培养融入日常教学管理

信息化的教学管理方法和手段在信息素养的培养中有着良好的辅助作用。例如，广东工业大学继续教育学院针对成人学生居住地域分散、学习时间不同等因素，在2002年便成功研制并开始使用“基于Internet/Intranet的计算机教学管理系统”。该系统集教学管理、网上教学和交流于一体，具体包括下列功能，即8项教学管理、32项学生服务、1项教师服务。不仅实现了教学管理信息化，而且进一步整合和优化了学校的教学资源。广东工业大学还在管理平台上建立了教学网站，使学校丰富的教学资源不受时间、地点的制约，能为成人学生充分利用；教师也可以把答疑、辅导资料挂在学习网站上，与学生进行交流。管理平台还开通了“院长信箱”，处理各类咨询、投诉；提供思想交流平台，将学生、教师、专业导师、学校行政无形地连接起来，使大学的校园扩展到社会。教学管理的信息化，为成人学生信息素养的培养提供了一个有力的方式，从资源共享入手，改变原有的教学管理模式，使学生平时就能在潜移默化中提高自身信息素养。

4. 充分发挥高校图书馆的资源优势

图书馆是高校的信息资源中心，开展信息教育有其独特的优势。图书馆应根据高校的办学特色和专业设置，有目的、有计划、有针对性地购置相应的文献资源，形成丰富、完整、系统的文献资源保障体系。随着计算机和网络的普及，高校图书馆应引进电子载体文献，包括中外文数据库、电子图书、多媒体教学系统以及各种与专业相关的电子光盘，丰富馆藏信息资源。图书馆还可以开展学生信息素养培训，重点讲授信息检索技巧，如各种类型信息资源（期刊论文、专利、学位论文、会议记录等）的查找方法，各种学科信息的查找方法，各种常用数据库的检索方法以及信息网站导航和网络软件使用等知识。在开展信息素养培训时必须注意培训的内容和质量、实用性和趣味性兼顾，加强与学生的沟通。图书馆拥有完善的信息管理系统，提供基于互联网的各项服务，可以方便成教学生共享资源，以上种种均有利于成人学生信息素养的培养。

5. 加强成人学生信息道德的培养

信息道德是指在获取和使用信息过程中，应遵循的道德伦理规范。强化学生的信息素养应该特别重视对他们的信息道德的培养，必须教育成人学生在获取和传播信息过程中不得危害社会或侵犯他人的合法权益，能自觉保护他人的知识产权、隐私权等，不传递各种不良信息。信息道德关系到整个社会信息素养发展的方向，高尚的信息道德是培养良好信息行为的重要保证。在成人高等教育的信息素养培养过程中，应时刻提醒成人学生养成良好的信息道德。

五、结 论

进入21世纪以来，人力资源的竞争已成为各个国家综合实力竞争的核心。我国在人口总量和劳动力人口数量方面都在全球占有绝对优势。但是，庞大的劳动力人口并非直接等同于人力资本，只有通过人才和科技开发，才有可能将其转化为人力资本，变负担为资源，帮助推进我国的现代化进程。信息素养是成人学生适应现代信息社会的必备素质之一，在成人高等教育中注重学生信息素养的培养，将有利于提升成人学生的人力资源价值，并在保证成人高等教育办学质量的同时，为社会培养更多的实用型、创新型人才，为社会和经济的发展服务。

参考文献

［1］王贤生．论高校教学管理者信息素养的培养［J］．高教探索，2008（1）：96～98.

［2］孙平，曾晓牧．面向信息素养论纲［J］．图书馆论坛，2005（8）：8～11.

［3］张洪洋．高师院校大学生信息素养有待提高——山西师大学生信息素养现状的调查与分析［J］．山西师大学报（社会科学版），2006（3）：145～148.

［4］吴丹．高校图书馆与大学生信息素养教育研究［J］．图书馆建设，2006（4）：63～66.

［5］覃凤兰．网络环境下大学生信息素养培养策略研究［J］．情报探索，2008（8）：5～7.

成人高等教育学风建设的影响因素及其对策

李　雁　孙　莹
（广州大学继续教育学院　广东　广州　510405）

【摘　要】学风的优劣不仅体现出一所学校的精神面貌，也较为客观地反映出一所学校的整体办学水平，同时还深刻地影响着学生学习的积极性。本文就当前普通高校成人高等教育学风建设的现状进行了调查和分析，探讨了有效地加强成人高等教育学风建设的对策。

【关键词】成人高等教育　学风建设　影响因素

学风建设一直是高等教育工作中一项重要的内容。教育部在2010年6月专门召开高等学校学风建设会议，会议强调，“加强学风建设不仅是提高高等教育质量、建设人力资源强国的客观要求，而且是促进科技进步和学术繁荣，建设创新型国家的基本保障”，要求各高校“把学风建设摆在当前高等教育工作的显要位置”，要高度重视并切实加强高校学风建设工作。这里讲的高校学风建设有宏观层面与微观层面双层含义。从宏观层面上解读，高校学风建设是指高校整体上的治学精神、治学态度和学术道德；从微观层面上解读，学风建设是指学生的行为规范和思想道德的集体表现，是学生在学习过程中所表现出来的精神风貌。

本文所探讨的成人高等教育学风建设，主要是后者，即是什么因素影响了成人高等教育的学风建设，如何端正成人高等教育的学生在学习上的态度和风气，及如何使成人高等教育的学生在学习氛围和精神风貌上取得实质性的改善，从而使成人高等教育的教学质量得到进一步的提高。

一、成人高等教育学风现状的调查

学风是一所高校的灵魂和气质，是立校之本。对高校而言，优良学风是提高教学质量的重要条件，是学生成才的关键；对教师而言，教风与学风存在相互影响、相互促进的关系：优良教风有助于优良学风的形成，而优良学风又是教师不断改进与创新教学方法、提高教学质量的重要前提。为了真实掌握成人高等教育学风现状，我们对广州地区3所市属高校继续教育学院进行了专题调研，并向广州大学继续教育学院成人高等教育的850名学生发放了调查问卷，收回有效问卷826份，有效率为97.2%。根据调查情况，我们将分别从学校层面和学生层面对成人高等教育学风现状进行分析。

从学校层面上做定性分析，有助于把握成人高等教育学风建设的整体情况。应当说，各成教学院对于学风建设重要性的认识是清晰的，也是到位的。各高校成教学风状况虽然不尽相同，但还是存在不少共同之处：一是成教学院普遍对当前成教学生的学风现状不满意，觉得学生的学习氛围和态度亟待改进；二是觉得在成教学生中开展学风建设有多重困难，如生源素质、教育体制及社会因素等；三是觉得缺乏有效的途径和措施，学风建设在成人高等教育的教学和管理工作中往往属于阶段性的活动，缺乏长效机制。成人高等教育的学风建设呈现出“抓一阵，好一时”的现象。

从学生层面上做定量分析，更容易厘清成人高等教育学风建设的真实状况。根据我们对不同年级、不同专业的850名成人高等教育的学生所做的调查，学生们认为学风不良的原因：属于学校方面的原因占52.5%；属于学生个人方面的原因占43.6%；而社会不良风气的浸染等综合因素占3.9%。通过对成教学生的问卷调查，学风不良现象可以归纳为如下六个方面：一是学生参加学习的信念与目的过于功利化、学习动力不足；二是课堂学习的纪律松懈、自律精神较差；三是参加课堂学习的积极性不高；四是缺乏学习的自觉性，学习效率低下；五是考风不佳，考试作弊现象时有发生；六是学校对成教学生不关心、不重视，使学生缺乏对学校的认同感与归属感，等等。这些问题的存在，对于成人高等教育在教学质量、人才培养质量及优良校风、学风建设方面都会带来一定的负面影响，不能不引起我们的重视。

二、对影响成人高等教育学风建设的因素的分析

近年来，随着我国高等教育事业的蓬勃发展，成人高等教育也在规模、层次及效益上都取得了显著的成绩，同时在教学质量上也取得了一定程度的提高。但是，相对于普通高等教育而言，成人高等教育在学风建设上还有一定的差距。造成成人高等教育学风建设相对于普通高等教育学风建设相对滞后的原因是多方面的，但关键因素体现在如下五个方面。

1. 管理层面

排在首位的，同时是起主导作用的，是主管部门对成教学生的认识存在误区。这一误区有三个层次：一是没信心。不少成人教育学院认为成教学生毕竟不同于全日制学生，没有必要，同时也不具备开展学风建设的条件，因而在学风建设上信心不足、举措不多。二是所谓“同情心”。他们认为成教学生在工作之余能够克服困难来上学已实属不易，没有必要对他们过分严格要求。三是担心。不少成教学院之所以在学风建设上作为不多，主要是担心严格的要求会导致学生退学，不仅影响学校声誉，也影响经济效益，因而不愿和不敢严管纪律、狠抓学风。可以说，主管部门对成教学生在认识上的片面性与局限性是造成成人高等教育学风不良的主导因素。

2. 学生层面

一是工学矛盾的客观原因使学生无法保证有足够的时间及时地参加课堂学习。工学矛盾一直是成人高等教育中一个长期存在、无法回避的问题。尤其是当前受金融危机的影响，这一矛盾更为突出。为了与企业共渡难关，保住难得的工作岗位，不少学生把更多的时间投入工作中，缺课率及退学率明显上升。

二是学生原有的文化基础较差，使他们在学习上难有兴趣。由于中学阶段的文化底子较为薄弱，不少学生进入大学阶段后在外语、高等数学、统计学、工程学等课程的学习上感到非常吃力。虽然几经努力，但还是很难跟上教师的进度。于是他们在学习兴趣与态度上就不可避免地表现出消极、逃避甚至是抵触情绪。

三是成教学生的成人性与社会性的特点，使他们在参加课堂学习的过程中出现随意和散漫的现象。由于接触社会的层次和范围与普高学生相比更为广泛和复杂，成教学生在思想上和行为上更容易沾染社会上自由、散漫的不良风气。在思想认识上，他们认为自己是成人了，学校对一般学生所要求的课堂规范与课堂纪律已经不适用于他们了；在行为上，他们已经习惯了开会迟到、随便讲话、自由进出的单位不良作风，在参加学校的课堂学习时也有所表现。

3．教师层面

由于部分任课教师备课不认真、上课不负责导致学生要么不愿意来上课，要么不认真听课。2008 年 9 月至 12 月，广州大学继续教育学院历时 3 个月对校本部 160 多个班级近 800 门课程进行了听课与调查。据调查，绝大部分任课教师能够恪守教师职业道德，精心备课、认真上课。但是，部分教师在给成教学生上课的过程中还是存在一定问题，主要表现在两个方面：一是有部分教师在备课过程中不认真、不投入，要么沿用几年前的旧教案，要么把给普高学生上课用的课件直接拿来给成教学生用，让学生感到讲课内容既无新的信息也不符合成教课程的实际内容；二是部分教师在上课的过程中缺乏教学热情与责任心，讲课过程中既不用课件，也无板书；既不提问、也不与学生交流互动，一节课从头到尾照本宣科，而且一直端坐在讲台上，俨然一位旧时的说书先生。如此陈旧、枯燥的讲课方式与内容，如何能激发学生认真参加课堂学习的积极性?

三、加强成人高等教育学风建设的对策

学风建设是一个系统工程，不仅需要学生和教师积极参与，还需要学生管理部门、教务部门通力合作。通过对学生的教育、相关制度的健全与落实以及对教师队伍、班主任队伍的有效建设，才能使成教学院呈现出健康向上、勤奋好学的优良学风。

1．端正对学风建设的认识

首先要解决学校和学生在成人高等教育认识上的误区。从学校的角度讲，不能把成教的学生主动地降格为基础差、工作忙、不好管理的群体，因而不按成人高等教育相关规定去严格要求学生。从学生的角度讲，不能以文化基础差、工学矛盾客观存在为不认真学习的理由；不能把取得学历文凭当作参加继续教育的最终目的，而应该以积极、勤奋的态度积极参与到学风建设中，把参加继续教育的目标定位为更新知识、提升能力的重要途径。

2．建立一支精干、负责的工作队伍

加强学风建设必须有一支精干、负责任的工作队伍，通过他们来实施与落实学风建设的各项具体工作。广州大学继续教育学院自 2008 年 9 月份开始，以建设优良学风为核心，对班主任队伍建设进行了新的探索。具体做法是：①结合每月班主任工作例会及每学期的班主任工作考核情况，对班主任队伍进行了调整，调整后的班主任由原来的 53 人精减到目前的 37 人，使班主任队伍更精干、更认真、更负责任。②从应届毕业生中招聘专职班主任，参照普高学生辅导员的职责与要求，为成教学生提供全面的班级建设、班风建设、学习辅导与思想沟通等服务。③定期开展班主任业务培训，邀请经验丰富、班风优良的班主任做专题辅导讲座，与全体班主任分享他们在学风建设上的成功经验。

3．整饬教师队伍，增强教师的职业道德，提高教学质量

教师在学风建设过程中居于核心地位，其教学的态度、水平，对于培育优良学风起着

至关重要的作用。自2008学年开始，广州大学继续教育学院以提高教学质量为核心开展了一系列的教风建设活动：①建立并完善教师资料库，在任课教师的专业方向、教师资格等方面严格把关，并对学生投诉较多、上课不认真、不负责任的教师一律不再安排教学任务。②组织学校专家全面制（修）订了学校成人高等教育所涉及的111个本、专科专业的人才培养方案，使学院的教学内容更符合社会发展及学生们工作的需要；有计划地组织了有关专家编撰适应成人高等教育特点的教材15本，深受学生们的欢迎。③对教师上课纪律进行严格的检查，对于迟到、早退及敷衍塞责的教师在学校宣传橱窗进行公开批评，一年下来共处理通报了30余位违纪教师。④建立与各学院的教学通报制度，以起到齐抓共管的作用。⑤开展继续教育学院“最受学生欢迎的成教教师”评选活动，通过对优秀教师的评选，推动广大教师发扬高尚师德，恪守教师职业道德，尽心尽力地为成人高等教育的学生备好每一节课，讲好每一节课。

4. 制定具有成人高等教育特色的、操作性较强的学风建设工作制度与措施

为了形成学风建设长效机制，广州大学继续教育学院制定了《广州大学继续教育学院学生请假管理规定》、《广州大学继续教育学院班级出勤率考核办法》，并严格执行相关的考勤管理规定与课程考核管理规定，对于缺课严重的学生给予通报批评、禁止参加期末考试，甚至劝退、开除学籍等处分。学院每周都会安排专门的人员（非班主任）对每一个班级、每一门课程学生上课出勤率进行汇总、统计、排序，并以简报的形式每周在学院宣传栏进行公布，有效地调动了学生、班主任、任课教师参与学风建设的积极性。

5. 积极开展具有成人高等教育特色的校园文化活动

校园文化活动不仅是反映学生精神面貌的镜子，也是建设优良学风的有效载体。针对成教学生的特点，组织开展成教学生有兴趣、有热情参与的校园文化活动，是成人高等教育学风建设的难点所在。广州大学继续教育学院深入研究了成教学生在文体活动上的兴趣，在结合学生不同的专业需求的基础上，举办了一系列有趣味、有意义且奖品丰富的校园文化活动。例如，为提升学生在单位的综合竞争力，广州大学继续教育学院免费举办了礼仪培训、主持艺术培训及化妆技术讲座；为增强学生对学校的认同感和归属感，学院每年都举办隆重的开学典礼、毕业典礼及文艺汇演等活动。正是这些符合成教学生特点的文化活动，把学生参与校园文化建设的积极性充分地调动起来，从而有效地把学生引入学风建设活动中。

总之，成人高等教育学风建设是一项综合性的复杂工程，需要多方面的配合和支持。只有把教学管理、师资队伍建设、学生的思想教育及社会实践等环节密切地融合在一起，才能使学风建设取得显著的效果，进而使学风建设更好地与成人高等教育的改革和发展相适应并促进其发展。

参考文献

［1］素馨．教育部召开高等学校学风建设视频会［EB/OL］．http：//www.jyb.cn，2010-06-07．

［2］郑启明，薛天祥．高等教育学［M］．上海：华东师范大学出版社，1985．

［3］张晓青，陶正．成人高校教学管理中存在的问题及对策［J］．成人教育，2005（12）．

［4］童庆华等．普通高校成人教育德育内容的优化与创新［J］．中国成人教育，2000（11）．

我国成人高等教育“人文关怀”的缺失及矫正

杨惠平[1] 余春晖[2]
（1. 东莞理工学院成人教育学院 广东 东莞 523106；
2. 泰阳证券有限责任公司 湖南 长沙 410007）

【摘 要】我国成人高等教育在一定程度上沿袭了传统应试教育的模式，加上社会的传统偏见和思想误区，使得其缺乏必要的人文关怀。坚持“以人为本”的人文关怀导向，特别是在办学模式、课程设置、学习环境、教学方法、学籍管理、班级管理和其他服务中加强人文关怀，可以有效矫正成人高等教育发展过程中存在的诸多问题，对促进学员综合素质的提高和社会的和谐发展，具有重要的意义。

【关键词】成人高等教育 人文关怀 缺失 矫正

一、成人高等教育应当体现“人文关怀”

人文关怀是指对人的生存状况的关怀、对符合人性生活条件的肯定，关心人、爱护人、尊重人，关注人的生存与发展[1]。坚持人文关怀，实践人本主义，是人发展的内在要求，是社会文明进步的标志，也是构建和谐社会的重要内容。

教育以人为本，教育需要“人文关怀”。成人高等教育作为我国高等教育的重要组成部分，也必须体现人文关怀。

1. 从成人高等教育的目标和作用来看

《中国教育改革和发展纲要》中明确指出：“成人教育是传统学校教育向终身教育发展的一种新型教育制度，对不断提高全民族素质，促进经济和社会发展具有重要作用。”成人高等教育的人文关怀导向，可以充分发挥成人教育在开发劳动者智力等方面的重要作用，充分满足社会各阶层接受教育培训的多层次需要，不断提高全民族的综合素质。

2. 从成人高等教育的主客体来看

作为知识传授者的教师和知识接受者的学员，共同构成教育群体的生态链，在教学过程中相互影响、相互制约。此外，师生的行为方式还往往受到社会环境和社会心理等外界因素的影响。人性化的制度安排，可以克服师生之间的沟通障碍和心理误区，最大限度地激发他们的参与热情，调动授课与学习的积极性和主动性，提高教学的质量和效果。

3. 从成人高等教育的实践过程来看

成人高等教育是一个包括教育观念、教育目标、课程设置、教学行为、社会反馈等诸多方面的综合过程，每个环节都渗透着以人为主体的精神活动和实践活动。充满人文关怀的制度安排和模式定制，可如润滑剂一样有效化解潜在的摩擦和矛盾，并将其贯穿于整个教育活动中，确保教学任务的圆满实施和教育目标的准确实现。

4. 从成人高等教育的社会效应来看

成人高等教育作为普通高等教育的重要补充，同属国民高等教育系列，担负着重要的社会教育功能，同时也是教育公平和民主的表征延伸，体现着对人的发展的深层关怀[2]，大力推行人文关怀的成人教育，对于实现社会和谐发展具有重大而深远的社会意义和政治影响。

二、“人文关怀”缺失在成人高等教育中的集中表现

当前，我国成人高等教育“人文关怀”的缺失，不仅反映在社会意识层面，而且还渗入教育教学的过程乃至绩效评价中，集中表现在如下几个方面：

1. 社会舆论对成人高等教育存在传统偏见

成人高等教育作为普通高等教育之外的一种特殊教育模式，其重要性一直游离于社会主流认同之外，相当一部分社会人士对其重要作用并不认可，认为接受成人教育学不到真正的知识，仅仅是混个文凭，以作为晋升工资之类的筹码；少数人甚至还把接受成人教育看成是智力和能力低下的人不得已的选择。这种错误观念在社会上流传甚广，社会舆论普遍对成人高等教育存在歧视和偏见，这些不仅对学员的心理健康构成阴影，而且在成教师资方面也形成冲击。

2. 教学过程中理论与实践脱节

成人教育机构普遍认为，成人高等教育主要是面向在职人员，这些学员的实践水平比较高，所以教学过程中只需要增加理论知识的教授就可以了。而实际上，有相当一部分参加成人高等教育的学员为刚走出校园的 18 ~ 22 岁的青年，学员群体不仅成分比较复杂，而且知识水平和实践水平参差不齐，理论和实践的脱节造成了学员群体知识的局部断层，难以体现真正的人文关怀。

3. 教育模式上的选择弹性不足

我国成人高等教育沿袭了传统应试教育的模式，在教育观念、教育目标、课程设置、教学行为上缺乏弹性，学生成为被动接受知识的机器，这样不仅难以适应信息社会日新月异的发展，而且难以满足学员多层次的学习需求。与之相反，国外高等教育机构一般根据学生和社会的需要，选择采用不同类型的弹性教学模式，如学分制、开放式教学等，适应了人性的偏好和发展规律，满足了各方面的需求。成人高等教育必须采用多种形式的弹性教学模式，以真正体现人文关怀。

4. 办学主体过度追求经济效益而忽视了社会效益

高校在举办成人高等教育过程中，往往把开办成人教育变成实现其经济效益的一个重要手段，过多强调学校办学的经济效益，而忽略了成人教育作为高等教育重要组成部分的社会效益，放松对成教学员理想信念、公民道德和人生观等方面的教育，因而可能带来一系列社会问题。

三、成人高等教育“人文关怀”缺失现状的矫正策略

成人高等教育是一个复杂的系统工程，人文关怀的理念必须贯穿始终，遵循高等教育规律和人的发展规律来组织教学。具体来说，要有效地矫正成人高等教育“人文关怀”缺

失的现象，我们应从如下几个方面着手：

1. 办学理念与模式

成人高等教育作为普通高等教育的补充，在办学理念和定位上应充分考虑其社会责任，相应淡化对经济效益的考虑，为错过或没有机会接受普通高等教育的人提供一个公平的学习机会。随着普通高校对学生年龄的放松和逐步的扩招，成人教育的招生规模将受到限制。因此，在办学模式上，办学主体应加强与企业、行业及有关部门和社区的合作，开展校校联合、校企联合办学，并尝试逐步向“订单办学”模式转变。学校通过“订单培训”等模式，大力推行面向在岗职工、失业人员、新生劳动力、进城务工人员和劳务输出人员的短期职业培训，并走出城市社区，深入农村服务“三农”，使农村学校成为人才培养、技能培训、科技实验、信息传播中心，发挥其积极的社会效应。

2. 专业与课程设置

目前我国的成人高等教育一般依托高等院校的资源，专业开设和课程设置与普通高等教育无异。这就脱离了成人高等教育的实际，没有充分考虑到学员的个性特点和学时情况，培养出来的学生也没法和普教的学生竞争。教材选用上虽然与普通高等教育有所区别，但还是理论性偏强，实用性不足。成教的学员一般希望能学以致用，增强其就业的适应性，纯粹的理论灌输容易使其丧失学习的积极性和主动性，甚至放弃学业。在成人高等教育的专业设置上，应充分体现“人文关怀”，课程设置应加强其实用性，并且按照社会需求的变化及时调整，适当注意知识结构的完整性和系统性。

3. 教学环境

教学环境在整个教学活动中也是体现人文关怀的一个重要环节。教育心理学研究表明，单调的室内教学往往会让人感觉乏味，导致学习效果不尽如人意，从而也影响了教育目标的实现[3]。教学活动不应把所有课程都局限在教室内，而应根据课程的特点和现实的需要，考虑将某些课堂搬到户外和企业现场进行。如英语听说在户外特定的场所会更有现场感，社会调查选择去企业等社会组织中进行会使学习效果更好。好的环境能让人身心愉悦，潜能得到激发，并实现师生平等相处。特别是成教学生中少数学员年纪偏大，更需要在学习过程中采取多种教学形式，灵活改变教学环境。

4. 教学方法

（1）授课方式。

目前比较常见的授课方式有面授和网授，一般以面授为主。在面授教学中，教师应注意学生的反应，不宜强行灌输。成教学生学时比较少，光靠课堂讲解是不够的，教师应培养学生自主学习的能力，更多地关心学生获取知识的过程和方法，课后还要善于与学生进行联系反馈，帮助他们提高与巩固学习效果。

人们对网络教学方式有种误解，以为教师和学生不在共同的物理空间内，学生会觉得缺乏归属感，体现不了人文关怀。其实并非如此。利用网络教学方式，可在一定程度上解决学员工学矛盾，还可借助现代信息技术进行无障碍的即时沟通，充分体现人文关怀。如在加拿大的网络课堂上，教师会通过学生发言、小组讨论、学生提问等多种互动形式，不断刺激学生，使其保持兴奋状态。学生采取实名登陆，教师能掌握学生的参与度，尽管师生相互看不到表情，也没有眼神的交流和情感沟通，但学生一进入自己的学习空间就会觉得备受关注[4]，所以营造网上教学的良好人文氛围非常重要。

（2）课堂组织。

教学效果依赖于教师良好的课堂组织。教师作为教学活动的组织者，与学生一起参与到整个教学活动中。他应该让学生知道“为什么要学”，“怎样去学”。在课堂上，教师不应是高高在上的“统领”，而应该是平等的学习“参与者”，尊重学生的人格。教师组织课堂必须带有亲和力，不能“独断专政”，要让学生有一定的自由度，为学生创造丰富的教学情景，激发学生的学习动机，充分调动学生参与到课堂中来，对练习和延伸拓展进行优化设计。在这样的教学氛围中，教师还必须注意一些细节的处理：要能够认真倾听学生的意见，以示对学生的充分尊重和高度关注；要在学生茫然时给予信任和等待；要能同情和理解学生，唤醒学生的上进心、自尊心、自信心，消除他们的自卑感。当教师向学生提问后，教师要给学生一点思考的时间，给学生交流的机会及反思的过程等等。

5. 管理服务

在学籍管理方面，宜采取弹性学分制，这样学生可以根据自己的时间和学习能力选择课程学习，实现因材施教；再者为部分学生节省了学费，使毕业时间提前。在组织管理方面，还要加强班级学生组织的建立与管理。目前成人高等教育的学生开始转向年轻化，进行成教学习的这段时间正是他们社会性格形成的关键时期。在成人高等教育中，除了教授学生知识，还要注重他们的成“人”教育，这方面班主任要善于引导，利用班会开展好工作，促进学员整体素质的提高。此外，在其他管理服务中，还必须考虑到成人高等教育学生学习时间的特殊性，学校成教机构管理服务部门的工作时间应作出相应的调整，以真正便利学生。学校可以考虑进行改革，把之前的正常工作日上班，业余时间安排人值班的工作方式调整为业余时间上班，正常工作日安排人员值班，负责与其他方面的协调，在每个管理细节中真正体现以人为本。

总之，人文关怀对成人高等教育的发展起到非常重要的作用，应在具体工作中得以实践和体现，以吸引更多有需要的社会人士来报读，使得他们的学习过程轻松愉快，能学有所成，从而使我国的成人高等教育持续、健康地发展下去。

（本文获第七届全国成人教育优秀科研论文三等奖）

参考文献

[1] 孙辉. 人文关怀与实践概念 [N]. 光明日报，2002-12-26（C1）.

[2] 李广庭，张慧敏. 论成人高等教育在我国高等教育大众化中的地位与作用 [J]. 继续教育研究，2002（3）.

[3] 吴庆麟. 教育心理学 [M]. 北京：人民教育出版社，2002.

[4] 勾学荣. 重视协同式学习和网上人文关怀 [N]. 中国教育报，2005-9-2（7）.

粤西地区农民工继续教育成效探讨

黄树彬[1]　黄　敏[2]

（1. 湛江师范学院继续教育学院　广东　湛江　524048；
2. 湛江师范学院思想政治理论课教学部　广东　湛江　524048）

【摘　要】粤西地区数百万农村劳动力向非农产业转移和大规模跨地区流动就业，使一大批农民离开农村，从务农者转为打工者，并成为新的产业工人。农民工在流动就业过程中产生的大量需求，催生了一个巨大的就业服务市场，同时也给过去主要面向粤西地区劳动者的就业服务和职业培训工作带来了挑战。正是在这样的背景下，以农民工为对象的继续教育与培训应运而生，通过继续教育与培训，使粤西地区农民工的工作技能水平和整体素质以及他们的自我发展能力都得到提高，最终达到农民工成为能够全面、自由和谐发展的现代人的目标。

【关键词】农民工　教育与培训　成效

一、当前粤西地区农民工技能培训工作存在的主要问题

（1）粤西地区农民工对职业技能培训重要性认识不足。近年来，进城务工的农民工素质有了很大的提升，这与他们所承担的任务总体适应。但是我们也应清醒地看到部分农民工思想观念比较陈旧落后，视野较窄，缺乏长远性和开拓性，他们只看到了眼前的利益，认识不到提高技能对于个人找工作、提高经济收入的重要性，不愿参加职业技能培训。在他们看来，外出务工不是永久性的生存之道，甚至只是一种临时性的举动，因而他们从事的工种就具有不确定性，什么好干就干什么。由于他们自身职业技能水平不高，就业工种局限性大，所以就业岗位大都集中在农产品的粗加工、商业、饮食业、服务业、建筑业、服装、家政等技术含量不高的劳动密集型行业，这也使他们觉得没有必要花更多的金钱、时间和精力去接受培训。

（2）粤西地区公共信息渠道不畅，适合需要的公益性服务和培训项目少。据抽样调查显示，82%的农民外出务工是靠亲友获得信息，而从公众信息渠道获得就业信息的却很少。一些粤西地区公共就业服务机构虽然开始对农民工免费服务，但岗位类型、服务模式又往往不适应农民工的需要。

（3）粤西地区农民工参加职业培训要承担两方面的成本，即直接成本和机会成本。少数农民工认为，参加职业培训，既要付出直接经济成本，又要承担可能丧失工作的机会成本，损失眼前利益是相当不合算的。另外，工学矛盾突出，进城务工找到一个合适的岗位实属不易，到岗后工作强度大、时间长，又是一个普遍存在的问题，要他们弃工参加培训不太现实。因此，没有时间参加职业培训或者培训时间较短效果不明显，这也是制约农民工参加职业培训的一个重要因素。

（4）培训项目与生产和服务实际脱节，不能满足就业需要。真正有一定技术含量的培训和技能鉴定往往收费很高，农民工难以承受；有些培训机构只追求参加人数，不关心培训质量和就业效果。从全国情况看，虽然接受过培训的农民工人数增加很快，但农民工的整体素质并没有明显改善，企业急需技术工人的突出矛盾并未得到缓解。因此，表现在继续教育与培训的具体内容选择上：首先，让粤西地区农民工能够就业，在教育培训中不能只重视技能培训而轻视教育与培训。其次，为了适应粤西地区劳动密集型产业的生产和发展，内容选择上侧重于企业合格工人的基本素质培养，如诚实守信、爱岗敬业等。再次，粤西地区农民工从农村到粤西各地区，由于传统观念与现代文明的冲突，而出现种种不符合粤西各地区发展要求的言行，损害着粤西地区的形象。因此内容选择上也少不了对农民工进行粤西地区法规的宣传教育。最后，为了让农民工更能适应市场经济的法制性，减少农民工不当的、偏激的维权行为，法制宣传必不可少。

二、继续教育与培训让粤西地区新生代农民工更快转变

粤西地区现有农民工数十万人，其中，新生代农民工占农民工总数的60%以上。通过教育培训，可以推动他们逐步实现由短期务工向扎根粤西、由挣钱吃饭向爱岗敬业、由打工者向产业工人的根本性转变。教育培训提升了农民工的职业技能，帮他们实现从出大力、流大汗的普通工人向产业工人的转变，有的甚至还当上了企业管理人员，成为粤西地区建设发展的主力军。

作为当代产业工人的主力军，粤西地区农民工特别是新生代农民工，已经成为粤西地区发展不可或缺的组成部分。他们虽然贡献巨大，但其现实利益一直未能得到很好的保护。欠薪、被骗的事件还是屡有发生，脏、累、险的处境没有得到根本转变。造成这些问题的原因和监管部门失职有关，也和用工单位责任意识淡薄有关。从农民工自身角度来看，还需提高农民工自身的技能水平。因此，粤西地区农民工的继续教育与培训是一个值得重视的问题，我们需要通过对农民工的继续教育与培训，使农民工群体进行一次现代化的转型。

调查显示，粤西地区新生代农民工受教育程度明显高于老一代，他们大部分接受过九年义务教育，受过高中教育的要多于只受过初中教育的，小学文化者和文盲比例低。但这只是基础知识的教育，对粤西地区农民工来说，要获得发展，基础知识的教育还远远不够，农民工还需要接受继续教育与培训。农民工的继续教育与培训包括农民工技能培训、农民工维权意识教育、农民工健康意识教育以及优秀农民工的大学教育。新生代农民工重视自我奋斗，将物质需要和精神追求放在同等重要的位置，对接受继续教育与培训的渴望更为强烈。粤西地区人大代表建议，开展对新生代农民工的教育培训，要充分发挥工会的作用，协助、监督企业按照法律规定提取职工培训经费，开展职工在职教育培训。在职教育培训要突出新生代农民工群体，有计划、有步骤地提高其文化、技能水平，使之适应企业和粤西地区发展的需要。在农民工达到一定数量的地区，工会应设立新生代农民工学校，办学模式要多样化。同时，要关注粤西地区新生代农民工政治素质的提升和心理健康教育。新生代农民工年龄偏小，容易出现价值体系的混乱和选择的偏差。特别是在就业形势比较严峻的情况下，一些新生代农民工心理压力大，身份认同的困惑进一步加深。要着力提升他们的政治素质，关注其心理健康，实现新生代农民工粤西地区化的和谐推进。

在粤西地区目前的情况下，农民工学习技能主要是通过参加技校培训而获得的。当前粤西地区技校开设的课程主要有计算机、电子技术、焊接、模具、修理、烹饪、美容等技能。这些技能对新生代农民工走向社会后的工作起到了很大的作用，也弥补了第三产业发展人才缺乏的缺陷。为了适应经济发展形势以及农民工就业转变的需要，农民工的其他培训自走出校门之后就难以得到培训，这方面就需要国家与地方相关政策的扶持。为了加大对农民工的继续教育与培训，粤西地区也有相关政策扶持，但这种扶持的经费往往非常有限，而有的扶持政策只限于当地户口，这就造成农民工的培训以及农民工再培训工作受到影响和制约。

三、粤西地区农民工继续教育与培训的措施探讨

1. 积极推进粤西地区订单式、菜单式培训模式

订单式模式是指粤西地区学校与用工企业签订合作培养、委托培养或用工协议，由企业提供未来一定时期内用工人数、岗位及标准，学校根据企业需要和农民工具体情况定期、分批组织职业技能培训，考核合格后，将农民工输送到联合办学的企业就业。这一模式与粤西地区高校现行探索的全日制在校大专生“订单”培养模式基本相同，要求学校在办学过程中确立依托企业、服务企业的指导思想，经常开展市场调查，主动与企业沟通联系，深入到企业一线，了解企业的发展现状和用工需求，甚至主动向企业提出培训建议。同时根据企业用工“订单”，制订相应培养培训计划，设置课程与教学内容，实行校企合作，定向培养、定向输出。

菜单式模式是指粤西地区学校从当地就业服务机构或劳动力市场获取用工信息，根据用工信息开设农民工职业技能培训项目，以菜单形式向社会公布，供农民工选择，培训考核合格后由就业服务机构或劳动力市场服务部门推荐，用工企业择优录用。这一模式要求学校与各级各类规范的职业中介组织和劳动力市场服务机构经常沟通协作，建立长期的联系。同时，主动参与劳动力市场就业体系建设并发挥积极作用，为农民工就业创造条件并提供信息服务。这两种模式，其优势均在于培训专业对口、服务有组织，并为农民工就业提供了直接通道。在市场经济体制下，高职院校只有抓住了“订单”和“菜单”，才能抓住农民工生源，抓住农民工职业技能培训的根本。

2. 努力构建粤西地区人文情怀继续教育与培训、职业技术教育的新体系

（1）必须加强“融入粤西地区”的思想教育，包括人生观教育、价值观教育、构建社会主义和谐社会思想教育以及法制教育等，使粤西地区农民工的思想“粤西地区化”，让他们感觉到粤西地区给他们带来的温暖与友好，为自己在粤西地区付出的汗水与力量而感到自豪与值得。通过思想教育使他们获得一种对粤西地区的归属感，粤西地区对他们而言不再是一个熟悉而陌生的暂时寄住地。要做好这些，必须从以下几个层面进行：①健全基层党团教育：帮助吸收他们加入粤西地区党、团组织，使之锻炼成为思想健康进步的新型产业劳动者，开拓他们的眼界视野，克服狭隘的农民思维方式，提升分析与解决问题的高度，使他们既可以成为粤西地区现代化的建设者，又可以成为传播粤西地区现代文明的桥梁，辐射到广大的农村。②抓好基层社区教育：粤西地区街道社区要创造条件服务于本社区农民工的教育，引导与帮扶，关心他们的成长。设立咨询与服务设施，把所在社区的农民工纳入日常的服务与管理中，给他们以市民平等的待遇。③落实企业文化教育：在效

率优先的物质刺激的同时，重视人文关怀，根据实际塑造本企业发展的企业文化建设目标，企业文化建设必须坚持“劳资互利”的原则，只有这样，才能加强企业凝聚力与吸引力。

（2）加强行为指导，指导他们自立自尊生活，关心社会与他人，引导粤西地区的人以平等的思想与行为关注和帮助他们，不能漠视他们的处境与存在。在这个技术至上的年代里，真情依然是重要和必需的。

3．坚持按需培训，注重实效

在开展非农职业培训的过程中，粤西地区各院校要坚持按需培训、学用结合的原则，以市场需求为导向，以提高农民工就业能力和就业率为目标，紧紧围绕企业用工和农民工就业、转岗、晋级、创业的学习培训需求，采取不同的培训内容和形式，做到短期培训与学历教育相结合、培训与技能鉴定相结合、培训与就业相结合、职前培训与职后培训相结合。

（1）要坚持“先培训、后上岗”的要求，可根据企业用工“订单”标准，事先与粤西地区农民工输出地有关机构在自愿基础上建立合作伙伴关系，通过签订培训协议或输出协议，有组织、有计划地开展农民工职前职业技能培训，使农民工由纯体力型向职业技能型转化，实现务工与用工的对接，同时有效地保证培训生源。

（2）要根据国家职业标准，区分不同行业、不同工种、不同岗位，在对粤西地区农民工进行基本技能和技术操作规范培训的同时，组织他们参加各类职业技能鉴定，获得相应职业资格证书或技能等级证书，增强就业本领。对培训前已取得初级或中级职业技能证书的，可设置较高一级培训内容。

（3）要突出短期培训，提高投入产出的效益。企业需要什么，我们就培训什么。要适应相当一部分农民工向粤西地区第二、三产业转移的需要，大力开展服务业和制造业、建筑业、加工业等方面的职业技能培训，使粤西地区农民工在较短时间内获得初级工、中级工甚至高级工所需的职业技能和相应证书，直接进入就业岗位。

（4）对部分有学历提高要求，且已取得高中毕业证书、有较强学习能力的农民工，要在职后培训中加以解决。目前，由于招生制度和教育模式所限，职业院校应通过举办夜大、成人大专等形式，让符合条件的粤西地区农民工接受与其从事工作相关的高等职业教育和技能培训，使其在经过较长一段时间学习后获得相关专业的高职大专学历证书和相应的职业技能证书，成为具备较高素质的技能型人才。

四、关注粤西地区优秀农民工的继续教育与培训

突出针对优秀农民工的继续教育与培训包括两个方面。

一是优秀农民工靠自身努力接受大学再教育，试图改变自己的命运。粤西地区农民工中有一部分其实是非常优秀的，只是由于家庭原因过早辍学，但他们的学习上进之心仍然在。有的通过自学、自考考取大专或本科文凭，有的靠自己努力考取硕士甚至博士。但是，我国目前对这部分优秀农民工的奖励措施和保障措施仍然处于缺失状态。例如不少本科甚至是硕士农民工年龄偏大，导致教育培训后从事的仍是技术含量不高的体力劳动，凸显了我国农民工继续教育与培训在政策上的缺位以及社会上普遍存在的年龄歧视现象。

二是当地政府对农民工的政策倾斜和政策关照。粤西地区优秀农民工中，有一部分想

继续接受教育，但是经济条件和生活状况不允许他们选择深造的道路。政府应出台措施保障农民工的经济生活，以此来保障农民工继续接受教育的权利。进而推出一些促进优秀农民工走向大学接受教育的政策措施。不过，这种政策和政府的其他政策一样，一定要做到公开、公正、公平，让真正优秀的农民工走进大学，继续接受教育。

粤西地区农民工要立足于粤西地区生存与发展，同样必须具备一种自身综合的与全面的素质。在对农民工继续教育与培训上，如果只是从技术层面提高其在市场经济中的竞争优势，是远远不够的。在市场利益最大化的驱动下，现在一些继续教育与培训、职业教育机构，演变成了出售文凭和证书的批发机构。社会责任感的教育、价值观的教育、道德感的教育在继续教育与培训领域普遍弱化，重视技术操作训练，忽视人格养成和道德发展，继续教育与培训导致了人的工具化。对一些文化程度偏低又性格内向的粤西地区农民工来说，在这样的"考证式"继续教育与培训面前，极容易受到挫折、伤害，在无法取得入门的证书时，常常会自我封闭，如果外界不加以干预，他们就容易出现严重的心理障碍。如果没有一套有效的社会干预和救助机制，粤西地区农民工继续教育与培训中存在的问题就得不到有效解决。可以预见，随着经济发展方式的转变，传统的依靠体力干活的农民工将越来越不适应市场的需要。要想让农民工以及后继的农村剩余劳动力转化成真正的人力资源，把我国由人力资源大国转变成人力资源强国，进一步促进我国经济发展，早日实现我国的现代化，加强对农民工的继续教育与培训，促进农民工的现代转型是当务之急。

［基金项目：广东省普通高校成人教育研究专项课题"普通高校继续教育项目开发研究——农民工职业教育与就业培训研究"（课题批准号：pgy10203）］

（本论文获2011年度广东省普通高校成人教育优秀科研成果二等奖）

参考文献

［1］蔡禾等．城市化进程中的农民工［M］．北京：社会科学文献出版社，2009.

［2］刘传江，程建林．第二代农民工市民化：现状分析与进程测度［J］．人口研究，2008（5）：48～57.

［3］黄乾．农民工培训需求影响因素的实证研究［J］．财贸研究，2008（4）：23～29.

［4］韦庆儿．第三届广西青年学术年会论文集［C］．广西：广西人民出版社，2004.

［5］陈华．对返乡农民工开展有针对性就业培训［N］．宁夏日报，2009－03－09.

［6］吴漾．论新生代农民工的特点［J］．东岳论丛，2009（8）：57～59.

［7］孙自铎．农民异地就业对区域发展和居民收入影响的研究与思考［J］．管理世界，2005（5）：91～95.

［8］杨秀恩．印江多渠道对农民工进行就业培训［N］．铜仁日报，2008－12－13.

网络教育产业如何满足快速增长的市场需求

李 华 汪茂稳
（深圳大学成人教育学院 广东 深圳 518008）

【摘 要】本文通过对中国网络教育产业现状及特点进行了周密细致的调查了解和深入系统的分析研究，对快速增长的市场需求作出预测，并提出在日益激烈的网络教育市场中，发展品牌经营才是制胜之道的观点。

【关键词】网络教育 教育品牌 市场需求

一、引 言

随着中国社会信息化程度的提高和中国教育信息化的深入发展，以多媒体技术和网络技术为物质基础的网络教育得到飞速发展。自1999年我国提出实施现代远程教育工程以来，网络教育已促进了从基础教育到高等学历教育的制度化教育和课外辅助教育、各种继续教育及职业培训等各个教育领域的变革，在线学习受到各类学习者广泛欢迎。在这样的社会背景下，网络教育产业应运而生。今天，一个从市场分析、内容提供、运营、流通到用户的网络教育产业价值链已经初步形成。业内相关企业均取得了丰厚的回报，增长势头强劲。截至2011年，在新东方、弘成、双威等11家上市的中国教育企业中，有9家均开展了网络教育业务，并且业务范围覆盖了育儿教育、升学考试辅导、语言培训、网络高等教育、职业认证培训、企业 E-learning 和网络教育服务等各个领域。根据公开财务数据，这9家企业在2010年网络教育业务的营收超过了1.572 9亿美元。

未来中国网络教育市场规模的增长潜力仍然巨大。相关市场分析报告指出网络教育的市场规模未来的年增长率会达到30%，艾瑞市场咨询最新预计2012年市场规模将达到723亿元。面对网络教育市场巨大的蛋糕，各个教育企业纷纷强势进入，竞争日趋激烈，竞争态势从同质化逐步向异质化发展，品牌优势日益凸显。本文认为在日益激烈的网络教育市场中，发展品牌经营才是制胜之道。

二、中国网络教育市场的特点

由于中国人口基数大，教育需求多，教育资源相对稀缺，而资源共享正是网络教育的最大优点。网络教育的其他优势包括弹性学制、互动学习、学费实惠、入学门槛低等。网络教育的这些优势和中华民族重视教育的优良传统共同造就了规模庞大、潜力巨大的网络教育市场。具体来说，经过十多年的发展，中国网络教育市场表现出如下的特点：

1. 市场潜力巨大

我国教育市场发展的潜力巨大。2007年6月19日世界银行公布的一份报告显示，中国从小学到大学的学生数占世界总数的17%，但教育市场价值却仅占2%。而根据有关统计报告，早在2004年，我国城市居民人均教育培训支出已达1 012.85元，以7.4%的比例高居家庭消费支出的第一位。有关分析显示，中国教育培训市场的潜在市场规模达3 000亿元，并保持着迅猛的发展态势。可见，中国教育市场开发程度还很低，增长潜力非常巨大。

家长对教育投入的热情和教育市场低发育的程度共同决定了我国教育市场的潜力。这为我国网络教育企业的发展提供了良好的契机。艾瑞市场咨询历年发布的年度“中国网络教育研究报告”显示，由高等网络教育、职业认证教育、基础网络教育、企业E-learning和教育服务所组成的网络教育市场均呈现出快速发展态势，其中高等网络教育市场所占比重超过八成。

2. 市场需求深入细分

随着网络教育走向成熟，市场越来越向细分化的方向发展。2010年i美股网络教育市场分析报告把网络教育的细分市场划分为七大类：育儿教育、升学考试辅导、语言培训、网络高等教育、职业认证培训、企业E-learing、网络教育服务等。各细分市场的基本含义如下表所示：

网络教育细分市场划分

细分市场	基本含义
育儿教育	为学龄前儿童的家长提供育儿教育资讯
升学考试辅导	中小学课程辅导、考研/考博辅导
语言培训	英语及其他外语培训
网络高等教育	与全国具备网络高教招生资格的68所高校合作，为学员提供学历教育
职业认证培训	提供职业技能培训及认证
企业E-learning	跨地域企业通过互联网进行统一的内容培训
网络教育服务	包括教育服务、教育网游、教育频道、平台提供商、内容商等，为网络教育提供服务，没有实体和网络学校

市场细分的结果是各教育企业和培训机构纷纷向各细分领域深入发展，导致了差异化竞争态势越来越明显。

3. 由同质化竞争向差异化竞争发展

所谓同质化竞争，是指网络教育企业发展的初期阶段，大家都以相似的优质课程或名师为亮点参与市场竞争，没有形成自己的特色业务。但由于优质课程和名师都是稀缺的教育资源，且优质课程开发成本与名师培育人力成本高昂，课程的开发与名师的培育都不是一朝一夕的事，所以优质课程和名师大都靠引入。结果造成众多网络教育机构的内容大同小异，服务相差不大。同质化竞争的结果就是价格大战，比拼谁能以低价吸引消费者，结果两败俱伤，不利于市场的发展，也不利于网络教育企业或机构的成长。

随着各网络教育企业和机构的成长，一部分企业和机构逐步形成了自己的核心特色业务，于是差异化竞争逐步形成。在各细分领域都出现了占有优势的龙头企业，如新东方是英语培训领域当之无愧的老大，新东方在线更是在线英语培训的名牌；弘成教育在网络高等教育领域处于领先地位，2010 年公司总营收的八成来自网络高等教育；学而思网络则专注于中小学网络教育课程的研发，业务涵盖中高考各必考科目。但目前在市场中占有绝对优势者还很少。

4. 品牌优势凸显，并购时代已经来临

差异化竞争的结果是强化了品牌优势。各网络教育企业都形成了各具特色的核心业务，依托核心业务的竞争优势，形成了从内容提供、运营、流通到用户的产业链。近年来，各企业扩张的模式都出现并购现象。

随着各优质企业的上市，融资渠道增多，融资能力增强，马太效应会显现，将会导致强者越强、弱者越弱，并购会越来越激烈。这是因为：①消费者因素。随着中国居民消费水平的提高，可用于教育的资金越来越充足。消费者不再仅仅关心课程的价格和授课教师的资历，而更加看重培训教育体系的良莠、培训方法的好坏、培训效果的高低和客户服务的优劣。品牌会在消费者选择网络教育时占有越来越重要的地位。显然，这些名牌企业的优势在这时会凸显。②市场竞争。在中国网络教育市场走向成熟的阶段，不规范的现象还存在，市场缺什么就做什么业务的没有核心竞争力的企业、没有长远发展战略的“跟随型”机构还大量存在。以从事管理培训的机构来说，有关报告指出 70% 的培训机构属于跟随型，20% 属于市场型，6% 属于研发型或产品型，4% 属于导入型（导入外国的优质课程与培训理念）。而后两者的市场份额约占有八成，符合“二八原理”。越来越激烈的市场竞争会使大部分机构被淘汰，少数形成了品牌优势的机构将越做越大。③资本因素。各优质企业有机会获得大量投资，将会在市场中大规模圈地。相较内容、人力资源等因素，资本会在未来的网络教育企业竞争中占有越来越重要的地位。

三、品牌的内涵

网络教育市场的特点和发展趋势表明，品牌已成为网络教育企业或机构赢得学员、求得生存和发展的关键，已经成为培训机构竞争力的重要体现。结合国际著名品牌的经验和网络教育的教育属性，网络教育的品牌内涵包括以下方面：

1. 教育哲学

网络教育产业的教育属性决定了网络教育企业或机构要有自己独特的教育哲学。教育哲学体现了教育企业或机构对教育的基本看法、对教育的基本信念。教育理念是教育哲学的具体表现。教育品牌蕴含的核心教育理念既源于对网络教育的育人职能的坚持，又要能反映网络教育企业的现实情况。

教育哲学对网络教育企业或机构的开发内容、教学方式、师资培育、经营管理等都有决定性的影响。比如学大教育主打中小学个性化辅导品牌，体现了个性化教育的教育哲学，它的辅导前测评、针对学生个别特点定制辅导方案、教师的教学方法等无不体现了为个性化教育服务的特点；新东方的高端英语培训项目和留学外语服务体现了精英教育的理念；华图开发的公考培训课程体系针对公职考试的特点，体现了“效率至上”的实用主义教育哲学。

2. 质量是生命

教育质量是网络教育机构的生存基础，是网络教育品牌的核心。教育质量通过优质的课程资源、优质的师资和优良的教育服务来体现。已经形成品牌优势的各家教育企业，如新东方、华图、学大、弘成，无不是以上三者的良好组合。

标准化的教学体系和市场运营体系是形成高质量教育的条件，尤其对当前广泛采用的连锁加盟方式和授权经营模式而言。

为了提供高质量的网络教育，企业必须要有完整有效的质量保证体系。没有质量保证体系，建立教育品牌无从谈起。完整的网络教育质量保证体系应当涵盖课程开发、师资培育、网络教学、学习服务、网络交互、网络平台建设等所有方面。国内已有部分学者在网络教育质量保障体系方面取得了一些研究成果，网络教育企业可以加以借鉴，实现商业化运作。

3. 信誉

信誉是指网络教育企业或机构要在消费者心目中建立起诚实守信的好形象。信誉能吸引大量的学员，因此是能产生大量效益的无形资产。信誉是企业的市场通行证，因此想要做大做好的网络教育企业必须把企业信誉当作企业的生命来看待。

建立信誉的基本方法是信守合同承诺，为用户实现教育价值。如有的英语培训机构承诺没有达到合同的效果就再免费学习一年，有的职业资格认证培训机构承诺通过率，都在学员中建立了良好的信誉。

4. 用户体验

用户体验是用户在使用网络教育公司的产品和接受服务时的主观感受。好的品牌是与用户良好的体验密切联系的。网络教育要真正实现以学生为中心的教育，使学生得到最适合自己的教育，同时使学生觉得受到尊重和关爱。良好的用户体验是建立用户对网络教育企业的黏性的关键。网络教育提供者要通过高质量的服务来改善用户体验。服务质量好的网络教育企业能维持一部分老客户。

5. 品牌文化

品牌文化的本质是文化内涵，是网络教育企业员工辛苦培育的结晶，也是学习者的价值诉求和情感诉求的凝聚。品牌文化体现了网络教育企业的教育追求，通过赋予网络教育品牌深刻而丰富的文化内涵，明确品牌定位，并充分重视传播的效应，形成公众对网络教育品牌在精神上的高度认同，创造品牌信仰，能形成强烈的品牌忠诚。有了公众的品牌忠诚，就有了稳定的市场，企业就能在市场竞争中立于不败之地。

四、品牌建设

但是品牌建设不是一朝一夕之间的事，一个好品牌的形成是一个长期的过程，所以品牌建设要持之以恒。网络教育打造品牌的基本过程是先培育有强大竞争力的核心业务，再依托核心业务整合行业上下游产业链，以及向相邻产业发展。在这个过程中，线上平台可以作为服务、推广、营销的整合平台，线下的实体学校（机构或学院）则为师资培育、课程研发、教育改革提供基地。下面从几个方面勾勒网络教育品牌建设的过程。

1．强化核心业务

每一个网络教育品牌都有自己的核心业务，就是在某个细分市场里做得特别出色的业务。如华图网校的核心业务是公职人员考试培训，新东方在线则是留学英语考试的名牌。核心业务包括两个基本内容：高质量的学习资源和优秀的师资，这两方面都是能吸引学员的卖点。核心业务特别出色，网络教育企业或机构才能在市场里站稳脚跟，付费学员才会越来越多，营收才会不断增长。

2．形成整合的产业链

在形成具有强大竞争力的核心业务的基础上，可以向产业链的上游和下游发展，也可以向相关领域开拓，寻求新的利润增长点。如新东方在英语培训考试的市场得到巩固后，向出版业和留学咨询服务进军，现在出版业这一块为新东方带来了丰厚的利润，留学咨询服务则为新东方赢得了极好的口碑，带来了大量的业务。双威原是一家以卫星通信服务为主营业务的公司，凭借先进的网络技术进军远程教育、行业与职业培训等领域，为各客户单位提供解决方案与运营维护服务，在核心业务做强以后，双威并购了三所大学，其网络高等教育营收一路猛涨，据 i 美股的数据，截至 2011 年 6 月 30 日，并购的三所独立学院为双威教育带来了 1 590 万美元营收。华图在公职考试服务做得相当好以后，最近也开始向动漫产业及动漫培训业拓展。

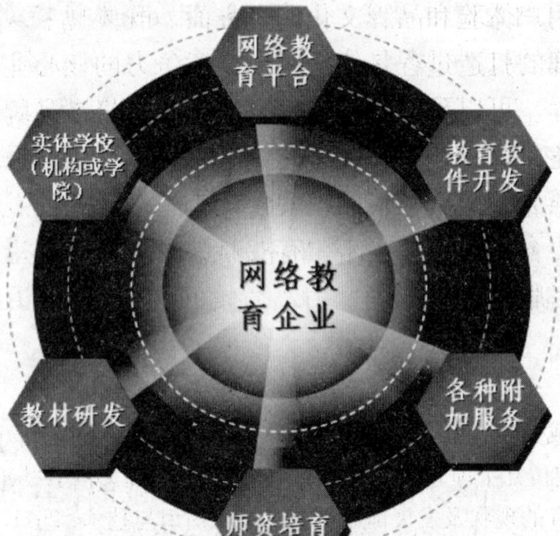

整合的产业链

3．培育研发团队

培育有创造力的、能紧跟市场发展需要的课程产品研发团队。研发团队也是品牌核心竞争力的一部分。市场上已有的网络教育企业，都有自己的研发团队。研发团队的工作包括课程编制、课件开发、品牌形象设计等。如华图网校的课程制作团队制作了一批质量上乘的课程，吸引了大批的学员。

4．质量管理体系

为了对品牌进行有效的质量控制，严格的质量管理体系非常重要。严格的质量管理体系包括标准化的教学体系和标准化的市场运营体系两个方面，保障网络教育企业的各个部门或分校能提供统一的可控的教育质量，有利于塑造品牌良好的公众形象。现在网络教育企业通常的扩张方式是连锁经营与加盟的方式，这固然可以带来可观的经济效益，但教育质量难免会有波动，这时严格的质量管理体系就尤为重要。

5．品牌营销

品牌营销对品牌建设也非常重要。可以利用一切有效的渠道进行品牌宣传，提高品牌的知名度。这些渠道有传统的平面媒体、电视媒体，也有非传统的网络媒体等，尤其是网络营销值得重视。因为教育市场的主体——年轻人，大多是网络世界的“移民”或“原住民”，通过网络营销会让他们觉得非常亲切，并且网络媒体比起平面媒体、电视媒体，传播更迅速、成本更低。网络教育品牌化在形成的过程中一定要借助网络媒体的巨大传播效应。

五、总结

随着市场深入细分和差异化竞争的深入发展，网络教育已从产品经营走向了品牌经营，竞争日趋激烈，网络教育产业的“战国时代”已经到来。网络教育品牌的内涵包括教育哲学、质量、信誉、用户体验和品牌文化诸多方面，既体现了教育的属性，也体现了产业的属性。网络教育品牌的打造过程是依托有强大竞争力的核心业务整合上下游产业，并且向相邻产业扩展的过程。可以预见，未来网络教育产业将是品牌竞争的时代，名牌网络教育企业将获得极大的竞争优势。网络教育企业或机构唯有建设强大的网络教育品牌才能在未来立于不败之地。强大的网络教育品牌的建设是一个长期的过程，需要网络教育企业付出辛勤的努力，更需要合适的经营策略。有战略眼光、追求长远利益的网络教育企业现在已经开始了打造教育名牌的过程。

参考文献

[1] 邹显圣. 网络教育成为传统教育教学的有力补充 [J]. 中国现代教育装备，2009 (14).

[2] 邱红彬. 关于品牌定位几个理论问题的探讨 [J]. 北京工商大学学报（社会科学版），2002 (4).

[3] 陈莹. 远程网络教育的现状及发展前景 [J]. 电脑知识与技术，2011 (18).

[4] 陈群超. 中国教育概念股研究报告之网络教育市场 [R]. i美股，2011.

第二编

管理探索

广东省普通高校继续教育管理体制研究

高建军　黄大乾
（华南农业大学继续教育学院　广东　广州　510642）

【摘　要】本文结合广东省普通高校继续教育管理体制的建设情况开展研究，并针对普通高校继续教育在行政管理机构设置、经费投入以及校内管理体制建设等方面存在的问题提出改革建议。

【关键词】普通高校　继续教育　管理体制

随着普通高校继续教育办学体系的完善和办学规模的扩大，继续教育创造的社会和经济双重效益日益明显。政府和普通高校意识到继续教育不是高校可有可无的办学功能，而是高校不可缺少的职责之一。普通高校开始重视继续教育的发展，并将继续教育纳入高校教育事业发展的总体规划。继续教育由高校教育工作的边缘走向核心，其发展的各个方面也逐渐走向科学化。但是在管理方面存在的一些问题也逐渐显现，特别是管理体制建设的滞后和不完善，成为制约继续教育进一步发展的瓶颈。

一、继续教育管理体制内涵

继续教育管理体制，是对教育管理职能部门适应国家和社会发展的需要，在管理继续教育事业中的管理机构设置上，责任和权限的划分以及与之相适应的组织形式、方法和管理制度的总称，核心是教育管理机构的设置。管理机构职权的分配以及各机构间的相互协调，直接影响到继续教育管理系统的效率和效能，在继续教育管理中起着决定性作用。

继续教育管理体制包含两个层次的内容：一是宏观层次，指的是继续教育行政体制，即政府对高校等继续教育办学机构的管理；二是微观层次，指的是高校等继续教育办学机构内部的管理体制。宏观和微观两个层次的管理体制之间存在内在的联系，是相辅相成的。宏观层面，继续教育行政体制是指政府继续教育管理机构的设置、隶属关系、权力划分以及相关管理制度的总称；微观层面，高校管理体制是指学校内部继续教育管理机构的设置、隶属关系、权力划分以及管理制度的总称。

二、广东省普通高校继续教育管理体制的现状

1．广东省普通高校继续教育的行政体制

（1）继续教育行政管理机构设置。广东省普通高校举办继续教育，根据办学体系的不同，其行政管理机构设置也不同。成人高等学历教育招生管理、学籍管理、教学管理等由教育厅负责。广东省教育厅发展规划室负责拟订并组织实施高等、中等专业学校（包括成

人高等学历教育）的年度招生计划；高等教育处负责统筹管理各类高等教育（包括成人高等学历教育），规划并指导高等教育教学改革；指导高校专业、课程建设和改革；组织相关的教学质量、办学水平的检查评估；负责高等学校学生学籍的宏观管理和学历证书管理；编写指导性的教学文件；指导高校实验室建设和校内外实习基地建设；指导和管理高校电化教育工作，组织教学课件的开发和推广应用；规划和管理高校的教材建设。高等教育自学考试各项工作由广东省教育考试院下设自学考试部负责。自学考试部承担全省自学考试的计划拟定、报名、考试、评卷、考籍、社会助学的组织管理工作。而非学历教育培训方面的工作，则根据培训内容涉及的相关部门的培训科室来具体负责，没有专门统一的省级管理机构。总之，广东省还没有设置专门管理机构来统筹管理全省继续教育事业，而是由已设管理机构兼职管理，并且各个管理机构之间联系不大，沟通不足。

（2）继续教育经费投入。在继续教育经费投入方面，1985 年广东省在《贯彻〈中共中央关于教育体制改革的决定〉的意见》中明确规定："各种成人教育经费，原则上哪个部门办学，由哪个部门自筹，并可适当收取学费。教育部门办的成人高等、中专教育事业经费，除在省高教事业经费中每年划出 2.5% 外，省财政每年按高教事业经费总额 5% 的比例拨给补助费。厂矿、企业单位要从企业利润留成中提取一定比例作为教育基金，用于干部、职工教育经费；市（地）、县都要拨出专款，作为广播电视教育、农民和社会青年各种成人教育的补助经费。"省政府还决定：从 1985 年起施行成人高等教育财政拨款单列制度。该年拨出 200 万元专项经费，作为支持各中心城市，特别是山区、边远地区建立成人教育实验中心和图书资料中心的补助经费，以解决各地成人高等、中专学校由于缺乏实验仪器、设备和图书资料而影响实验、实习课程的开设以及学员实践、动手能力的培养等问题。以后逐年按教育财政拨款增长率增加对成人高等教育的经费投入，这在一定程度上使困扰广东成人高等教育发展的经费困难得到缓解。[1]但总体上广东省继续教育的经费投入还是非常紧缺的，"以学养学"的投入机制，很难满足继续教育的健康发展。

2. 广东省普通高校继续教育校内管理体制

广东省普通高校在继续教育管理上，一般均设置继续（成人）教育学院（部）（以下统称"继续教育学院"）来专门负责继续教育方面的管理工作，由主管教学的副校长监管，继续教育学院院长全权负责。在管理模式上则存在一定的差异，归纳起来，有三种不同类型的模式：一级管理模式，即继续教育学院既是办学实体，又是管理主体；二级管理模式，即继续教育学院为管理主体，二级学院（系）为办学实体；混合管理模式，即继续教育学院既是办学实体，又是管理主体，同时又存在二级学院（系）作为办学实体办学。对广东省部分普通高校进行的调研显示，有六成强的高校继续教育学院界定自身的管理模式为一级管理模式，不到三成高校界定自身管理模式为二级管理模式。

采取一级管理模式的高校，继续教育学院统揽继续教育的全部工作，既是学校继续教育的组织管理者，也是实施教学工作的实体。学校继续教育的管理效率比较高，能做到令行禁止。同时，继续教育学院能对教学过程进行及时监控和调整，有利于教学计划的全面实施，便于实施统一的教学和学生管理。但是在充分调动各二级学院（系）的办学积极性，以及教学资源的调配使用方面有很大的局限性，不利于继续教育大规模、高水平的发展。其次，缺少规范的管理链，难以形成监督，不利于提高管理水平。采取二级管理模式的高校，继续教育学院主要履行对继续教育的宏观管理职能，负责学校继续教育统一招生、校内考试和成绩管理、学籍管理、教材管理以及规章制度制定，对教学质量和教学过程实施监督和控制。而基本的教学组织和学生管理工作则由各二级学院（系）来负责实施。这种管理模式中继续教育学院担当宏观管理和协调的部门，在学校继续教育工作中发挥主导作用。学校继续教育形成一个以继续教育学院为核心，学校各二级学院（系）都能积极参与的系统，继续教育学院与各二级学院（系）互相协调，职能互补。相较于一级管理模式，在调动二级学院（系）办学积极性以及充分调配教学资源方面，这种管理模式具有较大的优势。但是这种管理模式对继续教育学院的宏观管理和协调能力以及各二级学院（系）办学积极性和办学全局观具有更高的要求。混合管理模式是一级管理和二级管理的交叉。这种管理模式有利于继续教育学院与二级学院（系）的协调，可以适当避免上述两类管理模式的弊端，具有较广泛的适用性。采取此类管理模式的高校一般正处于继续教育管理改革阶段或者继续教育办学规模较大的时期。[2]

三、广东省普通高校继续教育管理体制存在的问题及原因分析

1. 继续教育多头管理，缺乏统筹规划

多形式、多类型继续教育的办学体系，为广东省继续教育发展打下良好基础。但是各类继续教育之间缺乏沟通，各自为政，究其原因是继续教育的多头管理。

当前广东省普通高校继续教育体系包括成人高等学历教育、高等教学自学考试和非学历教育培训，其中非学历教育培训体系又包含知识普及型培训、服务型培训、专业技能及证书培训和高层次继续教育培训（见下图）。成人高等学历教育主要由教育厅直接管理，统一审批招生、统一教学计划、统一教学大纲、统一对成人学历教育进行监督和评估。省教育厅全权负责全省成人高等学历教育工作，各地、市、县教育部门权力有限。而远程网络教育作为成人高等学历教育最现代化的办学形式，仅仅有三所试点普通高校举办，并由教育部直接管理，自成体系。高等教育自学考试则由省和各县市自学考试委员会管理规划和推广，与成人学历教育联系不多。各类非学历职业技能培训则由教育厅、人事厅、劳动厅等部门管理，而专业技能及各类证书考试则由各相关部门、协会或者社会机构来组织和管理。总之，省级政府部门没有统一的行政管理机构具体负责全省继续教育工作。继续教育缺乏全省范围内的统筹规划，导致各类继续教育之间缺乏沟通、联系不足。

分析原因，主要有以下几个方面。首先，继续教育法律法规制定滞后。继续教育发展迅速，社会需求越来越大，并且继续教育规模也不断扩大，但是专门的、独立成文的继续教育法律法规并没有及时出台。缺失法律法规的支持，独立设置继续教育管理机构也就难以实现，致使各类继续教育由不同的管理机构负责，缺乏统一管理和统筹规划。其次，前期对继续教育行政管理机构的设置重视不够。目前继续教育的发展才逐渐引起国家和各级政府机构的重视，但对其各项工作的开展尚处于探索阶段。而设置专门行政管理机构尚需规划和理论支持，并且此项工作也不是一朝一夕能完成的事情，因此目前缺乏统一管理机构的局面也在所难免。最后，继续教育领域的民间咨询或研究组织对管理的参与力度不足。目前广东省已成立成人教育协会等多个继续教育民间组织，各继续教育领域的专家、教授大多参与其中。但是这类组织与政府的沟通有限，提供继续教育咨询、参与继续教育管理的机会有限，不能充分发挥这些专家、教授的作用。

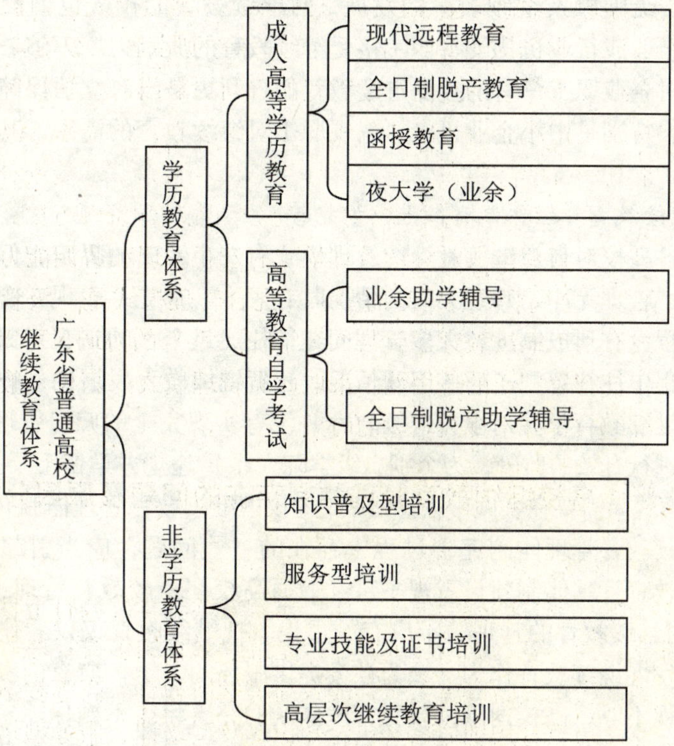

广东省普通高校继续教育构成体系

2. 政府财政资金投入不足，经费投入渠道过于单一

在继续教育发展经费投入方面，广东省财政每年都拨出一定资金用于继续教育的发展，但是这与继续教育总体资金的需求相差甚远。广东省继续教育发展所需资金主要由办学部门自筹，采取“以学养学”的方式筹措。社会、企业或者行业机构虽然有少量投入，但在继续教育总投入中比例甚少，有待进一步增加。继续教育投入渠道单一，对广东省继续教育的可持续发展具有不利影响。完善继续教育资金的多元化投入，形成以办学部门自筹为主，政府财政支持，社会、企业和行业机构投入相辅助的多元化筹资模式，对于完善继续教育的管理体制，保障继续教育的可持续发展具有重要的意义。

分析当前广东省继续教育筹资渠道过于单一的原因，主要有以下几点：第一，与时代发展的特点有很大关系。知识社会的来临，使公众对继续教育的需求大增，而在继续教育中受教育者个人收益最大，根据“谁受益，谁付款”的原则，个人缴纳的学费成为举办继续教育的主要资金来源。第二，筹资的法律保障机制缺失。没有专门的法规对政府、个人、企事业单位等对继续教育投入的力度进行明确的强制性规定，社会对继续教育的投入也就不会有应有的重视。第三，高校前期举办继续教育过于追求经济效益的定位对投入机制也有很大影响。高校规模迅速扩大，办学经费投入不足。举办继续教育带来的经济效益，诱使高校忽视了继续教育的社会效益。高校对继续教育的可持续发展重视不足，长效机制建设落后，多元化筹资渠道建设更是无从谈起。第四，政府教育经费投入不足。当前普通高等教育规模迅速扩大，已经出现资金紧缺的情况，政府把主要精力用于普通高等教育的资金筹集上，无暇顾及继续教育的发展，对继续教育的投入也就没有相应增加。第五，国家政策对企业或行业机构支持职工接受继续教育的激励力度不够，在政策上没有给予明显的支持。对企业职工享有的接受继续教育的权利更是没有立法保障，这也就给以盈利为目的的企业，特别是中小企业机会，忽视职工对继续教育的需求，其对继续教育的投入也就无从谈起了。

3. 高校内继续教育管理体制有待进一步完善

虽然广东省各高校对自身继续教育的管理模式有一个明确的界定，但是实际管理过程中存在许多问题，管理无序、管理无效的情况时有发生。首先，表现在管理制度化建设滞后方面。管理过程没有形成制度，大多管理问题往往通过个人的主观判断或者领导们拍桌子决定，决策过程中往往忽视了一些客观情况，违背继续教育发展的规律，给实际管理带来困难。其次，继续教育学院对全校继续教育并没有实现完全的归口管理，并不能对二级学院（系）办学进行有效的监管，为个别二级学院（系）违规办学留下了“空间”。高校内继续教育的管理模式尚需要在实践中去探讨改进，校内继续教育管理体制有待进一步完善。

在高校内继续教育管理体制完善过程中存在的一些问题，应当引起我们的注意。第一，高校对继续教育管理体制建设重视不足。普通高校在全校教育管理过程中“重普教，轻继教”，没有对继续教育的管理给予应有的重视。把继续教育仅仅看作学校创收的一个渠道，而不是把发展继续教育作为一项为社会提供服务的、学校应有的责任来对待。高校对继续教育的重视不够，高校内继续教育管理体制的完善将得不到保障。第二，普通高校举办继续教育的规模逐年扩大，而继续教育管理人员相对减少，管理人员在实际管理过程中承受的负担过大，这也对继续教育管理体制的完善产生不利影响[3][4]。

四、广东省普通高校继续教育管理体制改革的政策建议

1. 健全继续教育行政管理体制

健全的行政管理体制是从根本上支撑普通高校继续教育事业满足巨大社会需求的保障。完善的行政管理体制可以对普通高等学校继续教育提供强有力的统筹和监管，从而有效地保证这一事业健康发展。健全继续教育管理体制，应在全省统筹规划的总体目标下，实施三级管理的行政体制。在省、市、县设置继续教育的管理机构，改革集权制管理模式，实行权力适当下放的分权制管理。适应当前市场机制的需要，实行“政府宏观调控、学校自主办学”的管理体制。各级政府设置专门的行政管理机构，对继续教育工作进行宏观监督和调控，不再直接实施具体管理。要真正彻底地转变职能，集中精力搞好本地区继续教育的总体规划、立法定规、监督评估、资源整合、调研统计等工作，宏观把握继续教育发展的大方向，及时提出指导性意见。将目前掌管的直接管理工作权限逐步适时地下放给普通高校。譬如，办学资格审查权、办学规模审批权、办学质量评估权等，可以由各级行政管理部门掌管。而入学招生权、教学管理权、文凭发放权等则直接下放给普通高校来掌握。

2. 构建多元化继续教育筹资渠道

充足的资金投入是继续教育可持续发展的基础，政府和高校应重视对继续教育的资金投入，逐步构建完善的继续教育多元化筹资渠道。首先，政府要重视对普通高校继续教育的投入，逐年增加投入力度。政府财政拨款是政府管理机构监督和宏观调控普通高校继续

教育发展的主要途径之一。政府可以通过对投入经费的审批来控制普通高校继续教育的发展方向和发展规模。这样不仅可以保障横向上各地区继续教育事业的均衡发展，而且可以保障继续教育与整个教育体系的协调发展。其次，继续教育的接受者个人需缴纳一定的学费，这是普通高校继续教育经费投入的主要渠道。继续教育与普通教育不同，受教育的对象是成人，他们大多已经走上工作岗位，由于工作或者职位的需要，接受技能或知识的继续教育，在需求上具有特殊性。另外，国家进行教育体制改革，把市场机制引入教育领域，从特点来说，继续教育是最接近实施市场机制的办学领域。因此在普通高等学校继续教育投入上，受教育者个人缴纳学费应该成为资金投入的主要来源渠道。最后，鼓励企业和社会机构投入经费。由于受教育者大多是已经工作的企业职工或者机构员工，继续教育会给企业或者机构带来直接效益，因此企业和社会机构应该鼓励员工接受继续教育并给予一定补助，从而间接资助普通高等学校继续教育的发展。企业、团体、社会机构或者个人也可以通过捐资或者投资办学，直接对普通高等学校继续教育事业贡献力量。

3. 加强制度化建设，完善校内继续教育管理体制

在完善校内继续教育管理的过程中，高校首先应充分重视继续教育的管理工作，根据自身继续教育的办学规模和高校管理机构的设置，构建适合自身的管理模式。另外，加大对继续教育管理制度建设的投入，尽快完善各项继续教育管理制度。特别是在继续教育机构既有管理职能又有办学职能的高校，继续教育机构既是运动员又是裁判员，在办学专业的设置、招生生源和教学师资聘用方面难免与二级学院（系）存在一定的矛盾。高校应重视相应规章制度的制定，着力于全校继续教育的稳定发展，协调好各方面的利益关系，使得继续教育管理有章可循，而不至于盲目决策。最后，高校一定要明确继续教育学院和二级学院之间的关系，应赋予继续教育学院管理全校继续教育的权利和职责，代表学校规范全校继续教育的办学行为。

[本文系基金项目“广东省继续教育改革和发展战略与政策研究”课题（粤教高123号）子课题成果之一]

参考文献

[1] 张耀荣. 广东高等教育发展史 [M]. 广州：广东高等教育出版社，2002.

[2] 阎桂芝，马永斌. 我国继续教育体制发展的动因、特点与对策 [J]. 成人教育，2005 (8)：27~28.

[3] 梁艳萍，黄大乾. 构建学习型社会高等学校继续教育面临的挑战和机遇 [J]. 继续教育，2008 (8)：16~17.

[4] 黄大乾，叶晖有等. 广东高等学校成人与继续教育的现状、经验、特色和评价 [J]. 成人高教学刊，2007 (2)：28~32.

构建完善的成人高等教育教学质量监控体系的探讨和实践

唐大光

（韩山师范学院成人教育学院　广东　潮州　521041）

【摘　要】成人高等教育的快速发展在一定程度上适应了社会发展对人才的需求，但同时也带来新的教育质量问题。教学质量是高等学校办学的生命线，要确保成人高等教育教学质量，必须建立健全适合本学校特点的成人高等教育教学质量监控体系。本文主要从完善的成人高等教育教学质量监控体系的构建及运行这一层面进行探讨和实践。

【关键词】成人高等教育　教学质量　监控体系　构建

目前，我国高等教育实现了大众化的历史目标，作为高等教育不可缺少的组成部分，成人高等教育无论在办学规模还是办学层次上，都实现了历史性的飞跃，随之而来的教育质量问题凸现出来，提高成人高等教育质量，已成为高等学校和成人教育工作者研究的重中之重。而教育质量监控是保证教学质量的重要手段，因此，建立和完善成人教育质量监控体系，对提高教学质量，确保成人教育良性循环发展具有至关重要的意义。

一、构建完善的成人高等教育教学质量监控体系的必要性及作用

教学质量监控体系，是遵循教育和教学内部规律，对人才培养的全过程进行评价、监督、调控、指导所采取的一系列活动，包括组织、管理、程序以及方法等的总和，是保障教学质量不断提高，主动加强自我约束、管理和完善的有效机制。[1]当前由于受功利主义的影响，某些高校把办成人教育当作单位的“菜篮子”工程来抓，盲目扩大招生规模，随意设立辅导站或教学点，导致教学设施和条件不完备，教学管理不到位，教师教学质量意识不强等。加之成人高考的录取分数线越来越低，学生生源基础良莠不齐，质量下降，“唯学历化”思想严重，学习动力不足，所有这些严重影响了成人高等教育的教学质量。因此，建立完善的成人高等教育教学质量监控体系，确保成人高等教育教学质量，已经成为成人高等教育管理刻不容缓的任务。

2001 年 9 月，教育部在《关于加强高等学校本科教学工作提高教学质量的若干意见》中指出：“建立健全教学质量监测和保障体系，是提高本科教学质量的基本制度保障。”教学质量是高等学校办学的生命线，要确保成人高等教育教学质量，必须建立健全适合本学校特点的成人高等教育教学质量监控体系，并把它作为教学管理的一项重要的常规工作来抓。实践证明，成人高等教育教学质量监控体系的构建和正常运转，可使教学管理部门对教学的诸多因素进行系统的调节，作出决策，从而达到优化教学进程、监控教学质量的目的。它有利于学校的决策和组织管理建设，促进学校改进教育工作，明确办学思路和质量

的目标；有利于教师的培养和成长，提高教师的综合素质和教育教学能力；有利于实现成人高等教育教学管理的现代化、科学化、规范化和制度化，提高服务意识和管理水平，优化管理手段；有利于提高成人高等教育学生学习的积极性和主动性，真正树立终身学习理念和意识，促进成人高等教育的良性循环和健康发展。

二、完善的成人高等教育教学质量监控体系的构建及实践

在教学过程中，教学环节一环紧接一环，其中某个环节出现问题，就会影响到整个教学效果，因此，要确保成人高等教育质量，就必须建立一套完善、严密、科学、合理的教学质量监控体系，并加以严格实施。成人高等教育教学质量监控，实际上是对成人教育教学工作进行全方位、全过程、全员性的质量监测、评估和激励的监控系统。

1. 组织监控体系

完善的管理组织和教学质量监控队伍是教学质量监控体系有效运作的重要保证。[2]组织监控体系包括实施教学质量监控的部门和监控队伍，是由学校成人教育工作指导委员会、成人教育教学督导组、成人教育管理部门、各教学系以及教学点、用人单位等组成的全方位的监控保证组织。学校成人教育工作指导委员会负责对学校整体成人教育工作的规划、指导及重大问题的决策，是组织监控体系的指导保障；成人教育教学督导组由各专业教学经验丰富、学术造诣较高的资深教师组成，负责对成人教育工作的检查、监督、指导、评价、反馈等，同时具有提供咨询、服务的职责，是组织监控体系的重要力量；成人教育管理部门是成人教育工作和教学的宏观管理者，具有管理、督导和服务的特性，是组织监控体系的组织力量；各教学系是教学和管理的直接组织者和落实者，是教学质量的直接实施者；教师是“教”的主体，既是教学质量的被监督者又是监督者，只有让教师主动参与教学质量的评价及监督，教学质量的提高才能最终得到保障和落实；教学点负责班级管理和学生思想政治工作，是组织监控体系的重要组成部分；成人教育学生是“学”的主体，既是学习效果的被监督者又是监督者，学生掌握教学的一线信息，能及时反馈教学过程中的先进经验或存在的问题，具有实时性和直接性，是组织监控体系的新生力量。此外，用人单位、毕业生也是教学质量监控组织系统不可缺少的组成部分。用人单位反馈回来的信息，具有时代性、实用性的特点，真正反映出社会对人才知识结构的需求。毕业生信息反馈，反映出学习者对学校教学，特别是实践教学的要求，这两方面的信息反馈及评价，是学校教学质量不断提升的重要依据之一。

2. 制度监控体系

教学管理的制度化、规范化，是推进“依法治教”工作的重要组成部分，也是做好教学工作的基础；既是体现教学管理水平的重要标志，也是提高教学质量、实现人才培养目标的重要保证。只有建立一套完善的教学管理规章制度，才能使整个教学过程做到有章可循，有据可依，保障教学质量监控队伍的正常工作，保障教学质量监控体系的正常运行。完善的成人教育管理制度主要包括：成人教育事业发展规划、人才培养目标、教学计划、教学大纲、考试大纲、教学管理条例、教师奖励条例、教学事故处理条例、教学督导工作条例、课堂教学质量评估方法、考试管理规程、教材管理条例、学生学籍管理细则、教学实践环节实施细则以及学生评优评奖等，这些制度的建设和严格执行能有效地确保教育教学质量。

为确保各项规章制度能落到实处，必须严抓教学每一个环节。如重点严格执行教学计划，规范管理程序；抓好教学大纲的制定和实施；规范授课教师的聘任和资格审查制度；严格考试管理；加强教学检查和教学常规管理、建立试题库和实行教考分离等。

3．评估监控体系

评估是监控的手段，评估体系就是质量标准，健全和完善成人教育教学工作评估制度是保证成人教育教学质量的有效手段。通过教学工作评估，有助于把学校以及成人教育管理机构的教育教学基本建设、教学改革以及教学管理提升到一个新水平。[3]因此，要不断完善评估制度，使成人高等教育教学评估工作经常化、制度化。评估包括上级主管部门组织的评估和办学单位组织的评价。评估的指导思想是贯彻“以评促建，以评促改，以评促管，评建结合，重在建设”的方针，从而达到提高教学质量的目的。

上级主管部门组织的评估主要是从宏观管理和指导、监控、规范的角度定期对成人高等教育办学单位的办学条件、教育管理、教育质量、办学特色等方面进行的全面评价，以规范办学行为，保障办学条件，深化教育改革，提高成人高等教育质量和水平，促进成人高等教育的健康发展。

办学单位组织的评价主要是从完善自身教学和管理的角度对教学过程进行常规教学质量测评和教学督导。办学单位定期对成人高等教育的教学质量进行评价，坚持评价标准，严格评价程序，是教学质量监控的有效措施。

常规教学质量测评是对课堂教学、实验教学、考试结果、毕业设计等内容进行评价，方式包括课程评估、课堂评价、学生评教、督导评价、用人单位评价以及学生学习评价等。

教学督导是一项对教学工作有组织、有目的的监控活动，是教学质量保障和监控体系的重要组成部分。美国学者布尔顿在《督导与改进教学》一书中写道：教学督导是一个为提高教学质量而进行的有组织的活动，其任务是“提高教师的教学，选择组织教材，考察教学效果，提高教师水平以及对教师工作进行评价”。教学督导包括监督、检查、评价、反馈、指导和服务等任务，通过教学督导员深入到教育教学活动过程中开展督导工作，如进行教学检查、随堂听课、深入教研室参加教研活动等，帮助和指导教师改进工作。

4．激励监控体系

教学活动是教与学的双边活动，教学质量监控是对教师“教”和学生“学”的质量监控，旨在从机制上激发监控的受益者——教师和学生的积极性和主动性，提高教师教的质量和学生学的效果。因此，建立激励监控体系是教学质量监控的必然要求，是提高教学质量的主要动力。一方面，对在教学和管理上有突出贡献的教师和管理人员进行奖励。如评选教学名师、教学效果优秀奖、优秀管理奖和优秀班主任；开展青年教师教学观摩比赛、优秀教案评比；设立成人教育教学改革研究项目，鼓励进行成人教育工作研究，对研究成果给予奖励；把教学质量同教师的津贴、评职称、评优挂钩，奖励先进，鞭策后进。对在教学和管理中存在某些缺失、不足的教师和管理人员，重在给予帮助和指导，分析原因，吸取教训。通过对教学、管理和科研的激励，充分调动教师与管理人员的主观能动性和从事教学研究及教学改革的积极性，激励和鞭策教师不断提高课堂教学质量。另一方面，对优秀的学生进行鼓励和激励。如评选优秀学生、优秀班干部、优秀信息员；评选优秀实验报告、优秀论文、优秀毕业设计等；鼓励学生进行科学研究，设立学生科研、教研课题立项；设立奖学金、助学金等，以激励学生学习的积极性，形成良好班风，提高学生的综合素质和能力。

5. 反馈监控体系

教学质量监控体系，是一个既包括对教学过程的实时监控，也包括对教学效果反馈控制的完整的闭环系统。[4] 反馈监控过程实际上就是各类教学信息反馈、收集、整理、总结和完善的过程。要充分发挥信息反馈的功能，就应该通过多途径收集教学信息。如成人高等教育管理人员、教学督导员、教师、班主任等深入教学第一线主动收集信息；学生、学生干部、学生信息员主动及时反馈信息；毕业生、用人单位的信息反馈等。通过教学检查、学生评教、开座谈会、电话联系、毕业生跟踪调查及建立网络 BBS 与信息邮箱等方式和手段，全方位收集教学资料和对人才培养的要求与意见。教学管理者把收集到的教学信息进行分析、整理和总结，按照分类分别反馈给负责决策、执行的部门和师生。

教学信息的利用是整个教学质量监控体系中最关键的一环，也是必不可少的部分。成人高等教育教学监控体系是对教学进行有效管理、正确决策的重要保证。[5] 在教学信息的利用上，应将它作为学校有效进行人才培养目标定位、人才培养模式、教学改革、学科建设及师资管理等的决策依据和重要条件，有针对性地提出改进措施，如此循环，逐步形成完善的成人高等教育质量监控体系，提高教育教学质量。

成人高等教育与普通高等教育相比，具有教学环节多、教育对象分散、学习条件差别大等特点。因此，完善的成人高等教育教学质量监控体系的构建与运行，需要成人教育工作者不断地探索和实践，需要教学管理者、督导员、教师、学生、用人单位、家庭乃至社会等全方位的主动参与和支持。

［本文在 2009 年 7 月发表于《成人教育》，同时在 2009 年 11 月被评为第七届全国成人教育优秀科研成果（论文）三等奖］

参考文献

［1］沈斐敏. 教学质量监控与保证体系的构建与运行［J］. 教育探究，2006（1）：13 ~ 14.

［2］王晗，唐永升. 本科教学质量监控体系的构建探讨［J］. 上海工程技术大学教育研究，2006（2）：1 ~ 2.

［3］陈牛则. 成人高等教育教学质量监控与保障体系探讨［J］. 职教通讯，2007（4）：56.

［4］邬若虹，曹颖华. 关于建立成人教育教学质量监控体系的实践与思考［J］. 继续教育，2005（2）：10.

［5］王忠民，李能贵. 成人高等教育教学质量监控体系的建立与实践［J］. 西安交通大学学报（社会科学版），1999（1）：70.

对成人高等教育教学管理问题的思考

张康灼
（湛江师范学院继续教育学院　广东　湛江　524048）

【摘　要】随着知识经济社会和信息技术的发展，人类知识更新的速度越来越快。要如何使成人学生通过普通高校的成人高等教育更新和丰富知识，提高职业技术水平、增强社会竞争能力，以提高实用型人才的培养质量？答案是必须对目前的成人高等教育还存在的教育教学观念、教学内容、教学方法、监督机制等方面的诸多问题进行有效的解决，这就要端正办学思想，改革教学内容，加强师资队伍建设，改进教学方法和手段，加强教学质量监控，进行教学模式和人才培养模式的改革。

【关键词】成人高等教育　教学　管理　改革

随着知识经济社会的发展和高等教育大众化进程的加快，高校招生规模持续扩大，人才培养不仅数量上要增加，而且质量上要不断提高。而人力资源的利用、开发、优化则依赖于适时高质量的成人教育。多年来的实践证明，普通高校的成人教育成功地为社会培养了大量实用型人才。随着信息技术的飞速发展，人类知识更新的速度越来越快。需要经常更新自己的知识和技能。为丰富自己的知识、提高自己的职业技术水平、增强社会竞争能力，越来越多的人加入到成人高等教育的行列。但是，目前的成人高等教育还存在教育教学观念、教学内容、教学方法、监督机制等方面的诸多问题。要有效解决这些问题就要端正思想，明确认识，改革教学内容，加强师资队伍建设，改进教学方法，进行教学模式和人才培养模式的改革。

一、存在的问题

长期以来成人高等教育的教学内容、教学方法和手段一直沿用和模仿全日制普通高等教育的，没有形成自己的特色。随着社会主义市场经济的逐步成熟，成人教育的教学内容、方法、手段已与社会经济发展不相适应。人才培养模式大都套用全日制的，课程设置不尽合理，高校的成人课程设置多沿袭全日制学生的课程设置模式，没有很好地适应成人教育学生的需求，教学计划和课程体系参照全日制普通高教的，只做简单的增删；教材内容陈旧、应用性差，不适合成人学生自学，其中相当一部分教材是适用于全日制的；专业的成教师资队伍缺乏，但普通高校的成教师资队伍的素质总体上是比较好的，业务水平也是比较高的。但部分成教师资的普教色彩较浓，成教特色则不够鲜明。成教的教授时间短、任务重，因此在实际工作中，教学方法简单，常见的仍是教师讲，学生听，不可避免地出现灌输式教学。这多半是承担成人高教教学任务的教师们对成人教育的特点了解不多，对成人教育的特殊规律认识不足，沿用普通高校的教学手法所致。教学手段落后，仍沿用已使用长达半个世纪的面授辅导方法，缺乏现代化的教育手段；工学矛盾导致出勤率低；教学质量监控不力等等。

二、对策与建议

（1）成人高等教育人才培养模式应是以获取知识为基础，以发展创新思维、创新能力为核心，以按需施教、开发技能、注重实效、提高综合素质为目标的人才培养框架。坚持以就业和市场需求为导向，设立成人高等教育人才培养模式改革试点。根据学习者的兴趣要求并结合办学实际，根据以升学为主要目的和以在职培养与继续教育为主要目的来确定不同的培养模式。当前，要把学习者获取职业资格和岗位技能培训的需要作为成人高等教育教学工作改革的突破口，积极推进成人高等教育人才培养模式改革，促使成人高等教育特色的形成。要根据生产、建设、管理、服务等一线岗位对加强岗位职业培训和实际操作技能的要求，不断改进和调整人才培养方案，适应国家职业资格准入制度和岗位职业培训要求，强化与岗位职业资格要求对应的课程理论的学习和操作技能的培养，鼓励和支持学校依照职业教育、岗位技能培训、获取“双证”等需要，改革人才培养模式。

（2）在课程安排上，体现培养人才的需要。由于成人教育的特殊性，在课程设置和安排上应立足和服务于社会实践需要。教学内容和课程体系改革是成人高等教育教学改革的突破口，教学内容改革要突出成人高等教育“两宽一专”的特点，“两宽”指知识面宽、基础宽，“一专”是指应用能力专，真正使学生在掌握必需的文化知识的同时，还具有熟练的职业技能和适应未来职业变化的能力；课程体系的建设主要体现在教学计划上，从时代发展的要求以及成人学生学习的需求出发，以素质、知识、能力培养为主导，重组课程结构。课程设计和开发应坚持综合性、科学性、开放性、实践性、可操作性、先进性等成人高等教育的特色。在课时安排上，在保证足够的理论教学课时的同时，适当增加实践教学，通过实践教学，使学生既注重理论基础的夯实，培养自身可持续的潜在发展能力，将理论与实践充分结合，又使实践教学不但没有削减理论的分量，反而在实践中得到强化、验证、深化、巩固，有效提高学生把理论应用于实践的能力，从而达到整合课程和强化实践教学环节的目的。教学中真正地帮助他们解决社会实践中遇到的问题，使学生所学知识，因为有用而牢固，又因为实用而让学生易发现理论知识的不足，从而强化理论学习的主动性和积极性，有效提高理论应用于实践的能力，并达到理论与实践相结合的目的。

（3）组织编写成人教育专用教材，提升教学内容质量，吸引学生学习。成人教育教学在很大程度上带有显著的实用性特点，以解决现实问题为中心，强调学用结合，偏重实际能力的培养，注重实践锻炼和理论联系实际。因此应该组织教师编写、出版一套成人教育的通行教材，由一线教师参与，根据成人教育的特点，少些理论性、多些实际可操作性，特别针对当前的热点、难点问题为学生提供实际可行的解决问题的知识。改变沿用普通高校教材的状况，编写出高质量的、体现成人教育特点并满足于自学需要的教材，对于统一人才培养规格，推动成人教育的改革和保证教学质量具有重要意义。教材必须符合教学计划和大纲要求，必须便于自学，文字通顺易读，内容阐述得法，各个章节之间要紧密衔接，教材内容要精炼，重点突出，防止篇幅过大，要加强理论与实际的联系，配有一定数量的例题和练习，以培养学员分析问题、解决问题的能力，教材起点要注意与学员原有水平衔接。除了配套教科书之外，还要加强编写与教材配套的自学指导书。随着科学技术的飞速发展和人们生活水平的提高，电视、电脑和其他音像设备及网络技术逐渐进入家庭，成人高等教育使用电子教材成为可能。传统的文字教材有优点，也有缺点，主要是内容更新较慢，因此理论性、基础性的课程仍是以传统文字教材为主，而一些发展迅速、知识更新周期快的课程，最好以电子教材为主，要在教材建设中大力推动电子课程和电子教材的建设，同时也为远程教育的推行做好铺垫。

（4）更新传统的教学方法。成人学生来自社会，有一定社会生活和工作经验，也遇过一些让人比较困惑的问题，思维较为活跃，因此教师应以丰富的知识和经验，启发诱导学生培养独立的学习思考能力。传统的教学方法以注入式讲课为主，容易禁锢学生的思维，抑制学生学习的欲望，常常把受教育者看成是消极被动的接受者，只强调机械记忆，不重视思考理解，只注重灌输，不重视学习创新，因此，要对不适合成人学员的教学方法进行改革和创新。一要坚持“以学员为中心”的原则，把学习的主动权交给学员，使学员“学会学习”；二要符合成人的认知心理，有利于激发学员的积极思考和学习兴趣，有利于培养学员的分析问题和解决问题的能力，尤其是有利于学员的创造性能力的培养。从成人学员认知特点出发，成人的教学方法应该以启发式教学为主，通过启发促使理解记忆，达到学习目的，通过启发，促使学员积极思考，寻求解决问题的办法，培养创造性思维，提倡“问题教学法”、“案例教学法”、“讨论法”、“自学指导法”及“程序教学法”。

（5）改革成人教学手段。现在是信息时代，多媒体教学和网络教学是高等教育常用的手段，然而在成人教育中应用率低。作为面向在职人员的成人教育，利用现代化的技术手段改变教学方式，是当今乃至未来的一个大趋势。首先在于如何将先进的科学技术运用到教学实践上来，用幻灯投影、录音录像、计算机等来辅助教学，更形象生动地描述教学内容，用Internet的E-mail、BBS和QQ群来替代现在函授教育中常用的信函邮件，用聊天的方式解决学生自学过程中碰到的问题，并通过邮件的方式交作业。将网络化手段引进成人教学，用广播、电视、网络等远距离教学手段，送教上门，方便学员学习，有利于扩大教育规模。其次，成教教师要掌握现代教育技术，善于将现代教育技术运用到教学之中。运用现代化的教学手段可以开展远程教学，与面授辅导相结合。在学生回家自学期间，任课教师利用晚上上线辅导，有利于发挥学员学习的自主性和灵活性，有利于学员处理好工学矛盾，提高学习效率，鼓励学生通过学校组织实施的多媒体辅助教学等方式获取一定比例的成绩或学分。也可充分利用现代信息技术，利用分布在各个不同地方的教育资源。

（6）优化教学模式，保证教学质量。为了使成人学员通过教师的辅导能独立钻研、消化、巩固和思考，组织好教学过程和环节，发放教材和自学指导书，教师应采取相应的教学模式：第一次面授—自学并完成作业—进行第二次面授和考试。

根据大多数学员的工作情况，适当安排面授时间；认真执行规章制度，面授期间旷缺课达1/3学时，或缺交作业者，不准参加考试，并认真抓好考风考纪，以提高学员的听课率。

考试形式要依据学习者的身心、年龄和学习形式、专业及课程特点等，兼顾开卷与闭卷、理论知识与实际操作、书面考核与口头答辩等方式的统一。考试命题准备两套以上的平行试卷备考，逐步实行题库组题、多卷型（如A、B、C、D卷等）考试。

（7）建立成人高等教育教师队伍。随着时代发展及客观条件的变化，成人教育有其自身的特点和基本规律，因为成人教育和全日制教育的显著不同就在于成人教育的学生学习背景非常复杂，无论是年龄、职业还是原有的学历等都有很大的差别，因此在具体学习过程中不可避免地出现知识吸收程度不同等问题，这就要求成人教育教师了解成人学生的特点，根据不同学生的特点，因材施教。多进行差异性教学，引导不同层次的学生合理学习。成人教育的培养对象大多数都是已经工作的员工，教师要尽可能紧密结合社会实际，充分利用学生拥有一定实践经验的优势，培养学生的创新精神，实现学生系统理论和岗位实践能力的结合，年轻的教师向有成人教育经验的教师学习，有目的地安排教师带普教生到企事业单位实习，了解现实问题并进行专业研究，把研究成果用于专业的成人教育教学。另外，科学技术在不断地发展，人的学习能力也在不断地提高，教师也需要不断学习，只有提高自己的专业能力和学术水平，才能使自己具有更全面和先进的知识技能。成人教育所需要的教师应该是具备丰富的专业知识，同时又能够深入浅出、联系实际启发学生进行思考的理论联系实际型的教师。

（8）加强教学质量的监控。聘请素质较高、熟悉成教特点、热心成教事业的教师任课；课前按照教学大纲、自学指导书、教材和课表，制订好面授日历和自学进度表，认真备课，按课时上好课，教学单位要安排人员巡课或听课；考试前按规定命好题，考试时有足够的巡考和监考人员；改卷评分后要进行试卷分析，发现问题，及时改进，并逐步将好的试题收入试题库，为实现教考分离作准备；教学单位和管理部门要定期进行成教教学检查，通过检查面授日历、自学进度表、教案、课程设计作业、毕业论文（设计）、试卷及试卷分析等材料，以及查课、听课、巡考和学生评课，及时发现教学上的问题，通过适当的途径反馈给教师加以改进，提高教学质量；有条件的学校可聘请成教经验丰富的退休教师组成成教督导组，对成教教学进行检查和督导。

（本文来源于“2005年广东省立项组织开展我省高等学校成人与继续教育现状调研”的普通高校成人与继续教育课题中的“进一步推进高等学校成人与继续教育整体改革发展与规范管理的对策、措施与建议”专题研究的部分内容）

参考文献

[1] 李莉，王晓婷，王艳楠. 成人高等教育教学现状分析与教学模式改革探讨 [J]. 中国成人教育，2010 (1).

[2] 陈相廷. 突出成人教育特色，提高成人教育质量 [J]. 继续教育研究，2005 (1).

[3] 孟勇. 论成人学习者的心理特征与教学改革 [J]. 中国成人教育，2005 (2).

[4] 曹坤明. 依托网络办好创新型成人高等教育 [J]. 中国成人教育，2003 (7).

继续教育课程学分互认的实践与探讨

——以中山大学成人高等学历教育为例

蒋海红　颜文展　潘金山　梁征宇

（中山大学教务处　广东　广州　510275）

【摘　要】继续教育课程学分互认使学习者通过各种继续教育学习方式获得的学分积累到一定程度时，能根据自身需要或客观标准兑换所需要的证书，该机制可提高社会成员参与终身学习的积极性，提高他们的学习热情和学习效果，是个人学习的有效激励措施。中山大学通过制定成人高等学历教育课程免修免试管理规定，认可学生过往的学习成果，即课程学分互认。本文对实践中的成人高等学历教育课程免修免试进行总结分析，探讨现阶段课程学分互认存在的问题及其发展方向。

【关键词】继续教育　学分互认　免修免试

一、学分互认的渊源及意义

学分互认是在学分制的管理模式下，当学习者需要把自己通过各种途径获取的学分进行转换的时候，在规定协议内，各学分授予机构相互认可对方授予的学分，并承认所有的学分具有同等的效用。[1]学分互换通常是指在学分制的管理模式下，通过一定的管理条例或兑换规则，学生的学分可以在合作高校之间实现相互转换和认可。本研究涉及的学分互认采用广义的概念，等同于学分互换、学分转换或课程免修。

学分互认在国外历史较长，最早可以追溯到 1953 年在巴黎召开的“关于进入别国大学学习时文凭等值的欧洲大会”。参会的 32 个国家承诺实行学分互认，经过半个世纪的发展，在欧洲和北美自由贸易区已经建立起比较系统的学分互认系统。目前国际上比较成功的学分互认模式有欧洲学分转换系统（ECTS）、亚太地区学分转换机制（UCTS）、韩国学分银行制度（CBS）等，但是这些模式主要是面向全日制高等教育课程学习成绩的互认和转换，而未能涉及其他形式学习成果的转换。目前我国高等教育领域学分互认的研究已经逐步深入，特别是随着国际化办学的开展，各高校已经逐步建立学生学分互认的基本规则及流程。

继续教育是终身教育的重要组成部分，包含了学历教育与非学历教育，存在办学类型复杂，办学层次动态多变，投资主体多元化及学员个体情况参差不齐等情况。目前，我国各类继续教育机构呈现出各自管理、相互分离的状态，学员参与各类继续教育的学习成果难以获得互认，各类教育资源难以整合，整体难以适应继续教育的发展趋势。对其实施有效的管理，需要对不同类型的教育资源进行整合，使之形成一种纵横交错、相互沟通的管理体系。截至目前，学分互认被认为是最可行且最简便有效的操作措施。

继续教育课程学分互认使学习者通过各种继续教育学习方式获得的学分积累到一定程

度时，能根据自身需要或客观标准兑换所需要的证书，该机制可提高社会成员参与终身学习的积极性，提高他们的学习热情和学习效果，是个人学习的有效激励措施。学分互认打破现有各种教育类型之间存在的政策壁垒，使各种继续教育类型相互衔接贯通，有利于整合社会各类教育资源，为社会成员提供弹性化、多样化、个性化的教育服务，使其获得更多的自由，能够选择更适合自身需求的教育类型、学习时间、学习内容、学习地点和学习方式。

二、中山大学成人高等学历教育课程学分互认的现状与分析

我国开展的学分互认尚处于起步阶段，但在各种教育领域都进行了不同程度和范围的实践与理论探索。学分互认方式主要以联合学分和免修免试为主。由于联合学分主要发生在多所高校之间，目前以单个办学机构为对象的讨论材料不足。免修免试以单个办学机构为主体，是目前学分互认进行得较为成熟的方式。有学者提出学分互认是在学分管理中心认可的教育机构之间，在符合互认协议和折算标准的前提下，相互承认学习者在对方取得的学分和本校学分具有同等的效用。[2]这里提出学分互认的两个要素：教育机构认证和互认协议，在现阶段，在同一教育机构内的不同学习形式更容易做到。

中山大学成人教育管理办公室作为学校继续教育培训和成人高等学历教育的归口管理机构，可以在现有的免修免试基础上进行范围扩大化的学分互认工作。即现阶段，中山大学成人高等学历教育学分互认以课程免修免试方式进行。中山大学成人高等学历教育的课程免修免试作为成人高等学历教育学籍管理的一部分，通过规定具体的实施细则来认可学生在以往的教育经历中取得的学习成果。根据《中山大学成人高等学历教育学生学籍管理规定》（以下简称《规定》），经批准免修免试的课程，成绩按“免修”记载，不计入所学课程平均分，获得免修免试课程学分。从免修免试规定看，可以认为中山大学成人高等学历教育认可了这部分学习成果或职业技能，并承认这部分学分具有同等效用。

《规定》共九条，其中，第三至六条明确了课程免修免试的条件，主要可以分成三种类型，包括同层次及以上相同课程学分的互认，国家统一考试或相关技能资格证书的认定，执业资格证书的认定等。

其中第三条之二是对课程认定的免修免试规定：“取得普通高校同类专业、同等或更高学历层次，教学要求与我校教学计划要求一致的，课程名称相同且考试成绩在60分以上的课程，可申请免修免试。”同层次或更高学习层次的课程学分可以直接被认定，这一条在其他高校的学分互认规定中也可以很容易发现。可见，这一类型的申请是得到普遍承认的。但在具体操作上，它反而是最为复杂的。

表1　近年申请免修免试同层次/高层次课程免修免试情况表

申请时间	总申请人次（人次）	通过审批人次（人次）	比例（%）
2009学年春季学期	214	34	15.89
2010学年秋季学期	112	9	8.04

（续上表）

申请时间	总申请人次（人次）	通过审批人次（人次）	比例（%）
2010 学年春季学期	252	18	7.14
2011 学年秋季学期	120	14	11.67
2011 学年春季学期	255	11	4.31

2009—2011 年间，中山大学成人高等学历教育在校生人数为 1.4 万 ~1.5 万人。这几年我校成人高等学历教育课程免修免试无论在申请人次还是在获免修免试的比例上来看都相对较低，究其原因主要有二：一是就读前已经取得国民教育同类专业同等或更高学历层次的学习者人数占全部成人教育类学生的比例较低；二是同课程的申请认定难度大，许多学习者无法提供原始教学计划，只能根据课程名称和学时学分来对课程进行认定，造成能够认定的课程集中在英语类和计算机类等公共基础课程，专业课程极难得到认定。同时，也存在已认定的课程中实际学习的内容与设想相差甚远的可能。

表 2　2009—2011 学年申请免修免试认定课程类型人数分布表　　单位：人

认定科目类型	2009 学年春季学期	2010 学年秋季学期	2010 学年春季学期	2011 学年秋季学期	2011 学年春季学期
英语类公共课	156	94	216	87	216
政治类公共课	12	0	3	0	6
计算机类公共课	27	10	26	6	10
数学类公共课	7	1	1	1	0
其他课程	12	7	6	26	23
总申请人数	214	112	252	120	255

除课程学习外，学生的自学考试成绩、重要技能认证也可以进行学分认定，《规定》第三条之一、之三、之四规定了相关内容：“（一）取得全国高等教育自学考试相同学历层次单科合格证书的课程，可申请免修免试；（三）非英语类专业学生取得国家大学英语四级合格证书或成绩达到 425 分以上者，可申请免修免试大学英语；（四）非计算机类专业学生取得全国计算机等级考试二级及以上合格证书者，可申请免修免试公共基础课程中的计算机应用课程。”以上类型的课程免修免试是最具有可操作性的，并且最容易得到学分互认。因为这种类型的课程免修免试标准清晰、学习者提供的申请材料简单明确，所以也是现阶段中申请课程免修免试人数最多的课程类型。

表 3　2009—2011 学年申请免修免试课程类型及人数分布表

时间	以四六级证书申请（人）	比例（%）	以自学考试课程证书申请（人）	比例（%）	以计算机等级证书申请（人）	比例（%）	总申请人数（人）
2009 学年春季学期	154	72	9	4.20	22	10.30	214
2010 学年秋季学期	94	83.93	3	2.68	6	5.36	112
2010 学年春季学期	198	78.57	11	4.37	25	9.92	252
2011 学年秋季学期	86	71.70	16	13.33	4	3.33	120
2011 学年春季学期	209	81.96	19	7.45	9	3.53	255

职业水平认证和执业资格认证在一定条件下也给予认定：

《规定》第四条："凡获得国家级专业技术资格证书及各种执业资格证书的，可申请免修该门课程的理论部分的学习。但需参加该门课程的实验（实践）部分的教学活动，并参加该门课程的考试（或考核）。"这一部分如表 4 所示，主要集中在会计、法律等几个行业。说明大部分成人教育的学习者是相关行业的从业者，他们由于个人竞岗、升职等需要，报读成人高等学历教育，在已有较为充分的经验积累下，谋求理论知识和技能水平的提高。

表 4　2009—2011 学年申请免修免试课程执业证书分布类型人数表　　单位：人

执业证书类型	申请人数
人力资源管理师	2
会计师从业资格证书	14
计算机职业资格证书	4
电子商务师	4
网络工程师	1

《规定》第六条："本科学位课程、实验、实习课程、毕业设计（论文作业）原则上不得免修免试。"这些课程作为成人高等学历教育中具有统领全局意义的课程，反映学习者在整个学习阶段的学习成果，无法使用其他形式替代。这一条例在免修免试课程的规定中作为总则性意义纲领存在，也明确了目前学分互认的原则，即为局部性、阶段性课程的学分可以互认，学习者所在的办学机构需要在总体性、结果性的课程上把握适度、稳健的原则。

三、成人高等学历教育课程学分互认的问题及分析

无论从免修免试课程总数占每学期开课总数的比例，还是申请人数与在校生人数的比例来看，以上二者都相对较低（见表 5）。对三种类型课程申请免修免试的现有数据进行分析，可以发现仍然存在着一些问题值得商榷：

（1）在进行课程免修免试审批时可否明确到教学计划中的知识点考察。知识是人们在社会实践活动中所获得的认识成果，知识的总体在社会实践的世代延续中不断积累和发展。知识点则是每门学科中反映教学目标、体现学习规律、有操作要求的客观内容，具有相对的稳定性、完整性、独立性的特点。知识点的匹配度是学分折算的重要依据，在提出申请免修免试的课程中，有些课程名字相近，但教学重点大不相同。在执业资格证明、技能培训结果被用作申请材料时，也需要考虑到其与专业课程要求的相关性。

表5　中山大学成人高等学历教育近年课程免修免试情况一览

时间	申请课程门数（门）	开课门数（门）	免修与开课比例（%）	申请人数（人）	在校生人数（人）	申请人数占在校生比例（%）
2009学年春季学期	27	288	9.38	214	14 327	1.49
2010学年秋季学期	10	242	4.13	112	14 327	0.78
2010学年春季学期	20	303	6.60	252	14 536	1.73
2011学年秋季学期	18	228	7.89	120	14 536	0.83
2011学年春季学期	17	270	6.30	255	13 211	1.93

（2）课程学分互认依据的选定。比如，作为申请计算机公共课程免修免试依据的计算机等级证书种类繁多，可以考虑除了国家二级证书外的其他专业机构认证的资格证书。在资格证书认定中的计算机考试，目前学校只认定由教育部考试中心颁发的《全国计算机等级考试合格证书》，而目前这一领域还存在劳动和社会保障部职业技能鉴定中心颁发的《全国计算机信息高新技术考试合格证书》（OSTA）和全国普通高等学校计算机应用水平考试委员会颁发的《全国高等学校计算机水平考试合格证书》（CCT）等，它们也是由一定权威机构认证的证书。

（3）学生过往学习经历和实践经历的量化问题。将学生的技能培训和课堂教学结合起来，目前的折算标准并不全面，主要集中在证书认证，而竞赛成果、工作年资、发明专利认证应该也可以作为学分互认的内容之一。国际权威认证机构和国家行业主管部门认证的各种技能证书能够表明持证人的专业能力和技术水平，学生参加的各种课题研究和取得的发明成果更能够反映学生的创新与实践能力。成人高等教育学分互认不仅要包含如全日制普通高等教育、全国高等教育自学考试、电大开放教育、现代远程教育等其他高等教育形式，也要包含学生在实践工作中取得的非课程项目成果，如执业资格、科研成果、专利发明等，还可以开拓企业定向培养课程班集训成果的互认。

国内已有些做法值得借鉴：上海市允许区县、行业所属的学校之间，相近专业之间，学历教育与职业资格培训和各种形式的短期培训之间相互承认学分，并依托教育信息化平台，逐步建立职业学校学生和职业实践经历信息库；[3] 厦门市职业学校通过创办职业技术培训中心和职业技能鉴定站，相互承认学分；青岛市学生取得的国家职业资格证书、岗位合格证书以及竞赛中的表彰等，按不同标准奖励学分。

（4）免修免试申请在实际操作中存在的其他限制。针对现存的对免修免试课程门数的限制，如在现行规定中第五条“每学期免修免试门数不超过该学期开设课程门数的三分之一”，可以适当将免修免试比例扩大或者在学期分配上灵活处理。例如新生第一学期一般开设五门基础课程，而按照现行规定，学生最多申请一门，而第一学期中的英语、计算机、政治类课程是学生申请学分认定最为集中的科目，如果放宽门数限制，会更有利于成人学生的学分互认。

同级别课程转换上，如不同专业之间高等数学可否转换？如何认定？非学历培训项目可否与学历课程互通认定？国外教育经历的学分如何互认？等等。有学者在讨论成人教育的课程互通和学分互认时，提出了同质性原则、有效性原则和时效性原则。其中时效性原则提到，随着社会知识更新速度的快速化，同一名称的课程几年甚至数月后，其知识点和技能点已经发生较大变化，而且学生学习后的遗忘速度比重也需要统筹考虑。[4] 同质性和有效性原则是我们在操作学分互认中一直体现和强调的部分，而时效性原则的提出给予学分互认的设定一个新的启发。在学分互认时，需要明确一个认定时限，体现知识的更新率和掌握量。在具体操作时，可以根据所在行业专业知识的更新速度来设定学分互认时限，这样能够更加保证学分互认的效果。

四、结 语

本文总结继续教育不同类型的学分的互认实践，在此基础上探讨建立适合高校继续教育课程学分标准的学分转移机制，这将全面促进高校继续教育相关课程内容、教学方法、支持服务与教育管理制度的改革。通过积极推动不同继续教育类型的课程学分互认，承认学习者已有的学习成果和职业实践经历，吸引并激发更多在职人员自主参与继续教育学习，搭建继续教育立交桥，打破不同类型的继续教育之间相对封闭的状态，促进继续教育各类型之间的融会贯通，最大限度地整合各类教育资源，从而促使继续教育实现跨越式发展。

（本文得到2011年广东省继续教育体系建设示范项目的资助）

参考文献

[1] 刘华，姜为．学分互认的现状探究［J］．继续教育研究，2007（2）：125~128.

[2] 马敬峰．论成人高等教育学分互认机制的构建［J］．河北大学成人教育学院学报，2006（1）：22~23.

[3] 杨黎明．学分互认的依据是“知识点”的多少［J］．中国职业技术教育，2004（16）.

[4] 安东尼·约翰·维克斯，宋颉．欧洲学分互认体系：一个转换与累积体系［J］．开放教育研究，2012（1）：19~21.

[5] 汤书波，陈梅艳，李志平．开放教育学分银行系统设计方案探讨［J］．电化教育研究，2011（8）：78~82，87.

[6] 李芹，王雷震．南京高校校际学分互换探究——兼与上海比较［J］．中国农业教育，2009（2）：29~32.

[7] 何振俊，葛强，张朗昌．浅谈远程开放教育与城职院高职教育的课程互通与学分互认［J］．南京广播电视大学学报，2011（3）：36~39.

[8] 欧启忠，陈钦华．学分制体系设计及学分互认的实践与探索［J］．广西教育，2011（15）：52～53.

[9] 丁辉，杨劲松，马双琴．关于常州高职园区实施学分互认体系的研究［J］．职业教育研究，2011（10）：175～176.

对艺术院校非学历教育发展模式的探索
——以广州美术学院为例

罗培庆
（广州美术学院继续教育学院　广东　广州　510260）

【摘　要】普通高校在“十二五”时期发展非学历继续教育有着良好的契机，但目前不少普通高校在发展非学历继续教育方面存在不同的困难和问题。本文在对中央美术学院、清华大学美术学院、天津美术学院等艺术院校非学历教育发展状况进行研究的基础上，以广州美术学院为例对艺术院校非学历教育的未来发展进行了探讨。

【关键词】非学历教育　发展模式　广州美术学院

近些年来，随着中国高等教育的大发展，非学历教育也获得了充分的发展。继续教育在构建终身教育体系和学习型社会的时代背景下，无论是内涵还是形式，都发生了巨大的变化。传统的学历教育越来越难以满足人们不断发展的社会需求。《国家中长期教育改革和发展规划纲要（2010—2020年）》提出我国到2020年“继续教育参与率大幅提升，从业人员继续教育年参与率达到50%”的战略目标和“以加强人力资源能力建设为核心，大力发展非学历继续教育，稳步发展学历继续教育”的发展任务，并且“鼓励学校、科研院所、企业等相关组织开展继续教育”。[1]然而，目前不少普通高校在发展非学历继续教育方面，还存在着观念上没有完全摆脱计划经济时代的框框、机制上未能突破事业单位行政管理模式的制约、行为上跳不出传统的成人本专科学历教育的路径等问题，这些问题将使到普通高校在国家实施继续教育发展战略时难以发挥应有的作用。

一、艺术院校非学历继续教育目前存在的主要问题

1. 对艺术院校非学历继续教育缺乏合理定位

长期以来，受传统办学思想的束缚，很多高校人员对艺术院校继续教育的认识并不到位。重普通教育，轻继续教育；重学历教育，轻非学历教育。实际上，对于艺术院校而言，继续教育是普通高等教育的外延和补充，两者相辅相成，相互促进。[2]因此，艺术院校要把开展继续教育作为基本任务之一，校领导要重视，管理机构要支持。

2. 对市场适应性不足

艺术类高校的普通高等教育有着自己的品牌和资源优势，但对其非学历教育而言，仅仅依靠普通高等教育的品牌效益，在竞争激烈的艺术类培训市场中，与见缝插针、机制灵活的专业社会培训机构相比，学院除却师生、场地资源外，其他优势并不明显。加上缺乏灵活的市场机制，受到体制的约束，大多数艺术院校采取的是自主培训的模式，所开展的培训业务也很单一，大多是吃老本，靠以前的一些老关系所得到的常规性的培训项目；思

想保守，缺乏创新性，忽视广告媒体的宣传作用，也没有积极开拓渠道去寻找合作伙伴，这样很不利于非学历培训规模的形成以及培训品牌的创造。

3．培训特色不够鲜明

目前大多数艺术院校所开展的培训项目层级还比较低，在开设培训课程时，也没有进行市场需求调研和分析，没有构建出具有本校特色的课程体系和品牌。而专业的社会艺术培训机构则具有很强的自主研发能力，它们针对市场需求变化，为培训学员量身定制个性化的课程体系，不断推出符合市场需求的优秀培训项目和培训课程，因而占领了大部分的专业培训市场。

二、促进非学历教育发展的措施与途径

1．明确办学定位，拓宽办学思路

《国家中长期教育改革和发展规划纲要（2010—2020年）》中提到："要更新继续教育观念，加大投入力度，以加强人力资源能力建设为核心，大力发展非学历继续教育，稳步发展学历教育。"对非学历教育发展给予了很清晰的定位，是大力发展，但非学历教育办学形式多样，不同的地区、不同的院校采取的方式也不一样，如何坚持本院校的历史传统，找准自己的优势和特色，走有自己特色的办学路子，是各院校面临的机遇和挑战。中央美院和清华美院都是走高端的非学历继续教育路线，但中央美院更侧重于利用国家部属院校的得天独厚的优势，重点发展造型艺术类高级研修；清华美院则充分利用清华大学的高平台，重点举办短期的高级培训班，侧重设计类高级研修；天津美院则扬长避短，新校区建成后将重点发展自学考试助学班。

广州美术学院地处华南地区，可充分利用珠三角和毗邻港澳台的区域优势，结合珠三角发展规划的精神和部署，为区域经济发展服务，树立以需求为动力、以市场为导向、以质量为生命、以创新求特色、以品牌求生存的发展理念。要根据就业市场发展变化和培训需求多样化的特点，有针对性地开拓市场；要根据培训对象的需要和非学历教育的特点，组织力量深入研究和探索具有交互性、灵活性、差异性的团体化和个性化的培训模式，形成新的办学项目和新的办学优势；要根据不同的培训对象，制定不同的目标，走高中低端相结合的道路。

2．结合区域特点，开办多样培训

在非学历继续教育办学模式上，需要结合当地的经济发展状况，为区域经济发展服务，在这方面，清华美院的办学模式非常灵活，具有很强的针对性和操作性，值得借鉴。从培训时间上看，针对不同的课程安排，有一年的培训，有两到三个月的培训，有一周的培训，长中短期相结合，每年举办多期培训；从培训对象上看，以高学历为主，面向的是高级白领一族，经理级、总监级、高级设计师及管理者等，有为单位员工集体培训，也有为专门行业人员集中培训；从培训内容上看，以应用型为主，如酒店设计专业高级研修、时尚美学高级研修、用户界面高级研修、艺术品鉴赏与经营管理高级研修等，种类多样；从培训形式上看，有校内教学、校内外教学相结合、国内外教学相结合等，实行理论课与实践课相结合的独创精英式教学模式，注重实践与理论的结合，特别是一周的短期高级研修班，采取边走边学的学习形式，把学员带出校园，走向全国，根据学员的实际情况，制定不同线路；从培训费用上看，以高收费为主，如国内一周的培训学费为15 000至30 000

元不等，国外学习路线收费更高；从培训师资上看，除了本院的教授外，还聘请了业内知名专家、资深人士，另外结合学习路线经过的地区，邀请当地名师名家进行讲座、授课，甚至还邀请了很多明星参与，如王刚、范冰冰、姚晨等；从培训质量上看，实行小班制教学，控制每期培训人员人数，每期派专人负责跟踪管理，严格保证教学质量。

广州美院的非学历继续教育有着较长的历史，有一大批办学经验丰富的教师队伍，可结合其实际情况开展各类培训班。

一是加强与企业合作。针对广东民营企业较多的情况，可积极加强横向项目合作和人才培训合作。以满足企业需求为依据，根据培训目标量身定制课程模块和授课大纲，培训内容紧密贴合企业实际需求，努力实现企业培训价值。在课程开发时，不拘泥于传统的学科和标准的体系，必须立足于企业岗位工作任务分析，根据工作任务体系确定课程体系结构、划分课程门类、排列课程顺序，以实现课程结构体系向工作结构的转变。

二是与行业管理协会、考试认证机构合作开展职业培训。目前在校大学生非常热衷参与各种职业资格考试和水平认证考试，他们把这些证书当作和学历文凭同等重要的“敲门砖”，认为对将来的就业非常有帮助。[3]广州美院的非学历教育可以利用自身庞大的学生群体资源，与各种行业管理协会、考试认证机构合作，开展职业资格考试和水平认证考试的考前培训。

三是开办各类短期培训。利用本院丰富的师资力量，开办高级进修、普通进修、考前培训、少儿培训等，高中低端培训结合。

四是与兄弟院校合作。探讨与兄弟美术院校或综合院校的合作，取长补短，互相促进。

3. 提高办学质量，注重办学效益

非学历继续教育的办学效益主要体现在经济效益和社会效益上，各艺术院校都非常注重引进市场经济规律和遵循教育规律的关系，既注重通过人才培养带来的经济效益，又更为重视通过培养全面发展的人才而产生的社会效益。将非学历继续教育的质量与数量、经济效益和社会效益有机地结合起来，如中央美院高级研修班影响力很大，学员来自全国各地；清华美院高级研修班深受学员欢迎，每年培训学员有3 000 ~4 000人次，一年总收入2 000多万元。

广州美术学院非学历继续教育经过近年来不断的探索，积累了不少经验，但仍有较大发展空间。

一是抓好教学质量建设。质量是非学历教育的生命线，非学历教育更应重视教学质量，这是因为非学历教育的发展性大于功利性，受教育者更看重其质量和实效。[4]广州美术学院在大力发展非学历教育的同时，要加强对教育教学质量的监管力度，要根据自身办学条件和社会需求来理性选择教育项目，明确合理的、满足受教育者的教育目标，要科学制订培训计划、培训内容。

二是走特色化发展道路。广州美术学院非学历教育在中低端的培训，如普通进修和少儿培训方面有一定规模，但在高端培训这方面，还非常欠缺，没有形成品牌效应。未来要朝着特色化方向发展，一方面要依托广州美术学院自身的优势特色学科，将其特色学科与非学历的教育实践相结合，使其更加具有可操作性和实用性，扩大社会影响力；另一方面要围绕“定制、特色、服务”来打造出专业化的特色培训品牌，走差异化发展的道路。

三是提供细致周到的服务。继续教育的特点是学习对象多元化，培训对象大多是在职工作人员，因此在上课时间上具有不稳定性，这就需要教学管理人员为他们提供更加耐心和人性化的服务。在教学实施过程中，要充分考虑培训对象所从事的职业对教学过程、教学结果的接受程度，根据他们不同的水平开展有针对性的教学。

参考文献

[1] 国家中长期教育改革和发展规划纲要（2010—2020年）[EB/OL]. 中央政府门户网站. http://www.gov.cn. 2010-07-29.

[2] 吕晓芹. 新形势下高校非学历继续教育培训发展刍议 [J]. 继续教育，2011 (4).

[3] 毛卫东，李蕾. 高校继续教育学院非学历教育特色化发展的思考 [J]. 中国成人教育，2010 (20).

[4] 沈文通. 普通高校非学历教育发展存在的问题及对策 [J]. 江西蓝天学院学报，2008 (3).

新形势下高等教育自学考试存在的问题及对策

肖春红 韩兆洲
（暨南大学教育学院 广东 广州 510632）

【摘 要】高等教育自学考试至今已走过30年的历程。30年来，自学考试为中国高等教育的发展及学习型社会的形成作出了突出贡献。但随着社会的发展及高校的扩招，新形势下自学考试存在学科型教育体系与社会发展不相适应、重“考”轻“教”、考试形式过于单一等问题。针对这些问题，笔者提出了大力调整专业结构，开展多形式、多层次的办学模式，适时更新教材内容，运用现代远程教育手段，做好实践性环节考核及毕业论文的指导与答辩工作等对策。

【关键词】高等教育 自学考试 问题 对策

自学考试作为一种新兴的教育形式和考试制度，自诞生之日起，就把普通高等教育作为依托，不论是计划的制订、教材的编写，还是命题、评卷，甚至是助学等诸方面，都紧紧依靠普通高校。弹指一挥间，高等教育自学考试已经走过了辉煌的30年。如何继续发挥主考学校的优势，促进自学考试持续发展，是摆在我们面前的新课题。

一、自学考试30年基本情况

据全国考试中心统计，30年来，已有2.1亿人参加了自学考试，在籍考生5 000余万，有980万人获得本、专科学历文凭，相当于130所万人大学各培养了20届毕业生的总量。自学考试还发展了非学历教育，据统计，30年来，已有5 000余万人参加了各种各样的能力证书考试，其中2 000余万人获得了相应的能力证书。可以说，自学考试为中国高等教育的发展、高等教育的大众化以及学习型社会的形成作出了突出贡献，功不可没。

二、新形势下高等教育自学考试存在的问题

自学考试走过了不平凡的30年，但近年来，由于高校扩招及远程教育和网络教育等多种教育形式的出现，自学考试报考人数及报考科次均逐年减少，自学考试开考30年来，第一次站在了生死存亡的十字路口。有人认为，与其他形式的成人高等学历教育相比，自学考试的难度太大了，自学考试学生中，考过一两门就知难而退的考生很多。考生们普遍反映，自学考试的学习难度和考试难度太大，建议降低难度，提高通过率，争取生源。但是，我们必须清醒地意识到，“考试质量是自学考试的生命线”，自学考试开考以来，以其“教考职责分离”及“国家考试”的权威性取得了全社会的信任，在社会上享有很高的声誉。降低质量只会损害自学考试的声誉，使自学考试走进死胡同。依笔者愚见，在新形势下，自学考试存在的问题主要有三：

第一，自学考试的学科型教育体系与社会发展不适应。1980 年，作为高等学历教育的重要补充，自学考试应运而生。当时的自学考试为不能进入普通大学学习的考生，通过自学考试接受高等教育提供了一个有效的学习途径，所以，自学考试的专业计划是严格参照普通高等学校相同专业、相同层次、相同规格、相同标准而制订的。进入新世纪以来，特别是普通高校扩招后，我国本科高等教育走向大众化层次，甚至向普通化的方向发展。据统计，参加高考的应届高中毕业生中近七成有机会进入普通大学学习，因此，应届高中毕业生参加自学考试的人数日益减少。如果自学考试仍抱着学科型教育体系一成不变的话，就不能适应社会发展的需要。

第二，自学考试的重“考”轻“教”，加大了考生的学习难度。自学考试既是一种考试制度，又是一种教育形式，一直以来对考试比较重视，从机构设置到各项工作的开展都是以考试为中心。但是作为一种高等教育形式，虽然有社会助学，但是在对教育过程的关注，对于构建自学考试学习支持体系，为学生学习提供服务方面所做的工作，力度则远远不够。

第三，自学考试的考试形式过于单一。一直以来，自学考试以笔试闭卷考试为主。但从教育的角度及培养人才的角度看，考试方式应该多样化。现在的教育理念主要是育人，育人是教育的核心，应侧重体现个人整体素质的提升，而不是简单地学一门知识、两门课程。根据这一教育理念，自学考试的考核方式应该多样化，适度增加实践考核的比重，甚至撰写一份社会调查报告，制订一份企业经营策划书，或者做一个案例分析，都可以考虑作为自学考试的一种考试方式。

三、高等教育自学考试持续发展的对策

自学考试创立至今已走过 30 年的历程，自学考试已成为中国乃至世界上规模最大的高等教育考试制度。在自学考试的工作中，主考学校为自学考试事业的发展壮大作出了巨大贡献，广大高校教师也为此付出了大量的心血。可以说，没有广大主考院校和教师的支持，就没有自学考试的今天。当前，我们必须深入研究自学考试在新形势下面临的新问题，作为自学考试主考学校，应针对上述问题，找准自己的定位，在自学考试管理领导层的支持下，采取行之有效的对策措施，充分发挥主考学校的优势，进一步完善自学考试的教育方式，促进自学考试的可持续发展，意义十分重大。具体地说，自学考试管理领导层和主考学校应面对问题，对症下药，着重在以下几个方面采取相应的对策措施：

1. 大力调整专业结构，主动适应经济社会发展的需要

随着经济社会的发展，自学考试的外部条件已经发生了巨大变化，以理论学习为主的专业设置已经不能适应经济社会的发展，21 世纪，企业的竞争说到底就是人才的竞争，新形势要求的是培养应用型、复合型人才。自学考试在专业设置中，应以培养应用型、复合型人才为目标，在专业设置和调整时应立足于以下几点：

（1）必须根据地方经济特色和地方经济发展状况，立足于地方，服务于地方，最大限度地满足地方经济建设的需要，只有这样，所设置的专业才具有生命力。

（2）专业设置必须突破传统观念的束缚，以创新为核心，切实突出专业的针对性和应用性，特别要注意设置一些新技术应用领域的专业，适应国民经济建设、科技进步和产业结构调整的需求，满足地区、行业对人才的需求。

(3) 专业设置必须充分考虑开放性，不能封闭，要充分开发校内资源和行业教育资源，使其教育融于产业和经济社会中，简单地说，只有依托企业、行业，才能办好专业。

(4) 专业设置要有前瞻性，眼光要超前，与时俱进，为未来服务。高等教育自学考试的课程设置要充分体现高等教育自学考试的特色，不能过分强调学科体系，脱离时代和社会发展。

(5) 应建立教学内容的更新机制，进一步调整和改革自学考试的课程模式与结构，逐步探索并形成更为开放的、考生自主性更大的课程体系，这有利于创新人才的培养。建议国家在控制基础课程的基础上，考虑将一些主干课程的调整权交给省考办和主考学校，让主考学校根据本地区科学技术发展和市场经济变化的需要，不断更新课程设置，改革教学内容，使考生毕业后能较快地适应地方经济建设发展的需要。

2. 鼓励主考学校与行业合作，开展多形式、多层次的办学模式

在广东省自学考试委员会的鼓励和扶持下，暨南大学在校企合作开办自学考试方面取得了一定的经验。如 1997 年，广东省自学考试委员会接受广州珠江物业酒店管理公司委托，在全省开考高等教育自学考试物业管理专业（专科），由暨南大学担任主考学校，广州珠江物业酒店管理公司筹建的广州珠江管理培训学院（现为广州珠江管理专修学院）负责组织报考及社会助学工作，完全实现了国家考试、高校主考、社会助学、考生自学的经典办考、办学模式。2005 年，又开考了物业管理本科专业。自学考试物业管理专业开考之时，国内普通高等教育尚未开设该专业，没有现成的专业课教材，也没有现成模式可资借鉴。暨南大学依托本校师资优势，组织了一批从事物业管理工作的企业专家和以该校教师为主的高校学者，编写了国内第一套物业管理专业系列教材。物业管理专业填补了国内高等教育专业设置的空白，掀开了国内物业管理专业学历教育和学科建设的新篇章。

物业管理专业开考以来，针对不同群体考生的需要，采用全日制和半日制两种办学形式，实施相应的教学，既满足了社会需求，又解决了从业人员继续教育的工学矛盾，并先后在深圳、东莞、珠海、佛山、中山、汕头等房地产业发达地区开设了分教处。该专业开考 14 年来，已有近万人参加了自学考试辅导班，有效地缓解了广东省物业管理人才匮乏的困境，推动了物业管理行业的进步。经过 20 多年的发展，物业管理行业已经形成了庞大的产业规模，对现代社会诸多领域产生了重大影响，在建设和谐社会中发挥着越来越重要的作用。

物业管理是一门实践性很强的专业，考生在完成有关理论学习与考试的基础上，还应参加一定课时量的社会实践，完成实践环节考核。在这个环节上，广州珠江管理专修学院发挥了企业办学的优势：广州珠江物业酒店管理公司属下众多的管理项目作为考生的实践基地，由暨南大学与广州珠江管理专修学院共同制订学生的实习方案和考核标准，共同组建实践环节的指导教师队伍，较好地完成了每年两次的实践考核任务。

2004 年，受广东省自学考试委员会的委托，暨南大学成为调查与分析专业（独立本科段）的主考学校，广东省统计局统计教育中心负责组织报考及社会助学工作。该考试是国家自学考试委员会与国家统计局合作举办的国民教育系列中首次开设的学历教育与证书考试相结合的“双证”教育形式考试，考生考完 5 门专业必修课，即可获中级调查分析师证；全部课程合格，可获调查与分析专业的本科毕业证。这种“双证”教育形式的考试深受考生欢迎，应成为自学考试今后的重点发展方向。

3. 调动主考学校的积极性，适时更新教材内容

主考学校与高等教育自学考试的主管部门紧密合作，做好教材及教辅资料的编写工作。在自学考试试卷的评阅过程中，令人尴尬的现象屡见不鲜：如现行法规、制度等已变更好几次了，而自学考试指定的教材还是好几年前的旧版本，试卷的标准答案与现行法规、制度相互矛盾，令考生无所适从。建议自学考试的主管部门充分利用主考学校的优质教学资源，组织编写高水平的教材及教辅资料，为自学考试学生提供基本的学习资料。

4. 运用现代远程教育手段，充分发挥主考学校的助学作用

一直以来，自学考试的社会助学形式主要是辅导教材建设和以普通高校为主的社会力量办学。据统计，全国只有不到30%的自考生参加了各种半日制或限时性的社会助学活动，参加全日制社会助学的自学考生更是寥寥无几，致使自学考试教学过程不充分，教育环节不完整，教育形式不完善，考试淘汰率高，教育质量有待进一步提高，社会助学成为自学考试最为薄弱的环节。因此，在网络化、信息化时代，自学考试要提高教育质量和社会效益，必须积极开展网络助学，实现社会助学网络化、远程化，这是自学考试事业发展的必然选择。自学考试只有借助于现代远程教育手段，自我完善，不断创新，才能适应新形势，实现可持续发展的目标。自学考试必须创新助学模式，充分利用多媒体远程教育手段，建立有效的学习支持服务系统。例如，可考虑建立一个基于因特网的自学考试助学网，助学网由省自考办和各主考学校共同维护，主要包括以下内容：

（1）将自学考试所有的教材、大纲和辅导资料制成电子版，挂在网上供考生下载。此举既可以免除考生四处奔波购买教材的辛劳，又可以减轻考生的经济负担，特别是对一些边远贫困地区意义更为重大。

（2）由各主考学校组织骨干教师，将每门课程制成课件，挂在网上的“虚拟课堂”供考生点播。考生可以根据自己的实际情况，灵活掌握学习进度，对不明白的地方，可以反复点播，直至掌握为止，大大提高助学效率。

（3）由主考学校组织有丰富教学经验的教师根据教材的重点、难点编写练习题，将其挂在网上供考生练习。有条件的话，还可以按课程分别建立练习题库，考生可随机抽题，反复练习。

（4）由主考学校负责，在网上建立“虚拟实验室”，提供虚拟的实验用品及实验指导，供考生反复练习。

（5）建立网上答疑系统。考生在学习上遇到难题，可在网上向老师请教，从而实现一对一的教学辅导。

（6）建立网上协同学习系统，自学考生在网上可以就学习问题进行讨论，分享学习心得、体会，实现自学考生之间的学习互助，克服自学考生在学习过程中的孤独感和无助感。

总之，计算机网络技术的最大特点是信息容量大，传输速度快，交互性、渗透性强，运用计算机网络技术可以提供多样化的学习方式，编制多种类型的视听教材，更适合自学考试考生。同时，现代远程教育是一种超越时空的教学，自考生可以自主地安排学习时间和地点，自主地选择考试科目和学习内容，从而大大增加学习的信息量和知识的容载量。另外，还要积极开拓思路，拓宽自学考生获得知识的渠道，扩大助学辅导的层面，改变自学考试因缺少课堂教学环节而难以体现教学效果的状况，使交互式教学的效果得以实现。

5．做好实践性环节考核及毕业论文的指导及答辩工作

做好实践性环节考核及毕业论文的指导工作是主考学校的中心任务之一，主考学校应根据自学考生的特点制定细致的考核大纲及考核要求，严格把住实验、实习考核关，切实提高考生的实践工作能力，注重培养学生的动手能力、创新能力、综合分析能力，培养适合本专业发展的合格人才。要做好实践环节的考核工作，主考学校一方面应充分挖掘潜力，在不挤占全日制教学资源的前提下，合理安排实践教学资源，尽量能让自考生到高校实验室完成实践考核；另一方面，可充分发挥各方面教育资源的潜力，选择有条件的单位作为新的实验和考核基地，由主考学校负责监督、指导，并建立相关实践环节质量监控系统，使考生能就近参加实践活动，加强实践能力的培养。

各主考学校应提高服务意识，本着对考生负责、对国家负责的态度，建立一支长期稳定的自学考试实践考核及毕业论文指导的师资队伍，根据自学考生的特点，悉心指导，使自学考生能聆听名师教诲，受到校园学术氛围熏陶，使其实践能力、创新能力、科研能力、综合分析能力等迈上一个新台阶，为国家培养合格的人才。

展望未来，我国高等教育自学考试任重道远。目前，我国高等教育自学考试的发展正处于承前启后的历史阶段，在这一特定的历史时刻，应明确主考学校的定位和作用，使主考学校继续为自学考试事业的发展作出更大的贡献。

成人高等教育学业提示及预警系统的研究与实践

王　蔚
（广东工业大学继续教育学院　广东　广州　510090）

【摘　要】成人高等教育作为我国终身教育体系中的一个办学层次与办学形式，它的教育对象是成人学生，成人学生的学习具有自主性、多样化、开放式的特点，因此，实施成人高等教育的个性化管理服务，必须启动成人高等教育的学业提示及预警系统的服务。本文重点研究的是该系统的特点与构建。

【关键词】成人高等教育　学业预警　系统构建

随着终身教育体系的构建，成人高等教育的生存空间依然很大。但必须承认，成人高等教育与普通高等教育的办学方式确实不同，最明显的区别是全职学习与业余学习。对于参加业余学习的成人学生来说，按照教育部的有关规定，学生最长的学习年限可比规定的学制延长两年。如果高校都能够建立学业提示及预警系统，就可以帮助更多的学生完成学业，也可以使学习基础较好的成人学生提高学习质量。因此本文研究的便是成人高等教育如何建立学业提示及预警系统的问题。

一、成人教育的学业提示及预警系统建立的必要性

1. 成人学生的学习特点

成人高等教育是终身学习的组成部分，终身学习是社会个体在其一生中通过持续不断的学习，使意识和行为得到改善，从而不断提高自身文化素养、积累社会经验和提升职业能力的社会活动过程。终身学习的行为主体是具有一定社会阅历的成年人，其身心发展已趋成熟，因此，其受教育过程呈现以下三大特征：

（1）自主性。成人学生不论从心理上还是人格上，都相对于全日制学生更加成熟，学习目标更加明确，必然在学习的选择上更具自主性。学习者希望能根据确定的学习目标，结合自身的优势，制订符合自身特点的学习计划，选择适合自己的学习方法，自主地管理自己的学习活动，监控学习的过程，评价学习的结果，获得最佳的学习效果。

（2）多样化。成人的学习需求来自社会的需要。据调查显示，绝大部分成年人的学习动机是为了满足个人适应科学技术和知识技能不断革新等社会急剧变化的需要，但具体的学习目标又呈现多样性，与学习者的年龄、职业、受教育程度以及社会环境等诸多因素有关。因此，终身学习的层次、方式等注定是多样的，即使是同层次、同方式的终身学习，由于个体的能力、经验、社会环境等差异，其学习目的、学习内容和方法也多种多样。个性化教育管理服务能最大限度地满足成人学生多样化的需求。

（3）开放式。成人高等教育开放式的本质就是打破传统的封闭教育模式，不仅要以开

放的方式向所有成人提供进修学习的机会，更要求在课程设置、学习考核方式、教学管理机制等方面实行开放式，让学习者积极主动参与到教学过程中，实现教与学的互动互长、理论与实践的紧密结合、学校与社会的融洽沟通。

综上所述，成年人的学习需求呈现自主性、多样化、开放式的特点。因此，成人高等教育不能囿于目前普通高等教育的教学模式，应以"以人为本"的教育理念，探索适应成人特点的教育管理服务模式。

2. 成人高等教育学业提示与预警系统的特点

（1）以人为本。首先，成人学生的学习动力不单是为了学历，对知识的渴求也是不可忽略的因素。因此学业提示及预警系统不是简单地为了使学生按时完成学业，而是还要努力提高成人学生的学习质量。其次，成人学生大多数是在职人员，工作、学习、家庭生活之间不可避免地存在矛盾。学业提示及预警系统服务于成人学生时应该更加人性化，让成人学生能在温馨提示中顺利完成学业。当某些学生的学习出现了非正常现象，就需要及时启动预警系统，保证学生在规定的学习年限内完成后续课程的学习。与全日制学生不同，成人学生年龄普遍较大，社会阅历比较丰富，分析问题的能力也较强，但由于需要利用工余时间进行学习，学习精力明显不如全日制的在校生。因此，对成人学生的管理服务应是人性化的。成人学生的学业预警系统亦是如此，要给予人性化的鼓励，使成人学生参加学习更具信心。

（2）可操作性。成人高等教育学业提示及预警系统面向的对象是每一个在学的成人学生，因此所创建的提示及预警机制绝不是停留在抽象的理念上，而是实实在在的运作机制。因此，成人高等教育学业提示及预警系统的每一步操作、每部分的组成都是非常具体的，一点都不能含糊。它既要有计算机管理信息系统的支撑，又要有办事指南的指引，更要有专门管理人员的服务跟进。

（3）阶段性。成人高等教育学业提示及预警系统在成人学生学习生涯中的每个阶段有不同的内容。一般分三个阶段来完成。对学生来说，学业提示及预警系统就是做好学业规划。第一阶段，也就是成人学生入学的第一个学期，由于新生对学校的规章制度要有一个熟悉的过程，因此在这个阶段主要由学校对学生的学习进行安排，主要以公共基础课程为主，并且在这个阶段，学校需要通过开设学前教育以及专业导论等课程，对学生进行管理制度的教育，逐步引导学生了解本专业的培养方案，为学生在第二阶段进行合理的学业规划打下良好的基础。学生从入学第二个学期到标准学习年限的这段时间是第二阶段，也是学生学业规划的重要实施阶段。这是学校介入学生规划的大好时机。在此期间，学生可以根据自己的具体情况规划学习的年限、时间、进度。如果这个阶段规划得好，大部分学生往往能够顺利修完学业，而那些没有很好地规划自己学习时间的学生，由于没能修完学业，在学习上和心理上都要比第一个阶段承受着更多的压力，如果处理不当，会导致学生学习没有方向，缺乏自信，结果到了毕业最高年限还不能顺利毕业。因此成人教育的学业提示及预警系统能在适当的时候给学生以恰当的提示与指引，帮助学生在学习过程中少走弯路。所以学业提示及预警方案的提出是完善成人高等教育学业规划的重要环节。第三阶段，是指从标准学习年限到最高毕业年限的时段，主要由学校帮助学生安排学习进度及学习内容。这时的成人学生最需要学校人性化的关怀，学业提示及预警系统可使学生明白自己为完成学业所付出的努力程度。

二、成人教育的学业提示及预警系统的构建

1. 加强学业规划教育，树立科学的学业规划观念

树立科学的学业规划观念就是指导和培养学生树立自主学习、自主管理、实事求是的观念。虽然学生希望“轻轻松松地完成学业”，但他们的长远利益并不只是需要一个文凭，而是需要掌握文凭所内含的知识与技能。学校在许可的范围内，不要局限于传统的课程学习进度由学校统一安排的观念，而是要帮助学生建立合理的期望值，让学生有一定的自主度，尽量学会安排学习进度，根据自己的时间安排和兴趣爱好进行选课。如广东工业大学实施学分制管理，学生有充分的选课便利，学校有完善的成人教育制度建设，对于这些管理制度，如果只是印发给学生，学生一般是不会给予关注的。广东工业大学就开设“学业规划与指导”的课程，使成人学生熟悉制度，教会学生利用以人为本的培养机制。

2. 让成人学生在提示服务中顺利完成学业

通常学生入学后的第二个学期到标准学习年限的这段时间是学生学业提示服务功能的重要实施阶段，也是学业规划中重要的第二阶段。在这个阶段中，学生可以根据本专业的培养方案，结合本人的工作特点、能力要求及个人的兴趣爱好来安排学习的课程甚至进度。简单的学业规划就是完全按照本专业的培养方案来进行学习，这种方法的特点是刚性的，不需要花时间进行学业规划，但由于学生存在工学矛盾，年龄、基础差异大等情况，教学管理信息系统可以根据上一学期学生的成绩给予提示，例如在选课过程中，教学管理系统会提示修读该课程所必备的先修课程知识；学生有不合格的科目，将会被提示何时报名参加补考；如果平均分或平均绩点太低，则被提示跟专业导师沟通，让导师根据学生的实际情况制定出行之有效的解决方案。

3. 建立学生学业提示及预警系统需要采用信息化手段

学业规划要为学生提供个性化的服务，而信息化管理使个性化服务成为可能，并为其提供了强有力的保障。例如，广东工业大学以标准学习年限和各专业的最低毕业学分以及平均学分绩点来设定预警线，如专升本学生标准学习年限为 3 年，最低毕业学分为 100 学分，如果学生累计不及格的课程总学分超过 33 分，即最低毕业学分的 1/3，或平均学分绩点低于 1，系统就会自动将该生归入学业预警范围，然后以短信、电话通知或网站信息发布等方式提醒他。这个阶段是学生在教学管理工作者帮助和引导下重新规划学业的阶段。在这个阶段中，通过管理信息系统，对大量的数据进行统计分析，针对每个成人学生的具体学业完成情况，智能地生成该学生在学业规划预警期的若干份可行性修读方案，并在之后每个学期由专人进行追踪了解。如果学生没有按照原定的方案修读，则需要继续针对该生最新的学业完成情况实施监督，甚至重新规划。

4. 提示及预警生效后让班主任或导师发挥指导作用

学校应当成立学业规划的专职部门，在提示及预警生效后承担起学业规划的管理和指导工作。尤其对于那些文化基础薄弱以及缺乏自律性的学生要给予及时的关注，导师们通过了解学生的困难，帮助学生树立克服困难的信心，顺利完成学业。指导队伍的建设可以通过整合高校现有教育资源，以原有的班主任或管理人员为基础，通过有针对性的专门培训或进修，培养出专业的学业指导队伍；也可以通过聘请校内外的学业规划专家、人力资源管理专业人士，不定期地给学生提供咨询和辅导服务。这样，借助学业提示及预警系

统，一支素质较高且相对稳定的学生学业规划指导队伍就能发挥良好的作用。

总而言之，成人高等教育学业提示及预警系统是一项成人个性化服务的工程，办学主体应把此项工作作为学校服务育人、管理育人的重要手段和内容，以提升成人学生学业规划的实效性和科学性，提供个性化服务条件，充分满足学生的个性化需求。

（本文为2010年广东工业大学成人高等教育专项重点课题“成人高等教育学分制学业预警机制的建构与研究”的阶段性论文之一）

参考文献

［1］杜秋虹，钟志，梁玉晖．学分制管理模式下成人学生学业规划的分析与思考［J］．高等函授学报（哲学社会科学版），2009（1）．

［2］邓艺贤，吴育新，杜秋虹．成人高等教育专业导师制学生管理模式初探［J］．广东工业大学学报（社会科学版），2005（3）．

［3］杜秋虹，王蔚．成人教育实行学分制后应注重学业规划预警机制的建立［J］．高等函授学报（哲学社会科学版），2009（5）．

浅议成人教育教学服务中的补救管理

刘　潇
（广州大学继续教育学院　广东　广州　510405）

【摘　要】按照服务业在经济发展中的作用来分类，教育属于第三层次的社会服务业。成人教育作为高等教育的一种形式，一直以来为满足人们接受高等教育的需求，提供着教育服务。成人教育是为成人学生提供教学服务的过程，服务过程中难免存在着过失和不足。本文通过对服务补救必要性的认识，分析造成服务失误的主要原因，以及实施服务补救管理的对策，以提高学生对成人教育服务的满意度，从而促进教学质量的提高。

【关键词】成人教育　教学服务　服务补救

随着世界经济一体化的到来，服务经济的时代也来临了，服务业在现代经济社会和生活中扮演着愈来愈重要的角色，已成为经济发展的重要产业。教育作为服务业的一大类别，为经济发展提供着重要的人才支持。提供优质的教育服务以满足人民日益增长的教育需求，是教育所具有的服务业的特征和属性。成人教育作为高等教育的重要组成部分，在满足人们接受高等教育需求、提高公民素质方面起到了重要的作用。成人教育在提供教学管理服务的过程中，学生个体需求差异较大等各种因素，使得一些服务失误不可避免。也就是说，服务失误是服务本身具有的特性，服务补救不容回避。对广州大学的学生满意度专项调查显示，在课程设置、教师教学、教学环境等八个满意度指标测评中，学生对教学环境、成人教育特色教学、学习制度的不满意率分别达到了28.2%、20.6%、20.1%。以上结果说明，教学服务存在着失误，如何进行服务补救，对维持学校与学生之间的关系，提高学生满意度，提高教学管理服务质量，建立服务补救管理制度，培育学校个体的竞争优势具有重要的意义。

一、服务与服务补救

服务失误的界定较多，本文认为服务失误是指服务表现未达到顾客对服务的评价标准[1]。可以看出，服务失误取决于：一是顾客对服务的评价标准；二是服务表现，即顾客对服务真实经历的感受。只要顾客认为其需求未能得到满足，即有可能发生服务失误。

狭义的服务补救是指服务的提供者在发生服务失误后所做出的一种即时的、主动的反应，强调的是对具体服务失误问题实施行为的过程，体现即时性和主动性的特点。广义的服务补救是指组织全体成员共同参与的对服务系统中可能出现的失误或已出现的失误进行矫正，对顾客进行补偿，以及维持长远的顾客关系和不断完善服务系统的一系列活动的总和，强调服务补救的主体不单是一线的员工，也不是单个管理者，而是全体成员。广义的服务补救强调的是从服务的全过程入手，通过有效实施补救策略，来提高整个服务系统的运作水平。

教育的本质就是一种服务，即为学习者的学习服务。从服务的角度看，学校为学生提供的是接受教育的服务，具有服务本身的属性和特点，特别是成人教育的学生来自各行各业，个体差异较大，来到学校接受包括教学管理等在内的各类服务时，难免会发生服务失误的情况，特别是在教学管理服务过程中，当学生的教学管理服务需求未能得到满足时，即可能对教学质量产生影响。所以，通过建立教学管理服务补救制度，有效实施教学服务补救策略，可以提高整个教学管理水平和成人教育的教学质量。因此，教学管理中的服务补救环节必不可少。

二、教学服务补救的必要性

1. 服务本身所固有的独特属性的需要

与有形产品相比，服务具有无形性、服务和消费的同时性、差异性、不可储存性等特征。

无形性是服务最明显的特征，从本质上说，服务是一种非实体的现象，是无形的。对于消费者来说，在购买消费之前，他们无法品尝和触摸消费服务；在消费服务之后，只是获得了消费服务的经历。服务的无形性，使得消费者对服务质量的评价一般比较主观。教学管理服务具有同样的特征，教学管理服务的主要对象是学生，学生作为教育的消费者，通过教学管理服务过程，获得了一种教学管理的服务经历，学生一般会用经验、信任、感受和安全等方面的语言来描述教学管理服务的经历。同样，教学管理服务的过程也是学生获取知识的学习过程，体现了服务和消费的同时性，教学管理服务过程结束后，学生的消费过程即学习过程也结束了，学生获得了毕业证书，找到了工作或转换了职业，享受了教学管理服务的效果。

差异性是服务的又一大特征。差异性是指服务的构成成分及其质量水平经常发生变化，很难界定和统一。服务是人与人之间的游戏[2]，由于人的个性的存在，对于服务质量检验很难采用统一的标准。在教学管理服务中，一方面，由于教学管理服务人员自身的因素影响，即使是同一管理人员提供的服务也不可能始终如一；另一方面，成人教育学生来自的行业广泛，个性差异大，学生参与整个教学管理过程，以及学生参与教学管理过程行为的不可预测性，使得教学管理服务很难让每个学生满意，也就直接影响了服务的质量和效果。

服务失误不可避免。同样，教学管理服务也是如此，“零缺陷”方法对于教学管理服务来说是不可能的。因此，对于学校来说，进行相应的服务补救战略设计以减小服务失误的影响十分重要。有效的服务补救可以将服务失败的影响减到最小，使学生的不满意转为满意。

2. 学校生存环境竞争性的需要

随着我国经济的快速发展，社会进入了加快产业调整、建立现代服务产业体系的时期，各类服务行业面临着前所未有的激烈市场竞争，纷纷通过增加新的服务项目和提高服务质量来寻求竞争优势，目前正处于服务竞争阶段。同样，教育的发展也紧跟服务业发展的步伐，各个学校为自身的发展，争取优秀的生源，转向采用服务主导战略，提出了“服务荣校”等强化服务意识的方针，提供高质量的服务，特别是教学管理服务，使其成为学校竞争的优势之源。成人教育主要是为地方经济建设提供人才服务的。由于从事成人教育的门槛较低，举办各类成人教育的机构和学校较多，竞争日趋激烈，通过提高服务质量来寻求竞争优势是学校生存必然的选择。

3. 提高教学质量、建设自身品牌的需要

随着高等教育的发展，高等学校面临着日益激烈的市场竞争。特别是成人高等教育，在发展过程中，主要面对生源市场和资金市场的竞争，尤其是高等教育毛入学率的提高以及高等教育适龄人口的下降，使不少学校面临着生源危机。高等学校只有改进服务，提高质量，才会有生源；同时，只有提高毕业生质量，才能在劳动力方面相应地为学校带来良好的声誉，而良好的声誉又能够吸引更多的生源和投资。因此，从学校内部来讲，建立健全成人教育质量保证体系、服务体系，特别是教学管理服务体系，对于其获得社会的支持与信任、建设自身品牌、赢得竞争优势尤为关键。

4. 教学服务管理本身的需要

管理的本质就是协调与控制，从某种意义上说，管理就是服务。教学管理就是为教学活动的开展提供保障。一项成人教育教学活动的开展，必须有充分的保障措施，围绕教学中心，开展多项教学服务项目，以满足成人的各种“自我提高”的需求。从广州大学学生对教学评价的调查数据分析来看，成人教育学生特征的多样化对教学评价产生的不同结果，说明教学管理不能采取“一刀切”的模式。要采取适应不同层面需求的管理策略，教学管理采用的方式、方法和手段要随着成人需求的变化而不断地变革。同时，随着信息化的发展，教学管理服务的模式也要日益人性化，使其更便捷。

5. 成人教育发展的需要

我国高等教育大众化的迅速兴起和终身教育体系的建立为成人高等教育的发展提供了广阔的发展空间。特别是随着知识经济时代的到来，各地区间的经济结构、社会产业结构调整速度加快，岗位转换、职业流动速度和知识更新也必然随之加快，这些都要求各类成人群体必须不断调整自身的专业知识结构，而这在很大程度上要依赖有组织、有系统的成人高等教育来实现。因此，高效率地服务于区域社会，成效鲜明地推动和引领区域经济发展，是成人教育未来一段时期内的重要职能。

三、教学服务失误的原因

造成服务失误的原因很多，既有服务提供者的原因，也有顾客的原因，还有随机因素的影响。

1. 学生因素造成教学管理服务失误

在成人教育教学管理服务中，一方面，由于学生可能对教学管理流程的不了解，对教学服务环境的不熟悉，以及对教学规章制度的不了解；或者由于学生对服务的期望值过高，一旦出现某些不尽如人意的地方，便产生抱怨情绪；或者由于学生对学校的要求过高，教学管理无法满足其自我需求而使其产生反感情绪；或者由于学生在接受教学管理服务时的情绪因素等，如情绪状态欠佳、对服务需求表达不清、对服务过程中的必要等待和程序显得过于着急等，都有可能导致学生对教学管理服务人员的抱怨。另一方面，成人教育的学生来自工作岗位，具有一定的社会经验，其本身对学习的需求就有一定的差异，个性化需求日益明显，自然对学校教学管理服务的要求也不同，期望值存在着偏差，即便是同样的服务，也无法做到让每个学生都满意。

2. 服务者因素造成服务失误

教学管理人员直接面对学生和教师，是教学管理服务工作的组织者和执行者，教学管理人员个人素质高低，当前工作状态如何，服务态度热情与否，工作方式、方法是否得当，直接影响到学生对服务的满意度。有些教学管理人员或缺乏良好的职业道德和服务意识，或缺乏教学管理业务所需的专业知识，或不熟悉服务流程，或不熟悉相关的政策和法规，以致服务过程中操作不当，造成服务失误。

3. 服务条件因素造成服务失误

教学管理服务条件包括教学环境、技术、设备、师资等资源，任何环节出现细微的问题，都有可能使学生产生抱怨情绪。例如，学生对教学环境的要求日益提高，所以，应配备投影仪、空调、饮水机等以满足教学需求。成人教育教学时间的安排和教师的配备等无法全面满足每个学生的需求时，就有可能使部分学生产生不满，造成服务失误。

4. 对服务补救的认识不足

服务补救实践源于20世纪70年代。随着社会的发展，服务补救已经不仅局限于处理那些具体的服务问题，更强调服务补救后给企业带来的长期利益，如赢得好的口碑、顾客重购行为等。90年代后，专家分别从期望理论、归因理论等不同角度解读服务补救，形成了不同流派的服务补救理论。这些理论为我们在教学服务中贯彻服务补救工作提供了理论认知基础。

学校是为受教育者提供教育服务的场所，教学服务是学校教学中心工作的重要环节，而教学失误又是一个不可避免的客观存在。在服务补救理论的指导下，充分认识服务补救的重要性，处理好服务与服务补救的关系，正视服务失误带来的影响，构建服务补救程序体系，才能提高教学管理服务水平。

四、实施服务补救管理的对策

由于受各种因素的影响，学校在提供成人教育服务过程中难免会发生服务失误，为了克服教学服务失误给学校带来的负面影响，学校应努力做好成人教育服务补救工作。

1. 制定完善的补救策略

首先要在思想上提高对服务补救重要性的认识，以学生满意度为出发点和基准，优化成人教育服务管理过程。在教学管理服务过程中，有的工作时常会发生失误；有时，同一种服务失误在教学管理中会反复出现；有的管理人员则认为学生投诉是故意找麻烦，在处理时敷衍了事。产生这些问题的原因主要是在思想上缺乏对服务补救的认识，对服务失误带来的负面影响以及服务补救对提高教学管理水平的重要性认识不足。

只有充分认识服务补救对成人教育发展的重要性，在教学管理过程中树立服务和服务补救观念，把服务补救提高到关系学校品牌的高度来认识，才能有效地预防服务失误现象的发生，并把服务失误的发生率降到最低。

2. 构建教学服务补救的运行机制

（1）预防与应急机制。要使教学管理服务失误的发生率降到最低，有效的预防与应急是最佳措施。预防是对服务失误的预警和防备，应急是对已经造成的服务失误的处理和补救。二者的建立，可以提升学生对教学管理服务的满意度。所以，教学管理人员要认真研究服务过程中可能出现服务失误的种种细节，建立服务补救预防方案，让每个教学管理人员熟悉掌握，以便在出现服务失误时能进行有效的应急补救。

（2）学生投诉机制。投诉是发现和纠正服务失误最有效的途径，教学管理中同样要建立投诉机制，这样可以更多地了解学生、教师的需求，开放投诉通道，通过书面、网络等多个渠道倾听他们对教学的各种诉求，以便及时进行服务补救。向学生和教师及时公布教学管理中各项业务的办事流程，根据不同岗位的特点，细化不同岗位的服务质量标准，并且将其公布并作出承诺，使学生或教师在接受服务时比较容易判断什么样的服务达到了要求，什么样的服务存在失误。

（3）内部补救机制。教学管理人员的态度和情绪是维持服务工作的最基本动力之一，在教学服务的过程中，管理人员必须具备相应的责任感、满足感和愉悦感。但是，在实际工作中，难免会出现个别人员将不良的情绪带到工作岗位上，甚至出现因个人情绪失控而发生冲突的现象。所以，必须建立内部的补救机制，即针对管理人员在服务过程中所产生的急躁、失落情绪和信心缺乏等情况进行补救，以增强他们对工作的热情。

建立内部补救机制，首先，要营造良好的服务氛围和身心愉悦的工作环境，把工作环境布置得优雅整洁，建立现代化的服务设备和完善服务软件，为教学管理提供保障，使管理人员在提供服务和服务补救时能心情愉悦，得心应手。其次，领导要及时了解不同服务岗位的特点和需求，及时肯定教学管理工作的成绩，从根本上调动管理人员的积极性和主动性。

3. 提高服务补救的水平

（1）服务补救要及时、主动。快速反应和及时进行服务补救是挽回学生损失、赢得信任的关键。当失误发生时，不管原因出自何方，主要管理人员都要在第一时间出现，对服务失误做出迅速反应，并查明其原因，而后启用服务补救应急方案，果断、及时地采取补救措施。例如，教学管理过程中发现有教师未能提前到达，应及时进行联系，查明原因，通知等待的学生，使他们不要产生厌烦情绪。教学管理人员是否主动地进行服务补救至关重要。在实际中，有的服务失误学生并没有察觉，即使察觉了，也不一定会要求进行服务补救；有的服务失误，学生要求进行补救时，却受到管理人员的推诿和怠慢。所以，如果管理人员能够主动而非被动地发现服务失误，并主动采取补救措施，不仅可以方便学生，更能帮助树立良好的学校形象。

（2）建立有技巧的服务补救。当服务失误发生时，首先，教学管理人员要耐心倾听学生的诉求，及时进行心理安慰，并向学生进行必要的解释、说明和道歉，而后采取适当的方法进行补救。成人教育学生是来自不同阶层、不同职业、不同需求的社会群体，具有广泛的差异性。进行服务补救时，应针对不同的情况，提出相应的建议和方案，让学生自行选择解决办法，使其更多地体验到学校服务的诚意。

（3）提高服务者的责任意识和能力。教学管理服务补救中，与学生接触的一线管理人员是服务补救的关键。当教学管理服务失误发生后，一线管理人员在服务补救过程中肩负着义不容辞的责任，其服务的责任意识和服务补救的能力关系到服务的效果。所以，首先，要加强教学管理人员的培训和学习，使他们明确为什么要关注服务失误及其补救，以及自己所要承担的职责，并通过定期的学习获得必备的补救能力。其次，服务补救要落实到岗到人，每个业务岗位指定专人负责服务补救事宜，并由具体的领导分管教学服务及其补救的统一指挥和协调，当一线管理人员无法进行补救时，由分管领导进行解决，保证服务补救不落空。

参考文献

[1] 李艺，臧浩. 服务失败及其补救措施 [J]. 企业改革与管理，2004 (12).

[2] 韦福祥. 对服务补救若干问题的探讨 [J]. 天津商学院学报，2002 (1).

[3] 薄湘平，周琴. 服务补救：重建顾客满意的重要手段 [J]. 湖南大学学报（社会科学版），2005 (1).

[4] 何会文，齐二石. 成功服务补救的“五步骤”模型 [J]. 华东经济管理，2005 (4).

[5] 陆海. 图书馆服务补救的影响因素及对策 [J]. 国家图书馆学刊，2009 (3).

浅议成人高等教育信息化的建设

龙东宁　罗　辉　陈权波
（广东医学院继续教育学院　广东　湛江　524023）

【摘　要】成人高等教育学生学习受时空限制，工学矛盾日益显著，信息化建设对解决上述问题，提高成人高等教育质量有重要意义。本文结合广东医学院的实际情况，阐述了成人高等教育信息化建设的意义、内容及体会。

【关键词】信息化建设　网络　远程教育

随着成人高等教育办学规模的不断扩大，成人高等教育出现了管理者管理难、学生学习难的局面。教育信息化建设可以使管理者高速、高效地工作，学生灵活、主动地学习，是解决成人学生工学矛盾的重要途径，也是成人高等教育实现可持续发展的必然要求。本文结合广东医学院的实际情况，就成人高等教育信息化建设的意义、内容和关键点进行了阐述。

一、成人高等教育信息化建设的意义

1. 提高管理效率

随着办学规模的扩大，需管理的学生信息急剧膨胀，管理难度越来越大。采用现代信息技术进行管理，可以对原有的管理流程实现科学化与规范化管理，将大量简单重复的数据处理交由计算机来完成，使工作高效、准确、规范，将管理人员从烦琐的手工劳动中解放出来。

2. 解决工学矛盾，提高成人高等教育学生学习积极性

成人高等教育学生年龄大小不一、文化基础参差不齐，更有繁重的工作任务或繁杂的家庭事务缠身，传统的普教法并不适合他们，他们需要更合适、更灵活的学习方式。网络远程教育可以使学生的学习由被动变主动，他们可以自由地选择网络课程进行有针对性的学习，而不受时间、空间和地域的限制，将“学校”的范围扩展到办公室、家庭甚至社会的每一个角落，使工作与学习相融合。

二、成人高等教育信息化建设的内容

1. 远程教育建设

（1）教学资源的建设。在远程教育条件下，远程学习者顺利地进行个别化自主学习的一个必要前提是能够及时获得远程教育机构提供的承载着课程内容的学习资源。因此，学习资源的建设是远程教育建设的核心，一般由相关学科老师共同开发。教学资源载体形式

多样，包括视听教材、课件和网络课程，视听教材又包括视频教材与音频教材，课件包括CAI课件和IP课件。广东医学院教学资源建设的过程遵循“统一规划、分期建设、逐步实施”的原则，从实际情况出发，决定自己的应用需求及分期目标，确定和实施具有自己特色的信息化建设方案。首先完成护理学专业主干课程的电子教材制作，然后逐步完成其他主干课程的电子教材制作，每门网络课程均包括“课程概况、教学大纲、教学计划、网上授课、在线答疑、在线测试、学习讨论、实践教学”等栏目。“网上授课”为三屏授课录像；“在线答疑”是具有智能搜索引擎的数据库系统，系统可以通过分析学生提出的问题，自动在数据库中寻找最合适的答案；“在线测试”栏目中每门课程都设有500道以上自动评分的客观测试题。逐步将我校成人教育从传统的“面授+自学”模式转变为“专题面授+网络教学”模式。通过网络教学，跨越时空的限制，将校本部优质的教学资源传送到各教学点，让全体学生共享，最大限度地确保和提高教学质量[1]。

（2）网络安全的建设。教学资源服务器如何免受黑客入侵、病毒侵袭和其他带有不良意图的攻击等，也是需要解决的重大问题。首先建立网络防火墙，防火墙将内网和外网进行分离，对经过它的网络数据进行扫描，过滤掉非法数据，从而禁止非授权用户访问数据。其次是采用先进的漏洞扫描系统定期对工作站、服务器、交换机等进行安全检查，并根据检查结果向系统管理员提供详细可靠的安全性分析报告，及时发现安全隐患并实施修补，达到网络的相对持续安全。

2. 学籍管理信息化

建立起科学、合理的学籍管理体制，才能促进教学档案建设并确保建设质量。数据库应用技术采用客户机服务器体系结构，该系统数据库前端开发工具为Power Builder，客户机通过采用标准的SQL语句等方式来访问服务器上的数据。整个系统从新生入学、报到注册、学籍异动、成绩管理到毕业生审核发证等全过程实现“跟踪式”系统化管理。

（1）成绩的网络化管理。过去一般是任课教师将纸质成绩单报表送到教务科，然后教务科再将成绩录入数据库，不但工作效率低，而且十分容易出错。在高校扩招、专业增加的情况下，原有的学生成绩管理方法明显不能适应学校发展的要求。目前广东医学院已实现成绩网上报送，其做法是每学期初将新的教学计划导入成绩管理系统，任课教师在成绩管理模块子系统上初步录入学生成绩，并递交带有教师签名的纸质成绩单，完成后等待成绩管理员审核，审核通过后成绩才能正式录入，从而实现了纸质与电子成绩的统一管理。

（2）学籍异动的动态管理。成人高等教育学生来源复杂，因工作原因需要学籍异动的学生较多，异动信息包括信息变更、休学、退学等。采用传统的手工管理方式，学生需要办理重重手续，信息处理周期长。而应用学籍信息管理系统，管理人员仅需在学籍异动模块中进行相关修改，系统中与此相关的其他信息会自动与之保持一致，从而实现了信息的动态管理。

（3）短信平台的构建。构建学生短信平台的目的是为了加强与学生的沟通和联系，方便学生学习。该平台使用手机短信二次开发数据库接口GSM MODEM，它是一种内嵌GSM的无线通信模块，插入移动运营商的手机SIM卡后，对外可以与移动运营商的短信中心建立无线连接，对内通过与PC的连接可以让计算机应用系统实现自由的短信收发。该系统主要以学生学号和电话号码为基础，可将教学任务、课程安排、考试成绩等数据通过短信平台自动发送到每个学生的手机上，方便快捷。

三、对推进成人高教信息化建设的思考

1. 周密部署，逐步推进

设有领导直接负责、专门技术人员参与的信息化建设领导决策机构并对信息化建设提供策略和技术支持是取得成人高等教育信息化建设成功的前提。首先要明确指导思想、工作重点、目标任务和计划措施，结合实际情况制订工作方案，在建设过程中逐步推进各项实际工作的开展。2003 年广东医学院开始开发和使用成人教学教务管理系统，目标是能够利用该系统实现对学生基本信息的维护，方便对学生基本信息的查询、学籍异动和成绩的查询等；2007 年底开始策划编制医学成人高等教育远程教学电子教材，将成人教育主干课程全部制作成网络课程，目标是学生能通过网络选择主干课程自主学习。在信息系统的建设方面，首先建立系统基本模型，然后确定各种功能模块如数据接口、数据结构、网络安全等，最后搭建信息系统管理平台；在信息资源的建设方面，首先录制护理学专业网络课程，然后再扩展到其他主干课程，因为护理学是我校医学成人高等教育的主打专业，这是根据我校成人学生的具体情况，有针对性地分期建设、逐步实现信息化的过程[2]。

2. 观念的转变是信息化建设顺利进行的关键

随着社会发展，传统以教师、课堂为中心的教学方式已不能适应成人高等教育发展的需要，以学生为中心的现代教学模式是新时代发展的要求。教学模式的转变要求教育观念的转变，而教育观念的转变不是一朝一夕能够实现的，其过程任重道远。

（1）树立信心，树立现代教育意识。这需要信息化建设工作者沉下心来，循序渐进地解决信息化建设过程中不断出现的新问题，树立“天降大任于斯人也”的责任感和紧迫感，同时也要认识问题的深刻性和持久性，不能急功近利、心浮气躁，要增强自信心。不断深化高校信息化建设的积极作用是时代的召唤和现实的需要，要不断完善机制，不断正确引导，树立现代教育意识。

（2）增强服务意识。开展远程教育，必须坚持以人为本的办学理念，增强服务意识，为学生提供更多的学习交流空间，帮助学生获得更多的学习与教学资源，充分尊重他们的价值、尊严、地位和个性，为更多想上大学又不能离岗的社会成员提供更好的学习机会，以他们为中心提供各种所需的服务。

（本文发表于《广东医学院学报》2010 年第 6 期）

参考文献

［1］庞国农，黄兴．建构网络教学平台　提高学生学习水平——依托校园网建构网络教学平台的实践［J］．教育信息化，2003（9）：31～32.

［2］张迎，郭长义．高等学校教育信息化建设研究［J］．辽宁教育研究，2000（5）：55～56.

新形势下做好成人高等教育学籍管理工作的对策研究

段训柏
（广州医科大学　广东　广州　510182）

【摘　要】 成人高等教育学籍管理是成人高等教育管理的重要组成部分，是一项集政策和服务于一体的工作。在成人高等教育事业取得了巨大成就的今天，如何做好其学籍管理工作是一个非常值得探讨的话题。本文通过对成人高等教育学籍管理的现状进行分析，就如何加强成人高等教育学籍管理提出自己的观点。

【关键词】 成人高等教育　学籍管理　管理理念

成人高等教育是满足在职人员学习需求、构建学习型社会和提升国民素质的主要力量，也缓解了社会成员普遍增长的教育需求与教育资源相对不足之间的矛盾，促进了教育公平和民主改善。新世纪以来，我国成人高等教育事业取得了巨大的成就，形成了由普通高校继续教育学院、独立设置成人高校、高等教育自学考试、网络远程教育及函授等组成的庞大的继续教育体系。

成人高等教育学籍管理是成人高等教育管理的一部分，是一项集政策和服务于一体的工作，也是一件非常具体细致而又复杂繁忙的管理工作，直接关系到学校的稳定和教学质量的高低。近年来，成人高等教育快速发展，招生规模不断扩大，管理政策不断规范，无形中给学籍管理工作带来巨大压力，传统的学籍管理工作无论是在管理理念上，还是在管理手段和技术上都受到严峻挑战。因此，在新形势下，如何做好成人高等教育的学籍管理工作，值得每位学籍管理人员深深思考。

一、成人高等教育学籍管理的含义及职责

成人高等教育学籍管理，顾名思义，就是对成人高等教育学生的学籍进行管理，其管理目标明确，管理对象清楚，管理规章制度切实可行，管理过程持之以恒，管理目的是让学生顺利完成学业，成为合格的毕业生。

成人高等教育学籍管理是对成人高等教育学生从入学到毕业整个在校期间的过程进行的记载和管理。学籍管理的具体内容包括：新生录取通知书打印及邮寄，新生编学号、分教学点、分班，新生报到与入学资格复核，新生注销工作，学生个人信息核对，新生学籍电子注册，学籍清查，学籍异动（转学、转教学点、转专业、休学与复学、退学等），成绩记载，毕业电子照片核对，毕业数据审核，学位数据审核，毕业证书、学位证书及方向证书打印及发放，毕业档案的制作及发放，学历电子注册，学位电子数据上报，学历清查，等等。

二、成人高等教育学籍管理的现状分析

广州医科大学现有成教业余在校生 20 748 人，其中专升本 10 955 人、专科 9 793 人；校本部 4 749 人、校外教学点 15 999 人，生源跨越整个广东省。笔者通过多年的学籍管理工作实践，对成人高等教育学籍管理的现状分析如下：

1. 成人高等教育学生特点给学籍管理带来难度

成人高等教育学生的特点如下：生源分布广；知识、文化水平较低且参差不齐；有一定的社会阅历，思想成熟；有一定的生活负担；维权意识强，但法制、纪律观念差；工学矛盾突出，学习主动性不强。以上特点给学籍管理带来极大的不便。

另外，成人高等教育的学生不重视学籍管理，比如成人高考网上报名填错个人信息的情况时有发生，入学后核对个人信息时只是签名应付了事，不上网核对个人毕业相片，甚至毕业证书也几年不拿，学籍异动不按程序办理等。

2. 管理人员参差不齐，流动性大，不利于学籍管理的连续及稳定

普通高校成人高等教育的学籍管理主要是由继续教育学院负责，但其具体工作也涉及各校外教学点，具有管理结构多元化、管理职责多样性的特点。由于历史原因，成人高等教育管理人员学历层次不高，又没有机会培训，有的是临聘人员或者退休人员，大多数没有受过正规培训。由于工作繁忙，即使一些学历较高、本来素质不错的管理人员，也因为工作任务太重，忙于应付日常工作，无法参加正规培训。既没有岗前培训，也没有在岗培训，因此，管理人员往往缺乏现代管理知识，没有高等教育管理的经验和理念，缺乏对成人高等教育概念、规律、特点的认识和把握，导致学籍管理工作杂乱无序。

另外，管理人员的流动性太大，很多校外教学点没有专职学籍管理人员，不便于工作的开展。目前，在成人高等教育市场，很多学校的校外教学点只关注招生，不重视学生在校期间的管理，导致投入不足，管理跟不上。以广州医科大学 10 个校外教学点为例，三年内只有 4 个教学点的学籍管理人员没有变动，而且人员变动的时候工作交接不具体，很多工作都要从头再来，难免会出现错漏。

3. 管理政策时有调整，给管理带来困难

为了适应社会变化，近几年来，成人高等教育学籍管理政策变动较大。如 2009 年新增加新生注销工作、学籍清查工作、学历清查工作，学生转学规定的变化，学生个人信息修改程序的规范，即时电子学历、电子注册，等等。凡涉及政策变动的，都需要管理人员吃透并执行政策。由于政策变动，管理变得严格，很多校外教学点及学生不理解，怨气很大，这时就需要管理人员耐心地解释，做好维稳工作。

三、如何做好成人高等教育学籍管理的对策

从上述现状分析可知，成人高等教育学籍管理比普通教育学籍管理的难度大，探讨如何搞好成人高等教育学籍管理工作，对于全面贯彻国家的教育方针、落实《国家中长期教育改革和发展规划纲要（2010—2020 年）》、保证学校的教学质量、维护良好的教学秩序等方面具有重大的现实意义。根据多年从事成人高等教育学籍管理的经验，笔者认为在新形势下，要推动学籍管理工作趋向规范化、科学化以及程序化，应从以下几方面加强

工作：

1. 树立“以生为本”的成人高等教育学籍管理理念

“以人为本”是现代教育的基本价值，它把教育和人的幸福、自由、尊严、终极价值联系起来。“以生为本”就是我们在工作中坚持以学生为本，即以学生为工作的出发点、落脚点。成人高等教育学籍管理人员要转变管理理念，树立“以生为本”的意识，一切以学生为出发点，一切为了学生，一切服务于学生。落实到具体工作中，就是学籍管理人员要始终把学生的利益放在第一位，着力解决好关系他们切身利益的具体问题，要踏实做事，多做好事，多办实事，树立起“学籍管理无小事”的理念，哪怕是再琐碎的事，都要以亲切的态度认真对待，办到学生满意为止。

2. 完善成人高等教育学籍管理制度，提高学籍管理水平，实现学籍管理制度创新

成人高等教育学籍管理既是一项复杂而烦琐的工作，又是一项政策性和原则性很强的工作，要实现其科学化、规范化、程序化，必须建立健全学籍管理制度，做到有章可循、有据可依。学籍管理规定是学生在校期间的行为准则，在新生入学教育的时候应该向学生详细解读里面的各项规章制度，比如学习成绩的记载、补考、重修，能否毕业、授予学位的依据，考试违纪的处理等。俗话说“其身正，不令而行；其身不正，虽令不从”，学籍管理规定也是管理人员的工作依据，学籍管理人员在工作过程中一定要严格按章办事，唯有如此才能让制度深入学生心中。

另外，管理部门应该在国家相关法律和上级主管部门政策的指引下，根据有利于管理、方便学生的原则，适时修改学籍管理章程，以实现管理制度的创新，保证学籍管理工作的稳定性、时效性。

3. 加强学籍管理队伍建设，形成一支稳定、高水平的管理队伍

成人高等教育学籍管理工作责任大，内容繁多，其中管理人员是具体学籍管理工作中的计划者、组织者、协调者、控制者及监督者，因此管理人员队伍的建设就显得至关重要。首先，要培养管理人员具有“三心”及“六意识”，“三心”指耐心、细心、责任心，“六意识”指合作意识、创新意识、服务意识、形象意识、超前意识、责任意识；其次，要强化管理人员的业务培训，形成定期交流机制；再次，要针对学籍管理人员，建立合理有效的激励及考核机制，充分调动其积极性和创造性，提高工作效率；最后，要鼓励管理人员及时进行工作总结，提高其管理理论及科研能力，将经验教训撰写成论文发表。

广州医科大学的成人高等教育学籍管理实行的是校本部一级管理与校外教学点二级管理并存的模式。为了持续有效地做好学籍管理工作，从创办成教之初，学校校本部的学籍管理工作就比较稳定地由一些经验丰富、责任心强、勤勉敬业、计算机操作技能娴熟的工作人员专门负责，在人员更替过程中，实行“传、帮、带”，平稳、有序地进行交替。同时，学校还加大校内的培训力度，定期组织校本部和校外教学点专职学籍管理人员进行学习、交流和研讨有关学籍管理文件，共同提高管理水平。多年的工作实践告诉我们：一支稳定、高水平的管理队伍是学籍管理工作顺利进行的重要保障。

4. 建立成人高等教育学籍管理信息化平台，实现学籍管理网络化

近年来，随着我国经济社会的飞速发展，以及成人高等教育办学层次的提高和高等教育改革的不断深入，成人高等教育办学规模不断扩大，在校生人数急剧增加，学籍管理工作量大大增多，传统的学籍管理模式和管理手段已经不能适应现实的需求。在计算机信息

技术飞速发展并且广泛应用于各行各业的今天，改革传统的人工管理模式，建立学籍管理信息系统势在必行。学籍管理信息系统的建立，将大大减少工作人员的手工劳动量，而且较传统方式具有错误率低、便于管理、易于操控等优势，真正做到学籍管理的实时性，做到动态管理。

广州医科大学成人高等教育从2009年开始探索使用“继续教育管理软件”进行学籍管理，2010年全面推进并延伸至各校外教学点。经过几年的运行，学校成人高等教育学籍管理真正实现了信息化，录取数据可以无缝对接系统，学生足不出户就可以申请学籍异动、查看教学安排及进度、查询考试成绩、核对个人信息等。实现学籍管理网络化之后，管理人员可以从繁杂的手工操作中解放出来，把更多的精力用于学习新理念、新技术。

总而言之，成人高等教育学籍管理是成人高等教育管理的重要组成部分，具有很强的原则性、技术性及政策性，要与时俱进，在探索中不断求发展。各高校应加强学籍管理人员队伍建设，形成一支稳定、高水平的管理队伍。同时，管理人员应树立“以生为本”的成人高等教育学籍管理理念，完善成人高等教育学籍管理制度，提高学籍管理水平，实现学籍管理制度创新，并建立成人高等教育学籍管理信息化平台，实现学籍管理网络化，为我国的成人高等教育事业发展作出更大的贡献。

参考文献

[1] 许磊. 浅析我国高校学籍管理中的问题及对策 [J]. 北京市经济管理干部学院学报，2010 (3).

[2] 文敏，李文健. 以科学发展观创新高校学籍管理工作 [J]. 科技信息，2010 (14).

[3] 张文进. 抓好函授学生学籍管理的几个关键 [J]. 科教文汇（下旬刊），2012 (1).

[4] 陈志超. 成人高等教育管理部门亟需提高服务意识 [J]. 科技信息（科学教研），2007 (29).

[5] 彭成静，郑砾. 加强医学院校学籍管理人员队伍建设的思考 [J]. 西南军医，2011 (3).

[6] 郑坤. 浅论高校学籍管理的信息化建设 [J]. 中国电力教育，2011 (16).

成人高等教育学籍注册的探索

刘耀南
（嘉应学院继续教育学院　广东　梅州　514015）

【摘　要】成人高等教育学籍注册是学籍管理的前提和基础，影响整个成人高等教育的过程管理。随着成人高等教育招生规模的不断扩大，社会各界对成人教育学生学籍信息日趋重视，教育主管部门对成人高等教育学籍要求也越来越规范和深化。为此，高校必须根据办学特点，依托学校优势资源，采取切实可行的措施，细化学籍注册流程，实行精细化管理，落实问责制，做好新生录取信息核对、入学资格复查、学籍信息电子注册等关键环节的工作，确保学生顺利毕业。

【关键词】成人教育　学籍　学籍注册　学籍管理　电子注册

成人高等教育是我国教育事业的重要组成部分，和其他教育形式一样对我国高素质人才的培养及社会经济发展起着重要的促进作用。学籍管理是成人高等教育教学管理工作的重要部分，是学校全面掌握学生情况、维护正常教学秩序以及提高教师教学质量的重要手段，学籍管理的情况直接关系到学生的切身利益，也影响到学校的社会声誉。学籍管理是按照有关规章制度，对学生在校期间的学习和其他方面进行考核、记载及处理的管理过程，主要包括学籍注册、学籍异动（转学、转专业、休学、复学、升留级、退学等）、成绩管理、奖励处分、毕业审核及各种数据统计分析等，它贯穿于学生从入学到离校的整个学习过程的始终。其中新生学籍注册是学籍管理的前提和基础，它影响到整个成人高等教育的过程管理能否顺利进行，关系到学生能否顺利毕业。

一、采取切实有效措施，不断完善和创新成人高等教育学籍管理

成人高等教育学籍管理是一项非常细致且原则性、政策性和技术性都很强的工作，又是一项十分复杂、烦琐的工作，工作量大，影响因素较多。而成人高等教育的特点是办学形式比较灵活、生源组成比较复杂、教学点比较分散等，这些都加大了学籍管理的难度。随着成人高等教育招生规模的不断扩大，社会各界对成人教育学生学籍信息日趋重视，教育主管部门对成人高等教育学籍管理的要求也越来越规范和深化，从2007年开始，新生学籍须在教育部学籍学历信息管理平台（http：//www. chsi. com. cn，即学信平台）进行电子注册方可被承认，并且要求学生的学籍异动等情况必须在教育部学籍学历信息管理平台进行及时更新，实现全程跟踪，保证学生顺利毕业。因此，学校必须采取有效措施，不断完善和创新成人高等教育学籍管理，以适应新形势的需要。笔者认为，主要有几个方面：

（1）学校重视，制度保障。学校要高度重视成人高等教育的教学管理，特别是学籍管理的工作，要制定和健全有关的规章制度，在人力、物力上给予大力支持，明确行政主管

部门与各院（系）、各教学点的职责，规定学籍有关要求，确保各项制度有力执行，这是成人高等教育学籍管理得以顺利进行的前提。

（2）设备到位，有效管理。随着成人高等教育规模的不断扩大和学籍管理的日益规范，要求成人高等教育学籍管理必须摆脱传统的手工模式，从繁重的工作中解放出来，实现信息化管理。学校要配备相关的设备，如网络设备、工作人员的计算机、用于管理学生学籍信息的系统软件等，这是成人高等教育学籍有效管理的硬件保证。

（3）培训人员，精通业务。成人高等教育学籍管理工作要选用有强烈的责任心、认真的工作态度、细致的心思，服务意识强、能熟练操作计算机的高素质的人员担当负责，并且要定时地对他们进行大力度的培训和激励，不时地开展对外交流学习，使其精通相关业务，这是成人高等教育学籍规范管理的关键。

（4）加强沟通，提高认识。不仅要加强学校成人高等教育行政主管部门与各院（系）、各教学点的联系沟通，更要加强与学生的交流，重视宣传和引导，让学生了解学籍管理的难度、学籍管理的重要性和学籍管理的严肃性，让学生清楚地认识到学籍管理的相关规定，这是成人高等教育学籍管理工作稳步开展的有效手段。

二、细化学籍注册流程，实行精细化管理

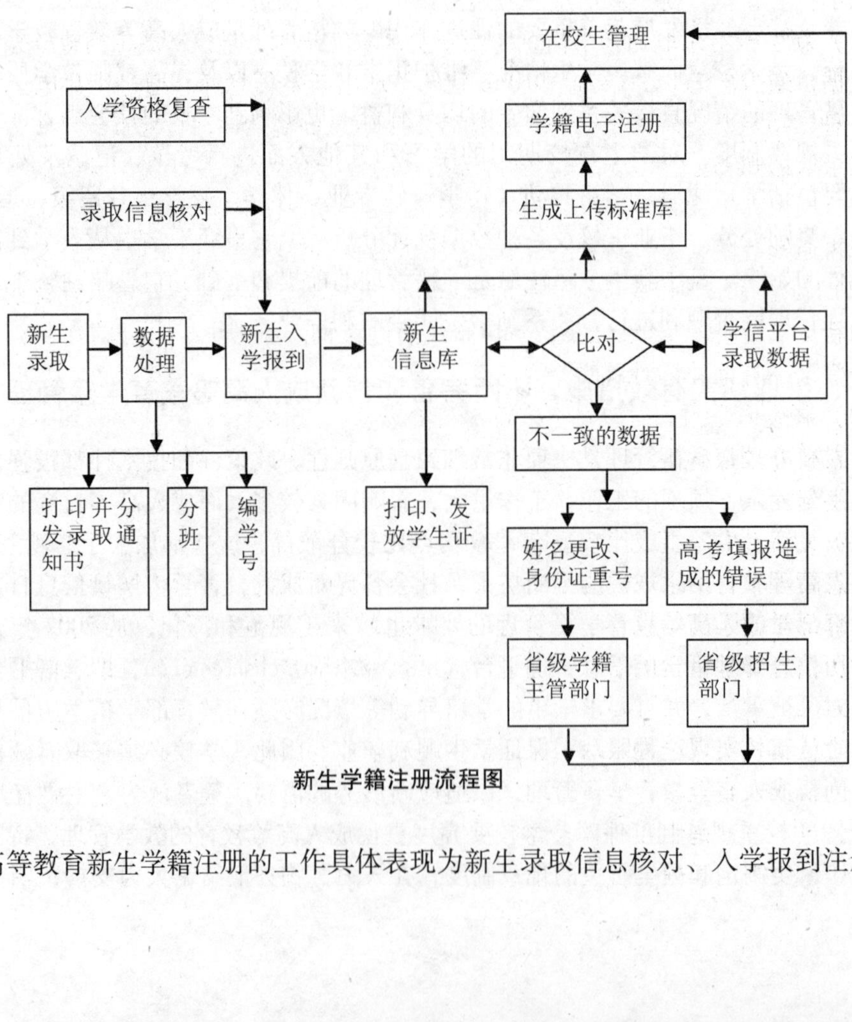

新生学籍注册流程图

成人高等教育新生学籍注册的工作具体表现为新生录取信息核对、入学报到注册、入

学资格审核及学籍信息电子注册等。教育主管部门规定，成人高等教育新生学籍注册工作须在入学3个月内完成，在当年的5月底将新生学籍注册情况上报省级学籍主管部门，并在教育部学籍学历信息管理平台上传新生学籍信息进行电子注册。根据成人高等教育的特点，要在这短短的3个月内完成学籍注册的各项工作，其实并不容易，这就要求学校必须结合实际，采取切实可行、有效的措施，确保工作有条不紊地开展。因此，新生学籍注册工作可以细化，流程如上图所示。实行精细化管理，要求各部门、工作人员及学生相互配合，通力合作，做好每一个环节，否则，无论哪个环节出现问题，都将带来学生学籍的后续问题，加大管理的难度，最终影响学生的毕业。而学籍注册工作的关键就是做好新生录取信息核对、入学资格复查及学籍电子注册这三个重点环节的工作。

三、反复认真核对新生录取信息，保证数据的真实性、准确性和规范性

为了保证学生数据的真实性、准确性和规范性，教育主管部门要求学校必须对新生的录取信息进行核对，特别是核对新生的姓名、性别、出生日期、身份证号等关键字段信息。由于成人高等教育学生的特殊性，要在3个月内完成与各院（系）、教学点、学生的联系，通知学生本人核对录取信息，签名确认，并核实信息不符申请更正的相关材料等一系列过程，再加上有些学生对学籍不重视，应付了事，往往到毕业环节才发现错误，所以，在新生录取信息核对阶段就要让学生反复地核对，从而避免学生因疏忽或草率而导致的信息不符。新生核对录取信息一般通过以下四个方面进行：

（1）新生核对录取通知书信息。当新生录取完毕时，学校从成招高校子系统下载新生录取数据，通过Excel或Visual FoxPro软件整理出新生信息库，通过小兵电子注册综合系统（一种学籍数据管理的辅助软件）检查新生信息的规范性，将检查结果作为重点核对内容。在录取通知书上打印新生的关键信息：姓名、性别、出生日期、身份证号、专业、学习形式、层次、辅助软件检查结果，以及入学报到注意事项等，在分发新生录取通知书时，一再通知各院（系）、教学点告知学生务必认真核对自己的录取信息。

（2）新生登录学校成教网站查询录取信息并核对。学校可以在成人教育信息管理系统中添加新生录取查询功能，通过Web形式提供查询。新生根据自己的姓名、考生号及身份证号登录，查询并核对录取关键信息。

（3）新生入学报到时核对学校新生名单信息。按照学校有关开学通知，新生携带相关证书、材料办理报到手续，其中要认真核对班主任下发的“新生信息核对表”，确认无误后亲笔签名。

（4）对新生信息库与教育部学籍学历信息管理平台的录取数据进行比对。教育部学籍学历信息管理平台的录取数据是由各省级招生部门上报的，教育部明确规定，新生录取数据以教育部学籍学历信息管理平台为准。因此，学校必须对整理过的新生信息库与教育部学籍学历信息管理平台的录取数据进行比对，如果哪个字段信息不匹配，则通知相关新生进行核对。

新生认真核对自己的录取信息后，签名确认作为学籍基本信息，在校期间的学籍管理都以此为根据，直至学生毕业时的学历电子注册。如果学生核对时发现录取信息与自己实际身份信息不符，是由当时成人高考报名时未经仔细核对而造成录取信息错误的，按照相关规定，学生需向学校提出更正信息的申请并提供相关证明材料，由学校核实并汇总报送

省级招生部门进行更正。

成人高等教育新生学籍注册工作非常关键的一环是需核实专升本学生的专科学历是否为国民教育系列。教育部规定专升本的学生在成人高考报名时需提供国民教育系列的专科文凭进行审核，不符合条件的不予报考；同时又规定，高校必须做好对已入学新生的复查工作，在复查中，发现凡不符合录取条件或弄虚作假、违纪舞弊者，学校应取消其入学资格，对专升本新生要求其提供国民教育系列的专科（或以上）毕业证书原件，由学校进行复审。这些工作都是为了进一步规范高校的录取工作，从源头上对新生入学资格审核进行把关，避免未经入学资格审核造成学生无法正常毕业的后果。

在复查过程中，如发现学生学历可疑，可以登录中国高等教育学生信息网（http：//www. chsi. com. cn，这是国家认可的学历文凭唯一指定查询网站）查询，如果查询不到学生的学历信息，则要求学生办理中国高等教育学历认证报告。学校根据学生提供的专科学历实际情况或者学历认证报告，在教育部学籍学历信息管理平台的“学籍清查”模块对专科学历需复查的学生进行在线清查，并把复查情况及汇总的材料上报省级教育行政部门。

四、细致检验新生学籍信息，确保数据准确无误顺利注册

由于学校所设校外教学点专业录取人数偏少无法成班，或者学生所从事的工作与录取专业不一致，或者工作调动、家庭经济等原因，新生向学校申请转学、转专业、转学习形式、休学等学籍异动，学校应按规定程序给予处理后进行备案，并在新生信息库即时更新。经过新生核对信息、入学报到注册、入学资格审查及学籍异动受理后，形成学生在校期间的学籍信息，学校应按照教育部学籍学历信息管理平台学籍注册标准库格式，生成学籍注册数据，通过小兵电子注册综合系统等软件检验数据，检查结果毫无差错后上传至教育部学籍学历信息管理平台的“学籍注册”模块，省级教育行政部门审核通过后予以注册。学生学籍信息只有进行电子注册，毕业时学历信息才能批准电子注册，才能在中国高等教育学生信息网查询，对经过电子注册的学历国家予以承认和保护，未经电子注册的国家不予承认。

[本文发表于《中国成人教育》2011 年 12 期（总第 277 期）]

参考文献

[1] 李淑芳. 对成人教育学籍管理的思考 [J]. 陕西师范大学继续教育学报，2004（S1）.
[2] 王芳. 成人高等教育学籍与学历管理相关问题浅析 [J]. 成人教育，2009（8）.
[3] 刘永鹏. 成人高等教育学籍管理工作的改革思路 [J]. 文教资料，2009（16）.

成人教育网络管理信息系统的设计

严文樱

［广东外语外贸大学继续教育（公开）学院　广东　广州　510000］

【摘　要】针对成人教育管理中工作烦琐和效率低下的问题，本文采用三层 B/S 结构模式，应用 ASP. NET 技术，采用 SQL Server 2005 数据库，根据需求设计了一套成人教育网络管理信息系统。

【关键词】成人教育　网络管理信息系统　设计

一、引言

目前，我国成人高等教育招生规模不断扩大，办学形式灵活。但多数高校的成人教育管理工作仍存在管理效率低、管理信息化程度比较落后的现状，部分高校仍采用半手工半自动化的工作方式，使成人教育工作管理力量薄弱，严重制约了成人教育事业的发展。减少工作中低效率的手工操作，加强工作的自动化、计算机化，提高工作的准确性、安全性，已成为各高校成人教育发展急需解决的问题。针对上述问题，本文设计了一套成人教育网络管理信息系统，该系统实现了成人教育计算机网络化管理，对学生学籍、成绩等多项工作实行电子化管理，减轻了成人教学管理的工作量，同时，该系统能够自动生成各种数据报表，进一步提高了工作效率。

二、系统设计

1．设计目标

结合成人高等教育管理工作的特点，实现教务、学籍和学生工作的网上管理。成人高等教育管理主要包括学生学籍管理、成绩管理、注册选课、班级设置、专业设置以及课程安排等教务管理活动，本系统实现的管理模式与流程应该尽量与传统的管理相一致，这样才能使管理人员较快适应电子化管理方式。因此，本系统根据传统的管理事务流程来设计模块功能，基于角色的权限控制将各功能分配给不同的管理用户，不同管理用户之间的任务交接通过系统完成[1]。经过详细的需求分析与用户调查，确定了本系统设计的总体目标是：①完备齐全的系统功能；②简洁统一的系统操作模式与界面；③支持局域网教务管理与 Internet 师生访问方式；④丰富的信息查询功能；⑤完善的系统安全性；⑥支持数据的批量导入及导出；⑦强大的报表输出功能；⑧简易的安装与配置方式。

2．系统总体框架

本系统采用三层 B/S 体系结构（如图 1 所示），由 IE 浏览器、运行 ASP. NET 的 Web

服务器、SQL server 数据库服务器组成。在三层 B/S 体系中，用户端通过 IE 浏览器向分布在 Internet 上的 Web 服务器发出服务请求，Web 服务器负责响应用户输入信息，它将数据传送至要被处理的脚本或应用程序，并在数据库中执行操作，Web 服务器将数据库操作结果返回，并插入 HTML 页面，传送至浏览器以响应用户。

图 1　成人教育网络管理信息系统框架

三、系统模块设计

针对上述的目标，本系统主要是由学籍管理、教务管理、学生注册管理、财务管理、信息发布、上传下载、系统维护等模块组成的，如图 2 所示：

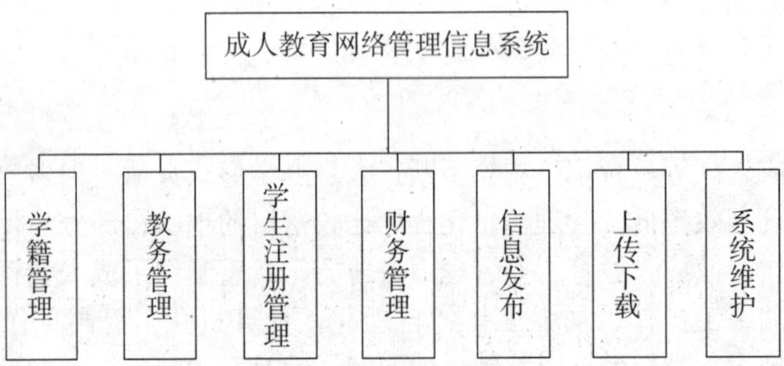

图 2　成人教育网络管理信息系统模块组成

1. 学籍管理模块

实现学生学籍信息入库，提供对学生基本档案信息进行增加、修改、删除、查询等操作；和财务管理系统模块对接，实现新生入学注册与在校生学期注册管理，根据每学期学生的登记信息与学费缴纳情况形成注册表，可提供相关信息查询；对学生的转专业、转班级、休学、留级及退学等学籍异动情况进行管理；对学生在校期间的获奖情况和惩罚情况进行登记、查询等操作；对学生毕业资格进行审核，生成毕业审核表格；提供高级的关键字段联合查询功能，可满足不同的分类查询需要，查询结果可生成与学籍有关的各种报表，如注册表、学籍异动信息表、学生成绩表等，并提供打印、导出功能；还提供 Excel 表格数据导入功能，可以一次性将新生数据导入数据库，并按照编号规则自动生成新生学号，根据专业进行预分班。

2. 教务管理模块

教务管理模块包括成绩管理模块和排课管理模块。成绩管理模块的功能如下：教师可进行成绩的录入、修改、删除及查询；教务秘书可以选择查询课程及班级，既可查询该班所有学生的成绩，查询结果可以打印出报表，也可通过关键字段查询学生的成绩，打印查询所得的学生成绩信息；系统可自动统计考试合格人数并自动生成补考学生名单；学生可以通过此系统查询自己各学期的各科目成绩。排课管理模块的功能包括对各学期教学计划的管理及任课教师的管理，可通过各专业教学计划的录入，由系统自动进行预排课，并且提供资源冲突检测功能，直至最终确定排课结果。

3. 学生注册管理模块

实现新生与在校生新学期注册管理的功能，根据每学期学生的登记信息与财务管理模块显示的交费情况一起形成注册表。通过输入关键字查询学生注册信息，并对查询结果生成报表并打印。

4. 财务管理模块

实现对学生在校期间所发生的各种费用进行管理，包括学费、教材费、考试费、办证费以及教师教学劳务费的计算及发放。

5. 信息发布模块

把相关信息和通知通过 Internet 发布，可方便学生查询。

6. 上传下载模块

教师可以上传教学课件、教学视频、习题讲解和历年考题，供学生下载。

7. 系统维护模块

负责系统的日常维护、参数设置、数据备份等，对使用本系统的对象——学生和教师的权限和密码进行管理，每一用户由系统管理员授予相应的操作权限，以及数据表中记录的增加、删除权限。

四、系统详细设计

由于需构建的模块较多，本文选取教务管理模块中的成绩管理模块来进行介绍。

1. 数据流程

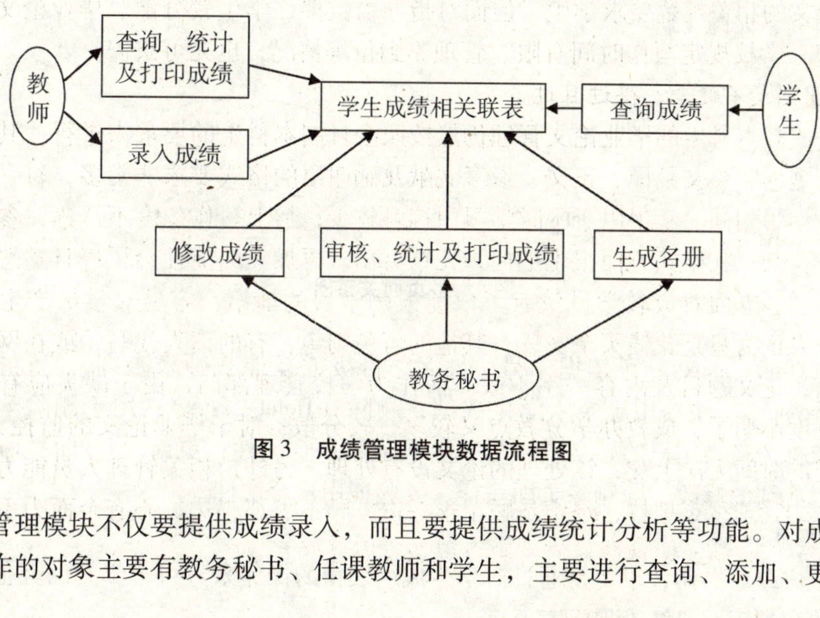

图 3 成绩管理模块数据流程图

成绩管理模块不仅要提供成绩录入，而且要提供成绩统计分析等功能。对成绩管理模块进行操作的对象主要有教务秘书、任课教师和学生，主要进行查询、添加、更新、删除 4 个操作。

首先由教务秘书对系统进行初始化设置、制订专业教学计划及生成学生名册。教师在登录成绩录入界面后，就会出现与该教师相关的班级与课程信息，在选择相应的班号、课程名称和考试类别后，就会出现本班所有应考学生的名单，设置好成绩的百分比，输入相关的成绩，确认提交后，生成的结果可以根据需要进行排序及统计，生成各种成绩表和成绩统计表。并且接受对成绩的查询，若发现成绩输入有误，可以通过教务秘书权限对成绩进行修改，具有较大的可控性与灵活性。

2. 功能模块设计

（1）成绩录入模块。成绩录入是整个成绩管理系统的核心。在录入成绩之前，先由教务秘书选择考试班级和课程名称，然后系统自动生成班级学生名单，需对名单中含有的平时成绩、作业考试、期末考试各字段所占的比例进行设置，设置完成后，任课教师就可以录入成绩，系统按比例自动计算出总成绩。当任课教师确认录入的成绩正确无误后，点击“提交”按钮，就完成了成绩的录入。

（2）成绩修改模块。对已经提交的成绩，如需修改，则必须经过任课教师提出申请，教务秘书审批通过后，由教务秘书进行修改，同时在成绩页面上的备注栏里记录修改时间及相关的理由。

（3）成绩查询模块。学生可以凭学号和密码登录查询自己的成绩，任课教师可以查询任课班级的学生成绩，成人教育管理工作人员可以查询全部的成绩，支持模糊查询。

（4）成绩统计模块。成绩统计模块为任课教师和成人教育管理工作人员提供综合分析，包括考试成绩分数段统计、平均分统计、最高最低分统计，以及及格率统计与不及格人数统计等功能。

（5）成绩备份。为了确保数据的安全性，需要对数据进行定期备份，只有系统管理员才有权限使用该功能，可以自由选择备份时间和备份内容。

3. 页面设计

成绩管理模块主要由 Query. aspx、Add. aspx、Delete. aspx、Update. aspx 页面组成[2]。模块各页面关系如图 4 所示：

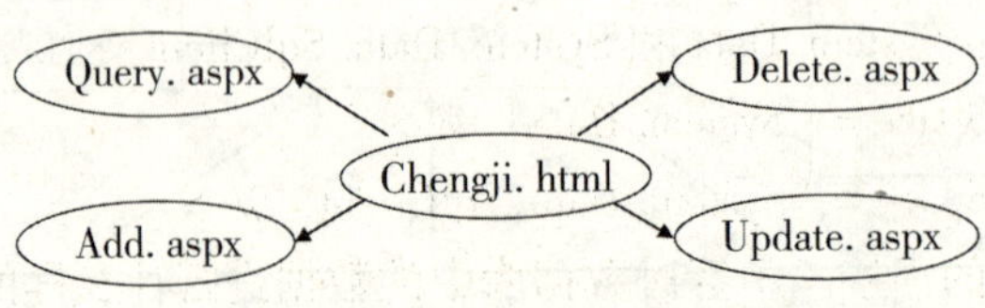

图 4　各页面关系图

查询（Query. aspx）：可依据学号、姓名、班级或任课教师来查询，支持模糊查询；添加（Add. aspx）：主要用于录入学生成绩；删除（Delete. aspx）：用于删除学生成绩记录，删除依据为输入用户的姓名或学号，要验证用户合法性；更新（Update. aspx）：教务秘书对学生成绩的修改，同删除页面一样，要验证用户合法性。

4. 数据库

对学生成绩的操作，主要是通过对学生成绩表格的操作来进行，学生的其他信息来自其他子系统数据库，成绩表如下表所示：

成绩表（Tbchengji）

列名	类型	含义	约束条件
Kch	Varchar（20）	课程编号	Tbclass 主键
Xh	Varchar（20）	学号	Tbstudent 主键
Kksj	Datetime	开课时间	
Kcxz	Varchar（20）	课程性质	
Pscj	Float	平时成绩	[1，100]
Qksj	Float	期中成绩	[1，100]
Zcj	Float	期末成绩	[1，100]
Bkcj	Float	第一次补考成绩	[1，100]
Bkcj2	Float	第二次补考成绩	[1，100]
Cbz	Varchar（50）	备注	

五、系统实现关键技术

1. ADO. NET 访问数据库方法

ASP. NET 程序中通过 ADO. NET 访问 SQL SERVER 2005 数据库，ADO. NET 是以离线的数据为基础的，使用不依赖于网络数据库而独立存在的数据集合，以 Dataset 形式表示，可以在本地的机器上对数据集合进行数据的添加、修改、删除，然后更新数据库。ADO. NET 访问网络数据库主要使用 4 个组件：Connection 对象、Command 对象、DataReader 对象和 DataSet 对象[3]。实现方法如下：

（1）首先要导入名称空间。使用 ADO. NET 访问网络数据库，需引入两个包含访问网络数据库类的名称空间：System. Data 和 System. Data. SqlClient。

```
<%@ Import NameSpace = " System. Data" % >
<%@ Import NameSpace = " System. Data. SqlClient" % >
```

（2）建立与数据库的连接。不管对数据库中的数据进行什么样的操作，在操作前必须先连接数据源，操作之后最好关闭数据源。

```
dim conCJ as SqlConnection
conCJ = new SqlConnection （ " server = CJ – GL; uid = sa; pwd = 123; database = CJGLXT" ）
ConCJ. Open （ ）
```

（3）数据连接成功后，利用 SQL 的插入（Insert）、删除（Delete）和更新（Update）命令就可以很方便地实现数据库的管理。例如，利用 SqlDataReader 读取成绩表中全部记录：

```
dim cmdSelCJ as SqlCommand//定义命令对象
dim dtrCJ as SqlDataReader//定义 SqlDataReader 对象
cmdSelectPj = new SqlCommand （ " Select * from Tbchengji" ， conCJ）/
```

dtrPj = cmdSelectPj. ExecuteReader ( ) //执行 Select 查询语句

2. 数据显示

数据显示主要通过 DataGrid 控件来实现，DataGrid 的数据绑定代码如下：

```
OleDbDataAdapter Odda = new OleDbDataAdapter ("Select * from Tbchengji", conCJ);
DataSet DS = new DataSet ( ); //通过数据适配器和数据集访问数据库;
Odda. Fill (ds);
DataGrid2. DataSource = DS; //指定数据源;
DataGrid2. DataBind ( ); //绑定;
conn. Close ( ); //关闭数据库连接;
```

3. 异常的捕获与控制

在系统运行过程中，不可避免地会出现用户的误操作，系统利用 ASP. NET 的“Try... Catch... Finally... End Try”语句对各类异常操作进行相应处理。如对数据库进行操作时，对教师上传的文件进行判断，若该文件已经存在，则提示数据已存在。具体实现如下：

```
Try
{mycommand. ExecteNonQuery ( );
Lbts. Text = "上传数据成功"; //插入成功
}
Catch (SqlException exc)
{if (exc. Number = =2627)
Lbts. Text = "该文件已经存在";
Else
Lbts. Text = "错误代码是:" + exc. Number + exc. Mes - sage;
}
```

4. 存储过程

系统对数据库的操作采用存储过程，可以保持应用程序的执行效率并简化数据层，提高系统的运行速度。本文主要定义了多个执行存储过程，使用了“SELECT_TEACHER”、“SEARCH_ STUDENT”、“INSERT_TEACHER”等多个存储过程。现以从用户表获取用户信息（工号、姓名、权限等）为例：

```
CREATE PROCEDURE SELECT_TEACHER
@ username Varchar (50) AS SELECT * FROM tbyhb
WHERE username = @ username
GO
```

六、结束语

本系统在逻辑设计和物理结构上基本达到了预期的设计目标，系统结构清晰，逻辑层次分明，采用三层 B/S 结构模式的设计更适合系统的特点，基本上满足了成人教育管理的需要。运用网络化进行成人教育管理，不仅提高了工作效率，也降低了管理成本，为学生、教师及管理人员提供了准确、及时地互通信息的平台。

参考文献

［1］钟良才．高校成人高等教育教学管理系统的设计与开发［J］．继续教育研究，2008（9）．

［2］赵晓东等．ASP. NET 3. 5 从入门到精通［M］．北京：清华大学出版社，2009．

［3］马军等．SQL 语言与数据库操作技术大全［M］．北京：电子工业出版社，2008．

基于网络环境下的成人高等教育学分制管理模式探索

郑凡强

（暨南大学教育学院　广东　广州　510632）

【摘　要】成人高等教育是高等教育的一个重要组成部分。由于成人教育学生存在严重的工学矛盾、家学矛盾，学习时间难以保证。成人教育面授学时只有普通教育面授学时的1/3～1/2，教师难以详细地讲述课程的内容，学生大多还需要通过自学完成课程。学生的自学能力参差不齐，掌握的课程知识也参差不齐。如何保证教学质量是成人教育急需解决的一个课题。只有通过网络教育和面授教育相结合，通过灵活的学分制管理机制，才能很好地解决学生的学习问题和较好地保证教学质量。

【关键词】成人高等教育　网络教学　学分制管理

成人高等教育与普通高等教育在教育目标及教育对象上有所不同，成人高等教育有其自身的特点和要求。成人高等教育的学生大多是在职人员，学生的主要精力花费在工作上，业余时间参加学校的学习，因而常常面临着工学矛盾、家学矛盾。成人教育学生的实际面授学时安排仅仅为普通高等教育的1/3～1/2，这意味着学生需要花费大量精力进行自学。然而学生的自学能力参差不齐，掌握知识的状况也不同。网络辅助教学可以帮助学生自学，提高学生的学习积极性和主动性。只有通过网络教育和面授教育相结合，以及采用灵活的学分制管理机制，才能很好地解决成人高等教育学生的学习问题和较好地保证教学质量。

一、成人高等教育自身的特点

成人教育的主要培养对象为在职人员，学生学习大多是为了工作的需要。学生有自主学习意识，学习目的明确，自觉性强。成人教育的学生有实践经验，分析能力都较强，能够学以致用，对问题进行深入细致的分析和研究。但是，多数学生年龄较大，不仅有工作上的压力，还有家庭生活上的压力，工作和家庭耗费了他们大量的时间，学习时间很有限，学习压力也较大。大多数学生有一定的工作经验和实践经验，但缺乏专业理论知识，文化基础薄弱，专业知识体系不完善。

由于成人教育学生存在严重的工学矛盾、家学矛盾，学习时间难以保证，理论知识薄弱，以及成人教育面授学时只是普通教育面授学时的1/3～1/2等问题，教师难以详细地讲述课程的内容，学生大多还需要通过自学完成课程。然而，学生的自学能力参差不齐，难以掌握课程知识。因此，如何保证成人教育的教学质量，是成人教育急需解决的一个课题。

二、学分制管理模式的特点及优势

学分制是高等学校的一种教学管理制度。根据《国际高等教育百科全书》对学分制的描述，学分制是“衡量某一教学过程（通常为一门课程）对完成学位要求所作贡献的一种管理方法”。《教育管理辞典》将学分制概括为“以学分作为计算学生学习量的单位，以取得最低必要学分作为毕业标准的教学管理制度”。学分制打破了学生的学年限制，学生可以根据自己的实际情况，制订学习计划，在规定年限内完成教学计划规定的课程，并获得学分。学生可以自定学习进度及顺序，学习因此更具有灵活性。现在成人高等教育三年制专科升本科和高中起点专科学习年限都为六年，学生在学习过程中，若遇到工作、身体或者家庭原因不能学习的，可以暂停选课，等有时间了再继续选课学习，只要在六年时间内完成教学计划的课程，就可以毕业。学分制注重学生的禀赋、能力、个性、志趣等方面的差异，实现差异化的个性化教育。

学分制管理模式可以满足成人学生的个性和特点，便于缓解工学矛盾、家学矛盾，它在教学管理上实行目标管理机制，主要以考试来衡量教学结果和进行学籍管理。考试合格就可以取得学分，如果不合格，均可重修重考或另选另考直到考试及格取得学分为止。学生修读的课程成绩合格，就可以取得该课程的学分，当学生取得培养计划规定的各类学分和总学分后，即准予毕业。

三、网络教学的特点及优点

网络教学不仅仅是将教学内容在网上发布，更多的是实现学生与教师之间、学生与学生之间的充分沟通和交流。网络教学平台为教师在网上实施教学提供了全面的工具支持，也使得网上教学从简单的教学信息发布变成一个充满交互与交流的虚拟学习社区。网络教学平台具有完善的教学管理功能，并具备良好的交互性和实时性。人性化的界面及时准确地反映教学现状、分析教学效果，保证网上教学过程的顺利实施和保证教学质量。

基于 Web 教学的支撑平台应该由四个系统组成：网络教学系统、网络教学管理系统、网络课程开发工具和教学资源管理系统。网络教学平台能够整合高校的所有数据，从教学管理、行政办公、教师备课、课堂教学、学生学习等多个角度立体地为高校提供完整的信息化解决方案，并且提供新的、强有力的教学手段。与传统教学方式相比，这种网络教学充分利用了最新的计算机技术、网络技术、多媒体技术等，使教学能够跨越时间、空间的限制，具有极大的灵活性和交互性。

1. 能够实现一体化管理

网络教学平台与教学内容紧密集成，实施一体化管理，而不是相互分离的系统。一体化管理就是要使教学支持系统真正符合教学的要求，在一个统一的平台上完成教学（学习）过程中的各种活动，而不需要在几个系统之间切换，从而降低操作的复杂度及学习的难度。

2. 教学内容完全开放

网络教学平台具有完全的开放性，能够容纳各种形态的网上教学内容，支持各种专用工具开发的教学内容，支持各种文件格式。网络教学平台采用开放的文件存储格式，支持所有能够在网上运行（包括需要插件的文件）的课程内容与文件格式，而且不对课程开发工具作限定要求，只要该工具开发出的课程内容能够在网上运行即可。

3．可激发学生的学习自主性

传统的教学模式主要以课堂教学为主，这种教学模式的优点是易于师生沟通，但学生的主动性往往得不到发挥，处于被动接受知识的地位，缺乏自主探索的机会，不利于自学能力的培养，无法调动学生的积极性、主动性和创造性。网络教学是以学生自主学习为核心的开放性教学组织形式，在教学过程中，学生主动地学习知识，这能够培养学生的创新能力、自主学习能力、自我管理能力。

四、网络教学应注意的问题

1．网络课程设计应以学生为中心

网络学习要求学生具有高度的学习自主性和自觉性。网络课程的设计必须充分考虑到学生的年龄特征和学习要求。自主学习是一种要求学生在明确学习任务的基础上，自觉主动地进行学习，并努力完成任务的学习模式。网络课程设计必须具有充分的交互性和灵活性，充分调动学生自主学习的积极性和主动性。网络课程还需要体现“个性化教学”的特点，学生可以自主地在线学习课程，不受地理位置、年龄、身体条件和时间上的限制。学生可以通过学习网络课程，很方便地复习过去所学的课程，更新自己的技能，或者从不同的教学方法中选择对自己最有效的类型。

2．注重网络课程设计

建立共享的教学资源中心是开展网络辅助教学的重要条件。建立高质量的教学资源库要注意内容的质量、表现方式与教学模式的联系。目前，大量的网上教学资源是个人凭兴趣建设的，这些教学资源可靠性低，知识表达方式混乱，动画图像堆砌在一起，很少考虑内容与形式的一致性、协调性。网络课程设计首先应考虑教学内容，找准教学的重点和难点，然后才考虑如何选择恰当的教学素材，如何通过多媒体技术将教学过程在计算机上实现的问题。切忌照本宣科将课件设计成电子图书，那样就违背了设计多媒体教学课件的初衷。

3．注意面授教学与网络教学相结合

相对于传统课堂教学方式，网络辅助教学方式具有不可比拟的优势。计算机网络为学习者提供了良好的认知学习环境，主要包括丰富的学习资源、快捷的信息检索与查询工具、多种通信工具、网上模拟实践等，支持学习者独立或通过合作获取知识。相对于传统教学方式而言，网络教学可以实现其不能实现的目标，有利于创新型人才的培养。网络教学可以最大限度地发挥学习者的积极性，它没有时间与空间的绝对限制，学习者可以灵活地安排自己的学习时间，提高学习效率。但网络辅助教学不是万能的，不能完全代替传统的课程教学。传统的课堂教学是以“教”为主的模式，它能够在较短的时间内让学生掌握系统扎实的知识。网络教学是以“学”为主的模式，这种模式主张以学生为整个教学工作的中心，因而培养的人才具有强烈的自主意识，但是忽略了教师的主导作用，培养的人才常常具有某种缺陷。传统教学的弊病无论多么明显，但其师生之间、学生之间的人际交流对学生成长所起的作用，远远超过了课堂教学本身，是“纯”网络教学所无法替代的。我们必须采取“网络＋面授”的教学模式和灵活多样的教学方法，培养学生成为具有扎实的理论基础、熟练的网络操作能力、较强的自学能力的新型人才。

五、结论

成人高等教育有其自身的特点和要求，学生存在工学矛盾、家学矛盾严重，学习时间难以保证，理论知识薄弱等问题。学分制管理模式在教学管理上实行目标管理机制，以考试来衡量教学结果和进行学籍管理，可以满足成人学生的个性和特点，便于缓解工学矛盾、家学矛盾。基于网络环境下的教学模式，打破了传统的教育观念、教学方法，赋予教学新的含义。网络辅助教学可以帮助学生提高自主学习的积极性和主动性，提高学生掌握知识的能力。网络教育和面授教育相结合，以及灵活的学分制管理机制，可以很好地解决学生的学习问题和较好地保证教学质量。

基于 WEB 的成人学位外语统考报名管理系统的设计与实现

梁晓庆
（华南师范大学继续教育学院　广东　广州　510631）

【摘　要】随着成人学位外语统考规模的不断扩大，建立一个信息化的报考平台，将使报考工作的效率性和准确性得到极大的提高。本文针对华南师范大学报考工作的实际需求，对报名管理系统的开发背景、业务流程、功能模块等进行了分析，介绍了该系统的设计思路、实现过程和应用效果。

【关键词】成人学位外语　报名管理　Web　设计开发

一、开发背景

根据广东省学位办的文件精神，成人教育、网络教育、自学考试本科生如需获取学士学位，均要在就读期间通过成人学士学位外语统考。该统考自 20 世纪 90 年代起至今，已开展逾二十年，随着社会上对求职者学位要求的逐渐提高，该统考也越来越受到学生的普遍关注，仅在笔者就职的华南师范大学，近年来的报考人数就以大概 10% 的比例逐年递增。

虽然广东省学位办已有一套在全省推广使用的网上报考系统，但由于华南师范大学报考人数过万，涉及 5 个外语语种，并在全省分设 7 个考点，所以，在考生信息采集、费用收取、相片处理、现场确认等工作环节，都需要更为个性化的功能，以应付繁重的考务工作。

为此，笔者就提出了设计开发一套基于 Web 的 B/S（Browse/Server，浏览器/服务器）模式网上报名管理系统的方案，力求以现有的学籍管理系统为基础数据来源，在网站上提供方便实用的报考及管理功能，通过技术手段保证系统的稳定性、安全性和可扩展性，使报考工作能高效率、高质量地完成。

二、需求分析

本系统主要为考生和考务工作人员提供服务。考生在报名阶段，主要的操作是填报个人信息，以及在拍照缴费后，通过系统进行网上信息确认；而考务工作人员则需按流程处理考生的报名数据，包括在拍照后上传相片、收费后登记缴费、学生确认信息后编排考场座位、获取成绩后上传成绩数据等。在实际的业务流程中，两个角色所产生的业务数据是相互关联的，有些数据由考生输入、供考务人员处理，有些数据则由考务人员输入（或上传）、供考生查看。系统的工作流程如图 1 所示：

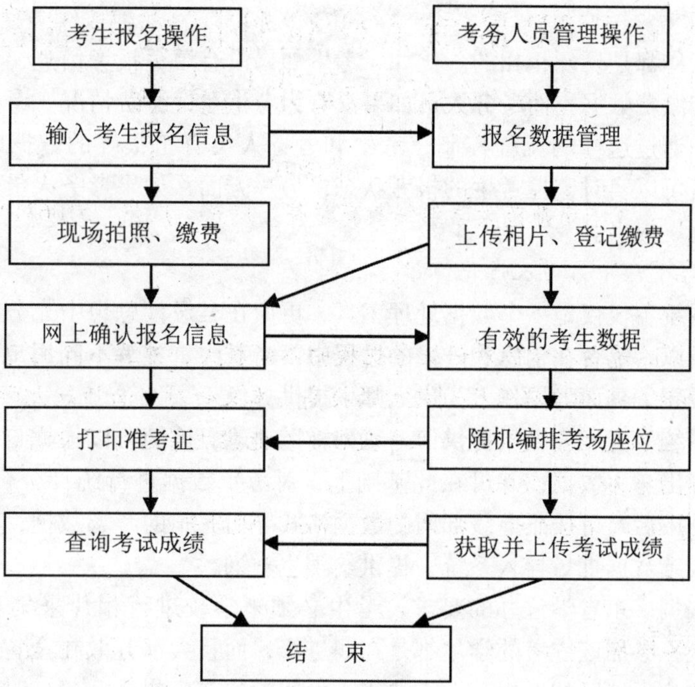

图 1　系统工作流程简图

三、设计思路和创新点

1. 确保报考信息的规范化

学生的报考信息是系统的主要数据来源，如何确保信息采集的准确性和合法性，是系统需要考虑的首要问题。

为保证数据的准确性，笔者将学生个人信息的填写环节，简化为只需输入学号。而学生的其他个人信息（包括照片），均根据填写的学号，从现有的学籍系统中自动提取，且不允许学生更改。另外，为免去以往人工审查报考资格的繁重工作，系统还设有报考资格自动审查的功能。凡有严重作弊记录，或在往年已通过本统考、已毕业、已超过申请学位期限等不符合报考资格的学生，都将被系统自动拒绝报考。由于该统考对报考语种有特定的限制，比如外语专业的学生不能报考与本专业相同的语种，所以，笔者在语种选择的项目中，也增设了自动判断，避免了学生错报语种的情况。

报考信息采集的准确性和合法性，为后续业务的办理提供了有力的保障。

2. 动态把握报考进程

报考工作有着严密的次序性，是从一个业务环节过渡到另一个业务环节的推进过程，所以系统的设计要点，必须聚焦在业务流程的逻辑控制中。

为了使考生在使用时有清晰的导向，登录报考页面后，系统将通过简单的箭头和图示，展现出整个报考流程，同时也会显示考生当前状态，并禁止越过当前流程进行后面的操作。这样，就能很好地控制考生按部就班地完成报考。而对考务人员来说，在报考过程中，需要根据考生的业务办理状况，进行相应的操作，比如现场拍照后需要上传相片数据、考生缴费后需要在系统上登记其缴费情况、考生进行网上信息确认后就需要编制考场数据等。

所有的工作都是环环相扣的。比如，考生如果没有填写报考信息，考务人员就无法为其处理相片和缴费数据，而考务人员如果没有为考生登记缴费情况，考生就无法进行网上信息确认……通过这样的流程控制，考生和考务人员有了很好的数据同步与互动，一方面，考务人员可以实时监控考生的报考状态；另一方面，如果考务人员工作有错漏，考生也能及时发现、提出。

3. 在科学管理中体现人性化

信息化系统不仅仅是一个数据处理工具，更应在其设计思想中充分体现管理的科学化和人性化。所以，笔者在构思和开发的过程中，一直注重了解不同用户的实际需求，尽可能在功能的设置、界面的操作上为广大师生提供方便。

比如，系统中为考务人员提供了一系列辅助功能，他们可以根据自己的权限级别，查询、打印、导出考生数据；并可在此基础上，对考生数据进行统计分析，查看工作进度；在报考工作结束后，可按照上级部门的数据格式导出完整的考场数据；在省学位办发放成绩后，可将成绩数据批量导入系统，提供给学生查询。

另外，根据广东省学位办的要求，考生必须来学校进行相片采集和签名确认报考信息。但实际上，参加该统考的学生都是在职进修，而且大都分散在全省各地，往返一趟非常不易，有些边远地区的考生甚至无法当天返回，要在广州住一夜，时间和经济上的付出非常大。所以，笔者经过慎重考虑，并征得上级部门同意，采取了用现有学籍库照片的方案（仅社会自考生才需要回校现场拍照），而且现场签名确认的环节也设计为网上信息确认。这些环节的改革，极大地减轻了考生的负担。而且，由于考生的网上确认是需要密码登录的，其确认操作也将被系统日志记录，所以，在手续上也能保证考生对自己的报考信息负有最终责任。

当系统编排好各考点的试室后，考生即可自行上网打印准考证，并查看各考点的试室示意图。考试完毕，导入成绩数据后，考生也可第一时间上网查询、打印自己的成绩单。通过系统的人性化设计，广大考生得以在互联网上轻松完成报考过程，同时也保证了各个业务环节流畅有序地运作。

4. 权限管理和安全性设计

在信息系统管理中，权限管理的重要性毋庸置疑，它是确保不同角色各司其职、协同运作的一个安全屏障。所以，合理分配各类用户的权限，是系统设计的关键环节。根据实际需要，该系统对登录账号的权限划分了多个类别等级，比如考生、考务人员、系统管理员等。不同类别等级的账号，不仅拥有各自的操作权限和功能，而且登录后的界面也会各不相同。

系统设有操作日志，主要记录各类用户的登录历史、敏感数据的操作历史等。比如，考务人员和系统管理员对考生相片、缴费情况等数据都有操作权限，为确保责任到人，系统会把这类敏感数据的操作记录到系统日志中，以备发生异常状况时有据可查。

为了提高网页访问和数据库的安全性，笔者在开发过程中运用了多种技术手段。比如，处理网页跳转时，采用更为安全的 Server. Transfer 方法而不是 Response. Redirect 方法；

调用页面参数时，也主要使用隐式的 Session 而非显式的 Cookie；在某些链接中需要使用显式的 URL 参数时，系统也会对传递的参数信息进行检验、过滤，阻止恶意代码的攻击，以防御 SQL 注入式攻击的漏洞。

四、功能模块及开发应用环境

根据上述设计思路，本系统由考生报名子系统、考务管理子系统两大部分组成，功能模块如图 2 所示：

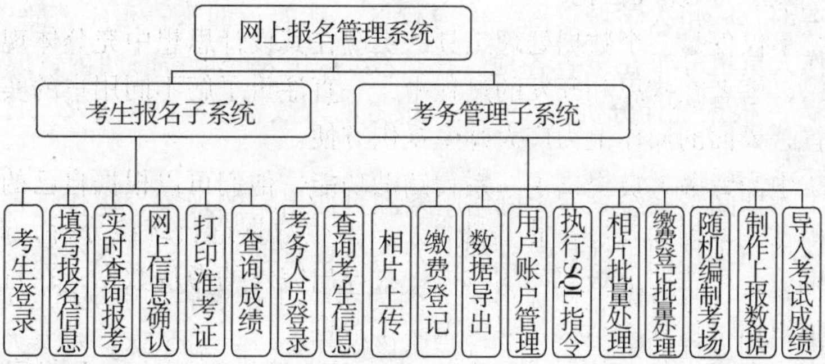

图 2 功能模块简图

系统的开发环境基于 Web，采用 B/S（Browse/Server，浏览器/服务器）模式的架构。与传统的 C/S（Client/Server，客户机/服务器）结构体系相比，B/S 结构体系的优势在于它的跨平台性和兼容性都非常好，而且具有统一的语言格式和统一的传输协议，同时，它将业务逻辑封装在服务器层或中间层，而浏览器层则只负责数据的显示和交互反馈，这样不仅有利于数据和业务逻辑的安全性，而且也便于系统的开发、维护和发布。

系统的开发平台采用了微软公司的 Microsoft Visual Studio 2008。这个版本的 Visual Studio 基于 Dot Net 3.5 框架，本系统使用了其中的 ASP. NET 和 C#语言分别进行动态页面的设计和业务逻辑层的开发。ASP. NET 作为一种热门的服务器端技术，除了采用 CLR（Common Language Runtime，公共语言运行时）架构的程序设计平台之外，更重要的是可以通过众多的服务器端控件，建立功能强大的 Web 应用程序；而 C#则是微软为 Dot Net 框架量身定做的面向对象程序语言，它的高效性和易用性使其成为快速编写 Dot Net 应用的首选工具。

数据库平台方面，系统采用的同样是微软公司的 Microsoft SQL Server 2008。数据库在系统中处于非常重要的位置，特别是对于面向多用户的 Web 报名系统而言，数据库的存取有时会很频繁（特别是报考开始的头几天），所以选择的数据库服务器必须安全可靠、运行稳定且具有较好的并发性。SQL Server 2008 作为微软在 Windows 系列平台上开发的数据库，区别于 FoxPro、Access、MySQL 等小型数据库，它是一个功能完备的数据库管理系统，包括支持开发的引擎、标准的 SQL 语言、扩展的特性（如全文检索、OLAP 联机分析技术）等功能。而像存储过程、触发器等特性，也是大型数据库才拥有的。

在服务器的运行环境方面，操作系统要求的是 Windows Server 2003 或更高版本，利用

IIS（Internet Information Server，互联网信息服务）5.0提供互联网服务；对客户端则没有特定的运行环境要求，只要有兼容IE的网页浏览器即可。

五、运行效果

由于是独立开发，所以自构思设计到试运行，系统开发历时约8个月，并于2009年在华南师范大学投入试用，经过这两年的运作、维护和完善，该系统已成为华南师范大学上万名考生报考和近百位考务工作人员进行管理的基本平台。

2011年，华南师范大学的学位外语统考共有英、日、法、德、俄5个考试语种，设置了广州石牌校本部、广州大学城校区、南海校区、珠海、汕头、东莞、韶关共7个考点，考生和考务工作人员也分布在全省各地。在持续约20天的报考时间内，成功报名的总人数达到11 195人。根据统计分析，仅头三天报考的人数就达4 000余人，日访问量最高峰时超过8 000人次。

整个报考工作期间，系统未发生网络阻塞和页面出错的现象，运作正常，报考数据的稳定性和安全性均达到预期目标。考生和考务人员也普遍对该系统表示高度认可，认为使用该系统后，整个流程都清晰、便捷多了。因为考生在登录后，系统就会通过简单图示，告诉学生当前进行到流程的哪一步，下一步应该做什么，一目了然；对考务人员而言，他们可通过互联网随时随地处理报考工作，而系统中提供的各类自动监控、数据统计、批量处理、导入导出功能，也极大地提高了工作效率和工作质量，更避免了以往工作过程中容易出现的错漏，从根本上改变了原有的工作模式，使考务工作走上了一个新的台阶。

参考文献

[1] 刘志平，李路建．基于WEB的在线报考管理系统的设计和实现［J］．内蒙古电大学刊，2007（4）：91~93.

[2] 郭文杰，郭成林．基于WEB的全国计算机等级考试报名系统的设计和实现［J］．科学之友，2010（21）：134~136.

[3] 韩昌选．南京广播电视大学教学点报考系统的设计［J］．南京广播电视大学学报，2008（2）：83~85.

基于使命管理的成教本科毕业论文管理新模式

张春珍
（韩山师范学院教育系　广东　潮州　521041）

【摘　要】在成人教育毕业论文管理过程中，针对目前学生缺乏创新意识、教师工作压力大、管理制度不健全等问题，本文倡导弗朗西斯·赫塞尔本所提出的“使命管理”新理念，使师生员工在毕业论文撰写过程中都负有使命感，以此推动成人教育毕业论文管理改革，探究管理新模式。

【关键词】成人教育　毕业论文　使命管理

当前，在成人教育管理过程中，有人或提出理性管理，或提出非理性管理，目的只有一个，那就是希望通过合理、有效的管理，提高成教办学的水平和效益，使我们的教育办得越来越好。但在现实中，作为一种管理科学，理性管理使成教管理条条框框过多，忽视了人性化与和谐求发展等在培养人的灵魂、增强人的意志力中的作用，而非理性管理又经常造成无规可遵、无章可循的局面。因而，作为学校领导，在要求每一名教职员工遵守相关法律法规的同时，也要关心、爱护、尊重他们，调动他们的使命感和责任感，使理性管理与非理性管理相互融合，使管理进一步走向规范化、科学化、人性化、合理化。

一、使命管理的导入

2000 年 10 月，美国德鲁克基金会主席弗朗西斯·赫塞尔本发表了题为“新世纪的使命管理”的演讲，提出了她一直倡导的“使命管理”的新理念。她强调，“一切工作都源于使命，并与使命密切相关”，“你不需要为了管理而成为管理者，你是为了使命而成为管理者。你所做的一切工作，无非是与大家进行沟通，让大家接受这个使命，然后团结带领大家，朝着这个方向前进”。以使命为导向使成功的企业变得与众不同并且更成功，它们具有强烈的使命感，能跨越公司的围墙去建设社区，而不只是创造利润。成功的企业开始越来越有社会责任感。钱不再是推动员工的唯一动力，人们渴望更有意义的东西。那么，在学校管理中如何运用赫塞尔本的“使命管理”的理念，其对成教毕业论文管理又有什么现实意义呢？

二、目前成人教育毕业论文存在的问题

成教学生毕业论文是衡量教学水平、学生毕业与学位资格的重要依据。近年来，随着扩招政策的出台及社会不良风气的影响，在撰写毕业论文时存在很多马虎应付的问题，包括学生方面、教师方面、学校管理方面等，必须引起高度重视，以防止教育教学水平的

滑坡。

1. 学生缺乏创新意识，马虎应付

创新性是培养学生创新能力的关键，也是毕业论文选题的主要原则，好的题目既可以保证论文内容的先进性、新颖性，又可以保证预期成果的独创性、突破性，使学生充分发挥专业特长和运用综合知识的才能及潜在的创造力。但近年的成教学生毕业论文题目则显示出创新精神的匮乏，虽然不乏研究热点及难点，但具有独创性或创意的论文题目却少之又少。

目前，大部分成教学生都选择与工作性质相似的专业进行修习，其中有的学生因工作较忙，无暇顾及毕业论文的撰写，有的学生则认为毕业论文写作只不过是本科阶段必走的一个过场，对选题不够重视，只根据自己对本专业某一问题感性的粗浅认识，而不经过周密的资料查阅和分析，就轻易定题，所定的选题自然也就存在很多问题。另一部分学生由于所选专业与所从事的工作相差甚远，对本专业的毕业论文题目缺乏兴趣，但为拿到毕业文凭和学位，不得不应付了事。

2. 教师工作压力大，力不从心

在成人教育教学中，大多数教师属于兼职上课，有的专职任课过多，导致在学生毕业论文的指导上存在精力不足、力不从心等现象。如在选题上，由于学生选择的毕业论文题目由不同教师提供，而教师与教师之间缺乏应有的沟通，出现不少雷同选题，甚至出现同一指导教师选题相近、相似的现象等。再加上本科期间没有开设论文撰写规范方面的课程或相关的讲座，多数学生没有学习过学术论文写作规范，写作规范知识往往是由指导教师口耳相传或是学生自己模仿报刊文章去写作，缺乏系统化、规范化的知识体系。有些指导教师本身对国家规定的文献撰写标准和要求不熟悉、不了解，缺乏监管能力和意识，表现出对文献引用的不负责任和敷衍态度。但也有部分教师工作认真，态度积极，在指导时能按照毕业论文的相关规范要求学生，但面对指导篇数多、学生较分散、毕业论文选题“扎堆”现象多、学校规定写作时间有限、管理不到位等情况，也无可奈何。

3. 管理制度不健全，得过且过

目前，成教本科生的毕业论文管理仍然按照全日制本科生的要求来进行。其中对论文的摘要、关键词、英文翻译、正文、参考文献及感谢语的格式要求非常多，每一种类型的具体要求又不尽相同。学生由于平时学习中接触较少，加上写作态度不严谨，参考资料过多、过旧、过杂，在格式方面很难把握，无章可循。再加上当前社会风气日益恶化，家庭成员乃至社会各方面对成教学员没有了以前鼓励学习的话语，容易对学员产生负面的影响。一部分人认为只是花钱买个文凭，其他的可免则免，有的请人代写，或在网上随随便便下载一篇，论文题目及内容一字不改。而作为学校管理部门，由于缺失应有的管理系统，管理制度不明了，成教办学分教点又较多、较分散，对于毕业论文的监控力度不够，导致该上交的时间无法上交，该处理的论文没有处理。另外，相关管理人员能力有限，对于毕业论文的管理很难把持，经常是顾了这一边，顾不了那一边，心有余而力不足，使管理处于被动、应付状态，这些使成人教育更加难以办好。

三、建立使命管理新模式

赫塞尔本指出：使命的表述应简洁、有力、令人信服和振奋人心，这有利于培养管理者的使命感，促使“使命”成为管理者内在的驱动力，进而激发出一种完成“使命”的责任感和对成功的强烈欲望。“使命管理”理念的提出，为我们寻求对策指出了一条道路，昭示着我们努力的方向。我们必须在日常管理过程中，践行管理使命，使成教毕业论文管理更上一个台阶。

1. 兴趣驱使 加强培训

经过几年的专业学习，学生对所学的专业和课程有了基本的认识和兴趣，在选题时要体现自主性，可以从自身对某些课程的兴趣和心得体会出发，或对课程内容的发展延伸有了新的发现，或对课程内容作了不同角度的审视，有了独到的见解，进而根据选题的原则和要求，在指导教师的指导下，查阅资料和文献，经过系统归纳和分析，提出或确定毕业论文选题。另外，在毕业论文的写作开始之前，开设文章规范课程，有利于学生规范化写作能力的培养，使学生养成良好的遵守相关规范的素养，对于培养学生形成严谨的学术态度和习惯，按照国家标准撰写，减少抄袭和侵权现象，具有十分重要的现实意义。开设课程条件不成熟的，可邀请校内外一些论文写作水平高的教师或专家，开展学术论文写作规范讲座或咨询活动，有针对性地指出论文写作中常出现的问题和提供解决问题的方法，让学生掌握论文写作的规范和技巧。此外，学校可在网站专设优秀论文浏览一栏，还可通过电子留言板、电子邮箱来回答学生提出的写作规范问题或其他疑问，帮助学生提高论文写作水平，顺利完成毕业论文的撰写。

2. 肩负使命 严格把关

在毕业论文撰写的前前后后，指导教师起到举足轻重的作用。首先，教师要忠于我们的教育事业。在教学中针对成教学生的具体情况，利用多种途径认真细致地辅导学生完成论文的撰写是教师的职责所在。其次，教师要深思熟虑。对论文格式，包括题目、内容摘要、关键词、论文内容、参考文献的数量、类型、时效性、质量等进行考察，前后不一致的、时效性不强的应予以删除，并建议作者补充较新的材料，对于内容过少者，可建议作者适当收集、增加一些资料。再次，教师要严格把关。通过数字化资源，检查学生作品中是否完全或部分剽窃他人作品，引用的文献是否属于正式出版物等，对此作出判断并正确著录参考文献。只有建立了完善的参考文献审查模式，通过作者、指导教师和审核者的共同努力，论文写作才能走上正确的轨道。最后，教师要不断提升自我专业素质。指导教师直接面对学生的种种疑问和问题，指导教师的专业素质直接影响学生论文的完善程度和质量，因此，指导教师也要不断学习，培养严格按标准指导论文的主动性和善于识别错误的敏锐性。在毕业论文指导过程中，利用时间带动学生将论文做大做强，以达到事半功倍的效果。

3. 使命管理 健全体系

非理性管理是以理性管理为基础的。在学校，首先要建立健全管理体系。应考虑到毕业生的具体问题，重新修订人才培养方案，提前毕业论文撰写的时间；适当提前开展毕业论文选题工作，下达毕业论文题目，供学生进行选择。其次，有计划、有组织、有目的地提高毕业论文指导教师的工作待遇。将指导写作情况直接纳入年度考核中，积极鼓励教师参与这项工作。再次，建立毕业论文质量管理评估体系。对毕业论文进行认真审核，从总体上把握论文的基本情况。毕业论文定题以后，学院定期督促检查，加强全程管理，特别要求系主管领导和指导教师严格把关，最好是由教研室成立课题组，对教师提交的选题进行审核，强调毕业论文选题的专业性，研究内容、研究领域应符合专业培养目标；题目应恰当，最好能与工作单位实际特点和教师科研项目结合，考虑选题的实用性和可行性；尽量剔除雷同和近似题目，各届选题尽量做到推陈出新，多提有创意的选题；各系应该分组监督检查学生是否真正在撰写毕业论文，指导教师要严格管理学生，严格按照毕业论文考核评价过程和标准给出学生毕业论文成绩，奖励有创新或与实践相联系的优秀论文，对那些有抄袭嫌疑、应付了事的论文不予通过，以不断提高毕业论文的教学质量。

在学校管理中，我们要以管理和传统为基础，以理论指导实践，正确处理好理论与实践的关系，从现实出发，总结历史经验和教训，激发师生员工的历史使命感，共创学习型组织，不断推动成人教育管理健康发展。

（本文发表于《成人高教学刊》2010 年第 3 期）

参考文献

[1] 汪琪．基于“使命管理”理念的学校教育管理［J］．基础教育参考，2005（5）：35～36.

[2] 张维军．使命管理理念对学校管理的启示［J］．当代教育科学，2007（5～6）：101～102.

适应成人教育学分制管理特点的毕业审核系统的研究

钟 志 李 晖 王彤云
（广东工业大学继续教育学院 广东 广州 510090）

【摘 要】近年来，各行各业的信息化发展越来越快，越来越多的信息管理系统应用到学校的各个部门。本文根据大众化教育成人教育学分制管理模式下的现实要求，研究成人教育学分制毕业管理的相关需求，探索关于成人教育学分制毕业审核管理系统的开发思路。

【关键词】学分制 教学管理 毕业审核

一、系统设计的意义

从20世纪90年代开始，为适应社会发展的需要，国内高校教育体制进行了大规模的改革，各院校不断扩大学校规模，添加新专业，招生人数逐年增加。随着教育改革的深化，教学管理模式也在发生变化，如学分制的逐步实行、培养模式的多样化等。随着学分制教学管理模式改革的进一步深化，越来越多的学校以学生为中心实施教学管理，成人教育实行多种形式、多个层次的教育，既包括脱产、夜大学、函授等多种形式，也包括高升本、高升专、专升本等多个层次。多层次、多类型的办学模式，增加了学生受教育的机会，但同时也给管理人员增加了管理的复杂性。成人教育学生的特点和管理性质决定了管理的工作量增大、管理的复杂性增加，这些问题在实行学分制教学管理中更显突出，成为管理部门必须面对也必须彻底解决的问题。

因此，必须应用先进的信息技术、网络技术，研究和开发出专门针对成人教育学分制管理特点的管理信息系统，力求通过使用信息系统管理，达到提高工作效率、降低工作强度的目的，从而达到改善服务，满足管理人员、教师、学生和信息化管理及其发展的多方面的需要。学分制是一种以学分作为计算学生学习量的单位，以取得必要的最低学分作为毕业标准的教学管理制度。由于学分制是一种较新的管理模式，与学年制有很多不同之处，因此，研究适应成人教育学分制管理特点的毕业审核系统，对实现学分制下教学管理的信息化具有十分重要的现实意义。

二、手工审核的缺点

传统的学年制管理模式下的毕业审核工作主要是审核学生所修的课程是否全部通过。而学分制管理模式下的毕业审核工作却有极大的不同，由于学分制管理模式下的学生选课是本专业的教学计划和个人兴趣爱好相结合的结果，所以即使是同一个专业的学生，他们的选课情况也有所不同，这样给审核工作带来了极大的不便。在以往还没有使用信息化系统进行毕业审核时，毕业审核工作都是靠审核人员对照该学生的成绩单和本专业的教学计划而进行的，这种方式的缺点如下：

1. 速度慢

学分制管理模式下的毕业条件主要包括必修课修满、有效总学分修够。在没有信息化系统的支持下，审核人员只能通过传统的方法即个人成绩单和本专业教学计划进行比较，首先检查必修课程是否修满，然后计算有效总学分是否修够。这里需要注意的是，有效总学分不能简单地等同于所有课程的总学分，还需要去掉任选课程超出学分的部分，同时还要兼顾考虑由于各种原因，部分课程已经停开而产生替代课程的情况，所以说传统管理模式效率低、速度慢。

2. 难以保证准确率

由于学分制管理模式下学生选课是自由的，学生经常会跨专业选择其他专业开设的课程，这样相同专业的每个学生的选课情况都不一样，从视觉的角度上看，审核人员在审核过程中注意力必须保持高度集中，但是实际上，毕业人数众多，审核人员经常要超负荷加班工作，并且在计算有效总学分的过程中往往很难判断某门课程的学分是不是有效总学分，还需要不断地查找相关的替代课程信息等，所以大大增加了出错率。

三、系统功能

毕业审核管理系统的主要功能是通过系统对学生进行毕业审核和学位审核，并对审核的结果进行统计分析和报表打印。该系统定位应该是整个教学管理系统中的子系统，审核过程中还使用了整个教学管理系统各模块的数据，是信息共享的高度集中体现，在这个模块中用到了包括学生学籍信息、教学计划信息、选课信息、成绩信息等数据。该系统功能应该包括个人毕业审核功能、集体毕业审核功能、毕业审核复核功能、学位审核功能、结业肄业审核功能和替代课程管理功能。

毕业审核系统按照使用权限划分可以给三类用户使用，包括普通用户、审核用户、复核用户。普通用户可以进行学生个人的毕业审核，但并不能保存审核结果，即只能通过系统了解某个学生的毕业审核情况。审核用户具有普通用户的权限，并可以将毕业审核结果登记保存下来，符合毕业条件的数据可提交给复核用户进行复核，此外还可以集体审核。复核用户具有审核用户的权限，并可以对审核用户提交的审核数据进行复核，确定最终毕业审核通过名单。

在进行系统功能设计时，要结合完全学分制特点，从实际出发，解决完全学分制的实际问题，注意实用，简化操作，减少工作人员的工作量，提高工作效率，提升服务质量。毕业审核管理系统具有以下功能：

1. 个人毕业审核功能

个人毕业审核功能是实现对某个学生的毕业审核，系统可以查找出学生的个人信息、本专业教学计划信息、本人在校期间的选课及是否获得学分等信息，通过对这些信息的分析，并根据毕业生毕业管理规定，系统可以审核学生是否符合毕业条件。为配合管理人员更清晰地分析出学生的审核情况，系统还提供丰富的信息显示界面，其中包括学生基本信息、本专业教学计划、选课情况（所有课、必修课、未通过必修课、选修课、未通过选修课、任选课、同名但学分低的课程、必修替代课程、选修替代课程、成绩不合格课程)、毕业审核结果。

2. 集体毕业审核功能

集体毕业审核功能主要指用户可以通过这个模块进行集体毕业审核，该模块可以划分为3个子模块，其中包括待集体审核的学生信息登记子模块、集体审核子模块和确认审核结果子模块。集体毕业审核模块是为了提高审核用户的工作效率而设计的模块，该模块的主要工作是系统自动对确定范围内的学生进行集体毕业审核，首先要确定集体审核的范围，这是由审核用户通过条形码阅读器读出学生提交的毕业生登记表上的学号条码，系统将条码所对应的学号录入系统中，然后对这部分学生数据进行毕业审核。进行集体审核后的结果只是一个初步审核的结果，还必须经过逐个确认的过程，因为初审的结果中包含审核通过和审核不通过两种情况，对于审核不通过的记录还需要逐条复核不通过的原因并登记复核结果。

3. 毕业审核复核功能

毕业审核复核功能使用户可以通过这个模块对审核结果进行复核。由审核用户审核数据属于初审阶段，在日常管理中，还有一个主管领导复核的环节，该模块即是给复核用户使用的。主要功能是提供初审结果的查询、系统自动复审、可多条件重新复审/多条件统计审核情况、导出复审结果。

4. 替代课程管理功能

替代课程管理功能是为了解决部分课程教学内容一样而课程名称不一样的问题，在审核过程中可将其视为同一门课程而设计的功能。

5. 学位审核功能

学位审核功能允许复核用户对已取得毕业资格的学生再审核其是否具有学位资格，复核用户登录进入学位审核界面后可对本批已通过毕业复核的学生进行学位审核，系统审核完毕后可以显示审核结果、打印学位审核通过名单。

6. 结业肄业审核功能

当毕业审核后如果发现有些学生在规定的年限内无法修满学分，即无法顺利毕业，则需要作结业或肄业处理。通过该模块，系统在毕业审核的同时，如果发现审核不通过就进行结业肄业审核，如果发现符合结业或肄业条件则允许进行结业肄业登记，打印结业肄业名单。

四、系统须注意的问题

适用于成人教育学分制管理特点的毕业审核系统是基于学分制管理模式下的毕业审核条件而设计的，在设计的过程中需要充分考虑学分制的管理特点。由于学分制管理中的学生课程可自由选择，并且由于各学校的办学资源不尽相同，还有可能出现专业停开等情况，所以在应用的过程中可能会遇到如下问题：

1. 停开课程的学分认定

在学分制教学管理制度中，由于种种原因，如某专业停止招生或专业教学计划调整，都会导致某些专业必修课程停开。而对于教学计划要求获得但还未获得该停开课程学分的学生来说，则需要以另外的课程的学分来代替该停开课程的学分。替代课程应该由教学指导部门（如教学指导委员会）来确定。替代课程一旦确定，学生即可以选择修读，成绩通过后获取学分，毕业审核即承认为有效学分。

2. 毕业审核学生范围的界定

学分制管理与学年制管理在毕业审核中的不同之处在于，学年制管理模式下学生的学习年限已经确定，例如本科是四年，则其毕业审核基本上都是以年级为单位的，即到了毕业年限就对毕业班的学生进行统一毕业审核。而学分制管理模式的情况有所不同，学分制管理模式下学生的学习年限是弹性的，学生可以在一个年限范围内修读完所需学分后申请毕业，例如高中起点升本科一般是四年至七年，所以每个学生需要根据自己的学分获取情况来确定是否达到毕业条件，如果满足条件，学生需主动向学校提出毕业申请，填写毕业生登记表，等待管理部门的审核。

3. 有效总学分的计算

学分制管理制度的发展不是一朝一夕的，而是经过了多年的实践经验积累而成的。在学年制管理模式下，学生是否满足毕业条件的主要依据是教学计划要求的课程是否修完、成绩是否通过。而在学分制管理模式下，判断学生是否满足毕业条件相对比较复杂，主要依据是有效总学分是否达到教学计划的要求，以及本专业教学计划要求的必修课是否修满。对于有效总学分，不能简单地认为是所有成绩通过的课程的学分之和。一般情况下，可以认为“有效总学分 = 必修课总学分 + 选修课总学分 + 任选课总学分”，必修课总学分是指学生所修的本专业教学计划里规定的必修课程的学分之和，选修课总学分是指学生所修的本专业教学计划里规定的选修课程的学分之和，任选课总学分是指学生所修的非本专业教学计划里规定的课程的学分之和，一般任选课总学分不能超出毕业要求总学分的 15%。

五、结束语

在当今大众化教育形势下，成人高等教育学分制教学管理已成为高等学校教育改革和发展的必然选择。但是，成人高等教育学分制教学管理有其特殊的复杂性，管理难度大，许多高等学校望而却步，其首要原因是没有比较完善的学分制教学管理信息系统作为支撑。

毕业审核系统可作为成人高等教育学分制教学管理系统中的一个子系统，其主要功能是通过系统对学生进行毕业审核和学位审核，并对审核的结果进行统计分析和报表打印，功能完全符合现在学院毕业审核方面的日常工作需要。系统的应用极大地提高了毕业审核的工作效率和准确性，大大降低了劳动强度，提高了信息化管理水平，具有维护方便、扩展性强的优点，深受广大师生员工的欢迎，对提升高等学校教学管理信息化水平起到良好的促进作用。

网络技术在卫生技术人员培训、考核中的应用

申玉杰　韩耀萱
（南方医科大学继续教育学院　广东　广州　510515）

【摘　要】针对传统住院医师培训考核的不足和基于网络的培训考核系统的优势，本文讨论了住院医师培训考核系统的构建，本系统共由六大模块组成。系统采用 XML 文档存储试题及试卷，并且采用 Ajax 提高系统性能。通过完善管理和不断建设，本系统将为管理者和使用者提供极大的便利，并大大提高管理效率和教学质量，最终保证卫生技术人员取得良好的培训效果。

【关键词】住院医师　网络　培训　质量

一、引言

住院医师/专科医师规范化培训是临床医学专业所特有的教育阶段，是培养合格临床医生的重要措施，也是医学专业终身教育体系的重要组成部分，对培养高层次医学人才起着承上启下的重要作用。中共中央、国务院在《关于深化医疗体制改革的意见》中明确提出：加强医药卫生人才队伍建设，建立住院医师规范化培训制度，强化继续医学教育。卫生部从 2006 年开始在全国开展专科医师规范化培训试点工作，南方医科大学作为全国第一批试点单位，大胆创新住院医师规范化培训考核方式，充分发挥网络平台资源优势，培训考核同网络紧密结合，打破了传统培训考核在时间和空间上的限制，使培训质量不断提高，开创了学校住院医师规范化培训的新局面。

二、传统住院医师培训考核的不足

在住院医师日常的规范化培训中，住院医师对临床知识能力的学习主要来源于带教老师的言传身教，对专业理论知识的深入学习则主要集中在业余时间自学。部分带教老师的教学能力较差、对带教工作不够重视或医院的教学资源相对不足，以致在培训过程中没有很好地将医学实践知识传授给学生，对学生组织管理存在欠缺。另外，住院医师在自学中由于缺乏及时的指导和对个人学习程度的评估，他们对理论知识的学习往往针对性较差，效率不高[1]。

在住院医师规范化培训的不同阶段中，每位住院医师都要接受日常考核、出科考核、年度考核等各种方式的考核。技能操作、病例分析等方式的考核需要师生面对面的交流，只适合小部分人员进行考核，并且考核老师的水平直接关系到考核的效果，每个人标准不一，容易出现人情分现象[2]；传统笔试的整个考试要耗费较多的人力、物力、财力，并且

存在考试题型单一、不能全面考查住院医师的能力、容易发生作弊等不足。

三、住院医师培训考核系统的构建

基于网络的培训考核系统较之传统的住院医师培训考核方式，其优点显而易见：住院医师规范化培训考核系统的内容涵盖面广，题型丰富，能把最基本的检查手段如听诊、心电图、X 线检查等融合到题目中；可建立试题库，题目可以随意挑选，考试难易程度易于操作；不受主观印象等人为因素的限制，公平、公开、公正；安全性较高；考试组织相对简单，节省了大量的人力、物力[3]。

2009 年，我们针对传统住院医师培训考核的不足，自主研究并开发了基于网络的住院医师培训考核系统，并将系统应用于 2009 年广东省住院医师规范化培训的理论考试与学校住院医师的辅助培训和考核中。该系统的功能结构图如下：

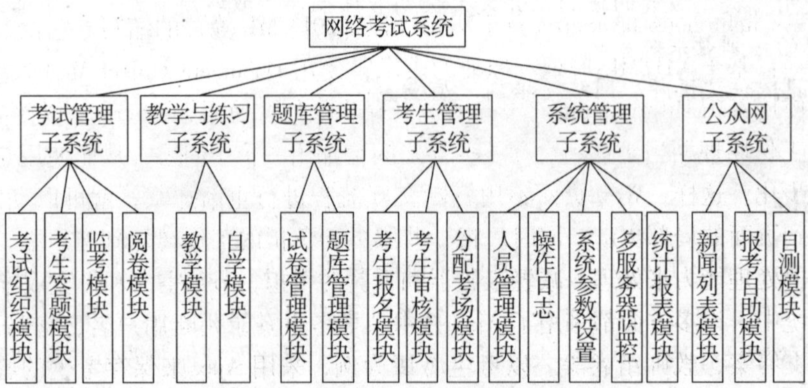

培训考核系统功能结构图

各子系统具备如下基本功能：

（1）考试管理子系统：主要完成试卷和考室分配、考生答题及试卷提交、自动及人工阅卷、在线监考等功能。

（2）教学与练习子系统：支持作业、讨论、答疑等在线交互学习活动；住院医师也可自行选题组卷进行个性化练习，系统将结果反馈给住院医师，使其自学更有针对性。带教老师完成相关的教学活动。

（3）题库管理子系统：支持试题的录入、删除、修改，支持随机或按要求出题以及试卷生成等功能。

（4）考生管理子系统：审核考生的考试资格，为通过审核的考生分配考场及相应的试卷，同时给网上练习的学生以登录账号。

（5）系统管理子系统：支持对系统使用者分配不同的角色权限，配置参数功能，支持成绩统计等各项统计功能。

（6）公众网子系统：主要完成正式考试的报名、有关信息的发布、准考证打印和有关资料的下载等功能。

四、住院医师培训考核系统关键技术研究

1. XML

XML 的全称为 Extensible Markup Language，译为可扩展置标语言、可扩展标记语言或可延伸标示语言，是一种置标语言。置标指计算机所能理解的信息符号，通过此种标记，计算机之间可以处理包含各种信息的文章等。定义这些标记，既可以选择国际通用的标记语言，比如 HTML（超文本置标语言），也可以使用像 XML 这样由相关人士自由决定的标记语言，这就是语言的可扩展性。

采用 XML 来存储试卷及试题是本系统的最大特点。XML 的最大用途就是丰富文件（Rich Documents），自定文件描述并使其更丰富。因而我们用它来存储试卷和试题最好不过了，不仅解决了数据库的负担，更添加了其灵活性[3]。

2. Ajax

Ajax 是 Asynchronous JavaScript and XML（以及 DHTML 等）的缩写。它由几种技术组合而成，包括：基于 XHTML 和 CSS 标准的表示；使用 Document Object Model 进行动态显示和交互；使用 XMLHttpRequest 与服务器进行异步通信；使用 JavaScript 进行绑定。

Ajax 的工作原理相当于在用户和服务器之间增加了一个中间层，从而使用户操作与服务器响应异步化。这样，Web 页面不用打断交互流程进行重新加载，就可以动态地更新，而且可以做到页面的局部更新；同时，把一些服务器负担的工作转嫁到客户端，有利于客户端用闲置的处理能力来处理，减轻服务器和带宽的负担，节约空间和带宽成本[4]。

在本系统中，许多方面都采用了 Ajax 技术，如考生登录判断用户名、密码是否正确，考生考试提交答案，教师组卷等。以考生考试为例，采用 Ajax 来保存考生的答案，完全不影响考生作答，也减少了考生操作，传统模式一般是答完一题考生上传一题答案或者最后统一上传答案，这样效率不高，而且如果出现掉线等故障，考生前面的作答将无法保存，而 Ajax 则完全克服了这种缺陷。

五、住院医师培训考核系统的管理和建设

1. 加强试题库的维护和建设

试题库是整个培训考核系统的核心，决定着住院医师使用系统进行培训考核后的实际成效。网络试题库与传统笔试相比具有支持多媒体资源、题型丰富、能更为全面地考查受训者能力等诸多优势。试题库的维护和建设是一项长期的工作，在日常的住院医师培训过程中应注意通过带教老师和住院医师对系统的使用来不断加强试题库的维护，着重收集新病例，不断丰富题库的多媒体资源，及时更新试题库，以保持试题的科学性和先进性，保证住院医师的培训质量。

同时，系统提供资源下载功能，如手机电子图书、Word 文档等下载，打破时间、空间的限制，提供多种学习渠道，方便住院医师学习。力争使住院医师通过自学，能最大限度地弥补由客观原因造成的培训学习的不足。另外，还应不断加强试题库的建设，完善对试卷的查询、删除、修改、统计分析、上传下载等功能，丰富试题库的组卷策略，满足不同基础的住院医师的学习需求。

2. 加强网络交互式交流

带教老师通过培训考核系统的网络交互平台追踪住院医师的学习和考试情况：通过住院医师对学习内容的访问情况进行学习态度的反馈，或者通过对平台考试结果的数据分析生成统计报表。

带教老师利用教学平台的统计反馈结果来引导住院医师的学习进程：根据住院医师的自身素质和学习情况，通过网络与住院医师进行同步或异步交流，引导其进行自主学习，避免住院医师在丰富的资源中迷失方向，提高其自学效率[5]。

3. 加强系统的评价体系建设

在住院医师培训考核系统中，住院医师不再从带教老师那里直接获取信息，而是自主地在系统中进行各种学习活动。因此，要保证住院医师顺利进行学习并取得一定成效，系统的评价体系就要确保提供比较完善的学习支持与服务系统。

住院医师可以在培训考核系统中通过完成带教老师布置的测试、作业进行学习，也可以根据个人的实际情况从试题库中自行选题进行自主学习，在学习结束后，系统应对住院医师的学习情况给出一个全面、客观、科学的评价，以指导住院医师下一步的培训和考核。评价体系的建设是一个动态的、循环往复的过程。对评价结果的再评价既是一个评价周期的结束，也是下一个评价周期的开始。加强系统的评价体系建设，能够使整个系统的各个要素和环节不断完善，以期收到满意的培训考核效果[6]。

六、结语

2009 年，广东省 21 个地市共有 7 108 人报名参加住院医师规范化培训理论考试，报考科次达 15 109。通过该次考试的实际检验，本系统运行良好。系统随机组卷，有效避免了作弊事件的发生。考试结束后，系统迅速生成了考生成绩，并对成绩自动进行了统计分析。整个过程由系统自动完成，节省大量的人力、物力、财力，并大大提高了管理效率和服务质量。随着系统的试题库、智能组卷和评价体系等功能的不断完善，基于网络的培训考核系统将与日常的培训考核结合得日益紧密。作为传统培训考核形式的有益补充，网络系统使住院医师培训考核手段更加丰富，必将对培训质量产生积极影响。

［基金项目：2009 年度广东省医学科学技术研究基金（A2009389）］

参考文献

［1］刘媛，郑芳. 临床住院医师培训现状调查与对策分析［J］. 继续医学教育，2006（35）：39～42.

［2］赵沛等. 发挥医院资源优势　做好住院医师临床能力考核工作［J］. 现代医院管理，2008（5）：35～37.

［3］韩耀萱，郭文明. 医学在线考试系统的研究与设计［J］. 中国医疗设备，2009（4）：29～31.

［4］韩耀萱等. 基于 SOA 的专科医师网络考试系统的设计与实现［J］. 中国中医药现代远程教育，2009（3）：149～151.

［5］马武. 网络课程开发的策略［J］. 中国教育学刊，2007（10）：66～69.

［6］邱学文等. 网络教学在住院医师规范化培训中的尝试与探讨［J］. 医学教育探索，2007（3）：237～241.

基于 SOA 的专科医师网络考试系统的设计与实现

韩耀萱[1]　朱旭阳[2]　黄少慧[3]　申玉杰[1]

（1. 南方医科大学继续教育学院　2. 南方医科大学网络中心

3. 南方医科大学中医药学院　广东　广州　510515）

【摘　要】本文针对医学考试的特点及传统考试模式的某些缺点，讨论了基于 SOA 的医学在线考试系统的研究与设计。本系统由试题管理、考试管理、考生管理、系统管理四大模块组成，应用了 Web Service 技术，XML 试题、试卷存储格式以及 Ajax 的页面交互技术。

【关键词】SOA　Ajax　XML　Web Service　网络考试系统

一、引言

2006 年卫生部在全国推进专科医师规范化培训试点工作，原有的医学生毕业后教育中的住院医师规范化培训逐步转为专科医师规范化培训。同时，专科医师的培训、考核内容及方式也在逐步探索中。广东省现行的考核方式是采用全省专科医师统一时间集中笔试，这种方式在试卷管理、考试组织上工作量较大，每年都耗费了大量人力、物力和财力。随着网络技术的发展，网络考试系统以其便捷、高效、低成本等优势，正逐步取代传统的考试模式。按照专科医师培训考试的要求，本文探讨了基于 SOA 的医学网络考试系统的设计与实现。

目前，在线考试系统存在一些不足，体现如下：①传统在线考试在设计时页面逻辑、业务逻辑和数据逻辑混杂在一起，系统的耦合性高，不利于系统的扩展与维护；②服务器端压力大，几乎所有的数据处理都在服务器，在参加考试的人数大量增加的情况下，服务器的安全性降低；③传统的 Web 应用程序强制用户进入提交、等待、重新显示的模式，在服务器处理数据的时候，用户处于等待的状态，每一步操作都需要等待，在大量考生参加考试的情况下，系统实时性较差，刷新速度较慢。

针对以上不足，本文讨论了基于 SOA 架构的松散耦合的网络考试系统，提高了考试系统的重用性、可维护性、可扩展性。同时，利用 Ajax 技术实现系统的动态更新页面和实时响应，利用 XML 储存试题及试卷来减轻服务器的压力。

二、系统设计

1. 系统结构设计

根据系统需求，系统的软件总体结构分为试题管理、考试管理、考生管理、系统管理四个模块，如图 1 所示：

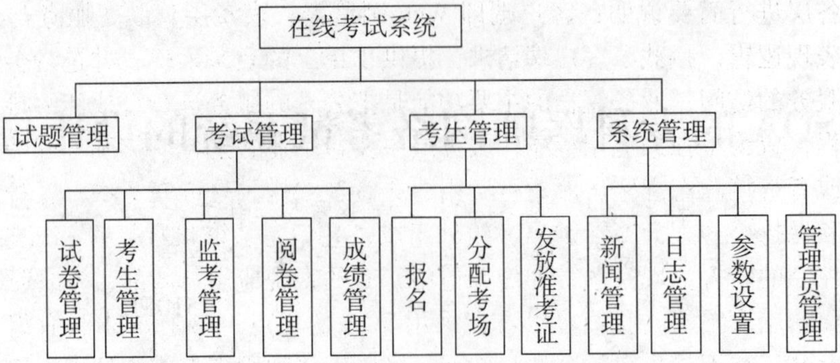

图1　医学在线考试系统软件结构图

试题管理是整个考试系统的中心环节。试题管理主要包括：①试题的添加、修改、删除、查询；②试题的批量导入；③试题的审批。

考试管理主要包括：①组卷、审核试卷、批阅试卷；②验证考生资格，列出考生的所有考试，显示考生信息及试卷内容，保存考生答案；③处理考场突发事件，包括作弊处理、是否延长考试、中断考试等；④成绩的录入、查询。

考生管理主要包括考生报名功能，并且根据考生报名情况分配考场及发放准考证。

系统管理主要包括整个系统的参数设置、权限管理、角色管理、基础数据管理、日志管理以及新闻管理等。

2. 系统架构

在系统架构方面，采用面向服务的架构设计，即 SOA（Service-Oriented Architecture）。面向服务的架构将应用程序中的不同功能单元称为服务，通过这些服务定义良好的接口并将其联系起来。接口是采用中立的方式进行定义的，也就是说它应该独立于实现服务的硬件平台、操作系统和编程语言。这使得在系统中的服务可以以统一和通用的方式进行交互。[1]

在层次的划分上，本文参照 SOA 的概念架构模式[2]，给出了实现网络考试系统的层次结构图，如图 2 所示：

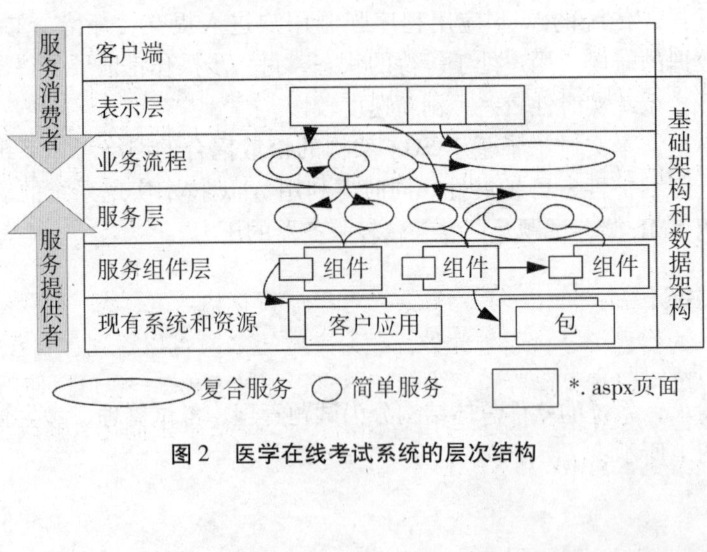

图2　医学在线考试系统的层次结构

下面对各层进行简要说明：客户端即 Web 浏览器；表示层封装了服务与访问系统客户端的所有表现逻辑，拦截了客户端请求，提供了单一的登录入口，并进行会话管理，控制了对业务服务的访问；业务流程的主要功能是把公开的服务进行合成和编排，服务被绑定成一个流程，成为单独的应用程序；服务层主要包括业务选择支持和公开的服务，它们可以被发现或者直接静态绑定，而后被调用，或者被编排到合成服务中；服务组件层由负责实现功能和保持公开服务 QoS 的服务组件组成，它们是系统和业务单元级支持的受企业资源管理与控制的集合；现有系统和资源包括原有的系统应用与内部、外部资源。

通过上面的层次结构，我们可以看到采用 SOA 的优点：由于 SOA 具有组合性，根据同样的开放标准，在不受平台限制的基础上，可以直接利用现有的资源进行组合，而后再按照自己的客户需求进行进一步的开放；由于 SOA 的组件性和优良的扩展性等特征，SOA 可以根据不同的需求进行重新组合和构造。这样，整个医学考试系统的开发及后期维护甚至功能扩展都能够非常方便地实现，满足系统的持续发展。

三、系统实现

根据上面系统的设计，专科医师网络考试系统采用 Microsoft 公司的 Visual studio 2008 作为开发环境，SQL Server 2005 作为数据库。下面是本系统应用的几个关键技术。

1. Web Service

Web Service 是一种新的 Web 应用程序分支，它是自包含、自描述、模块化的应用，可以发布、定位，通过 Web 调用。Web Service 可以执行从简单的请求到复杂商务处理的任何功能。一旦部署以后，其他 Web Service 应用程序可以发现并调用它部署的服务。

SOA 是一种设计思想，一种架构模式，通过 Web Service 来实现。特别是 Web 服务中描述 XML Web 服务的 WSDL（Web Services Description Language），是 SOA 配套的一个接口定义标准。用 Web 服务来实现 SOA 的优点是可以建立一个中立平台来获得服务，而且随着越来越多的软件商支持 Web 服务规范，可以取得更好的通用性。

举个例子，比如在考试系统中加入一个新页面，必须先建立 Web 用户界面，并在这个页面后面，包含相应商业逻辑的中间层组件，还要再建立至少一个 ASP 页面，用来接受用户输入的信息，再调用中间层组件，把结果格式化为 HTML 形式，最后再把“结果页”送回浏览器。

如果中间层组件换成 Web Service 的话，就可以从用户界面直接调用中间层组件，从而省去建立 ASP 页面的那一步。如果要调用 Web Service，本系统将直接使用 NET 的 SOAP 客户端，然后把它和应用程序连接起来。不仅缩短了开发周期，还降低了代码复杂度，并能够增强应用程序的可维护性。同时，应用程序也不再需要在每次调用中间层组件时，都跳转到相应的“结果页”。

2. XML

XML 全称 Extensible Markup Language（可扩展置标语言），是一种置标语言。置标指计算机所能理解的信息符号，通过此种标记，计算机之间可以处理包含各种信息的文章。定义这些标记，既可以选择国际通用的标记语言，比如 HTML；也可以使用像 XML 这样自由决定的标记语言。XML 是从标准通用置标语言（SGML）中简化、修改出来的。它主要用到的有 XML、XSL、XBRL 和 XPath 等[3]。

采用 XML 来存储试卷及试题有许多优点。XML 可用于 Rich Documents 的定义，自定义文件描述并使其更丰富。用它来存储试卷和试题非常方便，本系统中的试卷 XML 描述如下：

<? xml version = "1. 0" encoding = "gb2312" ? >

<试卷 试卷 ID = "" 备注 = "" 试卷名称 = "" >

<题目大类 大类名称 = "" 排序 = " 1" ID = "" 备注 = "" >

<题目 问题 ID = "" 标准答案 = "" 科目 ID = "" 考点 ID = "" 题型 ID = "" 难度 ID = "" >

<题目内容 >题目 </题目内容 >

<答案 是否得分 = " True" 得分 = "" 评语 = "" 阅卷人 ID = "" >a </答案 >

</题目 >

</题目大类 >

</试卷 >

每个试卷 XML 文档包含一个“试卷”根节点，“试卷”节点中包含试卷的各种属性，如名称、科目、考试时间等，而“试卷”由各个“题目大类”组成，“题目大类”也由各个“题目”组成。“题目”节点还包括“题目内容”、“答案”（如果是选择题还包括“题目选项”）这些子元素。

采用 XML 存储试卷不仅减轻了数据库的负担，更增添了其灵活性，具体表现在 XML 可以用于本地计算的数据。XML 解析器可以读取数据，并将它递交给本地应用程序（例如浏览器）进一步查看或处理，在应用中我们可以先用 XML 解析器读取整张试卷，然后在客户端的浏览器中处理，把处理数据过程转移到客户端，这样便解决了服务器的压力。

3. Ajax

Ajax 是 Asynchronous JavaScript and XML（以及 DHTML 等）的缩写。它由几种技术组合而成，包括：基于 XHTML 和 CSS 标准的表示；使用 Document Object Model 进行动态显示和交互；使用 XMLHttpRequest 与服务器进行异步通信；使用 JavaScript 进行绑定。[4]

Ajax 的工作原理相当于在用户和服务器之间增加了一个中间层，从而使用户操作与服务器响应异步化。这样，Web 页面不用打断交互流程进行重新加载就可以动态地更新，而且可以做到页面的局部更新。同时，把一些服务器负担的工作转移到客户端，有利于客户端用闲置的处理能力来处理，减轻了服务器和带宽的负担，节约了空间和带宽成本。

一个 Ajax 交互从一个称为 XMLHttpRequest 的 JavaScript 对象开始。如同名字所暗示的，它允许一个客户端脚本来执行 HTTP 请求，并且将会解析一个 XML 格式的服务器响应。Ajax 处理过程的第一步是创建一个 XMLHttpRequest 实例，接着使用 HTTP 方法（GET 或 POST）来处理请求，并将目标 URL 设置到 XMLHttpRequest 对象上。

在本系统中，许多方面都采用了 Ajax 技术，如判断考生登录的用户名和密码是否正确、考生考试提交答案、教师组卷等。以考生考试为例，采用 Ajax 来保存考生的答案，完全不影响考生作答，还能减少考生操作次数。传统模式一般是答完一题考生上传一题答案或者最后统一上传答案，这样不仅效率不高，而且如果出现掉线等故障，考生前面的作答将无法保存，而 Ajax 则完全克服了这种缺陷。

四、结语

本套系统在设计上遵循整体性原则、标准化原则、可扩展性原则、安全性原则，开发上采用目前较为流行的开发平台和语言进行开发，界面友好，易于使用。实现了考试成本的降低和组织程序的简化，克服了目前传统考试模式的弊端，为考试组织者和考生都提供了极大的便利，从而大大提高了相关管理部门管理和服务的质量和效率，对于专科医师规范化培训考核模式的改革和培训工作的深入开展具有重要意义。

参考文献

［1］徐黎明，姚耀文．SOA 开发框架的研究与实现［J］．计算机应用，2008（S1）：307～309.

［2］毛新生．SOA 原理·方法·实践［M］．北京：电子工业出版社，2007.

［3］ITwiki it 百科，http：//wiki. ccw. com. cn/XML.

［4］赵晓峰．利用 AJAX 构建动态 Web 应用［J］．深圳信息职业技术学院学报，2006，4（1）：26～30.

医学成人高等教育计算机辅助教学手段探究

黄慧敏

（广东医学院　广东　湛江　524023）

【摘　要】医学成人高等教育的特殊性决定了其不能固守“普教”的传统教学模式，而必须树立“实用性教学”的理念。采用计算机辅助教学手段是实施实用性教学、提升医学成人高等教育质量的有效选择。

【关键词】医学　成人高等教育　计算机　辅助　教学手段

在医学人才培养过程中，成人高等教育占据了相当重要的地位，在某些院校的招生数量比例中，成教生甚至达到了与普教生对等的水平。成人教育医学毕业生是基层医疗机构的主体，其质量水平如何，决定了基层医疗技术水平的高低。在国家大力提高乡镇医疗及社区医疗服务水平的大环境下，必须狠抓医学成人高等教育教学质量水平建设。成人高等教育和普通高等教育不同，不能采用集中授课的模式，而必须树立实用性教学的理念。基于计算机网络多媒体的辅助教学手段，为以时空分离为主要特征的医学成人高等教育的有效实施提供了坚实的条件。

一、医学成人高等教育及其学生特征

成人高等教育，“是指对经历过一定的专业基础教育，已参加工作，有一定工作经验的教育对象实施的高等教育”[1]。医学成人高等教育作为成人高教的一种形式，有两大基本特征：一是成人高等教育（而不是普通高等教育）；二是医学教育，即以人为对象的，特别重视实践的一门实用科学。这决定了医学成人高等教育的学生主要是非全日制的在职生，其教学形式主要是函授和远程教育等非面授形式（不像普教基本上是全日制学生，集中面授）。

在以上大前提下，医学成教生有如下特点：一是学生年龄段分散。医学成教生的年龄层次跨度很大，从18岁到45岁不等，这与普教生有很大区别。不同年龄层学生的思维模式差异较大。成人高等教育实施教学的难度一定程度上也体现在此。二是利用业余时间接受再教育。除一部分专科生没有任何专业工作经历外，医学成教生基本上都在卫生医疗机构或与之相关的行业从事工作，有一定的医学专业基础知识和工作经验，基本上利用业余时间接受再教育。三是认知能力强，但存储、记忆能力较弱。由于已经进行过专业基础知识的学习并将它们运用到日常工作实践中，成教生对专业知识的认识和理解都有一定的深度，参加继续教育是为了让知识得到系统的补充、延伸和深化，因而他们学习的主动性、认知力、理解力比较强。但由于年龄较大，对知识的存储、记忆能力开始减弱。四是学工矛盾突出。由于受时空限制，医学成教生集中学习的时间较少，要完成的课程却相对较多，还要面对来自家庭、工作、学习三方面的压力，因此学工矛盾非常突出。如果采用对全日制学生的授课方法，必然无法达到有效教学、学习的目的。因此，如何灵活运用各种手段帮助他们缓解这一矛盾，在各方面压力中找到平衡点，使他们学有所得、学有所值，是教育工作者应该多加思考的问题。

因此，对医学成教生不能采用普通高教生那样以集中面授为主的教学形式，必须针对其教育教学形式及其学生的特点，即受教对象的成人在职化，受教时空的非实时性和非现场性，采用适宜的教学形式和手段，使教学活动实现实时性远距离传输与互动（如实时性的教学视频），或教学活动的非实时性传输与互动（如教学录像），或教学内容的非实时性传输（如网上答疑交流、网络练习、教学课件等），以及仿真手术等，方能有的放矢，提升医学成人高等教育的教学质量水平。

二、计算机辅助教学手段在医学成人教育中的优势

以电子信息技术为主的计算机网络和多媒体技术的发展，特别是现代远程教育的发展，为有效解决医学成人高等教育教与学两者的时空分离问题，完满完成教育教学任务、保证教学质量水平提供了可靠的物质技术手段。根据教学活动发生的时间性，可以分为实时教学和非实时教学两种。前者有实时视频、音频教学等；后者有基于（或不基于）网络的录像和视（音）频教学、教学课件，在线点播（录像）、在线作业等。这些手段针对医学成人高等教育教与学在时空上的分离，一方面解决了学生教学活动远距离实时传输以及非实时传输中存在的困难，另一方面又解决了教学活动与教学内容延时和长时间存储的难题，正好可以应对成人高等教育教与学的主要特征，即在时空上的分离。而且，基于计算机的虚拟仿真技术和人工智能技术的医学仿真模具不但可以增加医学实践教学的逼真性，而且可以实现很多受限于外部条件与经费而无法开展的实践教学，从而为学生提供实践的机会与操作过程[2]。

总之，现代计算机网络和多媒体技术的发展，不仅可以为医学成人高等教育提供丰富和共享性的学习资源，使成人学生的学习活动更加个性化，更具自主性、灵活性，适应成人学生不同年龄段和不同学习能力与知识水平之需要，而且可以有效弥补传统成人教学交互性、现场性、实时性不强的缺陷，实现成人学生学习的互动（可以是人机互动，也可以是教师与学生的互动）和身临其境感。更重要的是，它可以较好地把新公共管理理念贯彻其间，改变原来以“管理者为中心模式”，代之以“学员为中心管理模式”，充分体现了人本管理理念，有利于促进市场价值的发挥和公共服务的优化[3]。当然，这些优势和特长的充分有效发挥，还有待于计算机和网络通信技术的继续进步，特别是网络传输费用的降低。

三、计算机辅助教学手段在医学成人教育中的应用举例

目前，医学成人高等教育重理论教学，轻实践教学，实验课程较少，教学的针对性不突出。必须根据医学成人高教生的实际情况和特点，创新教学形式。利用计算机网络系统创新教学手段，是提升医学成人高教质量水平的不二选择。

1. 建立多媒体网络辅助教学平台

例如我校继续教育学院把护理学作为试点专业，制作完成了一学期共 14 门课程的成

人高教专科网络教材，并已开通使用，学生凭学号可登录网站进行网上学习。每门网络课程均包括“课程概况、教学大纲、教学计划、网上授课、在线测试、学习讨论、实践教学”等栏目。其中，“网上授课”为多窗口授课录像，均聘请我校优秀教师进行录制；“在线测试”，每门课程均设有500道以上自动评分的客观测试题。多媒体网络辅助教学平台的创立，逐步将我校成人高等教育从传统的“集中面授＋自学”模式转变为“专题面授＋网络课程辅助教学”的创新教学模式。

网络课程的开通打破时空局限，学生只要连接网络，就能对课程进行了解和学习，有效实现了“继续学习”的连续性。视频由三个窗口组合而成，分别是教师授课录像、课程内容提要、课程相关图片及Flash动画。教师授课录像可以为学生营造现场上课的氛围，引导学生进入学习状态；课程内容提要能让学生清楚本章节的主讲内容，抓住学习重心；而课程相关真实案例的图片及动画能直观地加深学生的认知刺激，使之对各种病例的理解更加深刻、定位更加准确。网络课程严格按照“课前、课中、课后”这一学习过程进行设计，学生进入平台就可以循序渐进地展开学习，充分体现了“自主学习”的精神。通过自主学习，再回到真实的课堂中，学生的学习兴趣被充分调动起来，从而大大地提高了教学质量。

2．手术直播进课堂

手术直播进课堂，就是在征得病人同意后组织医学专业的学生在课堂（虚拟课堂、多媒体科室等）集中观看医院正在进行的真实手术全过程。其成功运用和推广的关键在于：一是加强对教学医院的利用与建设；二是加强对教学设备的更新及运用。手术直播进课堂可以说是一项极具操作性的创新举措。

医学院校通常有自己的附属医院，它们不仅是对外服务的医疗机构，同时也是本单位的临床教学基地。实现手术直播进课堂，重点是要以附属医院为依托，对有典型教学意义的手术通过现代化的视频传输工具在教学现场进行直播，实现课堂与手术现场的实时对接，在空间上形成一个虚拟的“大课堂”，学生通过屏幕对临床带教老师主刀的手术进行观摩学习。

手术直播可以很好地解决教学场地局限与学生数量繁多之间的矛盾，弥补单纯理论授课的不足，引发学生的学习兴趣，对外科学教学质量的提高尤为重要。某些医学院校已经在普通本科生中实现了辅助教学，但成人教育却极少用到。而且，直播比录像更具有感染力。在课堂中能看到手术的全过程，对学生的感官刺激是相当强烈的：它大大减弱了心理上的距离感，增强了现场感，让学生有如亲临实地观摩，在其脑海中会留下非常深刻的印象。其新鲜生动的形式不仅可以有效地提高学生观摩学习的积极性，而且能促使他们在观摩后进行讨论，老师及时点评，有助于活跃课堂气氛，达到事半功倍的效果。

3．仿真模具实验教学

仿真模具是技能型实践性教学工具，包括高级全自动电脑心肺复苏模拟人、气管插管训练模具、高级综合急救技能训练模拟人、全功能静脉输液手臂等。这些仿真模型外形逼真，由微电脑控制外带液晶显示，学生可以通过反复练习熟练操作步骤，巩固理论知识。

仿真模具的应用让学生能在学中练、在练中学，做到“学练结合”，不仅有利于学生巩固理论知识，强化操作能力，而且由于仿真模型多由微电脑控制，对操作的反馈更加准确清晰，使实验教学更加客观有效。同时，教师也能通过其对学生进行临床技能考核。

综上所述，医学成人高等教育必须根据自身情况，适应其教与学相分离的主要特征，选择适宜的教学形式。现代电子信息技术、计算机网络和多媒体技术的发展，为适应和解决医学成人高等教育教与学分离的客观现实及所存在的问题提供了坚实的物质技术条件。我们必须充分利用这些有利条件，创新医学成人高等教育的教学形式，为提高医学成人高等教育的教学质量水平服务。

参考文献

[1] 顾萍．高等医学院校成人教育教学方法探讨［J］．医学教育探索，2006（9）：885~886.

[2] 邹新国．计算机信息技术对成人高等教育的影响分析［J］．中国成人教育，2007（11）：49~50.

[3] 孙龙存．我国传统成人高等教育办学形式的现代教育技术改造之思考［J］．湖北大学成人教育学院学报，2009（5）：13~17.

医学影像学专升本学生管理工作的新思路

段训柏
（广州医科大学　广东　广州　510182）

【摘　要】通过分析医学影像学专升本学生的特点，阐述医学影像学专升本学生管理的现状，分析其存在的问题，探讨医学影像学专升本学生管理工作的新思路。

【关键词】医学影像学　学生管理　新思路

《国家中长期教育改革和发展规划纲要（2010—2020 年）》指出，继续教育是面向学校教育之后所有社会成员的教育活动，特别是成人教育活动，是终身学习体系的重要组成部分。可见，成人高等教育在构建学习型社会和提升国民素质中扮演着重要角色。而要保证成人高等教育的教学质量，使其能更好地服务于社会主义市场经济建设，加强成人高等教育的学生管理工作就显得迫在眉睫。

医学影像学，作为成人高等教育的一个专业，其学生管理工作有着成人高等教育学生管理的共性，亦有其特殊的一面。本文通过分析医学影像学专升本学生的特点及其学生管理现状，并就如何加强医学影像学专升本学生管理提出自己的思路。

一、医学影像学专升本学生的特点及管理现状

我校成人高等教育从 2000 年开始招收医学影像学专升本学生，至今共培养毕业生 601 人，目前在校生有 212 人。

1. 通过对医学影像学专升本学生进行调查分析，发现其有如下特点

（1）入学平均年龄越来越小，年龄差距越来越大。2000 年第一届医学影像学学生最大年龄 39 岁、最小年龄 25 岁、平均年龄 29 岁，2010 级学生最大年龄 42 岁、最小年龄 22 岁、平均年龄 25 岁。学生入学年龄越来越小，不再是年富力强、有着多年工作经验和社会经历的医学影像医务人员。现在的班级中，年龄偏大的学生很少，偶尔会有几个需要提升学历的大龄医务人员，从而导致了学生年龄差距越来越大。

（2）生源分布越来越广，工作单位差别大。早期几届医学影像学学生主要以广州及其周边地区为主，而现在广州地区的学生只占一部分，生源来自全省各地，遍及粤东、粤北地区，也有澳门地区生源。部分学生在三甲大医院工作，也有个别学生就职于社区、学校医务室等。

（3）学生的专业知识水平参差不齐。年龄大的学生有着丰富的影像诊断经验，可以熟练地操作各种大型影像设备，但接受新知识、新技术的能力较弱。而大部分学生刚从大专毕业，工作还不稳定，缺乏工作经验和操作技能，但接受新知识和新技能的能力较强。

（4）工学矛盾越来越尖锐。对成人高等教育而言，工学矛盾不是新名词，但不同的时

期工学矛盾的内涵有所不同。传统的工学矛盾主要指工作、家庭、学习之间的矛盾。目前很多学生进入工作岗位时间短、资历浅，而且大部分是聘任制，新的工学矛盾不再只是单纯的时间矛盾，还涉及科室排班、工资奖金、职称晋升等多方面，甚至个别科室领导直接告诉学生，科室人员短缺，周末必须在医院上班，否则就离岗走人。

2. 医学影像学专升本学生管理现状

以上医学影像学学生特点，给其学生管理带来的难度，目前比较突出地表现在以下几方面：

（1）师资方面。学生年龄差距大，专业知识水平参差不齐，这就要求任课老师因材施教，把握授课的深度和广度，但目前的师资主要是依托普教师资，讲课都千篇一律，基础讲得多、临床讲得少；共性讲得多、个性讲得少。

（2）教学安排方面。现行的医学影像学专升本人才培养方案是早期在普教的基础上修改过来的，未能针对成教特点来设置课程，特别是跟学生以前上大专时学的课程有较多重复，教材也一模一样。

（3）学生管理方面。我校成人高等教育学生管理由继续教育学院负责，继续教育学院聘请兼职班主任负责学生的日常管理。医学影像学的兼职班主任很少由医学影像学专业的老师担任，由于缺乏对医学影像学的认识，进行换位思考较困难，跟学生沟通的时候存在一定的障碍。另外由于生源分布广、工学矛盾突出，目前的到课率较低。

二、医学影像学专升本学生管理工作的新思路

在总结我校医学影像学专升本学生管理经验的基础上，结合当前成人高等教育学生管理的新理念及教学改革的新政策、新动向，本人认为可以从以下几方面加强医学影像学专升本学生管理工作：

1. 完善学生管理制度，实行人性化管理

依据成人高等教育的学生特点和学校实际情况，并参照教育部《普通高等学校学生管理规定》，制定《成人高等教育学生手册》。考虑到医学影像学专升本学生维权意识非常强，制度中应该包含学生申诉制度。《成人高等教育学生手册》是学生在校期间一切行为的准则，同时也是管理、奖励、处分学生的唯一依据，在新生入学教育的时候一定要作详细解读，以此规范学生在校期间的行为。在管理过程中，必须严格执行制度，不要因人而异，做到对事不对人，充分体现制度的权威性。

针对成人高等教育的学生，应该坚持以人为本，实行人性化管理。具体到工作中应该做到“三严格、三灵活”，即要求要严格，处理要灵活；制度要严格，执行要灵活；大事要严格，小事要灵活。所谓灵活，不是没有边际的宽松，而是在请示主管部门和领导后具体问题具体分析。比如上学期我班有位学生，因为父亲病危而回外省照顾，最终办完丧事才返校上课，前前后后耽搁了将近两个月，按照规定，“缺课三分之一以上者不能参加该门课程的考试”，但考虑到之前该学生每次上课必到，学习态度端正，后经该生申请并积极自学，上交自学笔记，取得任课老师谅解后正常参加考试。

2. 修订人才培养方案，注重课程改革

旧的医学影像学人才培养方案既不能服务临床，又不能满足学生需求，应当适时修订人才培养方案。新方案应该更加突出成教特点，加大网络远程自学比例，对课程体系进行

优化、整合，避免跟医学影像大专的课程内容重复，增加课程的实用性和针对性。做到以课程及授课内容吸引学生，提高学生学习兴趣，增加学生到课率，从而促进学生管理工作。

3. 选好兼职班主任，构建负责任的班集体

兼职班主任是连接学生与管理部门、学生与任课教师的桥梁和纽带，既是代表学校对班级进行管理的领导者，又是各项规章制度的执行者，其工作的好坏直接关系到学校的声誉、学生的权利。因此，必须选择那些学生工作经验丰富、责任心强、业余时间多的教师当班主任，有条件最好选择专业教师担任班主任。管理部门要对兼职班主任进行上岗培训，定期组织新老班主任进行经验交流，每学期进行考核、评比，树立先进典型，充分调动兼职班主任的工作积极性。兼职班主任的工作目标是增强学生对学校的认同感和归属感，让学生体会到学校的温暖和关怀，从而增强其学习兴趣，提高学生出勤率，让学生学到知识，拿到文凭和学位。

另外，要建立负责任的班集体，健全班级自我管理体系。由于少数学生已经是单位的领导或者科室负责人，管理经验丰富，应充分发挥这些学生的管理能力，通过他们对全班同学产生影响，感染、引领大家到课学习，达到学生自我管理的目的。

4. 利用即时通信技术，促进班级管理信息化

医学影像学专升本学生来自全省各地，平时难得见面，上课也不是每次都能来，这就给学校发布信息、同学交流带来不便，加强班级信息化建设势在必行。首先，要建立飞信群组、QQ 群、公共邮箱、班级主页、班级微博等交流平台；其次，兼职班主任和班干部要经常维护这些平台，及时通过这些途径发布信息；再次，定期组织班级同学进行网络班会，加强同学友谊；最后，由于专业相同，对平时碰到的少见影像病例可以进行讨论，甚至请专家进行网络会诊。

参考文献

[1] 曾革．论成人高等教育学生管理工作的创新［J］．现代企业，2010（4）：203～204.

[2] 邢红．“以生为本”与提高成人高等教育学生到课率探讨［J］．高等函授学报，2011（3）：9～12.

[3] 唐俊兵．医学院校成人高等教育学生管理工作的新思考［J］．华章，2010（28）：119～122.

[4] 李志远．关于成人高等教育学生管理工作的思考［J］．唐山学院学报，2011（5）：114～115.

成人高教学生的学习与管理探索

唐燕儿
（暨南大学教育学院　广东　广州　510632）

【摘　要】成人高教学生有着与普通全日制学生不同的心理特征，由于基础差而产生的自卑心理，害怕考试、急于求成以及具有强烈的实用性动机与多重动机相互渗透的学习动力等特点，需要成人高教工作者认真观察、了解并寻找帮助他们的方法与途径。本文在分析学生以上特点及学习中存在的问题的基础上，从教学、管理以及学习支持服务等方面提出了如何帮助学生学习的策略与建议。

【关键词】成人高教　学生　学习　管理

新时代的教育不仅要关注教师的教学水平，更要关注学生的学习状态。只有真正了解学生，了解学生的特点，了解学生“学”的情况，了解学生学习中遇到的困难，教师才能及时改变教学策略，使自己的教学健康有效地符合学生的学习要求，管理工作者也才能调整管理方法，寻找更有效地适应学生学习需求的管理技巧。

成人高教学生的不足之处是知识基础相对较差，由于工作、生活方面的原因，学习起来投入性也相对差一些。但他们也有优势，那就是有比较丰富的实践经验，有对生活的感悟以及理论联系实际的思维方法，因而对知识的理解相对要深刻一些、全面一些，接受起来可能也更快一些，更能“学以致用”。所以，成人高教学生的学习有自己的特色，那么对他们的教学和管理也应该有自己的特色，那就是建立在明显的有针对性基础之上的高质量教学和管理。

一、成人高教学生的特点

1. 知识基础较差

成人高教学生的学习基础普遍薄弱。从全国成人高校招生分数线来看，成教学生的学习基础普遍较差，而且呈现出逐年下滑的趋势。这主要是因为近年来各类职校和大专院校招生规模的扩大，教育的侧重点在学生的职业技能培养上，对基础课的教学要求普遍不高。加之很多成人高教学生因为工作了一段时间，已经淡忘不少基础知识，因此，重新学习起来比较吃力。

2. 生源素质参差不齐

成人高教学生素质参差不齐，不少人的自我约束能力差。成教学生来源广泛，构成复杂，主要有企业员工、应届毕业生等，还有部分社会无业人员。复杂的生源使这些学生的综合素质参差不齐。部分学生是由于学习成绩不佳而未能进入全日制高等学府的大门，为了寻找出路和谋求职业，不得不选择成人教育这条出路。这部分学生学习不太努力，自我控制能力较差，参加成人教育学习，只是为了“混文凭”，甚至还有一些学生将社会上的不良风气带入校园，给学校的教学和管理工作带来一定的影响。

但也有部分学生因为普通高考时文化课或专业课几分之差而落榜，因此在他们内心深处有一种不服输的劲头。他们渴求新知，积极进取，希望自己的价值能够得到社会的承认。这部分学生有紧迫感，学习刻苦，潜意识里有一股强大的心理动力，要最大限度地调动他们自强向上的竞争意识。

3. 重应用、轻理论

成人高教学生大多是已经有工作，由于种种原因没有接受到高等教育，现在上大学，很大程度上是为了更出色地做好自己的本职工作，这决定了学生的学习活动大都出于学以致用、立竿见影的目的。所以，他们多是带着解决问题的思想来学习的，对空洞的理论和不切实际的教学自然也就不感兴趣。成人学生的学习目的决定了成人的学习以获取及时和有用的知识为取向，以解决问题为核心，这与普通高校统招学生多以知识和技能的储备为中心明显不同。

二、成人高教学生学习的心理特征

1. 易产生自卑心理

一般来说，成人高教学生多数是未能进入普通高校学习的“不够资格者”，相对普通高校的学生来说，他们基础知识较差；对于真正的成人来说，由于年龄偏大和工作等的影响，学习时间短和记忆力差等现状容易对学生的学习形成压力，因而学生心理上会产生自卑感。

2. 自尊心强

由于多数成人高教学生具有一定的工作经历，有一定的实际经验，有的还是单位的骨干或担任一定的领导职务，在工作中受到的尊重使他们在参加成人高教学习的过程中又存在着强烈的自尊心。

3. 害怕考试

许多成人高教学生是一边工作一边学习，有的还要承担较重的家庭责任，因此个人拥有的学习时间和精力都有限，加上年龄的关系使他们的记忆能力没有年轻的学生好，所以他们害怕考试。特别是那些需要死记硬背的闭卷测试，对于他们来说简直是难上加难。因此，他们甚至希望最好不考试就能马上获得文凭。

4. 急于求成

工作、家庭的负担，学习时间和精力的有限，学习机会的减少，以及其他方面的压力使成人高教学生有急于求成、快拿文凭的心理。他们想尽量减少上课时间，希望尽快取得文凭顺利毕业。

三、成人高教学生学习动机

1. 强烈的实用性动机

对于成人高教学生来说，工作和生活的需要是学习活动的基本动力之源。成人高教学生的学习动机具有强烈的实用性、明显的职业性、突出的多样性和广泛性。他们的学习动机总是与现实的生活、工作紧密联系，且在求知兴趣、职业进展、社交期望和社会服务等诸种成人学习动机中，服务社会的动机也占有越来越大的比例，体现出成人对社会和他人的责任感和使命感。

2. 明显的学习动机多重性

由于成人高教学生绝大多数是在职业余学习的，学习的目的是为了工作，因此，他们的学习动机和学习目标具有从属性，学习的动机和学习目标的动力强度将受其工作情况及变化的制约。这种制约体现在实际学习的过程中，当工作和学习发生矛盾冲突而需要抉择的时候，大多数学生会选择牺牲学习保证工作；学习动机和目标的强度决定于其工作对学习的客观需要及获取文凭的迫切程度。

3. 突出的学习动机非竞争性

多数成人高教学生属于在职业余学习，人事隶属关系不在学校，学生之间多不在一个工作单位，无利害冲突，因此竞争意识不强。另外，目前许多学校的成人教育制度里没有对成绩优秀与否设立相应的奖惩制度和措施，这也是导致学生的学习竞争意识不强的因素。这些使成人高教学生形成了突出的学习动机非竞争性的状况，并可能成为调动成人高教学生学习积极性的阻碍因素之一。

四、成人高教学生学习存在的问题

1. 学习目标偏离，学习态度不端正

有些学生的学习目的不是想扎扎实实掌握专业知识和提高能力，而是为了获得文凭，并与提薪、评职称、升职等相互挂钩。出于这种学习目的的学生“混文凭”思想严重，学习态度不端正，纪律松散，学习出勤率低，考起试来就想方设法作弊。

2. 求成心理强，急躁情绪重

成年人随着年龄的增长和社会环境压力的增大，对时间的珍视心理也越来越强烈。这种心理反映到成人高教学习活动中来的时候，就表现为他们总希望所学的知识和能力能够解决他们在工作、生活中所遇到的现实问题，能起到立竿见影的效果。因此，求成心理强，急躁情绪重，一旦发现老师讲课的内容较深，不能理解老师的讲课内容，或者认为某个老师的教学不符合自己意愿的时候，会采取极端的做法，比如要求换老师、逃课等。这就导致部分学生无心向学、听不进课。

五、针对成人高教学生的教学与管理

1. 教学

教师是知识和技能传授过程中的关键。教师素养的高低，直接影响着知识、技能传授的效果，直接关系到教育满足学生需要的程度。因此，针对成人高教学生特点，各课程安排要体现出其实用性、职业性和时效性，负责各教学任务的教师要从学生的自身发展和社会角色的角度来开展教学活动。

（1）尊重学生的主体地位。首先要树立以学生为主体的观念，尊重学生，坚持教学民主化。仔细地体察成人高教学生的心态与思想感情，巧妙地消除学生的自卑心理，并根据学生的心理水平调整教学内容和方法。避免用命令、强制、讽刺等不当的态度和方法对待成人高教学生，应使成人高教学生的主体性、独立性得到理解和尊重。

（2）端正学生的学习目的。在肯定大多数人学习目的正确的同时，应着力对学习目的不明确者进行教育。尽管学习目的不明确者可能只占少数，但他们却会影响到其他同学，因此，必须努力纠正这些人的学习目的和学习态度，营造良好的学习氛围。对于学习目的不明确者，应根据具体情况采用不同的教育手段和方法，使他们明确要拿文凭就必须有真本领；如果没有真正学到知识，没有真本领，即使有文凭也不能解决实际问题，因为社会是不需要空有文凭而没有真本领的人的。

（3）发挥学生的学习优势。发挥成人高教学生的学习优势，做到教学相长。成人高教学生多有一定的社会实践经验，他们对学习有独到的见解，理解能力也较强，部分学生有探讨和研究问题的能力。因此，教师要认真对待学生的反映与建议，探求生动活泼的教学方法。教学中应发挥成人的优势，注意启发学生深入思考、发表见解，调动他们学习的积极性和创造性。

（4）注重师生之间的情感交流。密切师生关系，关注学生的个性特征，加强教育的针对性；深入调查研究，把握成人高教学生的心理需求，重视心理导向；优化教学过程，克服成人高教学生的学习倦怠心理，营造愉快、和谐的课堂气氛。

（5）建立教学双方良好状态的互动机制。调动教与学双方的积极性，增强教学效果。一方面了解学生的学习能力、兴趣和要求，因势利导培养学生良好的自我学习习惯和正确的学习观，明确学习目的，端正学习态度，形成刻苦学习和积极进取的好学风；另一方面要加强对教师教学状态和教学能力的监控与评估，加强对教师的职业道德教育，培养良好教风。

2. 管理

（1）完善各项教学管理制度。管理制度的建立，就是为了保障教学计划的顺利实施，做到有章可依，体现公平，以培养出符合教育目标的合格学生。相信每个普通高校都已经建立了符合自己学校实际的管理规章制度，但规章制度的建立第一必须贯彻到实践中去认真执行；第二要坚持与时俱进，定期对其进行修改，在通过大量的调研并认真听取师生意见的前提下，结合学校实际不断完善。

（2）转变管理理念，合理安排值班时间。成人高教学生学习的方式主要有函授、业余两种，上课时间多数安排在晚上和节假日。因此，成人教育的管理工作者在管理中要树立以人为本的理念，不能像平时正常8小时上班那样来管理学生，而应该把自己的工作时间安排与学生的学习时间对应起来。在学生夜晚和周末到校参加面授的时间里，需要安排管理人员值班，充分利用学生到校的机会与学生进行交流，以方便学生的查询并帮助他们解决学习、生活中出现的问题。

（3）注重情感沟通。针对成人教育对象年龄上的特殊性，工作中要充分尊重和信任学生，注重情感沟通，建立一种平等对话、相互尊重的和谐师生关系。对于学生学习过程中存在的问题，如工学矛盾、学习障碍、心理健康等，要本着实事求是的态度进行沟通与疏导。

（4）充分利用现代教育技术手段。在教育理念的创新基础上，加强现代教育技术支撑和管理作用。充分利用现代教育技术，创建适合成人高教学生特点的网络教育平台，为学生提供周到细致的学习支持服务，方便学生学习与交流，促进教育质量的不断提高。

（5）科学合理地设置专业体系。专业设置应具有多元性和灵活性，人才培养方向应有适度前瞻性。树立成人高教为社会服务、为地方服务的理念，按社会和地方的需求合理地设置专业，形成独特的成人高教专业体系。

（6）客观地分析和对待成人高教学生的学习态度。由于基础的原因，成人高教学生在学习方面有一定的困难，由此导致多数学生在学习时有认真学习的想法，但刻苦精神却不足。学生多数不追求优异的学习成绩，只求过得去。因此，针对这些学生的特点，除了端正其学习态度外，还要加强对其学习的指导和帮助。

3. 学生学习支持服务

成人高教学生的学习由于工作和家庭的关系，不能像全日制学生那样把全部精力投入到学习中，因而学习过程中难免会遇到困难和挫折，这时，给他们的支持、帮助就显得非常重要。帮助学生树立和巩固学习信心，将是伴随学习者整个学习过程的一个重要任务。下面就学生学习支持服务提出一些建议。

（1）帮助学生正确评估自己。让学生正确认识和估价自己的学习基础和学习能力，充分评估学习中可能出现的困难，制订一个符合客观实际的个人学习计划和总体学习目标。

（2）协助学生制定合适的阶段学习目标。帮助学生为每一门课程、每一个学习单元确立一个明确可行的学习目标，并要求他们尽可能地按照学习时间表完成每一个时间单元的学习任务，通过平时脚踏实地地完成好每一个学习任务和目标，获得小小的成就感，不断获得和增强学习信心。

（3）鼓励学生多沟通交流。鼓励学生多与同学交流学习心得和体会，互相鼓舞学习信心，激发学习兴趣。让学生尽可能多地获得自己的家人、朋友和教师的关心、支持及鼓励。让学生明白学习他人的成功经验，也有助于增强自己的学习信心。

（4）指明协助的途径。在学生遇到困难和挫折时，帮助他们正确分析产生的原因，及时寻求教师、同学和其他人的帮助，指明寻求帮助的途径，使其及时找到解决问题的办法，消除困难带来的不良心理影响。

最后需要强调的是，由于成人高教学生的来源、成分比较复杂，文化程度和年龄等参差不齐，因此，必须从各种年龄、各种类型学生的实际情况出发，探索不同的支持服务方法，且方法必须灵活多样，使他们易于接受，这样才能使广大学生都受益。

高等教育评估制度现状探析

白丽云
（广东外语外贸大学继续教育学院　广东　广州　510000）

【摘　要】教育评估是高等教育系统中的控制和反馈环节，担负着对教育质量进行审定与外部监控的责任。本文对我国高等教育评估制度的现状进行了深入的分析，并提出了完善高等教育评估制度的相关建议，重点研究了评估内容、评估主体、评估标准以及评估机构等内容。

【关键词】高等教育评估制度　现状　完善建议

教育评估是高等教育系统中的控制和反馈环节，担负着对教育质量进行审定与外部监控的责任，目前我国高等教育评估制度经过多年的发展与建设，各方面的工作都取得了显著的成效，但仍处于探索阶段，因此在实施过程中难免存在一些不足。

一、高等教育评估取得的成绩

1．本科教学工作水平评估制度成绩显著

（1）促使学校进一步理清办学思路，明确办学定位，强化办学的质量意识和特色意识。开展教学评估以来，“质量是学校的生命线”、“以质量求生存、以特色求发展”的思想深入人心，促使学校进一步端正办学思想，明确学校发展的目标与定位。

（2）促进了教学投入，加强了教学条件建设的力度。为了迎接教学评估，各级教育行政部门和高校不断加大教学投入力度，高校的教学条件得到了改善，教学仪器设备、图书资料、教学场馆、网络等硬件条件得到了普遍充实和更新。

（3）促进了高校教学改革，加强了规范教学与管理。高等学校接受评估、参与评估，其本身就表明高等学校在按照新的评估方案要求主动改造与现有评估标准相矛盾的原有观念和模式，进而主动探索和构建适应时代发展需要的新办学体制以及新人才培养模式。本科教学工作水平评估在提高人才培养质量及教学效果方面，发挥了不可替代的重要作用。

2．学位与研究生教育评估日趋成熟

（1）学科评估运行模式日益科学、合理。我国目前学科评估主要采取国家重点学科评估与学科排名两种方式。为在实践中探索更加科学、合理的学科评估运行模式，减轻参评单位的负担，学位中心目前仍采取“自筹资金、免收评估费用、自愿参加”的评估模式，坚持“客观公正、严谨规范、公开透明”的原则，采用了主观和客观结合的指标体系。为了减轻参评单位的负担，学位中心每三年完成一轮 81 个一级学科（不含军事学）的评估，① 给学科充足的发展时间，使学科评估更为科学、合理。

（2）学位与研究生教育评估类型更为多样化。近几年来，学位与研究生教育评估逐渐将重点引导到提高教育质量上来，开展了多种类型的评估活动。既有对学位授予单位进行的研究生教育整体水平评估，也有对学位授权点进行的学科评估；既有合格评估也有选优评估；既有综合评估，也有针对学位论文、管理水平以及授予同等学力在职人员硕士学位等进行的专项评估，② 逐渐形成了多类型、多层次的评估形式。

二、高等教育评估制度现状分析

1. 教育评估内容不全面

首先，从范围上看，教育评估范围一般涉及院校、学科、专业以及主题这几方面，院校评估是对高校所有活动进行的评估，内容包括教学、科研、管理、设施等；学科评估通常是对专业课程中某一学科的教学质量进行评价；专业评估是对专业课程学习过程中的所有活动进行评估；主题评估主要针对教育过程中某一特定主题的实施和效果。③ 我国目前院校评估与学科评估取得了较大的成绩，五年一轮的本科教学工作水平评估主要属于一种院校层面的评估，教育部从 2001 年开始实行的高等教育重点学科评选工作属于学科评估，这两者为进一步提高高等教育质量、水平和效益作出了巨大的贡献，但是我国目前专业评估仍然处于探索阶段，针对教育过程的某一特定主题（如学生咨询工作的实施与效果）开展的评估更是少有涉及。

其次，从办学类型与层次上看，我国高等教育目前的办学层次包括了博士、硕士、本科与专科四个层次，办学类型主要包括了普通高等教育、高等职业教育、成人高等教育、远程高等教育等，目前的高等教育评估主要侧重于普通高等学校本科教学工作水平评估，对其他办学类型和教育层次的评估重视不足。如我国目前的研究生教育评估主要包括了研究生培养质量和学位授予质量检查评估、博士和硕士学位授权审核的有关评估、优秀博士学位论文评选等工作，政府主要通过对申请单位申报的学科状态信息进行评估来促进学位授权与提高研究生教育质量。严格来说，这只是一种侧重于学位授权的评估，而不是完整意义上的研究生教育评估，缺乏一个完备的研究生教育评估体系。

再次，从环节上看，我国目前的评估重输入环节而轻过程与结果。如教育部高等教育司 2004 年所颁布的《普通高等学校本科教学工作水平评估方案（试行）》共包含了 7 个指标④，即办学指导思想、师资队伍、教学条件与利用、教学建设与改革、教学管理、学风、教学效果，其中前四者就是属于教学输入环节的指标，对输入环节的重视可见一斑。但是，输入只是教学环节的一个因素，教学过程与学生学习结果的产出才是体现质量的重要

---

① 学位中心. 第二轮学科评估（2006 年度）的有关说明［EB/OL］. http://edu. sina. com. cn/l/2007 - 03 - 14/1633137639. html.

② 周学军，王战军. 中国学位与研究生教育评估的产生、发展与未来趋势［J］. 扬州大学学报，2005，9（1）：3 ~ 7.

③ 余源晶，许明. 欧洲高等教育质量评估类型、过程及启示［J］. 当代教育论坛，2004（9）：130 ~ 133.

④ 教育部办公厅. 普通高等学校本科教学工作水平评估方案（试行）［EB/OL］. http://www. edu. cn/20040920/3116210. shtml.

因素。因此，质量评估内容的单一势必影响到评估的质量。

2．教育评估主体力量失衡

伯顿・克拉克在讨论高等教育系统的协调时提出了一个“三角协调图”，他认为高等教育系统处于国家权力、市场和学术权威的三角协调模式中。[①] 在高等教育评估的实施过程中，评估的主体一般可划分为政府、社会与高校，这三者具有不同的价值需求与质量主张。价值需求的不一致往往导致利益的冲突与关系的紧张，而协调这种冲突的力量可以是国家权力，可以是市场，也可以是高校的自治权力。这三股力量发挥的方式与程度不同，形成了不同的评估模式，如以国家控制为特征的大陆模式、市场主导的美国模式以及院校自治色彩浓烈的英国模式。从我国教育管理体制与现有评估制度的特点来看，我国从属于大陆模式。虽然我国向市场经济转轨以来一直强调“政府转变职能”，但在高等教育评估实施中我国政府的控制力仍很强，呈现出国家力量一边倒的状况，高等教育系统的“三角”并不协调，主要体现在以下三点：

（1）政府强制性色彩浓烈。一直以来，我国高等教育评估工作都是由政府主管部门开展，从评估标准、政策的制定到评估实施过程以及评估结果的公布都是由政府一手包办，表现出一种自上而下的、直接的行政控制，大陆模式的强制性色彩浓烈。我国目前的本科教学工作水平评估，虽然成立了高等教育教学评估中心，但其性质是教育部直属的行政事业单位，它主要的职责是根据教育部制定的方针、政策和评估指标体系，具体实施评估工作与开展相关的政策、法规和理论研究，目的是为教育部制定有关政策提供参考，体现的是国家意志。

（2）社会力量在高等教育评估中的作用不强。随着我国教育评估事业的发展，一些专业的、相对独立的民间教育评估机构相继产生。但由于目前还缺乏一个公平竞争的环境，评估市场无法真正开放，民间教育评估机构的竞争力远远不如那些隶属于政府部门的教育评估机构，因而逐步面临着生存的问题，难以在高等教育质量保障中充分发挥它们的作用。

（3）高校缺乏内在动力，迎评过于被动。高校在迎评过程中缺乏主动性，其中最重要的原因在于目前高校评估更多的是“要我评”而不是“我要评”。高校不是由于内部的需要而主动参评，并没有深刻意识到评估的重要性，只是把评估工作看作是上级对自己工作的检查，而没有把评估真正置于督促、指导其整体性长远发展的地位。因而，在评估过程中很多高校会出现一些应付的行为。

3．评估标准缺乏科学性

目前我国高等教育质量评估标准存在某些不科学、不合理的地方，主要体现在指标体系的设计上。指标体系是外部质量保障中的重要工具，它涉及评估过程中以什么样的标准来衡量高等教育质量的问题。如我国目前的本科评估主要以《普通高等学校本科教学工作水平评估方案（试行）》作为评估质量的标准，该标准是根据2002年的评估方案修订而成的，整体上与教育目标较好地保持了一致性，但是仍存在一些不够完善的地方，主要体现在以下几个方面：

（1）指标体系与各高校的教学实践适切度不高。由于办学条件存在差别，学校的历史

---

① ［美］伯顿・R. 克拉克. 高等教育系统——学术组织的跨国研究［M］. 王承绪等译. 浙江：杭州大学出版社，1994. 159.

背景和基础各不相同，我国高等教育日益呈现出多层次、多类型的特点。顾明远先生认为，“不同层次的高等学校应该有不同的标准，不同类型的学校也应有不同的质量要求”。[①] 我国教育改革以来，也一直致力于“建立各级各类教育的质量标准”，[②] 但是我国目前的评估指标体系过于单一，与各高校的教学实践和办学目标适切度不高，既不能反映高等学校层次结构和类型的多样性，又不能反映高等学校办学模式的多样性；既不能反映高等学校办学特色和办学经历的不同，又不能体现学校生源的差异。

（2）指标的代表性与合理性不高。教育部高等教育教学评估中心委托的调查研究发现，被评高校和评估专家一般认为现行的指标体系需要进行修改，目前指标体系中仍存在一些不合理和难以操作的观测点，减弱了评估结果的科学性。如指标体系中的双语教学的观测点作为导向性指标是合理的，但与我国大部分高校的教学实践有一定的差距，因此这些指标难以反映出各高校的教学水平和质量的实际问题。其次，指标体系中一些不宜和不易量化的指标和观测点，如教师的师德修养和敬业精神、学生的思想道德素养与文化心理素质、学生的创新精神与实践能力以及社会声誉等指标，[③] 缺乏相关的内涵说明和清晰的概念描述，因此评估专家很难把握其区分度，给评估工作带来了不便。

4. 教育评估机构监督力度不强，专业性不够

目前我国教育评估机构从类型上大概可以分为三种：第一种是官方机构，有专职的工作人员、专项划拨的评估经费，隶属于各省教育厅或各市教育委员会，如江苏、广东、辽宁、上海等地的教育评估机构；第二种是半官方机构，如云南省高等教育评估中心，由云南省教育厅批准成立，在教育厅直接领导下开展工作，但评估中心挂靠在云南大学高等教育研究院，依托研究院学术力量开展业务工作；第三种是民间机构，如江西省高等教育评估所，经省民政厅批准成立，具有高教评估资格，但是属于民办非企业单位法人，经费主要来源于被评估单位。前两种机构主要依托政府生存发展，教育教学评估中心是教育部的直属单位；后一种机构属于民间组织，其生存与发展有赖于市场需求。近几年，我国民间评估组织发展很快，但缺乏有力的监督，对民间评估组织的准入缺乏监督与资格审核环节，相关的行业规范与准入制度尚未建立。

目前无论是官方的还是非官方的教育评估机构，尚未有专业化的高校评估人员。我国本科教学工作水平评估的专家一般是教育部高等教育评估中心从各个高校抽调的教师与管理者，以行政命令的方式组建，评估专家只是一个临时性的身份。他们虽经过短期的培训，但其专业程度还远远不够，和评估相关的理论与政策可以短期进行熟习，但是评估过程中的访谈技巧以及评估经验必须经过专业的锻炼和大量的实践才能获得。而专家培训结束后并没有进行专家资格认证考核的工作，对评估人员的把关不够严实，导致评估人员的质量得不到保证，影响了高等教育评估的质量和权威性。另外，评估专家的人员构成过于单一，缺乏高等教育系统外部专家的参与。高等教育质量保障工作是一项艰巨和复杂的任务，因此，专家的来源需要多样化，需要不同观点的碰撞，使整个评估过程更具权威性。

---

① 顾明远. 高等教育的多样化与质量的多样性［J］. 中国高等教育，2001（9）：17～18.

② 中华人民共和国教育部. 中国教育改革和发展纲要［EB/OL］. http：//www. moe. edu. cn/edoas/website18/level3. jsp? tablename＝208&infoid＝3334.

③ 教育部办公厅. 普通高等学校本科教学工作水平评估方案（试行）［EB/OL］. http：//www. edu. cn/20040920/3116210. shtml.

三、完善高等教育评估制度的建议

（1）评估内容尽量全面。我国本科教育评估在内容上应实现教育“输入—过程—输出”多个环节并重。高等教育质量不仅取决于物质资源与办学条件，而且更依赖于高校教育过程与教育输出环节的监控。因此，应改变我国高等教育评估方案中教学输入环节指标比重过多的现象，建立一套涵盖各个质量环节的指标体系，并将形成性评估与终结性评估结合起来，引导高等学校正确对待评估，改变目前迎评过程中高校过于注重教学硬件设施更新的现象。

（2）评估主体向多元化方向发展。在经济全球化、高等教育国际化的背景下，各国高等教育质量保障模式在不断吸取对方的优点，慢慢走向融合。原来以政府为主导的大陆模式国家越来越重视市场和高校的力量，美国模式和英国模式的国家也加大了政府监督与调控的力度，通过对评估组织的元评估来发挥政府的作用。因此，注重各方力量的共同参与是国际趋势。我国的高等教育评估也应改变政府一统天下的局面，积极引导社会和高校这两股力量共同参与到评估实践中去。

（3）建立科学合理的评估指标体系。指标体系是高等教育评估的指挥棒，因此，科学合理的评估指标对保障我国高等教育质量意义重大。针对我国评估指标与高校教学实践适切度不高的问题，应对评估指标进行等级分类，对不同层次、不同类型的高等学校制定不同的教育质量标准。普通高等教育的教学评估应分为研究型大学与一般本科院校两个层次，在一级指标的设计上，要尽量体现对高等教育质量的共性要求，而在二级或三级指标的设计上，可以较多地考虑不同类型、不同层次高校的教学实际与特色发展。此外，还需注意定性指标的可操作性问题，对一些难以量化的指标，要尽量对指标内涵进行详尽的说明和清晰的概念描述，避免评估过程中人为因素造成的误差。

（4）建立教育评估综合治理机构。从国际范围来看，各国教育质量评估机构都有一个全国性的元评估组织，负责对各质量评估机构进行监督、指导与审核。我国专业性的评估机构与大学排名机构虽然有所增长，但是缺乏相关的监督、协调与指引。因此，根据我国高等教育质量评估的实践，应建立起全国性的、专业化的综合治理机构。这个综合治理机构可以由政府部门担当，也可以由民间性质的社会中介机构担当，但无论是哪种性质的机构，政府部门都需要承担监督的职责。这个综合治理机构的主要职能应具备以下几方面：

①研究与制定高等教育质量保障标准。质量标准明确与清晰化是各国教育质量保障的共同趋向，如欧洲高等教育质量保障网络（ENQA）就制定了明确的高等教育质量保障标准和指导方针，规范了欧洲质量保障机构的行为。什么是高等教育质量，如何检测高等教育质量，如何根据高等教育的发展状况以及我国评估机构的现状，制定出既符合我国国情，又不与国际标准脱节的质量内涵和保障标准，成为治理机构的首要任务。这包括了对全国教育评估机构的目标、过程、决策、结果公布以及后继程序等作出相应的规定，设定明确的标准，才能有利于评估机构的规范化发展。

②对质量评估机构进行资格认可。对质量评估机构进行资格认可和考核，是综合治理机构的主要职责。如何制定质量评估机构严格的资格准入制度和资格审查制度，杜绝不符合要求的机构进入评估行业和对不合格的机构给予清退，这些都是综合治理机构应承担的责任。资格认可周期性地举行，教育评估机构要获得资格认可，首先需要向治理机构提出

申请，并进行自我评估和交纳相关的费用；其次，治理机构接到申请后，应结合教育评估机构的自我评估报告展开实地考察；最后，治理机构对评估机构是否通过作出判断，并将结果向社会公开。整个认证过程是自由、自主的，不采取强制性的机制，促使教育评估机构在竞争的环境下向自律的方向发展。对认可结果不满意的评估机构可以向治理机构提出申诉，如果理由充分，治理机构将展开重新的审查。

③统筹、协调全国教育评估机构。作为全国性的治理机构，应对教育评估机构进行统筹与协调，使各类机构能各司其职、各尽其能，具体包括以下三方面：首先，明确各种评估机构的权责。我国目前某些教育评估机构存在职能重叠的现象，因此，治理机构除了在认证时对教育评估机构的职责进行审核外，还应加强对评估机构日常运作的监督，避免出现越职、失职的行为。其次，加强各种评估机构间的合作。治理机构作为综合性的认证平台，有条件对各种教育评估机构的良好做法进行总结和传播，并定期开展评估专业人员的交流、培训活动，促进教育评估机构之间的合作。最后，受理申诉案件。申诉制度使教育评估机构认证制度与教育质量评估行为更具科学性和民主性，是程序完善的一种体现。综合治理机构应设立相关的子部门，监督教育评估机构在评估过程中是否有不合法、不合程序、不公平、不公正的行为，建立完善的申诉制度，使高校教育质量评估更公开、更透明。

参考文献

[1] 孔祥沛. 论我国高等教育评估机构面临的十大挑战 [J]. 评价与管理，2006，4（4）.

[2] 杨晓江. 试论我国高等教育评估制度的建立 [J]. 云南教育，2002（24）.

[3] 吴献金. 对“高等学校本科教学评估”的思考 [J]. 中国高等教育评估，2007（1）.

[4] 朱永江. 本科教学工作评估的问题及对策 [J]. 高教发展与评估，2006，22（4）.

[5] 高耀明，张萍等. 本科教学工作水平评估对高校教学工作影响的调查研究 [J]. 高等教育研究，2006，27（11）.

第三编

教学研究

成人高等学历教育的教学定位及改进对策

潘金山　蒋海红　梁征宇
（中山大学教务处　广东　广州　510275）

【摘　要】成人高等教育“服务于个人”与“服务于社会”的教育目标之间并不存在根本性矛盾，反映在课程体系设置的内容与倾向性方面却存在差异。本文认为，需要结合成人高等教育对象的具体特点，将教育目标最终落实于课程内容与课程体系设置这一核心问题上，并主要从这一角度系统分析成人高等教育的现状与问题，针对性地提出若干改进思路与操作对策。

【关键词】成人教育　教学定位　对策

一、成人高等教育课程体系设置的目标

教学目标是教育目标的具体化，而课程体系设置则是教学目标的具体化，课程建设的重要性是由成人教育的人才培养目标与类型所决定的。《中国教育改革和发展纲要》明确提出：“成人教育是传统学校教育向终身教育发展的一种新型教育制度，对不断提高全民族素质，促进经济和社会发展具有重要作用。”

成人高等教育目标有两种取向：①侧重于个人发展需要的价值取向，②侧重于社会发展需要的价值取向。一般而言，发达国家成人教育课程的目标侧重于前者，主张服务于个人发展需要，具体反映在教学过程与课程设置上强调以受教育者为中心。我国则侧重于后者，主张教育服务于社会发展，以社会需要为中心。两者各有存在的基础，笔者认为，从根本而言，这两个目标并不矛盾。“服务于个人”是首要与显在的教育目标；长期来看，“服务于社会发展”则是其必然结果，两者存在着因果关系，而非对立与割裂。但两种价值目标和教育理念的确在成人高等教育课程体系设置的内容与倾向方面存在差异。如何协调课程体系设置，使之一方面有利于培养成人学生的社会适应能力，满足受教育者的现实需要，另一方面促进学生拓展社会发展所需的能力，是一个值得探讨的问题。

成人高等教育有其特殊性，相比于普通高等教育，其特点如下：

（1）多元化教育对象与终身性教育过程。成人高等教育对象涵盖社会各类成员，其年龄、职业、原有教育程度都非常多样化，显示出社会化与分散化特征。因而，成人高等教育是贯彻终身教育理念的一种教育实践。

（2）职业性教育需求与实用性教育内容。中国高校现有成人高等教育是以提高社会从业人员的履职能力、适应市场职业变化能力及终身学习能力为目标的教育，对应用能力与个人素质的培养是核心概念。教育内容因而与成人的职业需求联系紧密，受教育者也往往

把提高职业知识和技能作为学习的首要目标，注重应用价值。

（3）多维性教育结构与快速性教育效益。多元化教育对象意味着体系多维组合的教育结构，业余学习方式则要求教学内容“少而精”；“购买教育服务”的付费学习过程则要求“教育供给”满足市场需求与个体需要。因而，成人高等教育的内容与方式方法有必要落实于课程内容与课程体系中，根据市场需求进行一定的调整。

教育目标毕竟需要落实在教学具体实践过程中，课程建设问题便成为一个重要方面和着力点。建立起切合学校自身优势、满足成人付费求学需求及具有成人教育特色的课程体系，在客观与操作实践上都要求高校管理部门和具体教学承担院系树立起“课程意识”，即教育主体对课程的敏感程度，其中蕴含着教育者对课程理论的自我建构意识、课程资源的开发意识。“课程意识”指导下的课程改革引发两大改变：一为技术指向，二为理念指向。[①] 前者包含课程方案、教材教法、教学环境资源的改变，可将其命名为“教学意识”；后者则包含课程观甚至教育观的改变、思想与行动的改变及学习经验的改变，关注教学目的与价值问题。课程体系设置则是“技术指向”与“理念指向”的综合，是“服务于人”与“服务于社会”的共同目标具体而微的体现。

西方成人高等教育经过长期发展，形成了比较成熟的体系，课程设置与建设成为成人高等教育整个教育过程的核心，并拥有大量专门从事课程开发的人员，他们实践经验丰富，课程意识导向十分明确。笔者认为，仅从教学方法、手段及教学工具的改进方面着手，并不能使教学效果获得根本性的提高，因为教育受制于教学、教学受制于课程；把“教育”落实到“教学”，把“教学”落实到“课程”是一个以小见大、见微知著的操作过程，值得重视。但实际情况则是高校成人教育在新专业拓展方面非常努力，关注人才培养方案和专业教学计划，却大多不能根据社会需求及成人学员的特点进行课程开发或调整。忽略或无视课程开发环节，这是有违教育与教学初衷的。与此形成对比的，则是各高校纷纷推出的MBA、EMBA及MPA项目，因其能够紧密结合市场需要与社会发展不断推出新的系列课程而大受欢迎。这说明，成人教育不是缺乏课程开发能力，而是缺少意识与动力。这固然与办学机构成人教育较低的“教育收益”相关，也与多年“固化”的“传统”相关。

二、成人高等教育课程体系有待改进的问题

课程作为联结教育目标与教育过程的枢纽，规定着人才培养的规格与质量，决定着教育机构自身的发展速度与规模。在国内外各类办学机构不断抢占成人教育市场的今天，“品牌”成为有力的竞争筹码与实力信号。“质量提高型”的发展模式必将逐渐取代和淘汰“数量扩张型”的发展模式，教学课程设置必须进行相应调整，这将是成人教育教学改革的核心问题。审视当前成人高等教育的课程建设，存在以下亟待改进的问题：

（1）课程体系注重全面，但需加强对象针对性。现有成人课程大多是正规本科学历教育的拷贝，比较注重“学科”与“专业”，强调系统的学科基础与理论建构，倾向于知识体系的完整和逻辑结构的严密，重视学术。成人高等教育“普教（普通教育）化”部分

① 周淑卿. 课程政策与课程革新［M］，台北：台湾师大书苑发行，2002. 199.

地忽略了成人高等教育的特点及受教育者的特殊性，而这种“知识本位”的教学定位一定程度上偏离了成人高等教育服务于个人需求的目标。重技能、重实践、重应用等体现成人教育特点的课程未能受到足够关注，课程体系还需强化开放探究、提高针对实用的课程比例。

（2）课程内容有待更新，需增加时代内容。教学内容陈旧的原因，一方面是高速的时代发展步伐“加速折旧”现有知识与信息，一方面是由于教材建设、出版发行及版权保护制度存在漏洞，其直接结果就是学习已经落后或者已被淘汰的知识，获得的是过时信息。没有知识价值就很难说有实有价值，有碍于教学质量与教育目标。占据课程较大比例的基础理论也与成人学生实际工作中所需的现代知识、技能缺乏紧密联系，这在很大程度上割裂了成人学习与现实生活的联系。

（3）课程结构需要进一步合理化。课程结构问题表现在两点：其一，基础理论课占据相当大的比例；其二，必修课几乎一统天下，技能型与应用型课程、选修课程方面则是“发育不全”。活动课程与实践教学课程的匮乏，是许多高校“权衡利弊”后功利性取向的结果。在“教育产业化”的概念下，不能奢望这一状况能够迅速得到改观，但增加高质量选修课程的比例以满足成人学生多样性与差异性的学习需求，是课程结构调整的一个方向。

（4）课程的深度与难度上下起伏。成人具备了成熟的逻辑思维能力与分析判断能力，具备丰富的工作经验与社会理解力，对知识的接受、分析、判断、综合、应用的能力并不弱，不能否认成人学生具备较强的学习潜能和自学能力，但因学习目标、投入精力、年龄与身体条件的差异性，机械记忆能力则有所不足。在成人教育中，需要考虑成人学生的信息接收特点与学习能力且坚持课程教学质量的平稳。目前出现的矛盾在于，部分课程严格要求而另一些课程“放水”现象严重，不同课程甚至同一课程深度与难度的变化较大，这是个较为普遍的问题。

（5）课程考评方式的单一化。“知识化”、“学科化”的课程设置使其考核方法较为单一，注重笔试方式，以理论考试内容为主是现在的主要考评方法。但过于单一的课程评价模式而忽视技能考核，也易诱发作弊现象。笔者认为，有必要结合成教学习特点与具体课程的要求，突出对知识的应用考核含量，从考核分析与解决问题的能力着眼，适当增加理解、分析和判断的分量，减少死记硬背的内容；在考试形式上可采取开卷、闭卷、论文、调查报告、实验报告、小组专题讨论等多种形式，使之更加适合成教学生能力，又可以为学生确立正确的学习方向和标准，以达到考核目标。

综上，普通高校具有以学科为中心的教学模式与课程体系，成人教育则带有明显的模仿痕迹，暴露出专业知识、教学内容与实践需求脱节的问题，不利于培养市场需求的“技能型人才”、“复合型人才”。实现高校为生产第一线培养应用型人才的社会目标还有相当的提升空间。成人高等教育对象的复杂化、教育目标的多样化，以及部分高校对成人教育“收益性”的定位，无疑都是其中的因素。基于现有教学内容、课程体系存在的诸多问题与矛盾，如何优化成人教育课程体系已经成为一个提升教育质量的关键问题。

三、成人高等教育教学改革的对策建议

教育目的和培养目标的实现是通过教学内容与课程体系来实现的。笔者认为，成人高等教育需要注重“成教化”特色，虽然不是从“我教什么你就学什么”到“我学什么你就教什么”这样180度的转身，但重视学习内容时代化的更新、应用技能的提高和学习能力的培养是符合个人与社会发展需要的，基于此，教学方法、教学手段、教学设施、教学工具的现代化等技术性与工具性方面的提升才会更有意义。

（1）重视市场需求。教学改革、课程开发首先要对教育对象的职业特征和职业岗位群体类型、通用型与专业型的能力类型等市场需求进行分析。德国成人教育课程设置就充分体现了重视市场与学习实用的特点，具体做法是：对职业岗位进行系统全面的调整，分析岗位现状、劳动者身份、使用工具等因素；分析预测职业发展的未来趋势；采用“倒推法”确定需要向学员传授何种知识和技能；以课程大纲形式确定教学内容与主导方向。中国高校现有的MBA、EMBA、MPA等的课程开发经验也值得借鉴，即使是简单的调查问卷通常都可以显示出相当强烈的市场信号。在学科基本确定的情况下，投入适当资源进行课程设置的市场调查研究是保证教学目标与教育目标协调一致的一个基本前提。

（2）重视应用性。现代设计鼻祖包豪斯提出“干中学”（Learning by Doing），提倡实践精神，倡导在实践中学习。与此类似，还有一个叫“学中干”的词。两者结合，即工作学习化、学习工作化，打破学习与工作的严格界限，利用所有可能机会最大限度地扩大学习成果，并在第一时间将学习成果应用到工作实践中去，形成良性循环。我国著名教育家陶行知倡导的“知行合一”说的也是这个道理。现代教育价值观看重知识的基础地位，更应重视能力的培养；思维、创造和想象能力通常不是“学”所能直接提供的，而是在学习与应用的过程中获得的。成人接受高等教育，是典型的“干中学”与“学中干”需求的表现，因而课程具体内容与系统设置有必要重视以应用性知识为导向，通过设置更多的专题课、实验课、学术论坛课等来传递时代知识与应用技术，优化传统课程系统，重视兼顾专业知识与实践技能。

（3）重视课程安排比例。可以考虑合并内容相同或互有叠加的课程成为综合性课程，特别是必修课程中的基础理论课程或重复性通识课程、素质课程可以考虑加以凝练，专业课程开设则需要考虑其内在逻辑联系，避免成为基础理论课的“大拼盘”。在此基础上，适当增加选修课，这么做的目的在于淡化基础理论，强化应用技能的培养。减少课程门类，有利于成人学员“聚焦”其时间与精力于关键课程，或选修切合实际需要的课程。在教学目标指向上由理论主导向能力主导转变，结合专业规定与市场需求，增加针对性和应用性，改变课程设置大而全、大而散、大而浅的诸多缺点，这样不仅节约课时，而且可以传授有效信息。

（4）重视课程的综合性。北京大学于2001年正式启动了酝酿已久的按学科大类招生培养制度的“元培计划”，后多所重点大学先后实施了这一制度。“本科生的大类招生政策在‘厚基础，宽口径’的原则下，建立‘全校通修课程+学科通修课程+专业发展课程+开放选修课程’的新型模块化课程体系，引入第二课堂资源，建立多元化的实践教学育人体系。从通识教育平台和专业特色培养两个方面进行学分制，以落实培养应用型人才，实现学生的自主学习、持续发展和个性发展的培养目标。通过模块化课程体系、多元

化实践教学育人体系、学分制运行管理机制来贯彻落实服务国家和地方经济社会发展的宗旨。”① 正规本科教育重视教育基础与应用价值是教育发展的客观要求，并因此出现了大规模学科、课程的综合化现象，这当给以视本科教育为圭臬的成人教育以启示。如果说基础课程需要相对“收缩”和“聚焦”，那么对待专业性应用课程则需相对“释放”和“发散”。

（5）重视课程内容的时代性。在教学内容上要根据社会需要和大类专业发展情况进行精选与增减，突破成人高等教育“普教化”问题，精选终身学习必备的基础知识与技能，重点传授具有应用价值的课程内容。改变课程内容繁、难、窄、旧的现状，及时补充新的知识血液，删减过时知识、无效信息，对基础课程的内容贯彻“够用”为度的原则，对专业课必须以“实用”为主，强调接收信息的“新鲜性”与“关联性”，以确保教学内容与社会发展、个人需求的协调。在教学方式上，通过增加教学案例分析、实践环节和开设大量应用讨论型课程等实践教学方法，既可调动成人学员学习的积极主动性，又可满足个人发展需要。

（6）重视教材的建设开发。从“教育—教学—课程—教材—课堂”的层层具体化与操作化推进可知，教材的建设开发是成人高等教育合乎逻辑的发展要求，也是贯彻教育理念、落实教育目标的有力支持。对某一具体学科或专业而言，教材内容的组织需要反映本学科或本专业的最新成果或前沿进展及现实应用价值。教育资源的丰富化，使得传统的纸质书本教材向现代的多媒体教材、立体教材方向发展，集语言、文字、图片、动漫、视频、电子书为一体；现代教学手段等技术性操作提倡运用案例、讨论、观摩、模拟、实际操作等教学形式，无一不对应相应的教材支持。因此，加快教材建设步伐是课程内容更新的必需载体。根据人才培养定位、职业发展需求、成人学习特点等编写适合成人教育的教材，突出理论的应用价值、强调以解决实际问题为目标的教材编写模式并定期更新，这一工作在课程内容陈旧凸显的背景下已经被提上议事日程。

终身教育理念已经成为当代共识，这必然要求成人教育的“成人化”特色渗透到具体的教育实践、教学实践工作中去，课程体系与教学内容将是推动成人教育创新的核心内容，这些方面的研究仍有待继续深入。

（项目支持：2011 年广东省高等学校继续教育体系建设示范项目“中山大学继续教育课程学分标准与质量内涵及学分转移、认证制度与应用”；2012 年广东省高等院校教育教学改革项目“广东省高校产学研用合作培养人才的研究与实践”；2011 年中山大学教务处本科教学改革研究课题“成人高等学历教育课程设置与教学改革探索”。）

参考文献

[1] 张伟．成人高等教育课程设置：问题与理论思考［J］．教育探索，2010（3）：43～45.

[2] 常杉杉．科学发展观指导下的普通大学成人教育课程体系构建［J］．成人教育，2011（6）：27～29.

[3] 杨会喜．成人教育存在的问题及发展途径新探［J］．中国成人教育，2008（3）：14～15.

① 引自百度词条．http：//baike. baidu. com/view/2514764. htm.

［4］张春. 我国成人教育课程体系设置的思考［J］. 继续教育研究，2009（1）：131.

［5］朱建文. 成人高等教育课程体系改革与创新的初步思考［J］. 中国成人教育，2007（4）：131～132.

［6］周文根. 创新教育视野下成人高等教育课程体系的构建［J］. 教育理论与实践，2011（3）：28～29.

［7］周淑卿. 课程政策与课程革新［M］. 台北：台湾师大书苑发行，2002.

［8］陈大学等. 成人高等教育课程体系存在的问题、成因及对策［J］. 继续教育研究，2009（9）：135～137.

对成人高等教育教学质量有关问题的思考

龙东宁　邬红云

（广东医学院继续教育学院　广东　湛江　524023）

【摘　要】《国家中长期教育改革和发展规划纲要（2010—2020年）》提出，继续教育的改革与发展也是教育整体发展的重要组成部分。目前成人高等教育价值取向偏差、师资队伍力量薄弱和教学模式滞后等问题影响着教学质量。针对上述问题，本文提出了改革我国成人高等教育发展的新思路：创新教育理念，改革陈旧的教学方法，广泛应用现代网络信息技术，探讨适应成人高等教育发展的新型教学模式，加强教学质量监控，构建高质量、有特色的成人高等教育体系。

【关键词】成人教育　教学质量　对策

伴随着我国经济社会的发展和变革出现的成人高等教育为我国构建终身教育体系、迈向学习型社会提供了必要条件，但由于受到社会、经济发展状况的制约，再加上社会观念及市场发展规律等因素的影响，我国成人高等教育在发展中也存在不容忽视的问题。当前，必须正视发展中存在的问题，谋求新的发展路径，更好地促进成人高等教育的发展，加强以教学质量为核心的成人高等教育体系的建设，全面推进素质教育对实现我国成人高等教育的可持续发展具有极为深远的意义。本文分析了影响成人高等教育教学质量的因素，并提出了相应的对策及建议。

一、影响成人高等教育教学质量的因素

1. 办学理念不明确

成人高校片面追求办学规模，盲目扩大招生，把学校继续教育办学作为创收的途径，一味地追求经济利益，几乎到了报考即可录取的地步。成人高等教育学生入学门槛不断降低，学生原有的认知水平较低，给教学及教学组织带来严重的困难，同时影响高等学校继续教育的办学信誉。成教学生绝大部分是已经在岗的从业人员，读书是为晋升职称需提高学历所迫，有些学校投其所好，盲目开设专业，成人教育成了“学历教育”、“文凭教育”。

2. 师资队伍力量薄弱

首先，成人高等教育缺乏一支素质优良、结构合理、相对稳定的教师队伍，普教、成教教师相同，中职、大专、本科教师之间也没有区别，教师没有明显的“成人”特色。其次，教师担任角色多，工作量大，教学任务繁重，没有更多的精力来进行教学研究。再次，许多成人高校教师都是外聘教师，教师的水平参差不齐，更换频繁，他们缺乏责任感和使命感，不能对教学投入足够的时间和精力，教学质量得不到保障。

3. 教学形式过于单一

成人高校忽视成教学生年龄大小不一、文化基础参差不齐的特点，采用了传统的教学方法与模式。教师将普通高等教育的教学内容直接搬到成人高等教育课堂上，以讲为主，过于注重知识的单向传输，较少关注学生的主动参与和探究知识的过程，而学生只是被动接受，从而抑制了学生的学习兴趣，不利于能力培养。

4. 远程教育不够成熟

现代远程教育大大增加了人们接受高等教育的机会和选择，正在成为我国继续教育的一支重要力量。目前，许多成人高校教育都在努力试行远程教育教学，在建设网络教学资源方面投入了大量的人力、物力，但是大多数教学设施并不完善、成熟，教学质量得不到应有的提高：①从事现代远程教育的网络教师队伍还不成熟。没有一支合格的、适应现代信息技术，并能将现代教育技术结合到教学中的远程教育教师队伍。②网络教育平台和资源建设还不成熟。教学有效资源不足与资源制作滞后，真正适合学生的、有针对性的资源很少；带宽传输速率不高，对实时授课、实时答疑等现代远程教学要求在技术上暂时还不能满足。③课件制作的标准规范和评价测量体系还不成熟，教学质量监控尚缺乏行之有效的措施，教学质量得不到保证。

5. 教学评估体制不健全

随着市场经济制度的不断推进和我国高等教育体制改革的不断深化，教学评估中的一系列问题也随之暴露。目前，评估中较强的政府行为及评估主体的单一化，评估所坚持的原则和标准也只能体现政府的愿望，难以保证评估的科学性、专业性。成人高等教育评估仍以普通本科教育一贯采用的学历与职称等为标准，模仿普通本科评估，还没有专门针对成人高等教育中非学历教育培训和现代远程教育的评估指标，从而脱离了成人高等教育发展的实际需要，方案设计滞后，时代性不强。评估作用难以运用，评估作用局限于鉴定与评比，而忽视了评估的导向、调控、激励、诊断、服务等，导致评估流于形式。

二、提高成人高等教育教学质量的对策

1. 学校要明确办学目的和指导思想

成人高等教育是我国国民教育的重要组成部分，对于培养社会发展重点领域急需人才、建设学习型社会具有不可替代的重要作用。成人教育的办学目的是让受教育者学习知识，培养能力，提升素质，特别是培养学生的可持续发展能力。摆脱片面追求经济利益、以学历教育为目标导向的办学目的，坚持“以质量求生存，以质量求发展”的办学指导思想，着眼未来、放眼世界，推动成人高等教育的可持续发展，为人类的发展和社会经济发展提供更好的教育服务。

2. 学生要明确学习目的和端正学习态度

当今社会发展过程是知识不断更新换代的过程，知识量的递增速度愈来愈快，知识的陈旧周期愈来愈短，如果没有深厚的专业知识和技能去面对激烈竞争的社会，徒有虚名是无立足之地的。这样的社会背景，就意味着在职成人不可能一劳永逸，必须不断地学习才能跟上知识的更新、时代的变化，否则就面临着被社会淘汰的危险。成人高等教育的学习目的不仅是获得文凭、提高学历，更重要的是不断提高市场意识，增强危机感、紧迫感和

前瞻性，着眼自身的职业发展规划，提高专业技能或掌握热点行业应用技术，以提升自身职业竞争力，端正学习态度，培养良好的学习习惯、学习方法、学习探究等。

3．加强师资队伍的建设

温家宝总理7月13日在全国教育工作会议上的讲话指出："能否造就一支师德高尚、业务精湛、结构合理、充满活力的高素质专业化教师队伍，是我国教育发展中一项重要而紧迫的任务。"成人教育教师管理机制需要完善，首先要组织一支具有成人特色的独立的教师队伍，形成以学院专职教师为主体，社会兼职教师为补充，同时吸收一些有丰富实践经验的专业人才加入到教学队伍中来的相对稳定的专职师资队伍。其次要不断提高教师队伍整体业务素质，每个教师应具备深厚的专业功底和独特的教学艺术，具有出色的教学效果和对教育教学的深入研究。鼓励专职教师继续深造和参与专业培训，提高教育理论水平，尝试新的教学方法，形成一支素质较高、熟悉成教发展规律及社会发展趋势的严谨务实的师资队伍[1]。

4．改进教学方法，发展好现代信息技术手段

教学方法注重因材施教。成人学员对学习多有独到见解，有探讨和研究问题的能力，具有一定的社会实践经验。针对成人学生的特点，教师应加强对成人教育教学规律和教学特点的探索与研究，改变平时所采用的普通高等教育的模式，教学方法要特别注意成教学员的接受能力，精心组织教材，斟酌语言，把握重点，提纲挈领。教师在课堂上应采用多种教学方式，如"参与式教学"、"讨论式教学"等，充分调动学员的学习积极性和主观能动性，激发学员的求知欲，传授学员一些科学的学习方法和掌握知识的技巧，培养学员主动获取知识的能力。针对成人学生的工学矛盾突出，到课率下降严重的现象，应努力发展现代远程教学手段，打破完全以传统面授为主的教学模式。做好远程教育，拓展远程空间，提高远程教育的效果，要注意以下几点：①硬件环境建设，学校应加大在信息化建设方面的投资力度，有计划地配备计算机以及推进学校设施的智能化；②软件资源建设，开发优秀的教学课件；③人力资源建设，建设一支现代化的教师队伍[2]。

5．健全教学评估机制

我国成人高等教育评估法规无论在指标体系上还是在评估形式上，都无法满足各个学校的需要，应根据高等教育评估的国际趋势及我国现状，以引导和促进高校发展为基本出发点，进一步修改和完善评估的规定和条款。为了提高和保证成人高等教育评估的有效性与可行性，各学校应根据自身发展需要，以科学发展观为指导建立自己的评估方案和指标体系。要进行广泛深入的调研、全面系统的论证，建立一套科学、全面、可行性强的纲领性、权威性评估方案及其指标体系，通过多方面收集信息，力求评估结论全面、公正、准确。评估机制应该有较充分的双向交流和反馈余地，被评估者通过动态评估，调整自身的办学行为，获得持续的质量改进和发展空间，以真正达到评估的目的，逐步形成学校操作、中立机构评估的长效机制。

（本文发表于《中国科技财富》2011年第2期）

参考文献

[1] 崔铭香. 成人高教"普教化"改革:"回归自身"[J]. 成人教育，2007 (10): 40 ~ 42.

[2] 吴晓东，张东红. 关于普通高校办成人高等教育的几点思考 [J]. 上饶师范学院学报，2004 (2): 42 ~ 44.

学习支持服务体系实践模型的建构与分析

曾祥跃

（中山大学网络教育学院　广东　广州　510275）

【摘　要】 基于远程教育实践和理论研究成果所建构的“三位一体”学习支持服务体系实践模型，融学习支持服务的服务内容系统、组织架构系统和运行保障系统于一体，体现了学习支持服务体系的完整性。该模型所采取的基于服务主体的服务内容分类，基于办学模式的组织架构建构，以及基于体系运行的保障系统建立，对于远程教育院校建构和完善学习支持服务体系，具有一定的参考价值。

【关键词】 学习支持服务　体系　实践模型　建构

我国开展现代远程教育试点工作已近十四年，各远程教育院校在试点工作中，逐渐形成了各具特色的学习支持服务模式，并积累了较为丰富的研究成果。中国期刊全文数据库中，1998—2004 年期间研究学习支持服务的学术文献已近千篇。学习支持服务的经验与学术积累，既成为本研究课题的现实基础和学术依据，也为学习支持服务模型的进一步研究提供了方向。

一、学习支持服务体系实践模型的建构

1. 学习支持服务体系的基本构成

从实践角度看，学习支持服务体系的基本构成包括三部分：服务内容系统、组织架构系统和运行保障系统。

服务内容系统：远程教育院校建构学习支持服务体系的目的是为了给学习者提供学习支持服务，学习支持服务体系也因服务内容而存在，因此，服务内容系统是学习支持服务体系的必要组成部分，也是其核心。

组织架构系统：不同的远程教育办学模式，会产生不同的组织架构，而不同的组织架构，会对学习支持服务提供方式产生重要影响。比如，与校外学习中心合作的远程教育院校，相对于与公共服务体系合作的远程教育院校，它们的组织架构会有差异，与之相适应的学习支持服务提供方式也会有差异。因此，学习支持服务体系的建构，需要考虑学习支持服务的组织架构系统，并将学习支持服务的组织架构系统纳入到学习支持服务体系的构成中。

运行保障系统：运行保障系统包括人力资源、设施设备和规章制度的保障，是学习支持服务体系的必然构成。不同的办学模式，会有不同的学习支持服务路径和流程，因此，在人力资源的配备、设施设备的配套以及规章制度的建设方面有较大差异。

2. “三位一体”学习支持服务体系实践模型

基于学习支持服务体系的基本构成，可以建构出“三位一体”的学习支持服务体系实践模型。其中的“三位”是指服务内容系统、组织架构系统和运行保障系统，“一体”是指学习支持服务体系。具体而言，“三位一体”学习支持服务体系是指学习支持服务的服务内容系统、组织架构系统和运行保障系统三者相互作用、相互促进，共同构成的一个整体。“三位一体”学习支持服务体系实践模型如图 1 所示。

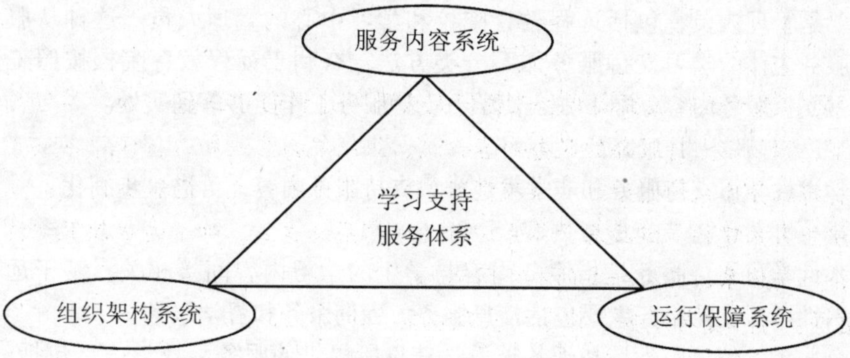

图 1　学习支持服务体系实践模型

3. 学习支持服务体系的定义

从学习支持服务体系构成的角度，可对学习支持服务体系进行以下定义：学习支持服务体系是指远程教育院校及其合作者对学生学习及相关活动进行支持的服务体系，包括学习支持服务的服务内容系统、组织架构系统和运行保障系统。这里的合作者是指与远程教育院校合作开展远程教育的机构或个人，如远程教育的校外学习中心、为远程教育院校提供技术支撑的企业等。

二、服务内容系统分析

1. 基于服务主体的学习支持服务内容分类

关于学习支持服务体系的服务内容分类，其代表性研究成果主要有三种。

一是艾伦·泰特提出的二元分类。他认为学习支持服务体系包括学术性学习支持服务和非学术性学习支持服务。其中学术性学习支持服务包括由导学教师负责的活动，这些活动使得一个学生或一组学生能够投入学习当中；非学术性学习支持服务则包括咨询人员协助新生选择要修读的课程，以及在某段时间内为学生所提供的支持，使他们能够克服困难，完成课业[1]。

二是孙龙国提出的三元分类。他从课程教学的角度，认为学习支持服务体系包括导学服务体系、助学服务体系和促学服务体系。其中，导学服务体系包括方法、课程、章节、实践和知识点等导学服务，助学服务体系包括媒体教材、教学信息、面授辅导、学习交互、教学设施等服务，促学服务体系包括考核、考试、实习、答辩、情感等服务[2]。

三是丁兴富提出的六元分类。他从广义学习支持服务的角度，认为学习支持服务体系包括六类服务：①信息服务：信息发布、信息反馈与处理答复；②资源服务：课程材料发送、图书馆服务、网络资源；③人员服务：辅导、咨询（与学习有关的和与学习无关的），兼职辅导教师和学生顾问，学生小组活动；④设施服务：图书馆相关设施服务、视听设备服务、通讯设备服务、计算机及网络服务；⑤实践性教学环节；⑥作业、测试和考试（对远程学习者的评价）[3]。

从学习支持服务实践的角度看，笔者倾向于艾伦·泰特的学习支持服务分类方法，即将学习支持服务分为学术性学习支持服务和非学术性学习支持服务。学术性学习支持服务的服务主体主要是教学类人员，包括主讲教师和辅导教师等；非学术性学习支持服务的服务主体主要是管理人员，包括远程教育院校和学习中心的管理人员。这种从服务主体出发，基于服务主体的学习支持服务体系分类方法，有利于远程教育院校按照工作人员类别，将学习支持服务内容分配下去，使学习支持服务工作能够落到实处。

2. 学习支持服务内容的进一步细化

对于学术性学习支持服务和非学术性学习支持服务内容，可进一步细化。

（1）非学术性学习支持服务内容。

非学术性学习支持服务是指服务内容与学生的学习内容间接相关。基于远程教育实践，非学术性学习支持服务主要包括信息服务、咨询服务和督学服务。

①信息服务。信息服务是基于各类教学信息所提供的服务，教学信息包括教学计划、教学日历、开课信息、教材信息、考试信息以及各类教学教务通知等。信息服务通常包括信息发布、信息传播、信息检索和信息处理等服务。信息发布是指将各类教学信息通过各种媒体发布出去，如发布教学计划、教学日历和教学通知等；信息传播是指将各类教学信息通过电话、短信、QQ 等形式传播给学生；信息检索是指将学生所需要的信息集中在一起，开发检索功能，方便学生查找信息，如将学生经常碰到的教学信息相关问题整理成 FAQ 等；信息处理则是指将各类信息分类，对不再有用的教学信息进行删除或隐藏处理，避免学生受到冗余信息的干扰。

②咨询服务。咨询服务是指为解答学生的非学术性问题而提供的服务。咨询服务通常包括教学咨询、学籍咨询、考务咨询、心理咨询等。教学咨询内容主要包括学习流程、教学安排、学习平台登录等；学籍咨询内容包括注册、缴费、成绩、毕业等；考务咨询内容包括考试地点、考试时间、考试方式等；心理咨询则是为了帮助学生缓解学习压力、解决心理问题而提供的咨询服务。

③督学服务。督学服务则是指远程教育管理人员（主要是学习中心管理人员）根据教学工作安排，通过通知提醒、组织活动等方式督促学生按时完成各项学习任务。督学服务与学习内容不直接相关，其重在“督”。由于在职学生不仅要完成规定的学习任务，还需要处理工作中的各项事务。繁忙的工作和学习，使得学生需要有人及时提醒自己完成各项学习任务，因此，督学服务是一项重要的非学术性学习支持服务。

（2）学术性学习支持服务内容。

学术性学习支持服务是指与学习内容直接相关的学习支持服务。借鉴孙龙国的学习支持服务分类方法，可以将学术性学习支持服务分为导学服务、助学服务和促学服务。

①导学服务。导学服务是指为引导学习者利用学习资源自主学习所提供的服务。导学服务重在“导”，通常包括方法导学、专业导学和课程导学等。方法导学是指在新生入学时，教师结合远程教育特点，为学生提供学习方法和学习技能的指导，以帮助学生适应远

程学习环境，进入远程学习境界。曾祥跃所做的调研显示，远程教育院校中，57.4%的院校将远程学习方法与技术的导学设置成了专门的课程[4]。专业导学是指教师从专业层面介绍本专业的课程设置、发展方向、发展前景等内容，帮助学生了解所学专业，明确今后的学习方向。课程导学是指教师结合本课程的特点，介绍本课程的学习方法、重点、难点等，帮助学生能够有的放矢地学习课程内容。

②助学服务。助学服务是指为帮助学生理解、消化学习资源而提供的一种服务。助学服务重在“助”，是对学生学习过程的帮助，包括网上辅导、面授辅导、学习活动、复习指导。网上辅导是指教师在学习平台上，通过实时或非实时交互方式进行教学辅导。面授辅导则是指教师面对面地对学生进行教学辅导。学习活动是指教师通过组织学习活动，帮助学生消化、理解课程内容。复习指导主要指教师指导学生期末复习的一种辅导。

③促学服务。促学服务是指教师通过各种考核、激励方式，促进学生自主学习。促学服务与学习内容相关，如教师要求学生完成课程作业，并将作业成绩计入课程总评成绩，这一措施就是促学服务。期末考核也是一种促学服务，学生如果要通过期末考试，就需要在平时认真学习。

学习支持服务体系的服务内容系统如图2所示：

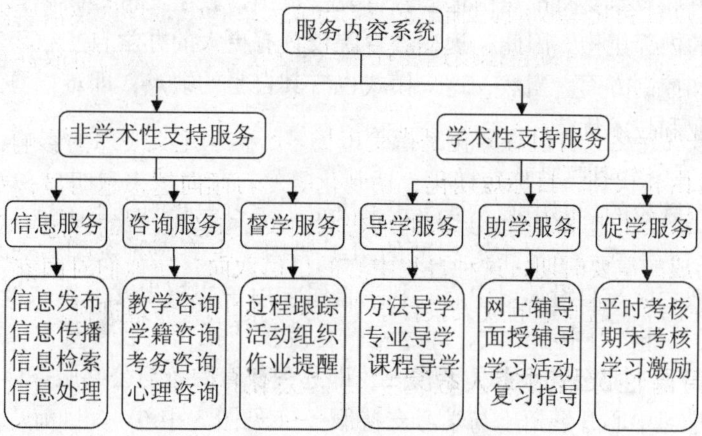

图2　学习支持服务体系的服务内容系统

三、组织架构系统分析

学习支持服务体系的组织架构决定于远程教育院校的办学模式。不同办学模式的远程教育院校，其组织架构也会有差异，因此，学习支持服务体系的组织架构是一种基于办学模式的组织架构。学习支持服务体系的组织架构分为两个层面：院校层面和学习中心层面。

1. 院校层面的组织架构

当前，远程教育院校的办学模式主要有三种类型：服务外包模式、校内协作模式和独立运作模式。与办学模式相对应的院校组织架构也有三种类型：一是服务外包模式，即远程教育院校将技术支撑服务、资源建设服务等外包给企业，由企业为学生提供技术支持等服务，这类远程教育院校往往不需要设立专门的技术支撑部门或资源建设部门，而是仅仅设立负责相互沟通和联系的工作岗位（见图3中①）。二是校内协作模式，即远程教育由校内的多个部门共同开展，如远程教学工作由专业院系负责，技术支撑和资源建设工作由学校的技术部门负责，远程教育院校主要负责学习中心建设、招生、教务、考务管理工作，以及教学和技术服务的管理和协调工作，因此，不需要设立专业的技术支撑部门和专门的教学实施部门（见图3中②）。三是独立运作模式。这类远程教育院校具有完整的办学功能，独立运作，其不仅要负责学习中心建设、招生、学生管理，还需要负责教学实施和技术支撑。因此，这类远程教育院校往往人员最多，部门最全（见图3中③）。

不同的组织架构，对学习支持服务会产生不同的影响。对于采用服务外包模式的远程教育院校，如果企业的专业化程度高，熟悉远程教育的流程和规律，将有利于实现学习支持服务的专业化，提高学习支持服务的效率和质量。反之，则会因为中间环节多，影响学习支持服务的执行效果。对于校内协作模式，专业院系负责远程教学，学校技术部门负责技术支撑，能为学生提供更专业的学习支持服务，同时也能充分实现远程教育院校的优质资源共享。然而，这一模式的关键在于校内不同单位之间的沟通协调问题。如果相互之间沟通不好，办学理念不统一，则会影响学习支持服务的提供。对于独立运作模式，由于所有的教学支持和技术支持都是由远程教育院校承担，教学支持部门和技术支持部门只是远程教育院校的内部机构，因此，远程教育院校具有更大的办学自主权，特别是在学习支持服务的投入和控制方面。当然，这一模式也有其自身的缺点，即难以真正体现远程教育院校的学科专业和技术优势。

2. 学习中心层面的组织架构

远程教育院校的学习中心发展模式，决定了学习中心的组织架构。基于远程教育院校的学习中心发展模式，学习中心层面的组织架构主要有三种类型：一是直属学习中心模式，即远程教育院校自设学习中心，利用直属学习中心招生并提供学习支持服务（见图3中④）。二是校外学习中心模式，即远程教育院校依托其他教育机构，设置校外学习中心（见图3中⑤）。三是公共服务体系模式，即远程教育院校与公共服务体系合作，依托公共服务体系的学习中心开展招生与学习支持服务（见图3中⑥）。目前，大部分远程教育院校具有直属学习中心模式和校外学习中心模式，有些远程教育院校则兼有上述三种模式。

不同的学习中心组织架构，会对学习支持服务产生不同的影响。对于直属学习中心模式，由于其与远程教育院校是一体的，因此，各类学习支持服务制度的执行会更彻底，学习中心也更能理解和领会远程教育院校的学习支持服务理念。对于校外学习中心模式，远程教育院校对于学习中心的掌控力度相对较弱，学习中心的趋利性比较强，较高的学费分成往往有利于促进学习中心做好学习支持服务。对于公共服务体系模式，远程教育院校对公共服务体系的学习中心掌控力更弱，能否督促学习中心做好学习支持服务依赖于公共服务体系。

学习支持服务体系的组织架构系统如图3所示：

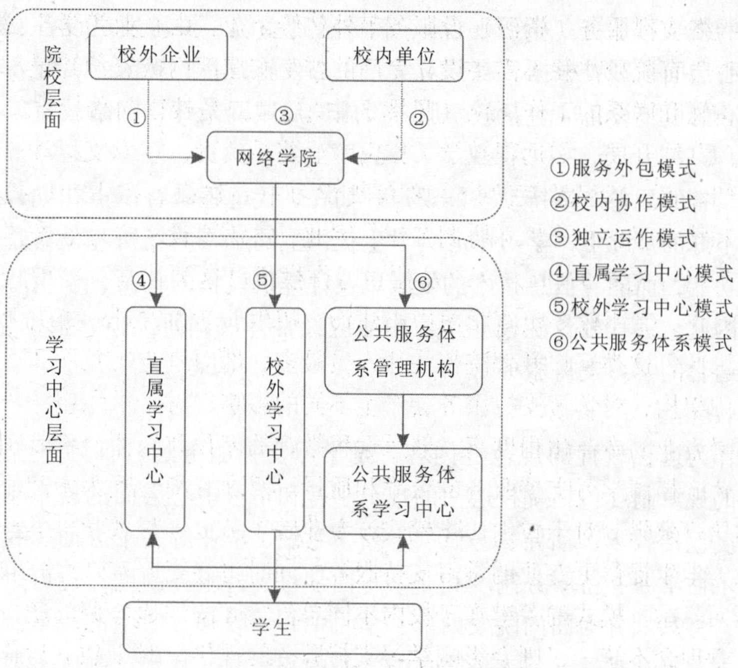

图3 学习支持服务体系的组织架构系统

四、运行保障系统分析

对于远程教育院校来说，设计了学习支持服务内容，建立了学习支持服务组织架构，接下来，就需要为学习支持服务体系配备人员、设备，并建立相应的规章制度。我们将这一类基于学习支持服务体系运行所做的配套，统称为运行保障系统。学习支持服务的运行保障系统主要包括三个部分：人力资源、设施设备、规章制度。

1. *人力资源*

学习支持服务的服务主体是人，包括学术性学习支持服务人员、非学术性学习支持服务人员。结合学习支持服务的组织架构，学习支持服务人员主要分为两大类型：院校层面学习支持服务人员和学习中心层面学习支持服务人员。在院校层面，既有负责学术性学习支持服务的人员（如辅导教师、论文指导教师等），也有负责非学术性学习支持服务的人员（如教学教务管理人员、技术人员、心理咨询人员等）。在学习中心层面，根据远程教育院校对学习中心的功能定位，学习中心的人员配备会有差异，对于教学工作完全由远程教育院校承担的学习中心，学习中心支持服务人员主要是非学术性学习支持服务人员（如教学教务管理人员、班主任等）。对于承担部分教学工作（如面授辅导）的学习中心来说，除了非学术性学习支持服务人员外，还需要配备一些学术性学习支持服务人员，如辅导教师、论文指导教师等。

对于远程教育院校来说，不仅要关注学习支持服务人员的构成，还要关注学习支持服务人员的数量和质量，要为各类学习支持服务配备合格、足够的学习支持服务人员。

2. *设施设备*

设施设备是远程教育院校和学习中心开展远程教育的基本条件。学习支持服务的设施设备也可以分为两个层面：院校层面和学习中心层面。在院校层面，设施设备包括教学资源制作设备、网络学习系统（学习平台）、教务管理系统、资源发送设备、教学辅导系统等。在学习中心层面，则要根据教育部对学习中心设施设备的规定[5]，配备相应的设施设备。如学习中心的设施设备应包括教学服务设施、局域网条件、网络教室以及联网计算机等方面。

对于设施设备的配备应该持动态的观点。如在现代远程教育试点初期，学生的上网条件及网络速度不好的情况下，学习中心为学生提供上网学习的场所和设备是学习中心的一项重要的服务功能，而随着信息技术的发展以及计算机设备的普及，学生基本不再需要这一服务功能。因此，远程教育院校和学习中心应经常开展调研工作，根据学生实际需要，为学生提供最适合的学习支持服务。

3. 规章制度

规章制度作为远程教育的规范性内容，是学习支持服务运行保障系统的重要组成部分。远程教育的规章制度包括院校层面的规章制度和学习中心层面的规章制度。在院校层面，其规章制度包括教学、辅导、考试、学籍、学位、毕业等多个方面。我们可以简单地将其划分为学术性学习支持服务制度和非学术性学习支持服务制度；也可以根据规章制度所涉及的对象，将其划分为面向院校内部、学习中心、教师、学生的规章制度。在学习中心层面，对于不承担学术性学习支持服务的学习中心来说，其规章制度主要是非学术性学习支持服务管理制度，包括信息服务、咨询服务、督学服务以及人员管理等规章制度。对于承担一定教学工作或论文指导工作的学习中心来说，则还应包括学术性学习支持服务制度，如学习中心的辅导教师管理制度、论文指导制度等。严谨、完善的规章制度有利于保障学习支持服务的顺利开展。

学习支持服务体系的运行保障系统如图4所示：

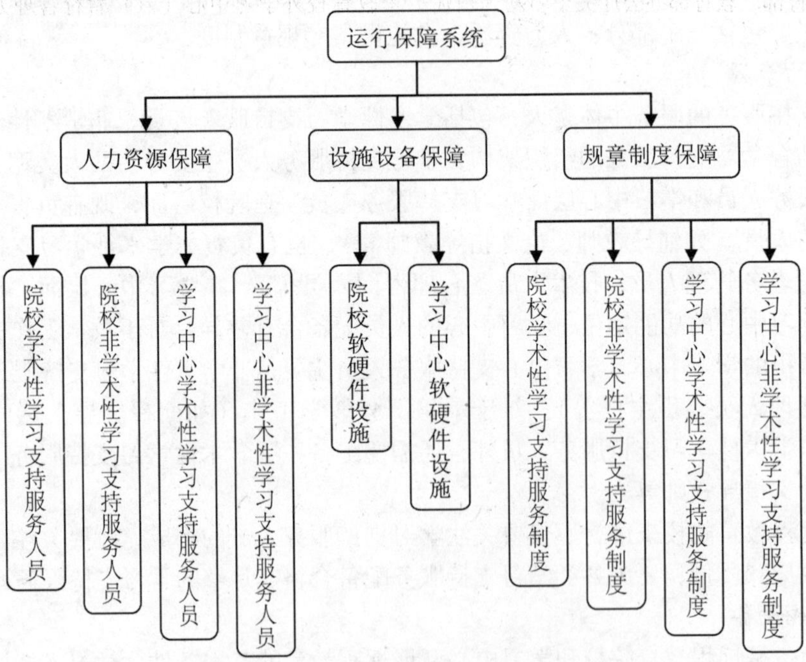

图4　学习支持服务体系的运行保障系统

五、总结

本研究所建构的学习支持服务体系模型，体现了学习支持服务的实操性。具体表现在四个方面：一是该模型融服务内容系统、组织架构系统和运行保障系统于一体，远程教育院校可从这三个方面设计和建构学习支持服务体系；二是体现了学习支持服务的服务主体，方便远程教育院校将学习支持内容落实到各类学习支持服务人员；三是体现了办学模式，远程教育院校可根据自身的办学模式，建构学习支持服务组织架构，设计学习支持服务路径和流程；四是体现了学习支持服务体系的运行保障机制，远程教育院校可从人力资源、设施设备以及规章制度等方面设计学习支持服务体系的运行保障系统。

本研究所建构的学习支持服务体系实践模型，对于远程教育学习支持服务体系的研究和完善具有一定的参考价值。同时，我们对于学习支持服务体系的建构，需要持有动态、发展的观点。随着远程教育办学模式的创新、服务内容的拓展、服务手段的更新，学习支持服务体系也会发生相应变化。

参考文献

[1] 艾伦·泰特. 开放和远程教育中学生学习支持之理念与模式 [J]. 中国远程教育，2003 (15)：15～23.

[2] 孙龙国. 远程网络课程“导学＋助学＋促学”学习支持服务体系的构建及应用 [J]. 河南科技学院学报，2011 (6)：28～30.

[3] 丁兴富. 远程教育学 [M]. 北京：北京师范大学出版社，2001.

[4] 曾祥跃. 远程教育导学的课程化现状及思考 [J]. 广东广播电视大学学报，2011 (4)：21～24.

[5] 教育部. 教育部办公厅关于印发《现代远程教育校外学习中心（点）暂行管理办法》的通知 [Z]，2003.

学习评价与网络课程教学设计

余新科　伍尤发
（华南理工大学继续教育学院　广东　广州　510640）

【摘　要】本文阐述了学习评价的教学作用和实现要素，指出了目前网络课程实施学习评价存在的问题，并针对这些问题提出了可行的解决方案，为进一步提高网络课程教学设计水平和课程质量提供参考。

【关键词】学习评价　网络课程　教学设计

学习评价是评价主体对学习者的学习活动及其结果按照一定的标准或理论框架，作出分析、得出结论的活动，这个主体既可以是学习者自己，也可以是学习者之外的他人。学习评价虽不是课程教学的最主要环节，却是相当重要的一环。

传统的课堂教学通过师生的课堂交流、课内外的讨论、作业、大小考核、测验等形成了较好的学习评价机制，教师和学生大体上都能恰当地运用。但学习评价之于课程教学仍有广阔的探索空间。网络课程是一种新的教学模式，在网络课程的教学设计中如何发挥好学习评价的作用，取得好的教学效益，具有理论和实践的双重意义。

一、学习评价的教学作用及其实现的基本要素

马克思主义认为，人的本质是“一切社会关系的总和”[1]。社会的人，其自我意识、价值判断、理想、意志、行为表现等是从比较他人或对自我的各种评价中产生的。一个人通过不可胜数的评价从自然人成为社会人，成就其在社会活动中的某一个角色。一个人参加某项社会活动，对活动中选择的一系列行为，必定进行着价值判断。价值判断的正确与否，关联着活动效益。价值判断的过程就是一系列的评价过程。其中自我评价决定行为与否，他人评价则影响自我评价的取向。由此可见学习评价（包括自我评价和他人评价）对教学效果有着重要影响。

从教学的角度讲，学习评价有如下几个作用：

其一，导向作用：影响学习者学习活动的价值取向，对学习者的学习计划具有导向作用。

其二，诊断作用：分析学习者在多大程度上实现了教学目标，借以判断学习的成效、分析存在的问题，从而得知教学效果和学习者学习努力的方向。

其三，调控作用：教与学双方都可以依据评价的结果，改进教与学的进度、节奏，变更教与学的策略、方法，从而使教和学双方的活动效益进一步提高。

其四，激励作用：经常的肯定性评价可以提高学习兴趣，强化行为主义心理学家称之为“联结”，其能增强学习的意志，而经常的否定性评价有可能使学习者丧失信心。

其五，督促作用：评价可以使学习者明确应何时完成什么学习任务，根据任务要求和自身的条件要如何努力等，敦促学习者及时地完成各阶段的学习任务。

其六，巩固提高作用：评价活动一般需要对学习的知识进行操作，操作过程是复习、巩固与迁移习得的过程，其中也有“试错”的学习机理，即通过认识错误得到正确的东西。

理论与实践都表明[2]：在经常的、客观的、正面的评价下，学习者在学习过程中有较好的表现。外界的评价必须转化为学习者的自我评价方能起作用。要使学习评价充分发挥，并促进学习者的学习，有三个重要的因素：

一是学习目标，即学习者通过努力应达到的目标，包括整个课程学习的目标和分章节的目标、教学目标。教学目标往往由教育者或教师根据人才培养目标确定，它是学生努力的方向，又是学习评价的依据。

二是学习评价的方法、手段。例如回答问题、讨论问题、课后练习、章节测验、课程考试等。学习效果的测量方法、手段又可分为定性、定量分析等。使用的方法应合理，得到的结论要恰当。

三是对评价的反馈。外界对学习者的评价要及时地反馈给学习者，通过学习者对外界的评价进行再评价并接受，其中的有益因素才能起作用。

二、网络课程中学习评价存在的问题

传统课程教学由于师生间的时空距离相对较近，课程学习的人数较少，因此平时作业、测验、讨论等学习评价的传统方式易于发挥作用。而在网络课程教学中师生距离、学习者的交流方式发生了变化，那么原来行之有效的学习评价的方式、方法也理应随之而变。然而，事物的发展并非一蹴而就，目前在网络课程教学中，学习评价环节存在着以下三个方面的问题：

1．失当的质量观

不同的质量观会导致不同的学习评价策略。目前由两种认识而产生的教学目标，我们认为是失当的。

其一，认为现代远程教育的学历教育层次与全日制的本、专科教育一样，那么体现在课程教学中的教学目标就不应有二致，因而把专业培养计划、课程教学大纲、教学目标简单地从全日制本、专科教育的培养计划中复制到网络教育中，学习评价的方式、方法也一律照搬。因而在教学中产生学习评价目标或标准失误的情况。

其二，认为现代远程教育的对象是在职人员，他们在历年高考中没有考上大学，在知识结构和智力水平上都不能与全日制本、专科学生相提并论。因而，在学习评价中产生两种学习评价策略：一种是带有歧视性，给予学习者相当低的评价；另一种则是简单降低评价标准，给予不恰当评价。

2．过于简单的方式、方法

现代远程教学特点的变化，使原来行之有效的一些评价方式、方法，如课堂讨论、作业的及时批改等，由于需要资金、技术、精力等的投入而变得难以实现，对学习评价的重要性又没有引起相当重视。因此网络课程教学中的学习评价环节流于形式，方式、方法过于简单，具体表现在以下三方面：

其一，整个课程既无课后练习，也无学生参与的讨论，唯有最后的课程考试。考完试后，仅给出是否通过的分数，没有对考试的结果作评论。学生无法得知哪儿学得好与不好、该如何努力，更不用说学习评价对学生学习过程是否起到指导作用了。

其二，有的课程虽有课后练习以及模拟试题，并给出标准答案或参考答案，使学习者进行自我评价时有了一定的参照标准。但是，对学习者的学习方法、学习节奏等缺乏指导。而且，一些主观性命题虽给出了参考答案，但学生之间没有比较，难以认识自己在同类学习者中的学习水平。

其三，部分现代远程教育试点高校认识到对学习过程进行评价、在学习过程中及时评价的作用，开展了一些形成性评价，但仍然有流于形式之嫌。如一些高校仅凭记录学生上网学习课程的次数与时间、记录学生是否上交网上教师的作业来给定平时成绩。

3．缺乏及时反馈

学习评价的及时反馈对学习者及时调整学习态度和方法是很关键的。一些网络课程虽然根据网络教学的特点，考虑了学习评价的设计，但是及时的反馈机制却不健全。如有的课程要求学生上传作业，而教师由于工作精力分配问题，不能及时地批改或给出指导性意见，甚至有的课程在考试之后一两个月还不能给出成绩，更不用说及时给予引导、参与网上讨论等；更多的课程则没有考虑学习评价的反馈。

三、建议及我们的实践

网络课程的教学如何充分发挥学习评价的作用，使之激励、督促和指导学生的学习，既与学习评价的方略有关，也与教学的管理机制，乃至教学理念有关。就此，我们提出几点建议，也把我们的实践经验呈现出来，谨供参考。

1．树立正确的质量观

质量观直接影响着教学目标，从而影响到对学习的评价方式和手段。网络教育的目的和对象与全日制本科教育不一样，因此教育的质量观在取向上应有区别。网络教育的对象主要是在职人员，具备一定的社会实践和生产实践能力，应重点突出其实践应用能力的提高，而不是培养研究生的后备军。另外，也没有必要认为在职人员的知识水平与智力水平就低于全日制在校生。因而，我们在对于网络教育的对象的学习进行考察、评价时，既不能低标准、低目标，也不能照搬全日制本、专科教育的标准和方式，应该结合实际，侧重于对他们应用能力、理论联系实际能力的培养。

2．充分调动教师的积极性

课程的教学评价既要靠教师设计，又要靠教师主导和参与，因此充分发挥教师的积极性是相当重要的。网络教育的教师同时担负着科学研究、全日制研究生及本、专科在校生的教学任务。并且，目前的人事考核制度重科研、轻教学，重全日制本科、轻网络教育和成人教育的现象普遍存在。这就不能保证教师投入一定时间和精力于网络课程，网络课程的学习评价只能是低效益的。为了调动教师的积极性，我们将课程开发与课程辅导捆绑起来，以横向科研项目的方式，较好地解决了教师的精力投入问题。

3．充分利用现有技术手段，有效地组织多种交流活动

学习评价起作用，在于师生间关于课程学习的广泛交流。网上教学较之传统教学，师生间的时空距离、师生比例等条件都发生了变化。过去的师生间交流模式在新的条件下已

不适应了，而学习评价起作用的关键在于师生之间的各种交流活动。断言网络条件下师生间、同学间的交流不如传统教学是不正确的。网络条件下的各种学习交流能否形成新的评价机制，要靠我们去组织、去挖掘、去精心设计。诚然，过去行之有效的办法，在网络条件下会遇到一些技术、成本、组织管理上的困难。但新的技术手段又会创造新的条件，学习评价的手段又会有新的进步。我们应充分利用新的技术手段，有效地改进我们的教学，创造性地组织多种网上交流活动，搭建学习评价新机制，比如，利用远程视频会议系统进行课堂讨论、作业点评等。为了发挥学习评价的作用，华南理工大学网络教育学院在课程设计中，做了如下几点工作：

其一，利用 Web 技术，开发了课程讨论平台，使每门课程都有一个讨论区，在讨论区里，师生均可发表关于课程学习的言论。由教师主导一定阶段的讨论专题，并适时地进行总结和分析，评定学习者的平时学习成绩。

其二，利用仿真技术和三维动画等技术，建设虚拟实验室、虚拟法庭等。目前已建成的大学物理实验室、虚拟会计实验室、虚拟法庭等要求教师参与其中的讨论活动，并在活动中进行评议、分析和讲解。

其三，根据斯金纳的“程序教学法”，学习《新概念英语》中循序渐进作业指导的方法，设计具有初步智能功能的作业系统，初步实现一些人机交互功能、利用机器即时地对学生学习进行评价并反馈指导意见。我们相信，随着神经网络等智能技术的进一步成熟，机器的学习评价功能将会更加优越。

四、结束语

在网络课程教学实施中引入多种学习评价机制是十分必要的。现有网络课程的学习评价还有待于进一步的设计和开发，学习评价的手段和方法有待于我们深入思考、不断创新。我们相信，随着网络课程教学设计水平的进一步提高，学习评价必将发挥其应有的作用。

参考文献

［1］马克思恩格斯选集（第一卷）［M］. 北京：人民出版社，1995.

［2］［美］G. H. 鲍尔，E. R. 希尔加德. 学习论——学习活动的规律探索［M］. 邵瑞珍，皮连生，吴庆麟等译. 上海：上海教育出版社，1987.

成人高等教育课程质量监控与评价方法的研究

黄仁伦　廖吉娜　陈　亚
（广州中医药大学继续教育学院　广东　广州　510405）

【摘　要】本文详细分析了影响课堂教学质量的主要因素（教师的教学水平、学生因素、管理人员的服务水平、规章制度的健全和落实等），并主要从启用教务管理系统评价模块、加强督导检查、设立成人高等教育学生教学信息员、考试成绩分析等几个方面阐述了如何更全面地构建课堂教学质量监控评价体系，从而更好地保障成人高等教育的教学质量。

【关键词】成人高等教育　教学质量　监控体系

教学质量是教学过程中多因素、多环节共同作用的结果和反映，它的形成是一个涉及诸多因素和环节的系统工程。课堂教学质量监控包括对教学过程的实时监控和对教学反馈控制的完整闭环系统。在中医药成人高等教育课堂教学质量监控与评价方法的构建过程中，需要结合成人高等教育的特点，树立科学的质量观，研究科学的评价体系。

一、课堂教学质量的影响因素

影响课堂教学质量有多方面的因素，包括教师的教学水平、学生因素、管理人员的服务水平、规章制度的健全和落实等。我们需要针对这些影响因素，找出较为完善的解决办法，从而确保较高的教学质量。

（1）教师的教学水平。教师的教学水平是影响课堂教学质量最主要的因素之一，学校务必选择具有较高资质、职称和学术水平的专职教师为学生授课。影响教师教学水平有多个方面，包括教师自身的教学能力、课前的准备（教案、讲稿、PPT）、教师对成教的重视程度、学生的学习氛围等，可以通过监控评价体系加强任课教师对成教的重视，使其做好课前准备，努力提高自身的专业学术水平和教学能力。

（2）学生因素。成教学生来自社会各个行业，分散在全省各地，距离学校较远，往返不是很方便；大多成教学生都是业余学习，有的还要照顾家庭，存在较为严重的工学矛盾；现代社会竞争压力较大，不进则退，绝大部分成教学生就是抱着提高学历竞争力的目的参加学习的，学习动力不够。学校必须根据学生的具体情况，找出合适的办法加以解决。如加强考勤，要求学生必须参加一定学时的课程学习，否则取消考试资格；加大网络学习的力度，使学生在家就可以登录系统进行学习，缓解工学矛盾；积极改革教学方法、教学形式和课程体系，使授课内容与学生的需求相适应，增加学生的学习兴趣。

（3）管理人员的服务水平。教学的主体是教师和学生，管理人员所做的一切都应该围绕这二者进行，为其提供良好的教学环境，使之能安心地进行教学。如课室多媒体设备坏了未得到及时修理；调整了上课地点未及时通知相关的老师和学生；学生有问题找不到班主任，无法进行有效的沟通解决。学校必须加强管理，提高服务意识，及时解决相关问题。

（4）规章制度。“无规矩不成方圆。”只有健全的规章制度，才能规范各级人员的行为，确保良好的教学秩序。根据学校有关管理条例，不断加强和完善各级部门教学管理体系；切实完善教学督导制度，努力提高教师教学质量；建立班主任跟班听课制度，及时掌握教学情况和学生动态；加强课堂纪律管理，形成优良的学风及良好、和谐的教学环境。

二、全面构建课堂教学质量评价体系

（1）启用教务管理系统评价模块。成人教育学生比较分散，同时，由于工学矛盾，每次授课均有不少同学缺课，要现场了解学生对教学效果的满意度和对教学过程提出意见比较困难。鉴于此，可以通过系统的评价模块进行点评，管理人员直接在后台获取学生对任课教师的评价。为了让更多的学生参与系统评价，可以通过系统设定，要求设定的课程班级学生必须进行系统评价，否则不予进行系统的其他操作，如免修申请、缓考申请、资料的修改和成绩查询等。构建评价模块时，要注意以下几个方面：

①评价表的构建。评价表的构建要科学、客观、全面和适应性强。

②评价结果查询。系统管理员和任课教师可直接通过后台查询评价结果，同时，系统管理员能根据需要，将相关结果指定给其他相应人员查看，如主管校导、学院领导和教研室主任等。

（2）加强督导检查。成立成人高等教育教学督导组，督导组组长由主管成人高等教育的领导兼任，督导组成员由教学管理人员和教学专家组成。督导组成员分为常设督导员（必须保证能参加经常性的教学督导工作）和非常设督导员（临时邀请、不定期参与）。教学督导组日常工作由继续教育学院教学管理科具体执行。通过督导，对教学工作进行监控、评估；通过对现场教学过程的督察，了解教师的教学过程和教学效果，了解学生学习风气和课堂纪律，分析问题，总结经验，提出解决问题的意见并加以反馈；通过督导意见的反馈及改进，促进教学质量和教学管理水平的提高。督导时要注意以下几个方面：

①督导专家应不定时抽听某一堂课，听课前不提前通知。

②督导专家课后要与教师交流和沟通，听取备课情况，检查备课资料，了解教师对该门课程开设的意见和建议，同时也要与学生进行沟通，了解学生对开设该门课程的想法和对教师讲解的意见。

③教务管理部门要汇总专家意见，将其及时反馈给各教研室、班主任和学生主管部门。然后，各任课教师、班主任和学生主管部门针对专家意见提出整改措施，并上交给教务管理部门存档备查。

④对教学质量较差的任课教师，教务管理部门要及时组织专家回访。

（3）设立成人高等教育学生教学信息员。为加强对学校成人高等教育教学工作的信息反馈，完善教学质量监控信息网络和保障体系，强化教学管理，提高教学质量，充分发挥学生参与教学管理和自我管理的主体作用，学校应设立成人高等教育学生教学信息员。

①继续教育学院负责学生信息员的培训和管理工作，并向有关部门反映学生的合理意见和建议。继续教育学院根据工作需要组织召开学生信息员会议，制订工作计划，提出工

作要求，落实工作任务。

②学生教学信息员需及时收集、汇总本班学生对任课教师教学态度与水平、对教学过程的各环节（备课、课堂教学、实验教学、作业批改、课外辅导、实践环节、课程设计、考试等）的意见和建议；本班学生对培养方案、教学内容的更新状况、教学方法及手段、教学评价等方面的意见和建议；本班学生对教学管理部门（包括教学管理制度的制定与实施、教学活动的组织、教学质量的管理等）的意见和建议。及时反映学生在教学活动中存在的学风和考风问题，以及学生对学校成人高等教育办学的意见和建议。

（4）建立班主任或助理跟班听课制度。成教绝大部分学生的主要精力均不在学习上，他们对于学习的态度相对较差，随意性较大。据我们多年的观察经验，如果班主任及其助理能够与学生交朋友，多关心他们，多与其沟通，他们就更容易遵守学校的规章制度，更能听从班主任的指挥。要求班主任参与跟班听课，如果时间上安排不过来，可与助理轮流听课。一则可以建立严格的考勤制度，随时了解学生的上课动态；二则可以有较多的时间与学生见面，与其沟通，及时解决相关问题。

（5）考试成绩分析。为了及时了解教师授课的教学效果和学生对所学知识的掌握，应当加强对各门课程期末考试成绩及格率的分析；将分析结果通知教师所属学院、教研室和任课教师，必要时当面与教师进行沟通，要求任课教师根据本门课程的特点、各班学习对象的基础，改革教学方法和考试形式；在讲授的过程中或讲授结束之后，进行重点划分或总复习。

（6）加强管理。为了确保各项措施的具体实施，必须加强管理，使各级管理人员能更好地尽到自己的职责和义务。对于教务、学籍管理人员和班主任等，要求他们务必更好地与教师和学生做好沟通、交流及服务工作。

①把教育教学质量放在首位，关心教师的工作，尊重教师的劳动，提高教师的课酬，充分调动教师的积极性，并开展院一级督导工作，抓好课堂教学质量。同时，重视和加强班主任工作，加强学风考风教育。

②班主任要多与学生沟通，了解学生学习情况，成为教师与学生之间的桥梁，为学生做好服务，帮助学生解决实际困难。同时，要积极配合教师进行考勤和课堂巡视，选择好班干部和科代表，也可以聘请班主任助理，协助班主任做好各项工作。

③班主任或助理务必保证把有关课程安排及时通知学生，除了在课堂上，或通过邮件、网页发布课程通知外，也可以通过手机短信进行通知。

（7）完善网络学习监控平台。为了解决学生工学矛盾，部分课程的部分内容可通过网络进行学习。为了保证教学质量，对网络学习形式要加强监控，实施比较完善的网络学习监控平台。

①学习时间。网络学习由学生自行登录系统进行学习，为了了解学生的学习情况，要求系统自动、实时记录学生的网络学习时间，管理员和学生均能看到学习进度，并能自动将学习时间转化为平时成绩。

②章节练习。由于成人学生的主要精力放在工作和生活上，因此学习对于他们只是一种提高和补充，用于学习的时间比较少，因此无法保证学习效果。为了提高学生对所学知识的理解和掌握的程度，要求学生通过章节练习进行巩固和复习。章节练习的题型为客观题，一旦学生完成后，系统可以自动计算成绩，并能根据相应的公式将此成绩自动转化为

平时成绩。

③作业。教师要根据学生的学习进度，每学期不定期安排 2 ~ 3 次作业，帮助学生巩固所学知识。作业的题型可以是多种类型的，教师可以进行主观批改。作业成绩也纳入学生的平时成绩中。

④教师评价。网络学习除了需要学生学习视频课件、完成章节练习和作业之外，还需要学生通过系统多方位地参与。教师可以根据学生的留言、提问、建议等给予评价和分数，以作为平时成绩的组成部分。

通过建立严谨的课堂教学质量评价监控体系，及时了解教师教学水平和学生的学习效果，确保我校成人高等教育较高的教学质量，为国家、社会输送更多优质的中医药人才。

参考文献

[1] 赖笑琼，刘春，杨用华．关于加强成人高等教育教师教学质量监控体系建设的探索［J］．湖北大学成人教育学院学报，2011（3）：36 ~ 38.

[2] 刘化喜．论成人高等教育校内教学质量保障体系的构建［J］．成人教育，2009（12）：50 ~ 51.

浅析体育隐性课程对成人教育学生社会化的影响

孙兴华
（广州美术学院继续教育学院　广东　广州　510260）

【摘　要】 体育的隐性课程与成人教育学生社会化关系密切，成人教育学生社会化进程中存在着许多问题。素质教育引领学生的知、情、意、行的统一和谐发展，而现代教育只重视学生的知识、技能的培养和掌握，在很大程度上忽略了学生个性、心理的健康发展，隐性课程的开发和利用显然弥补了显性课程的不足和缺陷。研究发现，体育的隐性课程在思想内容、个性发展、社会角色、交往能力和意志力等方面对成人教育学生社会化进程具有积极的影响。

【关键词】 隐性课程　社会化　成人教育

社会化泛指自然人成长为社会人的过程，是个体发展和参与社会生活的必然结果。对成人教育学生而言，继续教育是个体社会化的重要阶段，成人教育学生将在继续教育阶段完成从生物机体意义上的“自然人”向承担一定社会责任、适应社会生活的“社会人”的转变。

近几年来，随着社会思潮的碰撞与社会压力的加大，成人教育学生中出现的一系列问题引起了全社会的广泛关注。这些源于社会的问题如果得不到根本的疏导与解决，将会反馈于社会。校园学习阶段的体育运动内容非常丰富，体育教学、社团活动、训练竞赛等相辅相成的形式共同构建了校园浓厚的体育文化氛围。丰富的校园体育文化进一步为成人教育学生参与体育运动提供了广阔的舞台，这种体育舞台可以说是社会生活的一个缩影，有关校园内外体育活动的参与行为是提高社会适应能力的重要补充。从这种意义上来说，体育运动与成人教育学生的社会化问题有着突出的契合点。现代隐性课程研究的不断深入与拓展，弥补了传统学科中心论及体育手段论等教育理念的缺陷，注重培养学生终身体育学习的意识、习惯、态度和能力等非智力因素的全面发展，有利于促进成人教育学生的社会化进程。

一、体育隐性课程的含义及特点

（1）体育隐性课程的含义。杰克逊于 1968 年出版了《班级生活》一书，首次提出“隐性课程”这一概念。自此，对隐性课程的研究逐渐蓬勃发展起来。大量课程研究方面的文献资料表明，“课程”这一教育术语，无论在西方还是在中国，最初都是作为“教育”的下位概念使用的。《中国大百科全书·教育》卷里写道：“从广义上说，凡是增进人们的知识和技能、影响人们的思想品德的活动，都是教育。狭义的教育主要指学校教育。”体育隐性课程作为教育的下位概念，应该具有教育的一切属性。而教育学上讲的课程，严格地说是狭义的课程，即“学校课程”，所以课程只限于学校内，校外机构中的类似现象不属课程之列。由此得出，作为课程重要组成部分之一的体育隐性课程是指：在学校范围内，按照教育目的和学校体育目标，通过整个学校的环境（包括物质、社会和文化等），以间接的、内隐的方式呈现的，经由受教育者无意识的、非特定心理反应发生作用的各种体育文化要素的总和。

（2）体育隐性课程的特点。与显性课程相比，体育隐性课程有其独特的结构和功能。隐性课程与显性课程有着内在的互补关系，共同促进学生的个性发展，主要体现在以下几点：①教育经验的广泛性与侧重性。体育隐性课程以传递给学生非理性文化、非学术性知识为主。②教育过程的隐蔽性。隐性课程以间接的、内隐的、不明确的方式，在潜移默化中使学生不知不觉地受到教育。③教育效果的持久性。在相对稳定的体育隐性课程的长期熏陶下，学生往往形成稳定的心理品质，一旦形成，不易改变。④隐性课程的广域性。隐性课程的内容涉及学生生活、学习的每一个角落。⑤隐性课程存在的潜在性。隐性课程对学生的影响，通常是以载体的形式表现出来的，而其教育经验都是蕴含于形形色色的教学环境中。⑥教育结果的难量化性。隐性课程对学生的影响主要表现在非智力因素方面，难以用工具、数字等进行量化。

二、成人教育学生社会化的内涵及特点

（1）成人教育学生社会化的内涵。德国社会学家齐美尔于1895年最早运用了“社会化”概念，他在《社会学的问题》一文中用“社会化”来形容群体形成问题。美国社会学家S. 萨金特首次把角色概念与社会化联系起来，认为社会化的本质就是角色承担。后来，帕森斯进一步发挥了这一观点，认为社会化过程就是一个角色学习过程。戴维·波普诺认为，社会化是“一个人获得个性和学习社会或群体的各种习惯的过程”。我国学者吴江霖认为，社会化就是怎样把自然人变成对社会有用的社会人。综上所述，所谓社会化，是指个体在与社会的互动过程中，逐渐养成独特的个性和人格，从生物人转化成社会人，并通过社会文化的内化和角色知识的学习，逐步适应社会生活的过程。成人教育学生的社会化是个人社会化过程中的一个重要阶段，是成人教育学生在中学阶段社会化的基础上以校园文化为依托，通过进一步学习先进的科学文化知识和各种技能，不断融入社会、适应社会和服务社会的过程。成人教育学生是青年中的一个群体，其社会化必然带有青年期社会化的共同特征，同时又因其生活环境、文化背景、心理状况等特点而呈现出独特的一面。

（2）成人教育学生社会化的特点。①自我选择性。成人教育学生的生理心理条件和所接触的社会文化、信息等校园环境使得成人教育学生不仅主观上需要，而且客观上有条件对社会化的内容和方式进行自我选择。②影响因素的广泛性。成人教育学生社会化是多种作用体合力作用的结果，除了受社会风气、文化氛围以及国家的政治政策的影响外，更重要的是校园文化、校风学风和班级风气对成人教育学生心理和兴趣潜移默化的影响。成人教育学生社会化的实质是社会文化的学习和传递。③过程的复杂性和不完全性。成人教育学生社会化的进程适逢人生的心理断乳期和心理社会延缓期，他们往往对事物较为敏感又缺乏坚忍不拔的意志。当面临急速多变的社会时，成人教育学生往往会感到一种选择的困惑，甚至出现一些失衡现象，出现“理想社会”与“现实社会”的矛盾。

三、成人教育学生社会化的问题

（1）社会化不足。社会化不足是指部分学生社会化进程缓慢，参与社会和群体时表现出被动、抵制、孤僻、不适应等不良症状。具体表现在：①自我期望值过高。自我期望是经由自我认识和自我评价的结果。有的成人教育学生有较强的自我优越感，常陶醉在某些虚构的理想自我之中。过高的期望往往会使有些成人教育学生不能恰当地认识自己，导致社会化障碍。②不适应社会环境。大学校园环境是相对单纯的人际关系，是简单的师生或同学关系，再加之我国高校教育以正面导向为主，使成人教育学生形成了用理想主义的思维方式去认识社会、认识人生的观念。进入社会之后，人际关系工具化的倾向、激烈的竞争都会使他们感到困惑和茫然。③应变能力差。统一的教育教学、统一的标准考核使成人教育学生偏爱甚至依赖稳定、惯性的生活。走入社会之后，许多成人教育学生在纷繁复杂的社会中会突然觉得很不适应。这些社会化不足都影响了高校成人教育学生社会化的良好效果。

（2）社会化过度。社会化过度是指个体社会化速度明显高于同类人群，对外表现出社会化过早、过快和过于成熟等特点。主要表现有：①感情生活过度社会化。异性间的相互吸引和爱慕在这个年龄阶段本是很正常的，可部分成人教育学生却超出了正常的范围。②个人生活过度社会化。吸烟、酗酒等一些与成人教育学生身份及消费能力不相匹配的行为在校园里蔓延开来。③处世态度过度社会化。利己主义、人情世故甚至尔虞我诈的情况出现在部分学生身上。

（3）价值观异化。价值观异化是指受市场经济实用主义观念的影响，成人教育学生更强调个性、自由和权利，目标短期化、功利化等学习倾向越来越明显；专注于对现实物质利益的追逐，淡漠了追求崇高、远大的理想和抱负，缺少应有的理想主义精神。大学时期正是价值观形成的重要时期，这种自我中心的价值取向，使他们对国家、集体、社会的责任感和使命感下降，进而影响成人教育学生社会化健康有序地进行。

四、体育隐性课程对成人教育学生社会化的影响

（1）隐性课程的思想内容对成人教育学生社会化的影响。学校教育的一个重要功能就是个体社会功能，学校课程的设置和实施都是为了促使学生个体社会化，为社会主义现代化建设服务。这无形中就决定了隐性课程应具有政治性和阶级性的特点，所以，必须要坚持社会主义办学方向，始终坚持以马列主义、毛泽东思想、邓小平理论、“三个代表”重要思想和科学发展观为指导方针，切实把握好隐性课程开发和利用的各环节的政治方向，坚持以成人教育学生为主体，尊重成人教育学生的思想意识规律和行为特点，分析研究成人教育学生社会化可能面临的实际问题，加强思想政治教育的系统性、科学性和创新性，引导成人教育学生以开放的心态和积极的行动推动自身社会化进程。

（2）隐性课程的个性发展对成人教育学生社会化的影响。由于学生的年龄、性别、身体发育、认识水平、思维方式等均不相同，所以隐性课程的开发和利用要适应学生的个性差异，满足不同群体学生的需要；在其开发和利用过程中必须注意教育目标的合理性、育人环境的层次性和引导方式的阶段性，做到因人而异、有的放矢，使每一个学生的个性得

到充分发扬，潜能得到最大的发挥；由于课程资源的开发和利用现状不尽相同，要结合本校实际状况，最大限度地利用各种教育资源，发扬本校的传统和特色，给学生营造一个积极向上的学习氛围和塑造良好品德的教育环境。

（3）隐性课程的社会角色对成人教育学生社会化的影响。一个人要符合社会的要求，取得社会成员的资格，就必须学习适当的社会角色。而隐性课程的开放性，能为成人教育学生学习社会角色提供优越的环境与适宜的条件。体育运动中的角色，是指个人在由体育而结成的社会关系中所处的地位。这种地位有其权利、义务和相应的行为要求。例如，在排球比赛时，每个队都有各自的主攻、副攻、二传、接应二传等角色，都是在自己所处的位置上，通过与该地位相适应的角色行为而产生相互的社会关系。这为学生走向社会、适应复杂多变的现代社会、成功扮演社会角色打下了基础。

（4）隐性课程的交往能力对成人教育学生社会化的影响。学校是社会的一个缩影，适应社会就需要人际交往。因此，人际交往是人们日常生活的一个重要组成部分，在某些情况下，它比智能还重要。正如一位国外心理学家所说："智能高的人常常有愚蠢的表现，现有的证据并不显示他们会比智能低的人更成功。他的生活水准亦不比其他人更令人羡慕。"现代生产、生活方式使人与人之间缺乏感情交流，人际关系疏远，而体育活动可使人与人之间形成亲近感。在体育活动或比赛中，不必用言语，一个手势、一组动作，就能沟通信息，交流心声，自觉不自觉地达成了一种默契。

（5）隐性课程的意志力对成人教育学生社会化的影响。挫折和失败是每个人都必须面对的挑战，要想赢得挑战，就必须有克服困难的坚强意志力。如果缺少了这种能力，无论一个人有多远大的抱负、多崇高的理想，在遇到困难时，都可能退缩或放弃。体育活动有这样一个特点，就是运动学习的结果和成绩受即时检验，这种快速而明确的反馈信息，更易刺激人的进取精神。体育运动鼓励人渴望和追求胜利，没有哪种活动像体育这样让人频繁地尝试失败，也没有哪种活动使失败成为如此正常和自然的结果。承受体育比赛失败结果的人，都会想到下一次，想到再努力提高。参加体育活动，不仅培养了学生勇于同困难作斗争，克服困难的决心，还磨炼了意志，使学生理智地支配和控制自己的行为，克服畏难的情绪，正确地面对人生。

参考文献

［1］朱云松．高职院校体育隐性课程的有效实施［J］．体育成人教育学刊，2008（2）．

［2］潘凌云．和谐校园视域下的高校体育隐性课程问题研究［J］．哈尔滨体育学院学报，2008（5）．

［3］李树旺．社会学视野中我国学校体育对大学生社会化进程的介入［J］．体育学刊，2008（8）．

［4］袁岳，［美］方大为．中国这边　美国那边——81个话题透视中美差异［M］．北京：中华工商联合出版社，2004．

人格因素在外语教学中的应用与探讨

谭　娟

［广东外语外贸大学继续教育（公开）学院　广东　广州　510420］

【摘　要】人格因素（或性格因素）是影响学习者二语习得的重要因素之一，也是一个相对较难识别与掌控的因素之一。本文试通过将语言习得理论与教学实践相结合，探讨几种人格因素对学习者二语习得的影响以及在教学实践上找出相应的对策，以更好地指导语言教学者的教学。

【关键词】人格因素　外语教学　应用与探讨

一、引言

近年来，关于学习者个体差异与二语习得的关系的研究很多。Rod Ellis 主张，可以用个人因素（personal factors）和普遍因素（general factors）来识别与划分学习者个体差异。同时，对于其中个人因素与二语习得（SLA）的研究也很多，主要阐述的是个人因素对学习者二语习得的影响（程度），而在如何将这些影响向积极方面引导或通过实践使得它们对二语习得的负面影响程度降到最低等方面的研究却较少。普遍因素中的性格因素（人格因素）对二语习得的影响，相对来说较难识别和掌控，主要因为它是情感因素，较为主观，但它对学习者二语习得的影响又相当大，因此对它的影响的研究及其对策的探讨，都是非常必要的。

二、人格因素对二语习得的影响及其在外语教学中的实践应用

根据 Rod Ellis 的理论，个人因素是学习者在二语习得过程中表现出来的突出的个体特征；普遍因素是学习过程中的变量，它可进一步被划分为可变更因素（如动机）和不可变更因素（如能力），两者都具有社会性、认知性和情感性。两者在二语习得中都起着重要作用。

普遍因素一般包括年龄、语言天赋、认知方式、动机和性格。不同的学者和研究者对性格因素的界定（方法和手段）不同。比如：Eysenck（1964）将性格划分为两种性格特点：内向型/外向型，神经质型/稳定型；Cattell（1970）尝试以二分法来区分性格，如冷漠型/热情型，害羞型/冒进型，寡断型/果断型等。而一般我们公认的人的性格因素包括以下几类（Rod Ellis，1999）：

（1）自尊（self－esteem）：这种情感源自人们对自我价值的判断，实际上是个人的自信程度。自尊可能有三个不同层次：整体型、情景型和任务型。整体型指总的自尊心；情

景型是具体情景下对自我的评价；任务型与具体任务有关。所有这三种自尊与口语表达均呈正相关。因此，我们在外语教学中尤其要注意区分不同学习者自尊因素的情况而实施教学方法。笔者原所在大学自2002年开始，对所有新生（除外语系之外）都要集中进行一年的英语强化。强化根据新生高考英语成绩分三个级别进行，一年后如取得规定学分才允许进入大二进行专业学习。笔者教的是最低一级的学生。这个级别学生的最大特点就是英语基础相对较差，缺乏自信，自尊心不强，所以整体上笔者多采取鼓励和激发的教学方法。针对在课堂上不敢发言的学生，笔者采取鼓励、奖励和多实践等方法来帮助学生开口说英语。比如，把学生的课堂发言等情况加入平时成绩考核中，带学生参加"英语角"或主动与外籍教师交流等。笔者从不随便批评学生的错误，而是善意地帮助其纠正。在课堂分组活动或任务活动中，有些学生不够自信，不敢承担任务或怯于开口，此时笔者采用轮流制，让每个学生轮流来承担任务，迫使学生不得不参与到课程活动中来。通过三届学生的实践，笔者所带班级表现突出，成绩都排在全年级前列；学生口语大有进步，由不能遣词造句到基本上能与外教沟通。这些都是笔者在教学中能注重保护学生自尊而取得的较好效果。

（2）心理障碍（或抑制）（inhibition）：抑制是心理特征的重要组成部分，是个体采取防范手段保护自我而表现出的焦虑。人们的语言自我（language ego）有不同的适应性，第二语言习得者应付个性认同冲突的能力各异。有人认为与抑制有关的防范心态阻碍学生运用语言进行必要的冒险，妨碍语言的发展（Ellis，1985）。它对二语习得产生的多为消极的影响。笔者在教学中发现，有个别学生对英语或其他外语有畏惧的心理，总是害怕甚至逃避，从而制约了他们外语学习的进度。有许多研究表明，抑制心理尤其对二语学习者的口语表达阻碍最大。因此，许多研究者甚至提议实验者通过喝少许酒来克服这种心理障碍，效果显著。对于这种现象，笔者主要是在课堂上采用鼓励的手法，让学生大胆说、多说，不断鼓舞他们去说，尽量让他们明白自己是可以做到的。同时也向他们灌输李阳疯狂英语的自我膨胀法，告诉他们"丢脸是快乐的；现在丢脸是为了以后不丢脸"，我行我素，自我膨胀。鼓励他们在早上和课外大声读英语，大声喊英语；口语突破一切。后来班上有些学生尝试着这样去做，最后在口语表达方面取得了很大进步，效果不错。

（3）焦虑感（anxiety）：焦虑可能是妨碍学习最大的情感因素。Ellis区分了三种焦虑，即气质型、状态型和情景型，较详尽地阐述了焦虑产生的原因、由来以及对学习者的作用与影响。学生的竞争天性能产生焦虑。对课堂环境中的学生而言，常见的焦虑原因有担心用外语交际时不流利、害怕考试、害怕评估太低等。焦虑除了类型有别外，还有程度问题。人们在学习新课程、新语言前都有一定的焦虑，但是担心学不好有时能产生更大的学习动力。因此，对焦虑的认识，不应只停留在它的不利方面。简单而言，焦虑越大，对学习障碍越大，适当而合理的焦虑对学习有有利的一面。笔者经常发现有个别学生总是担心学不好英语而过不了级，甚至担心得不能正常学习和生活。这时候笔者会尽量找到他/她进行个别谈话，帮他/她分析情况，给他/她信心，逐渐减少他/她的焦虑感。但是对于那些似乎没什么压力的学生，则适当地给他们施加一点压力，告诉他们英语没学好的严重后果。比如，过不了级直接影响到毕业，影响大二专业课和双语课程的学习，影响到今后更深层次的学习与进修等。当然焦虑感的度是比较难控制的，关键还是要学生懂得自我调节，老师能正确引导。这也是时下大部分高校不定期地举办各种学生心理讲座或讲学的原因。

（4）外向型/内向型（extroversion/introversion）：这两种性格不完全对立，而是形成一个连续体：从喜爱交往、富于冒险、活泼积极到文静、不喜欢社交和不喜欢张扬。以往人们对外向型/内向型在语言学习中的作用有一定的误解。Krashen（1981）认为外向者能获得更多的可理解输入。实际上，外向者有增强自尊的要求，希望他人把自己看作独立整体；内向者从自身获得这种感受，有巨大的内在人格力量，有很高程度的移情感受，这种品质对语言学习是非常有利的（Arnold，1999）。目前还很难说哪一种性格与第二语言习得的成功程度更有关联。笔者在教学实践中发现，一般来说，外向性格与内向性格各有千秋。外向性格者可能擅长口语和人际交流，而内向性格者则在语法理解、阅读理解和笔头翻译等方面可能更有优势。性格处于外向和内向之间的人在很多情况下都可以得心应手。然而如果学习者性格极端，就会导致一些问题。极端外向的学习者得益于与别人交往，语言实践机会多，相应的输入和输出也多，口语流利；不利方面是易受外界诱惑，注意力难以完全集中到语言的学习上，对语言的形式和内容缺乏耐心细致的思考，可能导致语言知识凌乱，没有系统，缺乏理解的深度，限于语言知识的表面运用。极端内向的学习者得益于深思熟虑，有更多的机会学习语言的形式和内容，语法掌握全面，准确性较高；不利方面是害怕与别人交往，缺少语言学习的真实语境，思维过程太长，易失去交流的时机，可能导致对语言结构有很好的把握，但口语能力得不到充分发展。对此，针对不同的学生，笔者在课堂教学中采用不同的方法。比如：往往叫那些较内向的学生来读课文，练习对话或扮演角色，甚至直接要求他/她负责与本班外籍教师在学习上的一些沟通和交流，这样迫使他/她开口说英语。有了第一次尝试后，他们会发现自己的英语原来可以说得那么好，信心倍增（这主要是得益于他们扎实的语法基础等），因此也就乐于学习，甚至更积极主动地与外教或其他人交流，形成良性循环，口语表达能力提高得很快。而对于那些性格比较外向的学生，笔者倾向于给他们布置更多的书面任务，比如翻译句子、文章大意阅读、语法词汇选择等，让他们逐步打下良好的语法基础、提高阅读理解能力等。

（5）除了以上几种性格成分外，还有移情（empathy）、冒险心（risk-taking）、忍耐心（tolerance）等。相对来讲，这三种性格类型对学习者二语习得倾向于产生积极的影响，因此对于我们语言教学者来说，在教学实践中如何充分利用它们的积极影响才是关键。

三、结语

通过了解人格因素（性格因素）在第二语言习得过程中的作用和影响特征等，掌握国内外语言学者在情感因素研究方面的动态发展和所取得的理论研究成果，可以更好地帮助我们认清学习者性格因素研究的发展方向和发展潜力，以及它带给第二语言习得研究的直接推动作用，更好地认识外语教学的性质，帮助外语教学工作者更好地开展教学工作、提高工作效率。但是目前在这一领域仍然还有很多问题有待我们进一步研究。人格因素是一个复杂的心理因素的组合体，这就使得我们系统地研究它在第二语言习得的作用变得不那么容易，需要我们付出更大的努力，从更高层面作进一步的研究。

参考文献

[1] Rod Ellis. *Understanding Second Language Acquisition* [M]. Oxford: Oxford University Press, 1985.

[2] Rod Ellis. *The Study of Second Language Acquisition* [M]. Oxford: Oxford University Press, 1994.

[3] H. D. Brown. *Principles of Language Learning and Teaching* [M]. 北京：外语教学与研究出版社，2002.

[4] 龙元详，李飞林. 二语习得中的情感因素 [J]. 景德镇高专学报，2006，6 (2).

[5] 梁三云. 学习者性格及其读二语习得的影响 [J]. 昆明冶金高等专科学校学报，2004，9 (3).

[6] 冯为兰. 成功习得二语的主体因素 [J]. 南通纺织职业技术学院学报（综合版），2003 (3).

第四编

调查研究

普通高等学校继续教育现状分析与发展路径探讨

梁艳萍　高建军　冯安伟　黄大乾
（华南农业大学继续教育学院　广东　广州　510642）

【摘　要】本文以广东省普通高等学校继续教育为研究对象，通过对58所普通高等学校的问卷调查和数据统计，对广东省普通高等学校继续教育办学现状和问题进行分析，提出了广东省普通高等学校继续教育进一步科学发展的路径：一是重新定位继续教育，加强继续教育管理；二是推动继续教育由学历教育为主的办学模式向非学历、高层次教育培训为主的办学模式转变；三是搭建继续教育"立交桥"，统一学历继续教育人才培养的规格和标准；四是教学手段由传统传授模式向网络教育模式转变；五是由以政府单一办学模式为主向多元化办学模式共存转变；六是建立继续教育联盟，构建继续教育质量监测与保障体系；七是积极探索以终身教育为目标的继续教育新模式。

【关键词】继续教育　改革与发展　普通高等教育

本文以广东省普通高等学校继续教育为研究对象，通过对58所普通高校的问卷调查和数据统计，对广东省普通高等学校继续教育的办学现状和问题进行分析，提出进一步科学发展广东省普通高等学校继续教育的路径。

一、广东省普通高等学校开展继续教育的现状

1. 建立了较完善的继续教育办学体系

目前，广东省普通高等学校继续教育已初步形成了多层次、多形式和多科类的办学体系。广东省普通高等学校继续教育体系可分为学历教育体系和非学历教育体系，其中学历教育体系包括成人高等学历教育和高等教育自学考试；非学历教育体系主要包括技术资格证书培训和各类短期培训等。成人高等学历教育又包括网络教育、全日制脱产班以及函授教育和夜大学（业余）；高等教育自学考试包括业余助学辅导班和脱产助学辅导班；非学历教育体系包括知识普及型培训、服务型培训、专业技能型培训及高层次继续教育培训。

经过多年的发展，广东省普通高等学校继续教育的专业设置已变得更加合理及完善，学科门类齐全，涵盖农、工、文、理、经、管、法、教、史、哲、医11大类专业。

2. 形成了规模大、形式多的继续教育办学格局

（1）成人高等学历教育生源好，专科层次需求大。

2005—2007年，普通高等学校成人高等学历教育招生人数均保持在13万人左右。从办学形式看，函授教育人数占38.9%，夜大学（业余）人数占54.4%，逐年略有上升。脱产人数占6.7%，且逐渐萎缩，2008年已停止招生。从招生层次看，本科占35.3%，专科则占64.7%。由此可见，广东省普通高校成人高等学历教育中，函授教育、夜大学

（业余）教育是主体，且专科层次所占比例较大。

（2）网络教育热门和特色专业受追捧，本科学生是主体。

目前，广东省内有中山大学、华南理工大学及华南师范大学三所普通高校开展网络教育试点工作。

广东三所试点高校共设置了专科专业（含方向）20 个，专升本专业（含方向）25 个。三所试点高校都开设了行政管理、法学、计算机科学与技术、会计学和英语五个热门远程教育专业。同时，以上高校也开设了自己的特色专业，如中山大学的护理学、护理学（护理管理）、旅游管理、公共关系学等；华南理工大学开设了土木工程、电工电子等专业；华南师范大学开设了学前教育、音乐教育、艺术设计等特色专业。热门专业和特色专业的在校生人数最多。不论在专升本还是专科层次，华南理工大学和华南师范大学排名前五的专业的在校生占该层次在校生的比例都在 80% 以上，中山大学在 66% 以上。

调查数据显示，从 2001 年到 2007 年，广东省三所试点高校共招收本、专科远程教育学生 97 147 人，其中专科 27 730 人，占 28. 5%；本科 69 417 人，占 71. 5%。2007 年，广东三所高校的在校生总数为 49 527 人，其中专科 19 417 人，占 39. 2%；本科 30 110 人，占 60. 8%。可见，广东省普通高校的网络教育以本科招生专业为主体。

（3）自学考试开考专业较齐全，报考本科人数居多。

通过调查得知，目前广东共有 23 所普通高校在开展自学考试工作，开考专业 130 个，其中专科专业 55 个，本科段专业 15 个，独立本科段专业 51 个，基础科段专业 9 个。2008 年度广东省自学考试专科报考人数 660 411 人，占 39%；本科报考人数 820 601 人，占 49%；基础科段报考人数 200 982 人，占 12%。可见，广东自学考试报考本科专业人数多于专科专业人数。这种情况的出现，一是因为自学考试形式灵活，报考方便，对于已有专科学历的从业人员便于学习和提高自身素质；二是因为近年广东实行自学考试与高职高专双沟通政策，吸引了大批高职高专院校在读学生报考本科。

（4）非学历继续教育虽不尽如人意，但发展潜力巨大。

由于统计数据不全和统计口径不一，许多学校没有填报非学历继续教育的相关数据。从填报统计出的数据来看，广东省普通高校开展非学历继续教育的情况是不尽如人意的。但可喜的是，近几年广东省普通高等学校开始重视非学历教育，并取得了长足的发展。对 2005 年至 2007 年广东省普通高校举办非学历教育项目类型、层次及生源情况统计的结果显示，年培训各类人数从 2005 年的 107 665 人增加到 2007 年的 226 434 人，增加了一倍多。其中，专业技能型培训（职业培训、岗位培训、技术技能培训）三年来培训总人数为368 057 人，占非学历继续教育培训总人数的 72. 3%，在非学历继续教育中占主体地位。服务型培训的期数和人数也在逐年增多。尤其是服务新农村建设和社区教育的培训发展更快，而知识普及型和高层次继续教育培训则维持在相对稳定的水平上。作为普通高校继续教育重要组成部分的非学历教育培训，应成为继续教育的重要发展方向。这是由普通高校继续教育的性质和职能所决定的。对此，有关学校要有清醒的认识，予以足够重视，加快其发展。

3. 校外教学点（学习中心）是普通高校继续教育办学的重要依托力量

根据对成人高等学历教育校外函授站的调查统计结果，中等学校（含中职、普通中学、师范学校、幼师等）是普通高等学校成人高等学历教育办学中最广泛的合作者，比例达到 44. 4%，在读学生人数达 50 369 人，占校外函授站在读学生的一半以上。而行业、企业培训机构占13.29%，学生数为4 784人；社会培训机构占14.34%，学生数为18 789人；民办高校仅占1.05%，学生数为1 928人。

广东省普通高校自学考试主考专业招生和助学工作大多由社会助学机构完成。据不完全统计，广东省自学考试社会助学机构共107个，其中普通高校的社会助学机构23个。随着自学考试的滑坡，自学考试社会助学机构逐年减少，仅剩下一些社会声誉好、管理规范的社会助学机构。如华南农业大学在高峰期有50个自学考试辅导站，而现在还在开展助学的辅导站不到10个。由于大量社会助学机构退出自学考试业务，严重影响了自学考试事业的发展。

广东省三所网络教育试点高校共设立学习中心150个，其中华南师范大学设立了81个校外学习中心，在广东省辖的所有21个地级市都设置了校外学习中心；中山大学和华南理工大学只在18个地级市设置了校外学习中心。150个学习中心中，珠三角地区占学习中心总数的59.4%，而粤北地区仅占学习中心总数的6.5%。可见，学习中心在发达地区与欠发达地区分布不均，存在教育资源不均衡的现象。

4. 形成了各具特色的继续教育办学管理模式

广东省普通高等学校在长期的办学过程中形成了颇具特色的管理模式。概括起来主要有以下三种形式：

（1）一级管理一级办学模式，即继续（成人）教育学院（部）既是管理主体，又是办学实体。继续（成人）教育学院（部）统筹学校继续教育工作，既是学校继续教育的组织管理者，也是实施教学工作的主体。从招生到毕业，从制订教学计划到实施教学，从制定管理规章到实施管理，从教学投入、质量监控到学生管理等各个环节，均由继续（成人）教育学院（部）完成。如广东外语外贸大学、广州大学等都实行这种办学管理模式。

（2）一级管理二级办学模式，即继续（成人）教育学院（部）或成人教育处为管理主体，二级院（系）为办学实体。一级管理二级办学模式是以二级院（系）为主体实施学校继续教育教学工作，各院（系）负责按教学计划实施教学，制定课表，安排教师，组织学生考试，实施考勤和日常的学生管理，统筹安排院（系）教育资源的使用，即由院（系）完成教学组织和学生管理，有的还实行由院（系）负责组织生源的工作，承担招生任务。继续（成人）教育学院（部）或成人教育处实施宏观监督管理职能，履行统一招生职责，负责学生校内统考、成绩管理、学籍管理和教材管理以及制定规章制度，对教学质量和教学过程实施监督检查。实行这种管理模式的学校有中山大学、佛山科技学院等。

（3）混合办学管理模式，即继续（成人）教育学院（部）既是管理主体，又是办学实体，同时二级院（系）也参与办学和管理工作。混合办学管理模式是一级管理一级办学模式和一级管理二级办学模式的交叉模式。这种办学管理模式的优点在于充分利用学校的各方面资源，发挥二级院（系）的积极性，群策群力，管理到位，提高质量，有利于做强做大继续教育。华南理工大学、华南农业大学、华南师范大学等就是实行这种办学管理模式的。

二、广东省普通高等学校继续教育存在的问题分析

1. 过于注重学历继续教育，非学历继续教育发展力度不足

虽然非学历继续教育办学规模有逐年增长的趋势，但学历继续教育仍然是广东省普通

高等学校继续教育的办学主体，非学历继续教育只是一种补充形式。这与普通高等学校继续教育发展以高等学历教育为主的目标定位有很大关系。虽然普通高等学校开展学历继续教育，满足了人们提高学历层次的需求，推动了高等教育大众化的进程，但随着社会的发展、教育水平的提高和终身教育理念的逐渐深入，人们对继续教育的需求正在逐渐发生转变。继续教育不应仅仅是提高学历的教育，而应该是更高层次的、旨在促进个体个性发展的教育，是以提高工作能力和相应素质为主要目的的教育。普通高等学校应该抓住构建学习型社会和发展终身教育的机遇，大力发展非学历继续教育，把非学历继续教育作为普通高等学校继续教育的重要工作抓紧抓好。

2. 继续教育体系逐渐完善，但体系内部各办学形式沟通不足

随着广东省普通高等学校继续教育不断改革发展，继续教育办学体系逐渐完善，在高等教育体系中占据重要位置，成为高等教育的主要组成部分之一。办学体系的完善，多样化、多层次、多形式的办学模式，很好地满足了广东省对继续教育多样性的需求，为广东省发展培养了数以万计高技能、高素质的专业人才。尽管如此，仍然出现了体系内部各办学形式繁杂、管理成本和办学成本太高的问题。更为重要的是，各办学形式沟通不足，甚至泾渭分明，造成社会对有些办学形式认识不清、认可度不高。同是成人学历教育文凭，但社会和考生对夜大学（业余）文凭认可度高，对函授文凭认可度却低。再如在成人学历教育、自学考试和网络教育三者当中，自学考试文凭认可度最高，成人学历教育文凭次之，网络教育文凭认可度最低。首先，这种差异很难实现各种学习形式间的互认，学分银行制度推行难度增大，导致继续教育学习的灵活性大打折扣，给成人学生的学习带来诸多不便。其次，各办学形式的培养规格不同，目标不同，给普通高等学校继续教育的管理带来困难，不利于提高高校继续教育管理的效率。

3. 继续教育招生管理体制不健全，招生市场混乱

由于普通高校继续教育形式、类型多，成人高等学历教育、自学考试、网络教育和非学历继续教育均有相应独立的招生方式，所以形成了多种招生方式并存的招生管理体制。这种体制的弊端在于：①发布招生简章主体多，招生信息杂乱。就目前的招生情况而言，发布招生简章的有学校、二级学院、校外教学点等多个主体。如果监管不严，则会出现招生简章满天飞，虚假广告到处传的现象。②招考条件不统一，招考标准差异大。既不便于考生选报，也不利于实现教育公平，同时导致招考管理和社会成本高。③招生市场竞争激烈，管理混乱无序。继续教育规模的扩大，有赖于招生市场的繁荣。于是，有人从中看到了有利可图，便把招生市场变成了牟利场所，各种招生中介应运而生。它们通过虚假承诺从社会和各类学校组织生源介绍给办学单位，并根据组织生源规模的大小，以不同的价格“卖”给办学单位。正因为如此，办学单位正常招生渠道被挤压，导致生源水平参差不齐，办学管理难度增大。

4. 办学体制单一，与社会合作不够广泛，办学相对封闭

虽然广东省普通高等学校继续教育已经形成了多元化的办学模式，并且不断发展成熟，但从开展继续教育的高校类型分析结果表明，目前从事继续教育的普通高校中，有82所公办学校，占66%；而民办学校只有25所，占20%。可见，广东省普通高校继续教育主要实行公办模式，即政府办学模式，民办模式较少，可以说办学体制单一。

同时，从广东省普通高校校外函授站的性质及数量可以看出，高校与中等学校等教育

机构的合作比例过大，而与社会、行业、大型企业联合办学较少，还处于相对封闭状态。究其原因，主要是广东省对继续教育办学机构审批非常严格，申请办学资格门槛高。一般地方教育机构或私人办学单位很难进入高等继续教育领域，特别是成人学历教育领域。一方面，这对继续教育教学质量的保证起到积极作用，并且防止一些非法办学机构借机敛财、倒卖文凭；但另一方面却增加了高校举办继续教育的负担，尤其是在面对多元化的社会需求方面，普通高校不能完全满足社会需求，它们需要一定的社会办学机构的支持与协作。并且，作为继续教育基层的管理机构，社会办学主体或私人办学单位，应能够更加准确地掌握所处地区人们对继续教育需求的具体内容和方式，能够及时地调整自己的办学方向和方式来满足社会需求。普通高等学校继续教育的服务对象是参与社会活动的多层次、多方面的人，需要学校与社会有广泛的联系与合作。普通高等学校应充分利用自己的资源和优势，借助社会资源和力量去谋求更大的发展。因此应鼓励社会力量办学，降低办学门槛，加强办学指导和监督，真正形成多形式、多模式的办学格局。

5. 继续教育结构失衡，人才培养质量有待提高

广东省普通高校继续教育为社会培养多规格、多层次及多类型的人才作出了较大贡献。但是，继续教育人才的结构和质量仍不能适应市场的需求和社会发展的需要。主要表现在：一是继续教育专业结构失衡，主要集中在人文、经济和管理类专业，而理工科专业则严重偏少；培养的人文社会和管理人才偏多，而培养应用型、技能型人才严重不足；二是部分考生未能树立终身学习理念，学习知识、技术的少，追逐学历文凭的多，因此造成学生学习态度不端，学习要求不严，学习效果不佳，学习成绩不好；三是部分高校继续教育办学的目的和理念不清，不能很好地处理社会效益和经济效益的关系，在继续教育人才培养质量上措施不力，监管不严，致使人才培养规格不高，教学过程管理不严，质量保证体系不善。

三、广东省普通高等学校继续教育进一步科学发展的路径

1. 重新定位继续教育重要地位，加强继续教育管理

在实施终身教育、构建学习型社会的背景下，普通高校继续教育工作越来越显现其重要性。因此，不论是社会还是教育职能部门和普通高校，都要高度重视继续教育工作，加强继续教育管理，突出继续教育地位。一是省教育厅应设置独立的管理机构，统筹高校继续教育的发展规划和管理工作；二是成立广东省继续教育指导委员会，指导普通高校继续教育教学研究和改革，以及实施教学质量评估和质量监控；三是普通高校应转变观念，重视和加强继续教育工作。为了突出继续教育的地位，建议有条件的高校更好地对各类学生实施归口管理，应成立“三院”，即研究生院、本科生院和继续教育院。研究生院统筹研究生培养和管理工作，本科生院统筹全日制本科生的培养和管理工作，继续教育院则统筹各类继续教育人才的培养和管理工作。各学校不再另设成人教育学院、继续教育学院、网络教育学院、公开教育学院、自学考试辅导学院，真正做到继续教育归口管理。

2. 继续教育由学历教育为主的办学模式向非学历、高层次教育培训为主的办学模式转变

随着终身教育、终身学习理念受到广泛认同，非学历教育培训已从边缘进入继续教育的中心。继续教育的重心向非学历教育转化，向高层次和高水平的岗位培训、证书培训、

大学后继续教育倾斜已成必然。这就需要对继续教育进行重新定位，提高继续教育的层次和质量，把继续教育的重点放在高层次人才、紧缺人才、创新型人才、知识型人才和智能型人才的培训上，通过培训不断补充新理论、新知识、新技术、新技能，完善知识结构，培养具有创新精神和创造能力的高层次管理人员和专业技术人员。

基于人们对学历（文凭）的追求和偏爱，在办学中可以实行学历（文凭）教育与非学历（职业）教育的融合，即在课程、学分、管理、证书等方面进行融合。参加继续教育的学生取得岗位培训课程规定的学分后，可获得相应的资格证书；同时，学生通过入学资质认定，将所学学分带入开放式专科或本科学历教育学习中，取得本专业规定的学分后，可获得相应的学历文凭。例如，可积极探索推广“学历教育＋职业技能培训”、“自学考试＋专业水平认证”等办学模式。学历（文凭）教育与非学历（职业）教育的融合，既有利于学生获得资格证书和学历证书，更有利于继续教育的发展。

3. 搭建继续教育“立交桥”，统一学历继续教育人才培养规格和标准

广东省普通高等学校成人学历教育有函授教育、夜大学（业余）、网络教育和高等教育自学考试之分。就读函授教育或夜大学的学生需要通过全国统一成人高考，被高校录取后方可入学就读，完成就读专业教学计划并取得合格成绩即可毕业，属于“严进宽出”型人才培养模式。随着教育体制的改革发展，目前函授和夜大学（业余）在本质上已经不存在任何形式的区别，只是因为就读地域的不同而冠以不同的称谓。许多报读成人高等学历教育的考生对此并不了解，甚至误认为夜大学（业余）要优于函授教育，而组织招聘的企事业单位也因此受到一定影响，从而导致同一教育体系内部产生不公平现象。网络教育是把网络技术作为教学手段的一种办学形式，其学习时间和空间上的灵活性特点，最适合目前成人高等学历教育。实际上，网络教育只能称为一种办学的手段，与最初的函授教育一样，仅仅是传授知识的手段更加现代化了。把网络教育单独看成一种办学类型有些牵强，其更合适的定位应该是成人高等学历教育教学手段现代化的一种途径。所以，网络教育应被视为成人学历教育。自学考试由于其学习时间上的自主性，曾经一度受到人们的热捧。但随着高等教育大众化和学生学习成本的上升，自学考试的生源逐年减少。普通高等学校举办自学考试辅导的难度增加，回报效益甚微。综合考虑上述情况，本文建议将普通高等学校成人高等学历教育体系化繁为简，将函授教育、夜大学（业余）和网络教育合并，统称成人学历教育。自学考试制度要与时俱进，加强专业改造，逐步使自学考试与成人学历教育课程相通，学分互认，并将其纳入成人学历教育当中。同时，倡导同质同类的继续教育机构互认课程，互认学分，推行学分银行制度，打破各高校、各类型继续教育之间的壁垒，搭建各类继续教育的“立交桥”，使各类学历继续教育只有学习形式的不同，而无文凭的区别，即统一为成人学历文凭。

4. 教学手段由传统传授模式向网络教育模式转变

网络教育是建立在计算机、网络、卫星、多媒体等信息技术基础上的新型教育模式，是构筑知识经济时代人们终身学习的主要手段，其主要特点是在分离状态中的教师和学生利用现代教育技术能够跨越时空而进行实时或非实时的交互性教学。网络教育是一种技术含量高而且新兴的先进教育形式，对传统的学校教育将产生重大的影响。广东省普通高等学校仅有三所学校开展网络教育，相比广东教育事业的快速发展是远远不够的。广东省普通高等学校应突破传统的继续教育办学模式，积极开展网络教育试点工作，最大限度地扩

大高校教育服务的覆盖面，这对发展广东继续教育工作将具有十分重要的意义。

5. 由以政府单一办学模式为主向多元化办学模式共存转变

随着市场经济的发展，原有的政府单一的继续教育办学模式已不能适应社会的发展以及继续教育自身发展的需要，需要建立一个与社会经济发展格局和水平相适应的继续教育办学模式。在政府办学的同时，要充分调动企业、行业和社会力量，鼓励企业、行业组织、个人发展继续教育，形成多元化办学格局，这既能保证继续教育的办学自主权，又可充分发挥社会各方面的力量，提高开展继续教育的积极性，从而有利于广东省继续教育的发展。同时，普通高等学校应打破封闭的办学模式，加强和社会各界的广泛合作，走向社会，融入社会，逐步推广学校与学校，学校与集团，学校与企业、系统、科研机构以及地区间联合办学，使学校教育和经济建设、社会发展需要紧密结合在一起。

6. 建立继续教育联盟，构建继续教育质量监测与保障体系

教学质量是普通高等学校办学的生命线，也是高等学校继续教育办学能否得到学生、社会认可，能否可持续发展的重要指标。同时，规范继续教育办学是继续教育可持续发展的重要前提。因此，教育行政管理部门和高校必须重视继续教育质量和办学行为问题。

一是构建继续教育质量监测与保障体系。构建继续教育质量监测与保障体系是一项系统工程，涉及继续教育的各方面工作和各个主体（管理者、教师和学生）。选择和确定继续教育质量监测与保证体系的基本内容或基本框架，主要是建立五大机制，即约束机制、监督机制、评估机制、反馈机制和激励机制。也就是说，严格规范制度建设，完善约束机制；加大监督力度，完善监督机制；加强教学建设，完善评估机制；畅通信息渠道，完善反馈机制；制定奖励政策，完善激励机制。

二是建立继续教育联盟。要规范继续教育办学行为，统一人才培养规格，实现课程互通、学分互认等，成立继续教育联盟是一个很好的解决途径。继续教育联盟应该是一个由普通高等学校继续教育办学单位自愿加盟，信守联盟章程的待业协会。它的主要职责是制定联盟章程和继续教育办学规范，监督办学行为，开展继续教育研究和制定课程互通、学分互认办法，实施继续教育资源共享，监控继续教育教学质量，以及规范招生市场行为。

7. 积极探索以终身教育为目标的继续教育新模式

党的十六大指出“形成全民学习、终身学习的学习型社会，促进人的全面发展”，这为我国创建学习型社会指明了方向，也对我国继续教育提出了更高的要求。我们要适应创建学习型社会的需要，大力发展继续教育，积极探索以终身教育为目标的继续教育新模式。如以终身教育为指导，以服务社区为目的，相应的继续教育基地不断出现，教育服务的范围不断扩大，内容逐渐丰富，教育形式逐渐多样化。高等学校发展与社区教育结合的教育手段极受西方国家重视，是它们普及高等教育、提高全民文化素质的重要手段。近年来，在广大发展中国家，社区教育也从无到有，从弱到强，得到了很大发展。各国的实践表明，继续教育社区化是推进终身教育体系构建过程中的一个重要途径，是迈向学习型社会的必由之路。以社区发展为目标的继续教育发展模式，必将成为继续教育的一个新的增长点。

[本文是“广东省继续教育改革和发展战略与政策研究”课题（粤教高〔2008〕123号）的子课题成果之一]

参考文献

[1] 刘长平. 我国继续教育中的校企合作办学模式分析 [J]. 中国远程教育，2006 (6)：26～28.

[2] 蔡天玉，胡立勇. 普通高校成人教育办学模式的现状与发展 [J]. 药学教育，2005 (3)：61～62.

[3] 梁艳萍，黄大乾. 构建学习型社会高等学校继续教育面临的挑战和机遇 [J]. 继续教育，2008 (8)：16～17.

[4] 孙贻峰，姜德照. 对构建高校成人教育“双赢式”两级办学模式的探讨 [J]. 继续教育研究，2004 (6)：14～15.

[5] 龚爱云，李洪富等. 普通高等学校成人高等医学教育办学模式的调查与分析 [J]. 中国高等医学教育，2004 (1)：55～57.

[6] 魏立强. 成人教育创新办学模式的思考 [J]. 成人高教学刊，2006 (6)：8～10.

广东农民教育需求特点与发展策略
——基于广东省部分农村地区的调研

李文清[1] 贾兵强[2] 易 钢[3] 向安强[3]

（1. 华南农业大学成人教育学院 广东 广州 510642；2. 郑州大学历史学院 河南 郑州 450052；3. 华南农业大学公共管理学院 广东 广州 510642）

【摘 要】建设社会主义新农村是一项巨大的系统工程，其中培养新型农民是其重要的组成部分。新型农民不仅是新农村建设的主力军，而且影响建设新农村的进程。农民教育在新农村建设中具有先导性作用和基础性地位。本文以广东部分农村地区的农民教育培训需求为研究中心，初步分析了现阶段广东农民教育需求的特点，并从新型农民培养的视角提出农民教育的发展策略。

【关键词】广东 农民教育 需求特点 发展策略 新型农民培养

建设社会主义新农村落点在“村”、重点在“农民”。[1]《中共中央国务院关于推进社会主义新农村建设的若干意见》中，要求“培养有文化、懂技术、会经营的新型农民，提高农民的整体素质”，这是因为农民素质高低对全面建设小康社会和解决“三农”问题起着主导性作用。建设社会主义新农村，关键是大力培育新型农民，全面提高农民的综合素质，使农民成为有文化、懂技术且会经营的新型农民。本文以广东部分农村地区的农民教育培训需求为研究中心，初步分析了现阶段广东农民教育需求的特点，并从新型农民培养的视角提出农民教育的发展策略。

一、调查研究样本状况

为了全面、真实地了解当前广东农民教育存在的问题和广大农民朋友对农民教育的需求情况，更多、更快、更好地培养造就新型农民，加快广东省新农村建设的步伐，2008 年 1—2 月，“新农村建设与广东新型农民培养研究”课题组先后在广州、潮州、佛山、河源、惠州、江门、揭阳、茂名、梅州、清远、汕头、韶关、阳江、云浮、湛江、肇庆 16 市的 40 个县（区）、58 个乡（镇、街道）、89 个村（路）进行了“广东新型农民教育培训需求问卷调查”。此次调查共发放 500 份问卷，收回 488 份，问卷的主要内容有农民文化素质、接受教育培训状况、教育培训动机与目的、教育培训类型与层次、教育培训内容与方式、教育培训时间与地点，以及教育培训影响因素等。问卷的题型涉及单选题、限选题、多选题、数字题等多种类型，共近 30 个问题。

涉及“文化程度”的有效调查问卷 477 份，调查结果表明：不识字或识字不多的有 14 份，占被调查对象的 2.9%；小学文化程度的有 150 份，占被调查对象的 31.4%；初中文化程度的有 172 份，占被调查对象的 36.1%；高中、中专文化程度的有 100 份，占被调查对象的 21%；大专及以上文化程度有 41 份，占被调查对象的 8.6%。目前，我国农村

15 岁及以上人口平均受教育年限不足 7 年。[2] 而我们的调查表明，广东省农民受教育年限偏低，甚至还低于全国平均受教育年限。在 488 名被调查人中，没有受过教育的有 14 人，占被调查对象的 2. 9%；接受教育 1～5 年的有 87 人，占被调查对象的 17. 8%；6～8 年的有 127 人，占被调查对象的 26%；9～11 年的有 158 人，占被调查对象的 32. 4%；12 年以上的有 102 人，占被调查对象的 20. 9%。由于农民文化差异较大，导致农民对教育的需求也呈现出多样性。

二、广东农民教育需求特点

1. 农民的产业结构与培训内容需求具有相关性

在对农民从事产业的问卷调查中（见图 1），我们发现，农民的产业结构仍然是以农业为主，工业与服务业占农民所从事产业的 40. 3%。由于农民从事的主要以传统的种植业为主，相对来说，第二产业和第三产业发展比较滞后，从而在农民教育培训内容方面，也表现出种植业比较受重视、需求量多的特点。相对于传统农业来说，养殖类、非农产业方面的需求量较少。

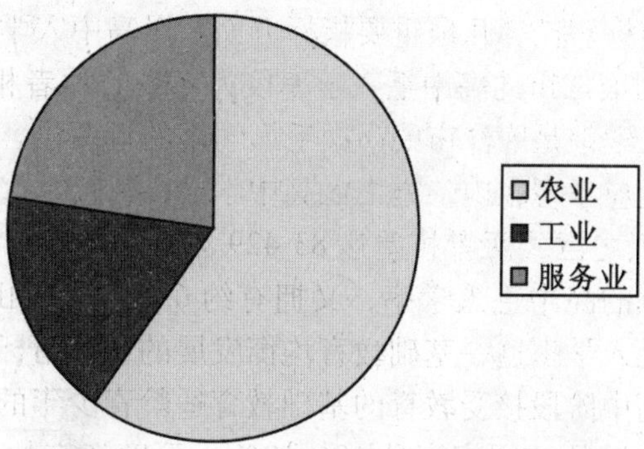

图 1 广东省农民主要从事产业示意图

具体来说，种植类按照期望培训农民占调查农民的比例由高到低为：粮食 44. 5%，蔬菜 39. 5%，水果 29. 7%，特种经济作物 20. 7%，苗木花卉 17. 60%，棚室生产 9. 0%，其他方面 4. 1%。这说明传统种植业教育培训的需求依然较大，蔬菜、水果、特种经济作物、苗木花卉、棚室生产的教育培训需求也有相当数量。养殖类按照期望培训农民占调查农民的比例由高到低为：鸡 42. 2%，猪 41. 6%，水产养殖 26. 6%，鸭 20. 5%，鹅 13. 5%，牛 10. 9%，特种养殖 8. 0%，羊 6. 1%，其他方面 2. 5%。由此我们可以看出，传统养殖的培训期望仍然占主导地位，水产养殖居第三位，特种养殖正在不断发展。非农类按照期望培训农民占调查农民的比例由高到低为：机械 23. 6%，餐饮 22. 7%，建筑 21. 1%，运输 20. 5%，农产品加工 16. 4%，营销 14. 3%，财会 14. 3%，农产品贮藏 12. 5%，家电 11. 7%，通信 11. 3%，服装 9. 6%，商服 8. 6%，旅游 8. 4%，家政 8. 2%，美容 7. 0%，美发 4. 1%，文秘 3. 3%，其他方面 3. 1%。在非农领域中，教育培训需求相对集中的是机械类、餐饮、建筑、运输、农产品加工，其次为营销、财会、农产品贮藏、家电、通信等，其他诸如服装、商服、旅游、家政等也都有一定的需求。

2. 农民已受教育培训时间与农民期望教育培训时间具有趋同性

在488名被调查者中，2007年已经参加农民教育培训的人数为93人，仅占农民总人数的19.1%，而未参加农民教育培训的农民多达395人，占80.9%。在已经接受培训的农民中，平均培训时间仅有5.6天，其中，培训时间最长的是120天，仅有1人，占1.1%；培训时间在1~3天的，则有33人，占35.5%。详细情况可以参阅图2。由此可见，广东省农民教育培训的时间较短，不能满足培养新型农民的需要。事实上，正是由于农民实际接受的教育培训时间短，不能意识到教育对农村社会经济发展的作用，因而，广东省农民在愿意接受培训时间的选择上与农民可以接受教育培训时间具有趋同性。

从农民期望的培训时间调查来看，按照农民期望培训时间占调查农民的比例由高到低分别为：期望4~7天的占27.7%，期望2~3天的占21.3%，说不清楚期望培训时间的占21.1%，期望8~14天的占19.3%，期望16~30天的占14.1%，期望1天以内培训的占13.5%，期望31~90天的占4.9%，期望90天以上的占4.5%，可见，农民最愿意接受的培训是7天以内的短期培训。通过我们对农民期望接受培训的层次的调查来看，希望接受短期培训的农民占调查农民的比例最高，为47.1%。这也告诉我们，在对农民进行教育培训的过程中，要根据不同层次农民的需求，采取弹性和灵活的时间安排，以满足新型农民的需要。

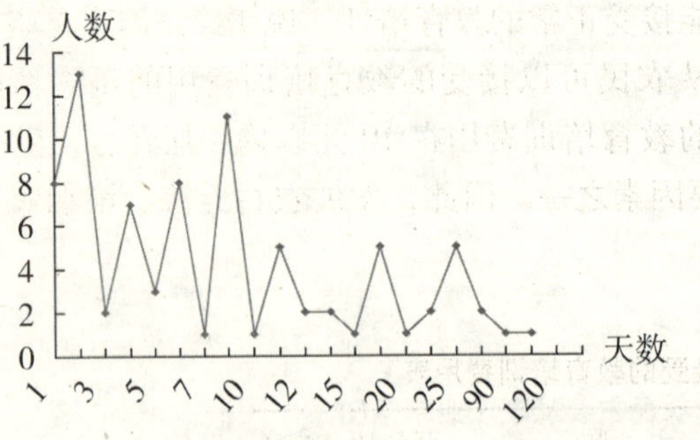

2007年广东部分农民教育培训时间示意图

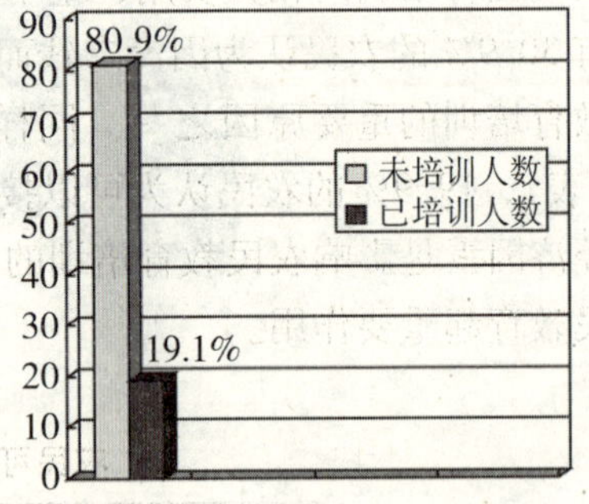

2007年广东部分农民教育培训人数图

图2　2007年广东省部分农民教育培训情况示意图

3. 农民参加培训的动机与农民培训的类型具有协同性

在给出的“农民教育培训的主要目的”8个选项中，55.3%的农民以增加收入为培训目的，51%的农民以提高技能为培训目的，10.5%的农民为获得政策扶持，10%的农民选择了为得到尊重，4.7%的农民以获得补贴为目的，6.1%的农民是为了获得学历，4.9%的农民是为了获得证书，1%的农民参加培训的目的不明确。由此可见，农民参加培训以增加收入和提高技能为主要目的，而达到农民增收的主要途径是职业技术教育，因此，在“接受过农民培训的类型”7个选项中，以前接受过各培训类型的农民占调查农民的比例居前两位的为实用技术培训和职业技能培训，分别占31.1%和16.4%。所以说，农民参加培训的目的与农民获得技能之间具有协同性。

4. 农民期望教育方式与培训的地点具有同一性

从培训方式调查来看，61.5%的农民喜欢面对面授课，58%的农民喜欢现场实习，

6.4%的农民喜欢电视广播，4.9%的农民喜欢VCD学习，26%的农民选择了多方式结合，0.8%的农民喜欢其他方式学习。可见，面对面授课和现场实习是农民最愿意接受的培训方式，远程教育与现代学习手段在农民教育培训中也可发挥重要作用。从培训地点的选择来看，58.6%的农民接受在本村培训，33.6%的农民接受在乡镇培训，22.3%的农民接受在县城培训，22.7%的农民接受在城市培训，3.5%的农民不想参加任何教育培训。由此可见，农民期望培训地点基本上集中在本乡（镇）和本村，这更加证明了农民愿意接受面对面授课和现场实习的培训方式的合理性。由于农民期望教育方式与培训地点具有同一性，因此，在对农民进行教育培训的过程中，要深入农村、深入基层进行现场培训，以满足农民的需求。

5．农民教育稳健发展与农村经济社会和谐发展具有统一性

农民教育的健康发展，离不开农村经济社会的可持续发展。从调查来看，影响农民接受教育培训的主要因素，按照影响农民接受教育因素占调查农民的比例由高到低分别为：45.1%的农民认为是没有时间，33.8%农民认为是没合适的培训内容，30.9%的农民认为是没钱，30.3%农民认为是当地学校少，10.9%的农民对影响接受培训的因素说不清楚，6.4%的农民认为是其他因素。据统计，每年农业部安排农民培训项目的专项经费只有5 000多万元，平均每个农村劳动力不到0.1元，远远低于发达国家农民培训的费用。[3]因此，农民教育培训的相关费用，基本上都是由农民自己负担。在影响农民教育培训的因素中，有30.9%的农民认为因没有钱而不能接受正常的教育培训，说明经济因素是阻碍农民参加教育培训的重要原因之一。同样，从农民可以接受的教育培训费用的调查情况来看（见下表），19.9%的农民认为可以接受的教育培训费用在10元以内，居首位。这也可以说明经济因素是影响农民教育培训的主要因素之一。因此，发展农村经济、增加农民收入对农民教育起重要作用。

农民可以接受的教育培训费用表

培训费（元）	人数	百分比（%）
10以内	94	19.9
10～20	58	12.3
20～60	92	19.5
100～200	83	17.5
200以上	71	15
合计	473	100

三、新型农民培养视角下的农民教育发展策略

“三农”问题，说到底是农民问题。农村的进步、农业的发展归根到底取决于农民的进步和发展，而农民的进步和发展又取决于农民教育。[4]新型农民的教育与培养，对广东省全面建设小康社会，率先实现农村现代化有着重要的现实意义和历史意义。培养新型农

民不仅是把农村的巨大人口资源转化为人力资本优势的根本途径，也是推动社会主义新农村建设的力量源泉。

针对广东新型农民教育培训需求的特点，结合外省农民教育培训的相关经验，在发展农民教育的过程中，我们应坚持因势利导、因地制宜、因人而异的指导思想，以实际、实用、实效、实践为原则，不断提高农民教育培训的效果，使农民培训活动更好地服务于农村发展和增加农民的收入，从而不断推动新农村建设的进程，加快农村物质文明、精神文明和政治文明的建设，构建和谐的农村社会。

1. *改革农民教育体系*

应加大农民教育体系的改革力度，合理定位农民教育的功能，科学地确立农民教育的目标，真正把农民教育的重点放在提高农民素质上。在当前，加快发展农民教育就要在普及并提高九年义务教育质量的基础上，大力发展农村成人教育和职业教育，提高高等农业职业教育水平，完善农民教育体系，逐渐建立农村学习化社区和农民终身教育体系，[5]形成以中等职业技术教育为主体，基础教育与高等职业教育为支撑，多层次、多渠道、多形式的农民教育体系，为广东省地方经济建设和社会主义新农村建设服务。同时，政府要把农民的培训经费纳入公共财政预算，不断增加对农民教育培训的投入，逐步形成以政府投资为主、各类培训机构和单位以及农民个人共同投资的格局。

2. *创新农民教育内容*

据农业部统计，我国农村各类专业技术人才仅占农业劳动力的0.71%，现在我国每7 000亩土地只有一名农业技术人员，每7 000头牲畜只有一名兽医人员，每万亩森林仅有0.53个林业专业技术人员，每万名农业人口中只有1名农业科技人员，这种状况使得我国现有适合农村应用的科技成果的70%因人才瓶颈制约而无法推广，科学技术进步因素对农业增产的贡献率只有30%，而发达国家一般都在60%～80%。[6]因此，在对农民进行教育的过程中，要增加农村实用知识的教学与内容，以满足农民不同层次的需求。加强对农民教育的针对性和实用性，及时、准确、科学地将农业（村）的新政策、新品种、新技术、新肥料、新农药、新信息等知识和技术传授给农民，帮助农民学习科技实用技术，以提高农民教育的效果。如在农民职业教育中适当增加农业知识、农事操作技能等内容；结合农村的实际情况，开设“果树栽培与嫁接”、“淡水养鱼”、“蔬菜种植”等课程。山东省广饶县和浙江省平湖市在农民教育中的成功做法值得借鉴。

2006年，山东广饶县实施农民“点菜式”培训，即政府有关部门把有限的科技特派员力量集中起来，根据村民的实际需要展开更有效的培训，此举受到了当地农民的好评。此外，当地还选派了251名农民，在他们签订了带动本村农民增收“军令状”之后，前往山东农业大学进修。根据农民报名的情况，政府和学校共确定了水产、畜牧、林果、蔬菜、粮棉五个培训班。现在，这些学员兴奋地说：“以前种蒜都是靠老经验，既不晒种也不选种，管理也落后。掌握这些新知识后，蒜薹亩产由原来的500公斤提高到现在的550公斤，每亩地增收400元左右。”[7]目前，浙江省平湖市48名业余讲师组成的“建设社会主义新农村宣讲团”，已深入基层开展宣讲活动200多场次，富有地方特色的《平湖市建设社会主义新农村读本》、《农村典型案例》等乡土教材发放到各村。以“新农村、新农民、新风尚”为主要内容的“农民讲坛”活动让农民唱主角，形势政策、思想道德、民主法制、知识技能四大教育分对象、分层次地有序开展，把教育送到了广大农民群众和农村干部的心坎上。[8]

3. 完善农民培训方式

在农民教育培训的过程中，要大力开展“订单型”、“定向型”、“输出型”、“创业型”、“委托型”等形式的培训，使培训的内容和导向能够适应产业特色和市场需求。尤其是对接受培训后的农民实行跟踪问效制度，对比培训前后发展经济和经营管理的能力，听取群众的意见反馈，不断改进培训方式，逐渐形成开放式、多层次的农民培训方式，造就和培养一大批有文化、懂技术、善经营、会管理的新型农民。在这方面，河南省郏县、宁夏回族自治区石嘴山市的农民教育培训模式值得借鉴。

河南省郏县在2004年已经开始实施“富脑工程”，提出“要富口袋，先富脑子”，通过转移就业培训提高农民素质和就业技能，让农民从务农转为务工、经商，走上致富之路。工程实施以来，共举办各类农村实用技术培训班138期，培训人员1.8万人次；开设家政服务、电动缝纫等劳动力转移培训班40余期，培训人员3 500人，其中3 100人被输送到深圳、广州等地的大型企业。“富脑工程”推动了城乡经济的发展，为新农村建设作出了应有的贡献。[9]起步于2004年的宁夏回族自治区石嘴山市的“农民科技书屋”活动，目前已在全市建有“农民科技书屋”9个，共配备科技图书4 000多册，科技光盘700多张，录音带600多盘。3年来，全市的“农民科技书屋”共接待农民1万多人次，借阅书籍5 000多册（次）。“农民科技书屋”开辟了农民教育培训的新途径，为提高农民自身素质，丰富农民群众的文化生活，促进农村经济发展起到了积极作用。[10]

同时，在新型农民培养的过程中，要依托中央（省、市）广播电视大学网络资源优势，完善县级广播电视大学远程教育网络体系，发展广播电视中等专业教育，优化教育资源配置，利用现代信息技术把优秀教育资源送到教育欠发达地区；坚持就地招生、就地培养、就地使用的原则，积极面向农村，根据经济建设和社会发展的需要，实行多层次、多规格、多功能办学，在办好学历教育的同时，积极发展非学历教育，促进农村地区的农民教育事业实现跨越式发展。

［基金项目：本文是广东省普通高校人文社会科学研究重点项目“新农村建设与广东新型农民培养研究——社会学研究的视野”（项目编号：06ZD84003）的阶段性成果］

参考文献

［1］吴宏军．四个文明：建设社会主义新农村的总体目标［J］．中共郑州市委党校学报，2006（6）．

［2］王力学．发展农民教育：建设新农村的基础工程［J］．中国成人教育，2006（6）．

［3］马建新．关注农民培训需求问题［N］．大连日报，2007-01-22（3）．

［4］朱建文．“三农”问题的破解与农民教育［J］．成人教育，2006（5）．

［5］贾兵强等．新型农民培养与农民教育体系重构［J］．农业考古，2008（3）．

［6］张德元．农村劳动力的去留与农村职业教育［N］．中国农村研究，2005-04-15（2）．

［7］吴红军．关注新型农民的需求［N］．金融时报，2007-02-15（9）．

［8］伯明，曹亮．平湖紧贴农民需求推进新农村教育［N］．浙江日报，2007-03-02（24）．

［9］时海靖．农民教育让农民富起来［N］．教育时报，2007-01-09（1）．

［10］冯文华，韩国昌．宁夏科技书屋辟农民教育培训新途径［N］．中国新闻出版报，2007-07-09（2）．

后金融危机背景下经济发达地区成人教育调查研究
——基于东莞教育培训机构视角

曾宪群　段雄春　杨用华　杨丹宇
（东莞理工学院成人教育学院　广东　东莞　523106）

【摘　要】金融危机爆发后，对世界各地造成了不同程度的影响，特别是以外向型经济发展为主的经济发达地区。在此背景下，成人教育的发展面临新的机遇和挑战。据此本文基于东莞教育培训机构的视角，通过调查研究探讨了金融危机后经济发达地区教育培训机构的现状，并提出了相应的对策与建议。

【关键词】后金融危机　经济发达地区　成人教育　教育培训机构

金融危机爆发后，对世界各地造成了不同程度的影响，特别是以外向型经济发展为主的经济发达地区。为了更好地了解经济发达地区成人教育在后金融危机时代的发展状况，以及制定因地制宜的发展应对策略，保障和满足成人教育多样化的学习需求，实现成人教育可持续发展，本文基于东莞教育培训机构的视角，通过对教育培训机构的深入调查，从不同角度提出了其发展的应对策略。

一、资料收集与样本特征

根据研究需要，在征询相关专家的基础上，我们自编了《金融危机背景下经济发达地区成人教育调查问卷——教育培训机构卷》，问卷分两个部分，第一部分为教育培训机构基本情况，第二部分从办学形式、培养层次、培训的主要内容、师资队伍、招生规模五个方面作深入调查。

利用暑期我们组织了规模为30人左右的调研队伍，同时聘请了相关社会调查专家对调研队伍就调查中需注意的具体事项进行了专门指导。然后随机性地选取了东莞市及各镇区的相关教育培训机构进行调查，共发放调查问卷30份，回收27份，回收率为90%，其中有效问卷27份，有效率达100%。问卷数据经课题组核实后编码，采用SPSS 13.0软件进行统计分析。

调查结果显示，被调查的教育培训机构中，国有性质的教育培训机构为13所，占48.1%，私营性质的为14所，占51.9%，而中外合资或外商独资性质的机构为0所。教育培训机构的类型上，以综合培训机构和成人学校为主，分别为12所和10所，所占总体样本的比例分别为44.4%和37.0%；其他类型的教育培训机构为5所，所占比例为18.5%。地处经济发达地区的前沿重地东莞市，随着工业化进程的快速推进，吸引了大量人员在此就业和生活，一定程度上也刺激了教育培训机构的蓬勃发展，但中外合资或外商独资性质的教育培训机构由于各种原因，发展却非常缓慢。同时，从教育培训机构的类型来看，除了成人学校和综合培训机构外，其他类型的机构也很少涉及教育培训领域。因此，从整体上来看，调查样本反映了经济发达地区东莞市的整体原貌，样本具有一定的代表性。

二、数据分析与结果讨论

1. 非学历教育培训办学形式逐步发展壮大，学历教育却仍占有半壁江山

教育培训机构主要分为学历教育和非学历教育，而学历教育又可以分为函授、夜大学和高等自学考试等形式。调查结果显示（多选），在所选的 27 所教育培训机构的样本中，有 18 所开办了函授或夜大学形式的教育培训，占总样本的 40.0%；开办自学考试形式的学历教育的机构有 3 所，占总样本的 6.7%；而开办岗位培训等形式的非学历教育培训的则有 24 所，占总样本的 53.3%。

从以上可以看出，教育培训机构办学形式仍以学历教育为主。但受国民教育培训需求的增长，教育培训对象对教育培训选择的多元化，教育改革的进一步深化和教育权力的下放等原因的影响，非学历教育培训在逐步发展壮大，越来越多的教育培训机构都逐步开展非学历教育培训。

2. 集中于本专科和岗位技能等性质的培养层次，鲜有研究生等教育培训

培养层次的高低集中反映了教育培训机构发展的程度，是成人教育发展现状的重要支撑证据。调查结果显示（多选），有 2 所教育培训机构具备研究生班性质的培养层次，占总样本的 3.7%；11 所具备本科班性质的培养层次，占总样本的 20.4%；15 所具有专科班性质的培养层次，占总样本的 27.8%；而如短期的岗位技能培训等性质的培养层次则为 26 所，占总样本的 48.1%。

通过以上数据可以发现，本专科班性质的和岗位技能等性质的培养层次几乎各占一半，一定程度上对应了学历教育培训和非学历教育培训发展的现状。但将本科和专科班性质的培养层次相比较，就会发现具有本科班性质培养层次的教育培训机构略少于具有专科班性质的教育培训机构，具有研究生等性质培养层次的教育培训机构依然鲜有。这在一定程度上说明，虽然在经济发达地区教育培训蓬勃发展，但是培养层次却相对低下。

3. 培训内容兼顾岗位职业技术和成人高等教育专业，娱乐休闲略有起色

细究不同教育培训机构主要培训的内容（多选），发现以岗位职业技术为内容的短期培训有 21 所，占总样本的 42.9%；以成人高等教育等专业为内容的教育培训机构有 18 所，占总样本的 36.7%；而以娱乐休闲为内容和辅导考试为内容的教育培训机构分别有 4 所和 3 所，分别占总样本的 8.2% 和 6.1%；其他如以学术性讲座等内容进行培训的教育培训机构有 3 所，占总样本的 6.1%。

从以上可以看出，一方面，现在的教育培训机构还是以岗位职业技术和成人高等教育等专业为主要内容。这在一定程度上反映出，以这两种内容为主的教育培训仍然占有很大的市场，社会和个人需求还是极其强烈，比较切合我国经济发达地区经济社会发展现状，也是我国传统教育观念根深蒂固的结果。但另一方面也发现，随着经济发达地区经济水平的增长，生活质量也随之有着大幅度的提高，人们在满足物质温饱的同时，也追求精神的享受，因此，以娱乐休闲为培训内容的机构也悄然兴起。

4. 师资队伍学历层次和职称水平普遍低下，专业和职业化素质水平不高

为更好地了解东莞教育培训机构在师资队伍建设方面的情况，问卷从教师的学历层次和职称水平两个方面进行了调查，数据显示（多选），在学历或学位层次方面，具有博士学位师资队伍的教育培训机构有6所，占总样本的9.7%；具有硕士学位师资队伍的有11所，占总样本的17.7%。而在师资队伍中，具有专科及以下学历层次教师的教育培训机构竟高达22所，占总样本的35.5%。在职称水平方面，具有副高及以上职称教师的教育培训机构共13所，占总样本的22.8%；中级职称和初级职称均分别高达22所，各占总样本的38.6%。

在越来越激烈的教育培训机构的竞争中，师资队伍水平的高低起着决定性作用，在经济发达地区的东莞也不例外。而通过调查发现，各教育培训机构师资队伍的学历层次和职称水平却普遍低下，同时专业化和职业化素质水平也不高，一方面是由部分教育培训机构的经营者本身无太多的教育经验，不了解教育规律和特点，以及利润是其所考虑的首要因素等原因造成的；另一方面也和部分教育培训机构本身无专职的教师，社会兼职教师比较多有关。因此，在教育观念扭曲和师资管理不完善的情况下，师资的学历和职称低下成为目前教育培训机构普遍存在的问题，更不用说专业化和职业化。

5. 积极应对金融危机爆发后带来的挑战，招生规模不下降反而有所提升

金融危机爆发后，教育培训领域经受了一定的挑战，但也面临着诸多机会。招生情况将直接显露教育培训机构发展现状的好坏，深入调查显示：在总样本为27的所有教育培训机构中，招生规模有所增长的有12所，占总样本的44.4%；保持不变的有7所，占总样本的25.9%；而招生规模有所下降的教育培训机构仅8所，占总样本的29.6%。

从以上数据结果可以看出，教育培训机构虽然经受着金融危机爆发后带来的种种困境，却也迎来了各自发展的春天，招生规模不降反升。这说明，金融危机后虽然导致了大量劳动力就业出现了短暂的困难，但在一程度上反而刺激了人们对学习的需求，教育培训机构得到了繁荣发展的好时机。

三、发展对策与建议

金融危机对经济发展可能不是件好事，特别是对以对外贸易产业为主的经济发达地区尤其如此。但对教育培训机构来说，有众多个人和社会教育需求市场的支撑，却是个很好的发展机会。结合调查分析结果，本文认为可以从以下几方面着手：

1. 坚持多样化的办学形式，注重非学历教育的培育发展

我国的函授和夜大学作为传统的成人学历教育的重要办学形式，在新中国发展的各个历史时期承担了重要的历史使命，为我国教育事业的发展发挥了巨大作用。然而，随着社会的发展和新技术的不断应用，这种办学形式逐步暴露出发展的局限性。因此，坚持多样化的办学形式，注重非学历教育的培育发展，已成为教育培训机构发展的重要课题之一。

非学历教育是成人教育的一个重要组成部分，它包括各类短期岗位培训和各种专业技术培训，以及新技术、新工艺的推广。在后金融危机背景下，为实现办学形式的多样化和非学历教育培训的培育和可持续发展，首先，应积极调整教育培训机构的办学定位，要制定相关的支持性政策，帮助教育培训机构找准发展定位，如帮助其分析办学环境，分析市民对教育培训机构的需求，指导其办出特色等等。其次，应统一归口管理，按照管理机构

划分，目前教育培训机构的管理部门主要有两类，即教育行政管理部门及劳动和社会保障部门，这两类机构都是提供教育培训服务的，然而分属不同机构管理。现行管理机制将教育培训市场进行了条块分割，增加了管理成本，降低了管理效率，不利于资源的统筹利用和发展。最后，教育培训机构非学历教育的发展，除了自身的办学质量、特色等原因外，一个重要的原因就是不具备颁发相应国家承认文凭的资格，那么是否可以在这方面作些考虑呢？允许个别教育培训机构向政府部门申请颁发国家承认文凭的资格。

2. 契合社会的发展需求，提升技术型人才的培养层次

随着我国经济发展的明显加快，以及经过全球金融危机的洗礼，经济发达地区如东莞也将面临着巨大的经济发展机遇与挑战。经济社会转型成为历史发展的必然，如何契合经济社会转型发展的需要，促进经济社会的持续发展，已成为诸多学者关注的重点话题。本文认为，作为教育培训机构，持续提升专业技术型人才的培养层次，是实现目标的最佳选择。

因为在经济结构的变革、产业结构的调整和行业内技术结构发生变化的情况下，特别是随着新兴电子、计算机、通信等行业的快速发展，高新技术在行业内所占比重逐渐加大，行业内技术手段的更新、原有业务的拓展以及经营的多元化，使得一些技术含量较高的新岗位不断产生，如工业领域的工业控制、设备保全、物流管理，以及第三产业领域的经纪代理、投资项目分析、电子商务、市场营销等。一些传统行业在大量改造原有设备、不断引进科技含量高的设备和技术的过程中，也使得一些岗位发生了质的变化。这一切都对从业人员的素质提出了更高的要求。教育培训机构只有加快专业技术型人才的培养层次，培养出更多技术含量高的新增岗位及关键岗位专业技术型人才，才能适应经济发达地区经济发展和高新技术发展的需要，从而更好地为当地社会的发展服务。

3. 立足特色的培训内容，实施差异化服务的品牌战略

教育培训机构发展差异化服务的品牌战略就是通过为培训对象提供独具特色的培训服务来实现自己目标的战略，也就是以提供特色培训内容为目标的发展战略，战略的基本目标是建立和维持发展优势。教育培训与一般的产业不同，其产品是对人的培养，其质量是通过对人培训效果的好坏来衡量的。尽管衡量培训效果的好坏没有一个固定的标准，但从教育培训机构发展的角度来看是不允许低质量出现的。虽然有时需要考虑教育培训成本的控制，但不能因控制成本而影响教育培训的质量；相反，必要时还应增加成本投入以谋求教育培训质量的提高。

在具体的操作过程中，要立足特色的培训内容，实施差异化服务的品牌战略。第一，要求教育培训机构对市场有透彻、细密的认识，紧跟个人和社会需求，需要准确把握自身已有资源或可获取资源的能力，实现差异化能力和培训需求的良好匹配；第二，教育培训机构的资源应围绕“特色”培训内容进行动员、配置，力求为社会提供新水平和新内容的培训服务；第三，教育培训机构也应像企业一样建立有效的营销体系，让教育培训对象发现、了解差异化的价值，达到吸引其选择所提供的培训服务的目的；第四，差异化的形成需要从教学研究、课程设计、市场营销到教育培训机构与培训对象关系等各个层次去审视和努力；第五，在实施差异化服务的品牌战略时应及时注意防范差异化价值和影响的下降以及差异被模仿的风险。

4. 开拓丰富的来源途径，培养专业化、职业化师资队伍

师资队伍的学历层次和职称水平普遍低下，专业化、职业化水平不高，不符合现代社

会教育培训机构发展的要求。现代社会要求教育培训机构的教师不仅要具备传统教师应有的专业知识和技能，还必须熟悉成人教育理论和成人学习的心理特点；不仅要指导参加成人教育的学生进行简单的理论学习，更要根据参加成人教育学生的特点进行学习策略和方法的引导。为此，从来源上说必须明确“提高现有的、引进必需的、借用社会的”[1]师资建设思路，尽可能选聘“双师”型教师。

培养专业化、职业化师资队伍。一是建议高等学校在原有教育经济与管理学专业的基础上设置教育培训方向，招收该专业的本科生和研究生，为社会培养真正合格的专业人才，为教育培训理论研究提供主阵地。二是要加快对培训工作组织者的职业化培训，必须认真研究培训的方法，用经营的手段管理培训，从经济的角度客观评估教育培训效果。三是要加快培养具有如下专业特点的教育培训教师，即对教育培训情况了如指掌，始终站在教育培训领域的理论和实践前沿，对教育培训工作有专门的研究和独特的见解；对本专业的教育培训技术方法有专门研究，擅长做教育培训技术工作；对教育培训市场能做出快速反应，准确捕捉到教育培训中培训对象的需求特点。

5. 加强政府的宏观调控，实现教育培训市场有序竞争

调查发现，后金融危机背景下，教育培训的个人和社会需求将进一步增长。面对如此良好的教育培训市场，如何实现教育培训市场的健康持续发展？

总体说来，需要政府部门进一步履行宏观职能，积极改进原有的管理方法，实现教育培训市场的有序竞争。一是从松散管理走向严格管理。要统一教育培训市场的收费标准、办学期限，避免教育培训市场的无序竞争，要严格监控教育培训市场的课程质量，为建立良好的市场信誉奠定基础。二是从单一管理走向多元管理。教育、劳动、行政主管部门要避免对教育培训市场的垄断性管理，要借助培训行业协会的力量，利用行业协会的标准，加强培训行业职业的准入条件。三是从行政管理走向法制管理。市场经济是高度的发展经济和信用经济，教育培训市场在外部环境方面需要有一套健全的监管机制，在内部环境方面需要有高度的发展意识、自律意识。因此，将教育培训工作的管理和发展纳入发展轨道，在建立与完善社会主义市场经济体制的进程中自觉以法治教、以法兴教，将是21世纪教育培训市场发展的必然要求。我们不仅需要依靠行政力量来管理和规范教育培训市场，同时还要认真贯彻《中华人民共和国教育法》、《民办教育促进法》等法律法规，大力推进教育培训市场的法制化建设。

［项目来源：全国教育科学“十一五”规划2009年度教育部重点课题“经济危机背景下我国经济发达地区成人教育发展研究——以东莞市成人教育发展为例”（项目编号：GKA095007）］

（本文获2011年第八届全国成人教育优秀科研成果论文一等奖）

参考文献

［1］董兵．关于我国教育培训市场形成和发展的研究［D］．华中师范大学硕士学位论文，2004.

［2］董文立．面向温州企业的培训机构发展战略和应对策略研究［D］．浙江工业大学硕士学位论文，2007.

［3］陈元江，甘源春，陈爱明．面向二十一世纪的中国民航管理干部学院［J］．民航经济与技术，

1998（2）：53～55.

［4］夏建国，李晓军. 略论全球化视野中技术应用型人才培养层次的高移［J］. 教育发展研究，2004（1）：44～46.

［5］彭绪铭，宁峰. 高校成人非学历教育发展与创新的若干思考［J］. 赣南师范学院学报，2009（5）：77～79.

湛江市基础教育均衡发展的调研报告

张剑伟　林艳萍
（湛江师范学院继续教育学院　广东　湛江　524048）

【摘　要】湛江市基础教育依然存在着不容乐观的非均衡发展问题。从霞山区和廉江市的基础教育数据对比来看，湛江市基础教育的非均衡发展主要体现在区域间不均衡、城乡间不均衡、校际间不均衡和结构性失衡等方面。基于湛江市经济与社会发展的情况，解决湛江市基础教育非均衡发展问题亟须实施“评估工程”、“直管工程”、“集团工程”、“标准工程”、“信息工程”、“提薪工程”和“培训工程”。

【关键词】湛江　基础教育　教育平等

教育公平、教育均衡发展是制定教育政策的基本原则，也是实现教育现代化基本价值的最终目标。《国家中长期教育改革和发展规划纲要（2010—2020年）》明确提出：“均衡发展是义务教育的战略性任务。建立健全义务教育均衡发展保障机制。”在2010年9月召开的广东省教育工作会议上，时任省委书记汪洋同志明确要求：“以义务教育均衡发展为重点，大力促进教育公平。大力推进义务教育均衡发展。”

一、湛江市基础教育均衡发展的现实意义

我市基础教育事业虽然取得了长足发展，且基础教育均衡发展的问题也得到了一定程度的解决，但是由于各种历史和现实的原因，我市基础教育不均衡问题仍然突出。城市中心与城市边缘的教育资源分布、城镇学校与农村学校的教育资源分配、重点学校与一般学校的教育资源分享等方面都仍然存在着不均衡的问题。由此给我市带来的问题不仅体现在教育领域，如优质教育资源短缺与不公、严重的择校问题、义务教育质量的提升问题等，而且更实质性地反映在我市的社会发展领域，如青少年辍学问题、人力资源的质量问题、城乡社会治安问题、居民整体素质问题等，这些问题成为我市经济社会全面发展的一系列“瓶颈”。因此，我市基础教育均衡发展的重大意义主要体现在以下几个方面。

（1）湛江即将迎来大发展的历史时期，为大项目提供优质的人力资源与后备人才，是湛江经济社会发展的必然需要，是我市基础教育事业的历史性任务，也是我市基础教育均衡发展的根本意义所在。

（2）湛江在进入难得的历史机遇期的同时，也面临着一个社会矛盾的高发期，而基础教育的均衡发展对于消弭社会不公平现象、推进教育事业的优质发展和建设和谐社会都具有重要意义。

（3）“多一所学校，就少一座监狱。”基础教育均衡发展是我市维护社会稳定和综合治理的必然需要，是我市全面落实科学发展观的根本要求。

二、湛江市基础教育发展现状

目前，我市各类学校在绝对数量、占地面积、教育教学基础设施建设、教育教学质量的完善与提高等多个方面都取得了历史性的进步和跨越性的发展。

表1 湛江市基础教育各类学校基本情况（2008年）

学校类型	学校（所）	在校学生	招生人数	毕业人数	职工人数	专任教师
普通中等专业学校	11	36 889	16 941	6 974	1 506	1 011
普通中学	343	625 232	237 772	176 093	31 136	27 651
高中	75	151 456	59 993	44 613		8 241
初中	28	473 776	177 779	131 480		19 410
职业中学	35	20 122	10 990	4 398	1 390	1 133
小学	2 155	927 381	112 075	183 609	41 151	36 038
幼儿园	691	154 961	113 286	78 657	6 527	4 144
特殊教育学校	1	1 541	186	160	96	92
技工学校	9	35 900	12 017	9 074	1 277	804

表2 湛江市基础教育办学条件情况（2008年）

指标	计算单位	幼儿教育	小学	普通中学
学校数	所	691	2 155	343
师生比		26.3	25.7	初中24.1 高中18.4
学校占地面积	万平方米	875 991	26 567 812	12 923 587
校舍建筑面积	万平方米	601 031	5 847 144	4 687 544
体育运动场（馆）面积	万平方米	92 905	8 085 125	2 984 060
计算机	台		15 431	24 629
图书藏量	万册	23.14	1 816.6	1 130.92
生均占地面积	平方米	8.1	28.65	初中17.99 高中29.06
生均建筑面积	平方米	5.55	6.31	初中4.9 高中115.6
生均教学用房面积	平方米	3.94	3.5	初中1.81 高中5.94
生均图书册数	册	5.01	19.59	初中13.24 高中33.25
生均仪器设备	元		231	初中222 高中1 711

从基础教育发展的总体现状分析，我市基础教育发展已经具备了良好的基础条件，这是我市基础教育实现均衡发展的基本前提，尤其是我市基础教育的办学条件和普及情况均

为基础教育均衡发展打下了扎实的基础，这也为我市基础教育从数量发展向质量发展转变、从绝对发展向均衡发展转变创造了必要条件。

三、湛江市基础教育非均衡发展的基本分析

表3　霞山区和廉江市中小学校基本情况

区域		学校数	班数	毕业生	招生数	在校生数	毕业班学生数	教职工数					代课教师
								合计	其中：专任教师	合计			
										教育部门和集体办	民办	其他部门办	
霞山区	总数	62	1 672	22 670	22 403	96 552	24 251	4 752	4 165	4 117	616	19	181
	区辖	43	1 534	21 672	21 769	91 663	23 181	4 356	3 819	3 721	616	19	178
	市辖	19	138	998	634	4 889	1 070	396	346	396			3
廉江市		475	6 658	72 392	69 235	303 587	74 229	13 979	12 455	13 171	79	729	1 852

表4　霞山区基础教育普及综合情况

	人口总数	小学			初中			高中			特殊教育			幼儿教育	
		学龄儿童入学率（%）	毛入学率（%）	毕业生升学率（%）	学龄儿童入学率（%）	毛入学率（%）	毕业生升学率（%）	学龄人口	毛入学率（%）	1~12周岁三残儿童	小学入学率（%）	13~15周岁三残人口	初中入学率（%）	3~6周岁人口	入园率（%）
合计	371 420	100	115.5	94.03	100	124.23	98.29	15 092	151.53	16	100	1	100	14 115	106.19
其中女	169 035	100	115.25	91.83	100	124.4	97.61	7 178	151.30	2	100		100	5 857	109.82

区域间比较方式是研究基础教育均衡发展的基本方法。本调研报告将我市最具代表性的霞山区和廉江市作为调查样本，以此分析我市基础教育均衡发展问题。霞山区是我市的中心城区，集我市的经济中心、工业中心、商贸中心、交通中心和文化中心于一体，是我市最具比较优势的区域之一。廉江市总人口150多万，是我市第一人口大县（市），同时也是面积较大的县级市。

表5 廉江市基础教育普及综合情况

	人口总数	小学			初中			高中			特殊教育			幼儿教育	
		学龄儿童入学率（%）	毛入学率（%）	毕业生升学率（%）	学龄儿童入学率（%）	毛入学率（%）	毕业生升学率（%）	学龄人口	毛入学率（%）	1~12周岁三残儿童	小学入学率（%）	13~15周岁三残人口	初中入学率（%）	3~6周岁人口	入园率（%）
合计	1 383 000	99.89	109.4	95.33	98.04	109.23	91.8	98 521	79	172	94.19			58 086	61
其中女	580 860	99.88	109.11	98.79	98.03	108.84	86.8	44 334	78	28				26 138	58
县镇	437 800	99.91	111.25	147.13	98.04	109.35	92.63	39 200	80	48				20 043	85
农村	945 200	99.88	108.68	74.97	98.04	109.14	91.17	59 321	78	124				38 043	48

表6 霞山区和廉江市基础教育（初中）普及情况

区域		初中学龄人口数	在校学龄人口数	学龄人口入学率（%）	在校学生数	毛入学率（%）	辍学率（%）
霞山区		21 085	21 085	100	26 194	124.23	2.99
廉江市	县镇	39 185	38 417	98.04	42 850	109.35	4.16
	农村	51 707	50 693	98.04	56 431	109.14	6.21

表7　霞山区和廉江市小学专任教师学历、职称情况

区域	合计	本科及以上		专科		高中		高中以下		中学高级职称		小学高级职称		小学一级职称		小学二级职称及以下	
		小计	百分比（%）	小计	百分比（%）	小计	百分比（%）	小计	百分比（%）	小计	百分比（%）	小计	百分比（%）	小计	百分比（%）	小计	百分比（%）
霞山	2 066	317	15. 34	1 458	70. 57	286	13. 84	5	0. 24	1	0. 05	1 216	58. 86	424	20. 52	425	20. 57
廉江	6 914	157	2. 27	4 299	62. 18	2 439	35. 28	19	0. 27			3 193	46. 18	2 289	33. 11	1 432	20. 71

从上述各表的数据来看，霞山区的基础教育普及情况总体上优于廉江市，这尤其体现在小学入学率、初中毛入学率、初中毕业生升学率、高中毛入学率、幼儿教育的入园率、专任教师的学历与职称结构对比等几项重要指标方面。以高中入学率为例，霞山区的高中毛入学率为151. 53%，而廉江市的高中毛入学率仅为79%，两者相差72. 53个百分点，换言之，霞山区的高中毛入学率是廉江市的高中毛入学率的近两倍。另外，两地高中学龄人口基数之间的巨大差距也应考虑在内。霞山区高中学龄人口仅为15 092人，而廉江市的高中学龄人口高达98 521人之巨，两者相差达83 429人。从这两个数字来看，廉江市既具有仅为霞山区一半多一点的高中毛入学率，又拥有约6. 5倍于霞山区的高中学龄人口数，可想而知，两者在高中毛入学率这一基础教育均衡发展的重要指标上的差距何其巨大，廉江市初中毕业后未进入高中阶段接受教育的基础教育适龄青少年的数量何其巨大。从幼儿教育的入园率来看，霞山区的入园率高达106. 19%，而廉江市的入园率仅为61%，两者相差亦近一倍。霞山区的小学毛入学率达到了115. 5%，而廉江市的小学毛入学率为109. 4%，两者相差6. 1个百分点。霞山区的初中毛入学率为124. 23%，而廉江市的初中毛入学率为109. 23%，两者相差15个百分点。同时，霞山区的初中毕业生升学率也高出廉江市的初中毕业生升学率约6. 5个百分点。从两地教师的学历与职称对比来看，霞山区小学专任教师拥有本科及以上学历者多达317人，所占在校小学教师的比例为15. 34%；而廉江市拥有本科及以上学历者仅为157人，所占在校小学教师的比例仅为2. 27%，两者比例相差超过5倍。同样，霞山区小学专任教师只有不足14%的人是高中学历，而廉江市的这一比例则高达35. 28%。在小学专任教师的职称结构对比方面，霞山区小学专任教师中拥有小学高级职称的人数为1 216人，所占比例为58. 86%，廉江市小学专任教师拥有小学高级教师的比例则为46. 18%，明显低于霞山区的同类指标。甚至在霞山区的高中教师中，拥有研究生学历者也已经达到112人，占全部高中教师人数的近12%，并且超过1/4的教师具有中学高级教师职称。

四、湛江市基础教育非均衡发展的主要体现及其基本成因

从上述基础教育均衡发展的子领域与各级指标来观测，我市基础教育不均衡发展主要

表现在以下两个方面：

（1）在教育机会层面上，群体间受教育机会不均等是我市基础教育发展不均衡的主要表现形式之一。

（2）在教育资源配置层面上，教育资源配置不均也是我市基础教育发展不均衡的主要表现形式之一。教育资源配置层面的不均衡性主要体现在以下几个方面：①区域间不均衡；②城乡间不均衡；③校际间不均衡；④结构性失衡。我市城乡之间基础教育的差距随着教育阶段的提高而扩大，呈现出一种倒金字塔形状的格局，本已在义务教育阶段存在着的城乡教育机会之差距，在基础教育的高中阶段进一步扩大。

我市基础教育非均衡发展的主要成因，既包含了国情与市情因素，也包含了经济性因素和政策性因素等。

（1）国情与市情因素方面，我市基础教育非均衡发展事实上是经济社会发展不平衡性在教育领域的基本反映。

（2）经济性因素方面，我市总体上教育经费投入还不充足，保障基础教育均衡发展的公共财政体系不完善，基础教育经费在县区间、城乡间和学校间的配置不均衡。

（3）政策性因素方面，我市各级政府层层设置“重点学校”、“示范性学校”或建设各种“窗口学校”，将其作为本区域教育工作的亮点或教育政绩的代表，这虽然一定程度上满足了地方政府的政绩需求和教育发展主义倾向的需要，但无形中却使人们逐渐认为各县区教育事业发展的竞争就是基础教育高端发展的竞争，从而对基础教育均衡发展这一最高价值形成了“选择性失明”。

五、湛江市基础教育均衡发展的对策与建议

我市基础教育均衡发展状况存在着历史“欠账”多、非均衡程度较高、教育资源总体短缺且不均衡等特点，因此，结合我市自身经济与社会发展的情况，为解决我市基础教育非均衡发展问题，建议实施“七大工程”，分别是“评估工程”、“直管工程”、“集团工程”、“标准工程”、“信息工程”、“提薪工程”和“培训工程”。

（1）“评估工程”。建立基础教育均衡发展动态评估机制，全面启动“湛江市基础教育均衡发展评估工程”，实施“湛江市基础教育均衡发展合格区县”评估与评选工作，并以此作为政绩考核的重要指标。

（2）“直管工程”。建立各区县基础教育均衡发展的责任机制，由区县一级政府对基础教育均衡发展担负直接责任，实施“直管工作”。我市率先实现区县直管全部各类基础教育学校，“县管校用”，区县对人、财、物等各类教育资源在全区县内统筹配置、整体规划和通盘考虑，实现各种教育资源的常态化流动和常态化共享，以此真正改变城乡学校的二元化格局。

（3）“集团工程”。参考湛江二中教育集团的做法，在各区县创新性地组建教育集团，强弱搭配、捆绑发展，以实质性的联体式发展来达到基础教育均衡目标。实行“一个法人单位、一个法人代表、一套领导班子、独立核算核编”，从根本上打破校际失衡的局面，促进优质教育资源的校际共享。

（4）“标准工程”。实施标准化办学，推进标准化学校建设，淡化并逐渐取消各类重点学校，实现规划建设标准化、设备设施标准化、人力资源配置标准化、教育教学标准

化、运行管理标准化。

（5）“信息工程”。建立具有高度实用性的信息化教育网络，以现代教育技术手段来弥补现实差距，以技术平等促进教育公平，实现湛江市基础教育优秀教育教学资源共享化和教育教学管理信息统一化。

（6）“提薪工程”。真正、明显地改善教师待遇，在全面、负责和持续地实施绩效工资的基础上，一要尽快在全市范围内以发放生活补贴的方式为教师提薪15%，并逐年提高生活补贴的发放额度；二要给农村教师专项发放300～500元的“乡村补贴”，以此扭转城乡师资的失衡问题。争取五年内在我市最终实现教师收入不仅相当于公务员水平，而且明显高于公务员水平。

（7）“培训工程”。师资是基础教育的第一资源。省教育厅罗伟其厅长于2010年3月提出“实施大规模的教师全员培训”，“农村学校公用经费的5%要保证用于教师培训”。我市可通过骨干培训与全员培训、专业培训与通识培训、普教培训和职教培训“三结合”的方式，促进师资队伍的内涵式发展。在具体操作上，公开招标培训机构，并建立培训督导制度、评估制度、责任制度和汇报制度，真正保证培训的实效性。

明确方向，重塑信心，推动粤东自学考试的健康发展

——粤东自学考试调研报告

王康华　杨展德　史继祥　陈佳跃
（汕头大学开放学院　广东　汕头　515061）

【摘　要】本文通过对粤东地区自学考试情况作综合调研，分析了影响粤东自学考试发展的主要问题及原因，提出了解决问题的基本思路和政策建议等。

【关键词】粤东　自学考试　综合调研

一、粤东自学考试调研基本情况

受省自学考试办公室委托，根据粤考办〔2011〕25号文的要求，汕头大学开放学院从2011年下半年至2012年上半年，以粤东为重点，先后对汕头、揭阳、潮州、梅州、汕尾、河源、惠州、东莞、深圳、清远等市进行了专题调研。调研的单位包括市、区教育局，高职高专院校，中职中专学校，社会教育培训机构等多类单位；调研的主要内容是粤东自学考试基本情况、存在的主要问题与原因分析、解决问题的基本思路、对省考办的建议等；调研的基本方式为面对面交流研讨。所到之处，我们得到了各单位相关领导和工作人员的支持和帮助，就共同关注的问题进行了深入和坦诚的交流，使我们对粤东自学考试的基本情况有了进一步的了解，对更深入研究粤东自学考试（开放教育）运行模式，促进其加快发展产生了积极作用。

在调研过程中，我们最深切的感受有以下几点：第一，粤东自学考试仍然有较好的社会影响力，保持了一定数量的参考人次，但参考人次呈逐年下降趋势，自学考试发展相对滞后于其他高等教育形式。面对严峻的形势，各地市考办和多数助学机构还在坚持办学。但不少自学考试助学机构已经出现明显的转轨迹象，即坚持办自考的同时，进入成招、网络教育和电大等学历教育领域。大家对省考办加快推进自学考试特别是自学考试的开放模式寄予希望，要求在保障质量的基础上加快推进。第二，粤东并非没有自学考试（开放教育）需求，许多单位在了解广东省自学考试办学改革思路的介绍后，表示自学考试的开放教育模式符合教育的本质要求和成人教育的运行规律，对于重树自考信心和解决长期遗留问题能起到积极作用，认为学生和家长更容易接受自学考试开放教育模式。多数高职高专、中职中专学校表示愿意参与办学工作，各市区教育行政部门也表示支持并愿意推动这一改革模式。第三，我们认为，在省考办直接领导下，主考学校、地市教育行政部门、高职高专及中职中专学校、企业或企业集团联手推进自学考试创新模式发展，对自学考试的生源动员、教育教学质量保障、课程通过率和毕业率的提高均有重要意义，是粤东自学考试创新发展的方向。

二、影响粤东自学考试发展的原因及分析

在与各被调研单位工作人员交流的过程中，我们重点就影响粤东自学考试发展的原因进行了调研与分析，将大家的分析汇总起来，大致有以下几个方面：

（1）区域经济发展现状的影响。粤东区域经济发展相对滞后，导致相当部分家庭收入水平偏低，居民可支配收入少，难以承受较高的学费支出；粤东欠发达地区众多传统企业现代化程度低、规模小，就业机会少，且用工要求不高，对不同学历层次的一线员工薪酬待遇差别不大，难以调动员工提高学历层次的学习热情，一些企业甚至不愿组织、不鼓励员工进行学历和非学历的继续学习。

（2）人才区域流动影响。由于粤东经济欠发达及“珠三角”发展的需要，粤东地区大量中职中专学生一毕业，就业预期即转向“珠三角”，其继续学习的需求也随之转移，为此减少了粤东的自考生源；部分留下的学生因难有用武之地，便降低学习需求，求学进取意识弱化，对自学考试更缺乏信心。

（3）各种高等继续教育形式发展与政策调整的影响。在人口政策、普通高招政策（特别是高职校发展）的双重影响下，生源总量减少；成人高等教育、网络教育、电大等高等教育形式的改革发展，对自学考试形成较强的冲击，目前成考、电大（开放）、网络教育已占据大部分市场，且学生毕业通过率极高，相比之下自学考试虽然有自身优势，但现有办学模式、考试方式等受到相当程度的制约，难以发展。我们认为，面对这种情况，自学考试应当创新思维和积极实践，探讨适合高等教育自学考试运行规律的新模式、新方法。

（4）误读自学考试质量的影响。我们在调研中发现，不少机构和考生对目前自学考试的规范存有异议，其实问题就在于如何认识自学考试质量观。一方面，长期以来用普通高等教育的质量与规范来要求自学考试，强化国家考试功能而弱化高等教育功能，与高等继续教育的运行规律不适应；另一方面，将自学考试简单地与其他成人高等教育形式比较，希望通过弱化其国家考试功能来推动自学考试发展。凡此种种，表现出一种重文凭、轻质量，重结果、轻过程的倾向。调研中不少人将自学考试发展困难的原因简单归结为及格率和毕业率低。

（5）传统的招生宣传作用的弱化。社会各界的思维方式停留在原有的模式上，对自学考试“相沟通”与“开放模式”基本不了解，特别是中职中专师生、企业管理者和务工人员，对自学考试近年来的改革发展了解甚少。受广东的普通高校不能与中职中专学校合作举办成人学历教育政策的影响，部分地市教育局（如东莞、河源）认为，中职中专学校同样不能与高校合作开办自学考试辅导班，自考班只能由高校或培训机构申报开办。要解决这些问题，必须开展新的有针对性的招生宣传才能起到作用。

（6）各种技术性因素的影响。如果说区域经济发展、就业形势和企业文化对粤东各类高等继续教育形式的影响是共同的，那么自学考试难度大、通过率低且大量难以毕业在籍考生的存在，是使相当多的学生、家长、助学机构甚至主管部门和主考学校信心缺失的重要原因，影响了自学考试的可持续发展。

具体的技术性原因主要有：通过率过低导致参与各方信心不足；专业设置和课程设置与市场需求有距离，与中等职业教育难以衔接；自考命题方向偏向于全日制高等教育难

度；学习内容中理论性知识教学过多、实践性过少，难以满足实际需要；过度注重应试教育，同时缺乏应试教育所需的题库练习；市场意识淡化，审批周期过长、管理程序复杂，往往在完成各项审批后发现，许多生源已另辟蹊径；部分地市自学考试安排的开考次数不足，造成考生和办学机构的不便（如河源考生 1 月和 7 月要到惠州考试；潮州也有类似问题），影响了自学考试的发展。

三、推动粤东高等教育自学考试发展的战略思考

1. 自学考试发展应当解决好的政策层面问题

高等教育自学考试产生与发展的合理性，在于符合高等教育基本规律与高等继续教育运行规律，开放性既是自学考试的特殊规律，又与人才市场需求相一致。然而，曾经适应并推动了高等继续教育大发展的自学考试模式，在现实中出现了许多不适应。我们面临的主要、根本的问题，不是普通高等教育、成人高等教育、网络教育、电大教育的改革与发展，而在于自学考试自身创新不足、自身开放性优势发挥不充分；没有根据我国高等教育形势的变化，研究新的适应自学考试发展的运行规律、人才培养运行模式；研究解决人才培养目标定位与人才市场需求和人才成长规律脱节。具体地说，自学考试发展面临的政策层面问题主要有：

（1）对教育规律的机械理解导致相关政策僵化。教育规律具有客观性，但教育是复杂的社会实践，理论上的客观必然性往往存在于现实的或然性、随机性和弹性之中。高等教育自学考试的规律也是如此，面对丰富多彩的社会实践和复杂多变的市场人才需求，企图以不变应万变，以一纸考试计划统天下，将很难适应实际需要。

（2）“质量第一”口号下理念和机制僵化。高等继续教育在实践中常常被一些官员和专家学者用异样的眼光打量着，听到的批评又常常是质量不高。然而他们在作出评价的同时，却对人才培养目标定位、培养过程的起点和终点的特殊性视而不见。在一些人看来，自学考试如果发生一些变化，就会出现质量问题，这是一种很有意思的逻辑，但它确实存在。质量与开放创新之间应当有符合教育规律和市场规律的、合理的、可操作的平衡点，我们应当在实践中努力去发现它。

（3）对市场需求变化的反应弱化。目前在高等继续教育中，自学考试不是开放性最高的形式，却是“普教化”程度最高的形式。开放性优势弱了，“普教化”本就难与普通高等教育相比，这就更凸显了自学考试的困境。

总之，作为中国高等教育创新成果的高等教育自学考试，遇到了创新动力弱化、开放优势弱化、教育功能弱化等基本问题，解决的办法应当在思变中探求。

2. 粤东高等教育自学考试发展的战略思考

（1）全面理解教育规律，研究有广东特色的自学考试运行规律。教育规律属于社会规律范畴。虽然教育理论界对教育规律及其表现形式的看法不尽相同，实践中仍然较多地套用规律的定义，将教育规律理解为“教育现象内部诸方面的本质的必然的联系”，是不以人的意志为转移的客观存在，进而简单地将“客观性、必然性、稳定性、普遍性和抽象性”等特征冠之以各种不同条件、不同层次的教育活动。按此逻辑，同为高等教育的普通高等教育、高等职业教育、高等继续教育理所当然地受到无差别高等教育规律的制约，而不必考虑其他或然性因素。

但在教育实践中，基本教育规律的必然性和普适性，与不同条件下具体运行规律的相对性和随机性，往往是同时存在并共同发生作用的。“决定论”的教育规律观把探求教育规律等同于寻找教育模式的确定性和有序性，忽视了教育运行中的不确定性和无序性，以及教育规律研究的其他范畴和多元表达。这种教育规律观正是导致高等教育自学考试“普教模式化”的思想理论根源。

应当看到，高等教育运行规律并不具有绝对“真理”性，它只不过是对适应特定历史时期的高等教育运作所进行的描述，当客观条件发生变化后，原有的运行规律可能会丧失其普适性而为另一种具有适应性的运行规律所代替。由于受多种因素影响，教育活动具有确定性和不确定性，显示出必然性与或然性交织的样态，使得教育规律的逻辑层面和实践运行层面并非简单对等。换言之，高等教育基本规律不能取代自学考试运行规律，自学考试运行规律也不能排斥高等教育基本规律。研究高等教育自学考试模式，要打破原有的教育规律观和教育模式观的制约，去研究那些“不成体统”的新现象，探求新规律。

（2）建立粤东实验区，加快推进自学考试开放模式改革。其核心目标是探索符合基本教育规律和自学考试运行规律的，确保培养目标实现和适应市场需求的，充分发挥开放性优势的自学考试教育、教学和管理模式。要探索自学考试过程中教育功能的实现形式，重点推进有自考特色的开放模式；探讨发挥自学考试的国家考试品牌、高等学校品牌、地方特色品牌的综合优势的实现方式；分类设定服务对象，推进面向社会，面向中等教育，面向企业、社区和农村的多元发展战略；推进满足不同学习群体学习需要的全日制脱产、全日制走读、业余学习等多元开放的助学辅导模式；探索自学考试教师队伍建设的新模式；探索省考、校考命题方式改革；探讨实践教学和考核实施规范与方法。

（3）研究推进主考学校与地方（企业、农村、社区、职业学校）合作举办自学考试开放模式的途径与方法。加快推进自学考试从专业、课程设置到办学模式与地方经济社会发展相结合，与地方人才培养的战略重点相结合，与非学历职业技术培训相结合，与学习者的全面成长需求相结合。发挥高等教育自学考试在高等继续教育立交桥中的引领作用，探讨在专业设置、课程设置上与其他高等继续教育形式之间的有效衔接。如在自学考试计划中部分接纳非学历技能培训课程，形成应用技能模块；在课程对接基础上，互认组织规范的行业考试成绩等。

四、几点政策建议

（1）加强调研，扩大宣传，重塑信心，进一步提高全社会对自学考试的认同感。结合自学考试开放模式办学，在粤东各市建立长期联系与沟通宣传、研究、反馈网络，对市场需求、政策实施等情况进行经常性研究，为政策制定提供实践依据；整合教育主管部门、主考学校、助学机构的力量，扩大自学考试的影响力，重塑考生及家长对自学考试的信心。

（2）对市场急需的专业给予特殊政策。据《南方日报》报道，目前我省幼教师资缺口约4万人。调研中发现粤东此类问题更为突出。粤东各市普遍存在学前教育师资队伍数量严重不足，学历偏低，待遇普遍较差等问题。因此，希望省考办加大对自学考试“学前教育”专业的政策支持，如将该专业部分省考课程列为委考课程，通过开放学院的规范管理，确保课程的教学质量，同时吸引考生积极参与本专业的学习，满足地方教育的迫切需求。

（3）调整政策，精心组织，允许往届生进入自学考试开放模式中。由于各种原因，很大部分在籍自考生因少数甚至个别科目未通过而长期无法毕业，我们认为应当采取切实有效的措施，支持和鼓励这些长期坚持的在籍考生。同时解决多年来积压的未毕业学生数量过多的问题，重塑社会参与自学考试的信心。为此，建议有条件地允许往届生进入自学考试开放模式的过程性管理体系中，由开放学院与各市教育行政部门指定的学校或办学机构联手组织实施，探索一条既保证国家考试基本规范的贯彻，又保证提高教育教学质量，既调动在籍考生学习积极性，又调动地方和培训机构参与积极性的有效途径，从而加快粤东自学考试事业的发展。

（4）请求批准建立粤东自学考试开放模式试验区，探讨有广东特色的自学考试发展模式。从长期发展战略角度，建议发挥汕头大学作为广东省高等教育先行先试学校的优势，在粤东地区建立自学考试综合改革试验区，同时政府给予政策支持。

我们对试验区的愿景如下：第一，采取适当形式批准建立粤东自学考试试验区，并确定试验的基本框架，使试验建立在合法的基础之上。第二，采用合理的方式批准汕头大学在粤东各市范围内开展自学考试开放模式的合作，允许汕头大学开放学院在粤东各市建立自学考试助学辅导与服务中心，批准汕头大学在条件具备的合作方设立开放学院校区。第三，根据粤东经济社会发展急需人才的实际，经报批允许设置少量特殊专业或增加设置委考课程；允许将自学考试本科专业的加考课程列为委考课程；在校企合作模式、与特定系统合作模式以及与农村合作模式中，允许将考试计划中的省考、委考课程在各专业考试课程目录中进行部分调整或选择，以增强考试课程计划的职业针对性，满足企业人才培养的实际需要。第四，批准建立粤东自学考试网络助学平台，加快推进部分课程网络教学进程，实现网上学习、网上作业、网上答疑与互动和网上确认平时成绩。第五，尽可能简化办学相关事项的审批程序。

综上所述，经过调研，我们对粤东自学考试现状有了进一步了解，我们将进一步深入研究，解放思想，注重实践，为粤东高等教育事业特别是高等教育自学考试的发展作出积极贡献。

基于学习支持服务内容的调研与分析

赵过渡
（中山大学网络教育学院　广东　广州　510275）

【摘　要】基于学习支持服务内容，笔者设计了学习支持服务调查问卷。结合问卷调查结果，本文分析了学习支持服务存在的问题，明确了学习支持服务主体的双重结构，提出了提升学习支持服务水平的意见和建议。本研究对于远程教育实践具有较好的参考价值。

【关键词】学习支持服务　内容　调研　分析

随着信息技术和社会的发展，学生的学习习惯、学习方式也发生了变化。为适应这一变化，远程教育院校需相应调整学习支持服务内容。开展学习支持服务内容的调研，有利于远程教育院校及时了解学生的学习支持服务需求，完善学习支持服务内容，提升学习支持服务水平。

一、学习支持服务内容的构成

基于艾伦·泰特的学习支持服务分类方法[1]，本文将学习支持服务分为学术性学习支持服务和非学术性学习支持服务。采取此分类法的目的不仅在于能够更加明确学习者的需求构成，而且能与学习支持服务的部门结构相一致，并能更有效地提升学习支持服务的专业化水平。

1. 非学术性学习支持服务

非学术性学习支持服务是指与学生的学习内容间接相关的学习支持服务，主要包括教学和教务管理的信息服务、咨询服务和督学服务。信息服务是基于各类教学教务信息提供的服务，包括教学计划、教学日历、开课信息、教材信息、考试信息以及各类教学教务通知等；咨询服务是指为解答学生的非学术性问题而提供的服务；督学服务则是指远程教育管理人员（主要是学习中心管理人员）根据教学工作安排，通过通知提醒、组织活动等方式督促学生按时完成各项学习任务，督学服务与学习内容不直接相关，其重在“督”。

2. 学术性学习支持服务

学术性学习支持服务是指与学习内容直接相关的学习支持服务。借鉴孙龙国的学习支持服务分类方法[2]，可以将学术性学习支持服务分为导学服务、助学服务和促学服务。导学服务是指为指导学习者利用学习资源进行自主学习的服务，如方法导学、专业导学和课程导学等；助学服务指帮助学生理解、消化学习资源而提供的一种服务，如网上答疑、面授辅导等；促学服务是指远程教育院校通过各种考核方式，促动学生学习，如平时考核、期末考核等，促学服务与学习内容相关，重在“促”。

学习支持服务的内容架构如图 1 所示：

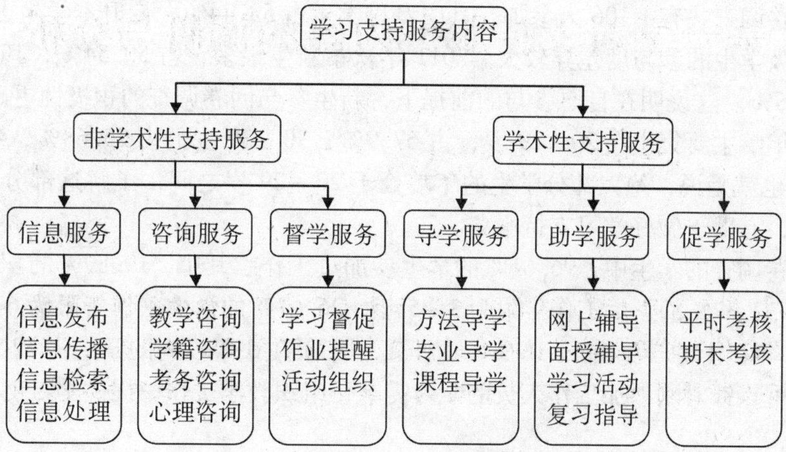

图 1　学习支持服务的内容架构

二、调查问卷的设计

本文基于学习支持服务的内容架构，结合网络教育实际情况，设计了 3 个主要模块：网络学习基本情况、非学术性学习支持服务、学术性学习支持服务。问卷共有 50 道题目，其中客观题 46 道，主观题 4 道。调查问卷的模块及题目分布情况如表 1 所示：

表 1　调查问卷的模块及题目分布情况

问题类型	项目	问题数	问卷内容
基本情况	学生情况	4	层次、年级、年龄、工作时间
	学习情况	7	学习地点、时间、网络速度
非学术性学习支持	信息服务	4	信息传播、信息获取
	咨询服务	8	对象、内容、便利性、满意度
	督学服务	2	方式、内容
学术性学习支持	导学服务	5	形式、内容、参与度
	助学服务	13	答疑及参与度、复习、统考辅导
	促学服务	3	作业布置、提交
开放性问题（主观题）		4	导学、答疑、作业、其他建议

三、问卷调查的开展

1．调研时段及方式

2011 年 12 月至 2012 年 2 月，我们采取网上调研方式，在中山大学网络教育学院的学习平台发布调查问卷，学生自愿参与。

2. 参与情况

本次问卷调查共有 1 106 人参加，其中专科学生占 53.44%；专升本学生占 46.11%。

不同年级学生的参与度差异较大。2011 年秋季新生最多，占 50.54%，其他各年级学生共占 49.46%。这说明在自愿参与的前提下，新生参与问卷调查的积极性更高。

学生的年龄主要集中在 20～29 岁，占 67.9%；30～39 岁的占 25.68%，40 岁以上的占 3.07%。也就是说，绝大部分学生的年龄处于 20～29 岁之间，了解这部分学生的学习和心理特征，有助于做好学习支持服务。

参加问卷调查的学生中，96.61% 的学生参加过工作。其中，19.89% 的学生工作年限为 1～2 年，32.37% 的学生工作年限为 3～5 年，26.67% 的学生工作年限为 6～10 年，工作年限在 11 年以上的学生占 17.09%。由于工作年限在 5 年以内的学生占 52.26%，远程教育院校应重点针对刚参加工作人员的学习需求，组织教学工作，提供学习支持服务。

四、问卷调查的结果及分析

1. 网络学习基本情况

网络教育学生的学习地点、学习时间以及上网速度直接关系到学习支持服务内容和方式的设计，基于学生网络学习情况的设计，将能为学生提供针对性更强的学习支持服务。

（1）学习地点。

问卷调查结果显示，80.83% 的学生主要在家里学习，在办公室学习的学生占 14.29%，到学习中心学习的学生只占 0.63%。调查对象中，到学习中心上网学习的学生共 7 人，其中 4 人到学习中心上网学习每周不到一次。我们在 2007 年所做的网上问卷调查显示，学生在家学习的比例为 73.88%，到学习中心学习的比例为 10.84%[3]（见表 2）。此变化表明，经过 5 年的发展，学生在家学习的比例持续提升，学习中心提供学生上网学习的功能已基本消失。学生家庭应该成为学习支持服务空间设计的基点，各种类学习资源的下载和网上学习等服务功能的设计，应体现“在家上网学习”的特点。

表 2 2007 年、2012 年的学生学习地点比较 单位:%

学习地点	2007 年	2012 年
家里	73.88	80.83
办公室	10.90	14.29
学习中心	10.84	0.63
网吧	1.98	0.63
其他地方	2.39	3.62

（2）学习时间。

学生每周用来学习的时间见图2。从图中可以看出，66.15%的学生每周学习时间在6小时以下，即平均每天约50分钟。这表明了三个问题：其一，大多数学生的学习时间是令人满意的，说明学生有学习的意愿，学习资源对学生有较好的帮助；其二，学习资源建设更应注重质量，以达到在有限的学习时间取得更好的学习效果之目的；其三，小模块的课件建设方向与学习者的学习习惯相一致。

学生的学习时段见图3（该题目为多选题，总比例为170.44%）。从图3可以看出，尽管利用周末的白天和晚上时间学习的学生占了较大比例，但绝大部分学生是利用晚上时间学习的（平时晚上占66.91%，周末晚上占44.12%）。晚上学习是学生学习的基本时段，且具有时间分配平等化的特征。

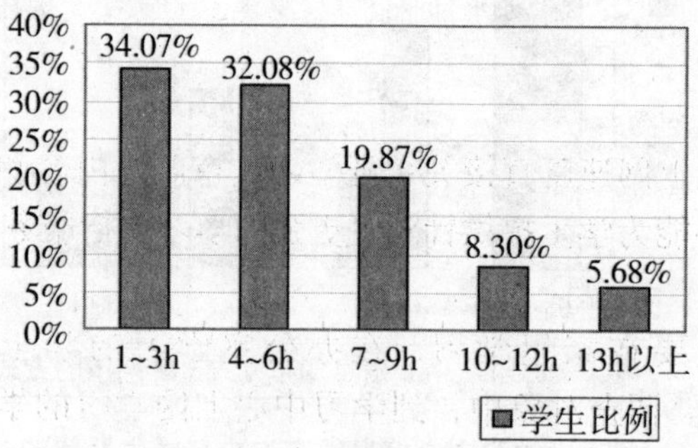

图2　网络教育学生每周的学习时间

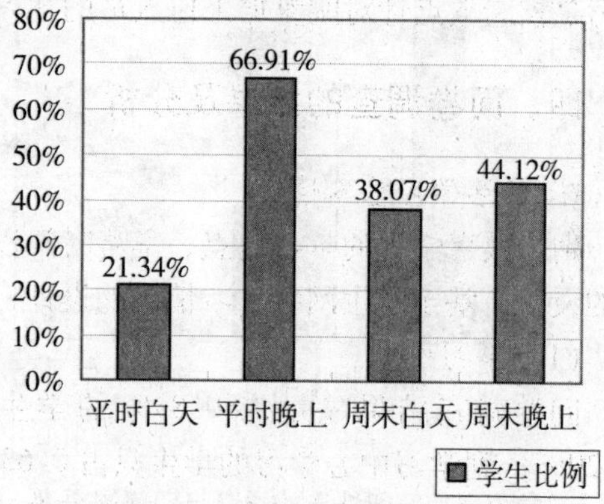

图3　网络教育学生的学习时段

（3）上网速度。

问卷调查结果显示，认为网速较快的学生占38.67%，认为网速一般的占52.59%，认为网速慢的只占8.74%。由此可见，网络速度虽然还有一定的提升空间，但是已经基本满足学生上网学习的需求。对于远程教育院校来说，应该更多地利用网络手段，开发基于网络的学习支持服务。

2. 非学术性学习支持服务

对于非学术性学习支持服务，主要从信息服务、咨询服务和督学服务三个方面开展了调研，其调研结果如下：

（1）信息服务。

①信息获取。图4为学生当前的获取信息渠道与所期望的获取信息渠道的比较。从图中可以看出，当前的信息获取渠道中，学习中心通知（50.54%）与网上公布（45.77%）占相近的比例。对学生所期望的信息获取渠道进行调研所得的结果显示，学习中心通知（72.83%）远远高于网上公布（26.78%）。由此可见，学习中心管理人员更应该成为信息服务的主体，远程教育院校可以更多地发挥学习中心开展信息服务的功能。

②信息发布方式。图5为学习中心信息发布方式与学生所期望的信息发布方式的比较。学习中心管理人员信息发布方式从排位高低顺序看，依次是手机短信（50.59%）、

QQ（30.50%）、电话通知（9.87%）和电子邮件（9.04%），其中，手机短信和QQ是主要的信息发布方式。而学生所期望的信息发布方式排序则是手机短信（55.13%）、电话（22.94%）、QQ（12.65%）和电子邮件（9.28%）。通过比较可以发现，手机短信既是学习中心当前最主要的信息发布方式，也是学生最期望的信息发布方式。QQ信息发布方式虽然在学习中心信息发布方式中排第二，但在学生期望的信息发布方式的排序中明显低于手机短信与电话通知。绝大部分学生之所以不希望通过QQ方式发布信息，这可能与QQ信息刷新快，信息容易被覆盖有关。因此，对于学习中心来说，应该适当调整信息发布方式，将以手机短信和QQ为主的信息发布方式，调整为以手机短信和电话为主。

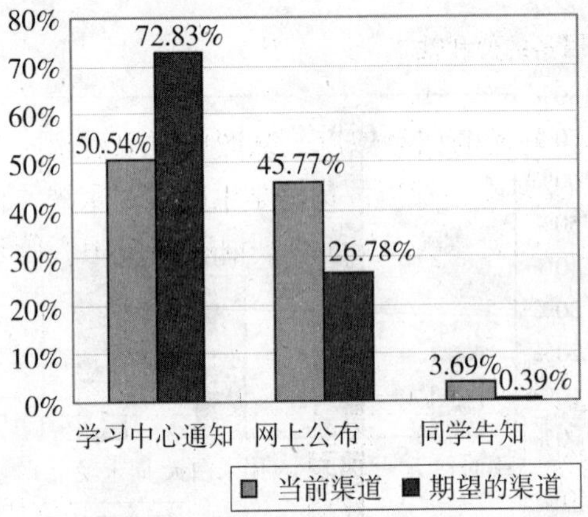

图4 学生当前获取信息的渠道与期望的渠道比较

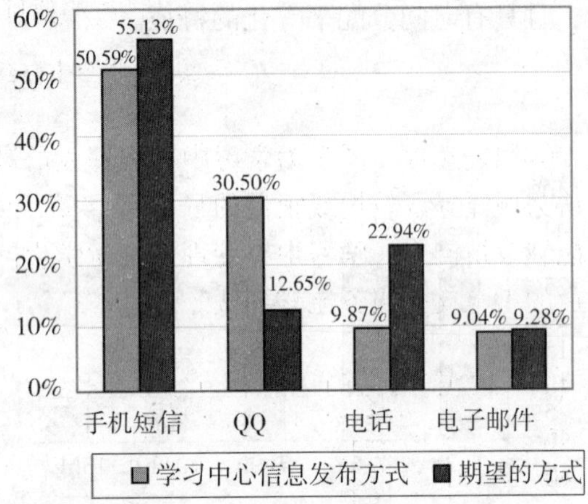

图5 学习中心信息发布方式与学生期望的方式比较

（2）咨询服务。

①咨询对象。学生对于非学术性问题（如教学安排、考试安排等）的咨询，就咨询对象的排序看，排首位的是学习中心管理人员（76.58%），其次是同学（15.19%），最后是网络教育学院的管理人员（7.41%）。绝大部分学生在遇到非学术性问题时，更愿意咨询学习中心管理人员。因此，学习中心管理人员的咨询质量对支持服务具有重要意义。远程教育院校应加强对学习中心管理人员的相关培训，并更加注重与学习中心管理人员的有效沟通。

②咨询便利性。学生对学习中心咨询服务的便利性的总体评价较好（见图6），绝大部分学生（89.65%）认为联系学习中心管理人员较为便利。这不仅表明学习中心管理人员具有较强的责任心，同时也表明在学习中心建设中对咨询服务工作的便利性要求取得较好效果。

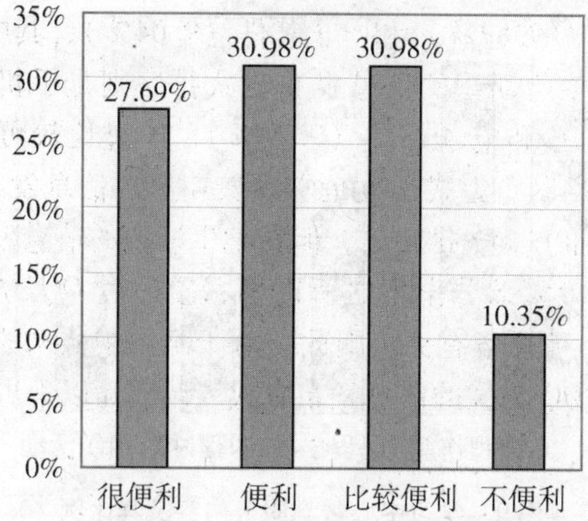

图 6　学习中心咨询服务的便利性

③回复速度。图 7 为学习中心管理人员对学生问题的回复速度，从图中可以看出，学生认为回复速度较慢或很慢的只占 5. 14%，说明学习中心管理人员对学生问题很重视，而且能够较快回复。学习中心管理人员对学生问题的回复率为 94. 86%，说明学习中心管理人员的学习支持服务比较到位。

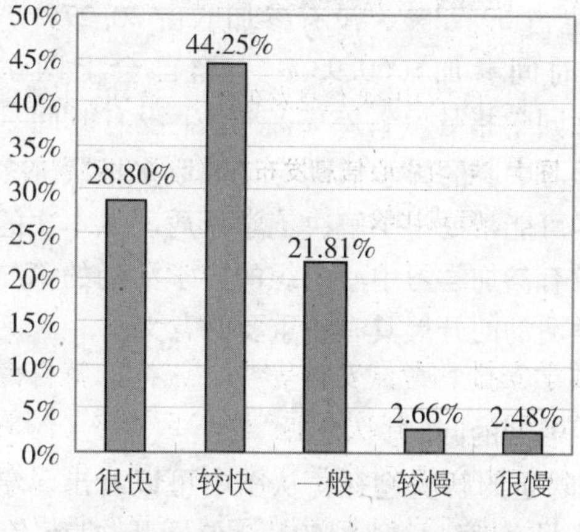

图 7　学习中心对学生问题的回复速度

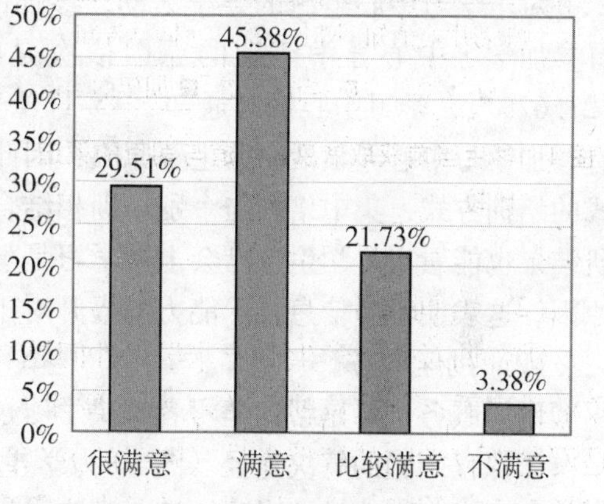

图 8　学生对学习中心咨询服务的满意度

④咨询服务满意度。学生对学习中心咨询服务的满意度见图 8，从图中可以看出，学生对学习中心所提供的咨询服务总体满意，不满意率仅为 3. 38%。

（3）督学服务。

图 9 为学习中心督学服务内容及其比例图。从图中可以看出，学习中心督学服务内容按比例排序依次是课程作业、课程学习、课程讨论和组织活动。课程作业之所以成为学习中心督学服务的重点，其原因包括：学生对作业的重视程度提高，作业在督学中占据更重要的地位，作业提醒对于业余学习者更具必要性。

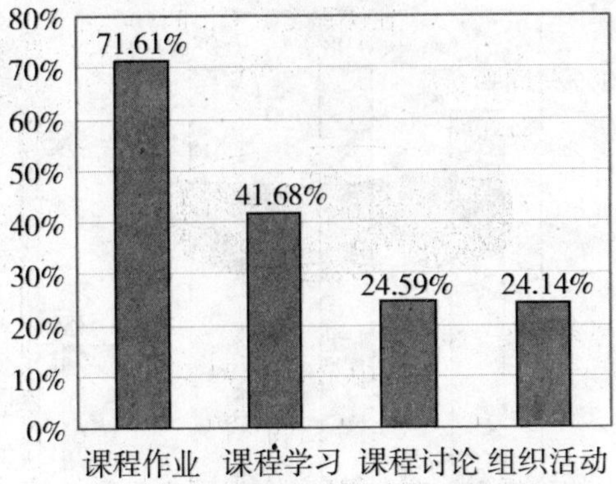

图9 学习中心督学服务内容及其比例

3. 学术性学习支持服务

（1）导学服务。

导学服务主要包括方法导学、专业导学和课程导学等。由于远程教育院校已经有了专门的导学课程引领学生进入远程学习，本次导学服务调查的重点是了解学习中心如何引导学生进入导学课程。通过调研发现，绝大部分学习中心采取集中培训（80.65%）的方式，引领学生学习导学课程，还有部分学生人数较少的学习中心采取了个别培训的方式。

对于学习中心组织的导学活动，参加的学生占69.73%，没有参加的占30.27%。没有参加学习中心导学活动的原因依次是没有时间参加（60.93%），自己会上网学习（21.62%），学习中心没有通知（15.17%），有同学指导（2.28%）。学生没有时间是没有参加学习中心导学活动的主要原因，因此，学习中心的导学活动应该采取多批次、多形式的培训方式，集中培训与个别培训相结合，尽可能帮助学生解决工学矛盾。从本次的调研结果也能看出，学生自己会上网学习是学生没有参加学习中心组织的导学活动的第二大原因，这表明学生信息技术能力的提升对于导学活动的开展具有较重要的意义。

（2）助学服务。

助学服务主要是帮助学习者解决学习过程中遇到的问题。

①课程问题的解决途径。图10为学生课程问题的解决途径，从图中可以看出，学生解决课程问题的途径依次是：从教材中寻找答案（28.83%），在网上搜索答案（26.07%），与同学交流（21.53%），在课程交流区提问（17.38%），在网络课件中寻求答案（5.73%），搁置不管（0.46%）。从排在前三位的情况看，解决课程问题途径的比例较为均等。从解决问题途径的构成看，多元化的解决途径已经形成，同时，在教材之外解决问题的途径具有普遍性。课程交流区作为一种非实时的交流，由于学生要等待教师对问题的回复，因此并未在“解决途径”中占有重要地位。这一调查结果既对远程教育院校的答疑形式提出了新的要求，也对如何增强学生多途径解决问题的能力提出了要求。

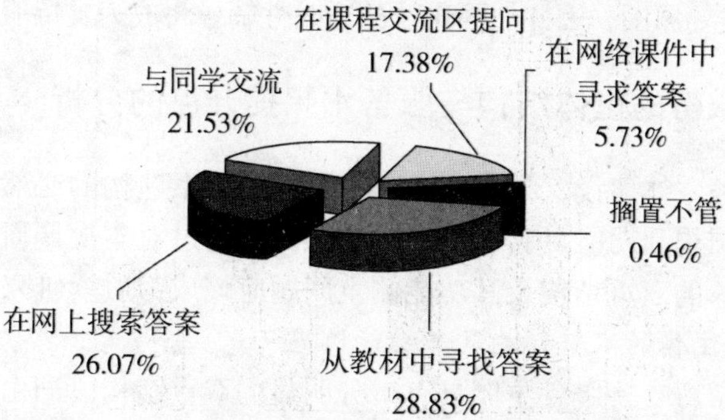

图 10　学生课程问题的解决途径

②课程交流区答疑的满意度。图 11 为学生对课程交流区教师答疑的满意度，可以看出总体比较满意，不满意率仅为 9. 63%。学生对课程交流区教师答疑不满意的原因依次是回复速度太慢（30. 83%），回复不够详细（30. 38%），没有回复（10. 76%），其他原因（28. 03%）。

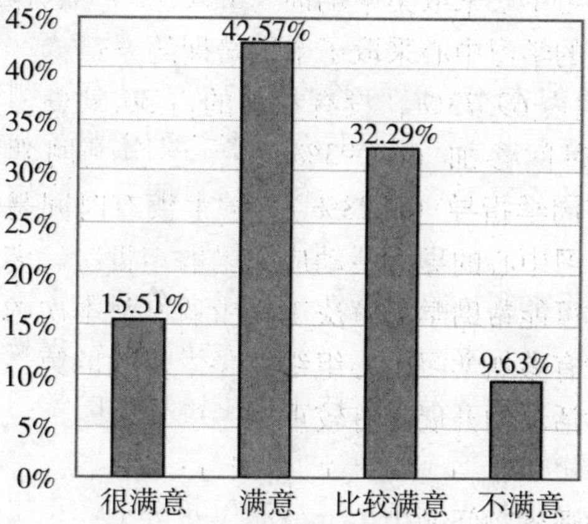

图 11　学生对课程交流区教师答疑的满意度

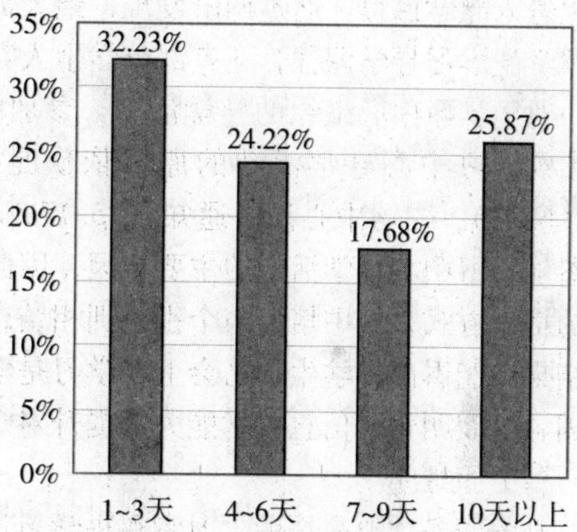

图 12　学生提交作业时离截止日期的天数

（3）促学服务。

促学服务包括多个方面，课程作业作为主要的形成性考核环节，是学习过程和促学服务的重要构成，也是本次促学服务调查的主要内容。

①布置作业的时间。64. 2% 的学生希望作业提前一个月以上布置，23. 69% 的学生希望提前三周以上布置。也就是说，绝大部分学生（87. 89%）希望作业提前三周以上布置。为此，远程教育院校应该针对在职人员的学习特点，尽量提前布置作业的时间，以增强作业环节的计划性，为学生的自主学习提供更大的便利。

②提交作业的时间。图 12 为学生提交作业时离截止日期的天数。从图中可以看出，有 32. 23% 的学生提交作业时离截止日期只有 1 ~ 3 天，作业提交较迟。学生提交作业较迟的原因依次是没时间做作业（42. 13%），作业难度大（35. 90%），习惯在截止日期前提交（7. 96%），作业发布与提交的时间间隔太短（4. 34%）。其中没时间做作业和作业难度

大是学生迟交作业的主要原因，因此加强作业的适时性辅导将成为支持服务的基本构成。

五、学习支持服务的主体结构与服务水平提升点的分析

加强学习支持服务主体建设，是优化学习支持服务体系建构的必然要求，因此，探讨学习支持服务主体的结构和功能具有不可忽视的意义。通过对本次调研结果的分析，本文认为学习支持服务主体的双重结构及其功能侧重问题应该成为后续研究的基本内容。

1. 学习支持服务主体的双重结构及其功能侧重

本次调研表明，学习支持服务主体具有十分明显的双重结构，即由远程教育院校与学习中心的双主体构成。其中，远程教育院校作为学习支持服务的当然主体，在学术性学习支持服务中具有最为重要的作用。而学习中心在非学术性学习支持服务中的主体地位日益突出，学生不仅希望通过学习中心获取信息服务和咨询服务，而且对学习中心所提供的学习支持服务有较高的满意度和较高的期待。

长期以来，我们对学习中心的主体性认识是不充分和不明确的，主要的表现就是将学习中心定位为次主体或附着性主体。这样的定位，强调的是学习中心对远程教育院校的辅助和附属性质，忽视了其在非学术性学习支持服务中的主体地位，这不仅与学习中心事实上的主体地位不相符，而且不利于充分发挥其在非学术性学习支持服务中的主体功能和作用。

远程教育院校与学习中心同为学习支持服务的主体，但两者的主体功能是有所侧重的。远程教育院校的主体功能侧重于学术性学习支持服务，包括导学服务、助学服务和促学服务，学习中心的主体功能主要体现在非学术性学习支持服务，包括信息服务、咨询服务和督学服务。

我们之所以提出两个主体的功能侧重，除基于事实性的考虑外，还在于对两个主体功能之间进行相互衔接、相互融合关系的确定。侧重于学术性支持服务主体功能的远程教育院校，仍然是非学术性学习支持服务的主体；侧重于非学术性支持服务主体功能的学习中心，也承担着部分学术性支持服务的工作，具有相应的主体性质。

对学习支持服务双主体构成的明确和强调，以及对双主体在学术性与非学术性支持服务中功能侧重的区分和明晰，不仅是艾伦·泰特的学习支持服务分类法在支持服务主体构成上的逻辑体现，而且对于学习支持服务主体建设的加强与完善，对于学习支持服务的有效实现和水平的提升，都具有积极意义和指导性价值。

2. 学习支持服务水平的提升点

如何提升学习支持服务水平，是远程教育发展始终关注的问题。通过对学习支持服务的构成性调研和分析，本文认为要提升学习支持服务水平，必须确定学习支持服务的关键性构成要素，并将其作为学习支持服务水平的提升点。

（1）加强班主任工作：学习中心学习支持服务水平的提升点。

在学习中心的管理人员中，班主任是直接面向学生，为学生提供学习支持服务的重要岗位人员。班主任承担了学习中心的绝大部分学习支持服务工作，包括对学生的信息服务、咨询服务和督学服务等。因此，加强班主任工作是学习中心提高学习支持服务水平最直接、最重要的途径[4]。

为加强班主任工作，应从远程教育院校层面建立班主任管理制度。从远程教育院校层

面制定班主任管理制度，一方面能够体现远程教育院校对班主任工作的重视，另一方面也能够统一班主任工作规范和要求，使各学习中心的班主任工作有章可循。

为提升班主任工作的质量，学习中心应严把班主任的聘请、管理和考核关，确保聘请到合格的班主任。同时，远程教育院校应不定期检查学习中心班主任工作的开展情况，定期开展优秀班主任的评选和表彰工作。通过学习中心与远程教育院校的共同努力，提升学习中心的学习支持服务水平。

（2）拓展学习支持服务渠道：远程教育院校学习支持服务水平的提升点。

通过本次调研，我们发现，远程教育院校的主体功能并未得到充分体现，主体功能的缺失或低效，会产生主体的形式化问题。没有服务，就没有主体；没有充分的服务，就没有真正的主体。

为体现远程教育院校的主体功能，提升学习支持服务水平，远程教育院校应该顺应信息技术的发展，拓展学习支持服务的渠道和方式，实现学习支持服务渠道和方式的多样化。要做好两件事情，一是做好学生的方法导学，提供多途径解决问题的方法指引；二是要实现课程答疑方式的多样化，通过采取实时与非实时答疑、线上与线下答疑相结合的方式，开展多种形式的答疑活动，如开展移动答疑、QQ 答疑等，使学生能够随时获得问题的解答。

（3）加强人员培训：专业化学习支持服务的提升点。

对于学习支持服务人员的培训，一是要加强非学术性学习支持服务人员的培训，特别是要加强对学习中心班主任的培训，帮助学习支持服务人员熟悉远程教育院校的管理流程和环节，了解服务内容及服务技巧，同时还要实现学习中心与远程教育院校之间的无缝衔接和沟通；二是要加强学术性学习支持服务人员的培训，特别是针对辅导教师的培训，促进教学辅导工作的专业化，提供高水平的学术性学习支持服务。

（4）服务工作下移：学习支持服务管理水平的提升点。

学习支持服务管理水平的提升，不仅体现在管理人员能力的提升上，也体现在学习支持服务的管理延伸上。对于管理人员能力的提升，可以通过对管理人员的专业化培训来实现，而对于学习支持服务的管理延伸，则主要体现在学习支持服务工作的下移上。

学习支持服务工作的下移主要包括两个层面，其一，远程教育院校将部分学习支持服务工作下移到学习中心，需要下移的学习支持服务主要是非学术性学习支持服务。远程教育院校将部分非学术性学习支持服务工作下移到学习中心，可以发挥学习中心在学习支持服务中的主体作用，也能更好地满足学生对学习支持服务的需求。其二，学习中心将部分学习支持服务工作延伸到基层，即将学习中心的部分学习支持服务延伸到学生所在地行业、企业内部，实现对学生的上门“服务”。以上两个层面的学习支持服务工作下移，不仅需要一定的勇气，而且也需要付出更多的人力、物力。然而，将学习支持服务下移，让我们的学习支持服务更贴近学生，不仅是未来服务发展的一个方向，而且将是今后网络教育的一个重要增长点。因此，将学习支持服务工作下移是一项值得进一步推广的工作。

通过本次调研，我们发现，随着时间的推移和信息技术的发展，学生对学习支持服务的需求在不断变化。对于远程教育院校来说，应该不断地开展调查研究，深入了解学习支持服务的实际需求和发展动向，并针对这一变化适时调整学习支持服务策略。只有这样，才能满足不断变化的学习支持服务需求，学习支持服务水平才能得到不断提升。

参考文献

［1］［英］艾伦·泰特. 开放和远程教育中学生学习支持之理念与模式［J］. 中国远程教育，2003（15）：15～23.

［2］孙龙国. 远程网络课程“导学＋助学＋促学”学习支持服务体系的构建及应用［J］. 河南科技学院学报，2011（6）：28～30.

［3］曾祥跃，袁松鹤. 远程学习者网络学习行为的调查与分析［J］. 中国远程教育，2008（4）：47～51.

［4］赵过渡. 建议加强班主任工作，提高学习支持服务水平［J］. 中国远程教育，2011（5）：17.

成人高等教育多样化、个性化人才培养的调查与实践

杜秋虹　陈舒怀

（广东工业大学继续教育学院　广东　广州　510090）

【摘　要】本文从成人学生的学习需求出发，把握高等成人教育自主性、多样性、开放性的基本特征，构建多样化、个性化培养的方案，实施多样化、个性化教育服务措施，从而展开了一系列教学改革的实践探索。

【关键词】成人高等教育　多样化　人才培养

随着知识经济和信息时代的悄然兴起，科技高新化、经济全球化正推动着人类社会发生两大转变：①工业化社会向以知识为基础的社会转变。②人类学习模式由一次性学历教育向终身学习转变。为此，党的十六大、十七大报告均提出“构建全民学习、终身学习的学习型社会，促进人的全面发展”的战略目标。拥有丰富教育资源的高等院校，作为国家培养高素质人才的基地，理当成为实施这一目标的中坚力量。要办好成人高等教育，首先要把握受教育者的特征。[1]

一、调查研究受教育者的特征

我们对广东工业大学的在校成人学生发放了1 000份调查问卷，其中回收有效问卷为600份。在统计分析中，我们发现成人学生的学习需求有以下几个特点：

1．成人学生学习动力不单为了学历，更重要的是为了满足对知识的渴求

我们发现被调查的成人学生中，45.9%的学生来自私人企业，19.8%的学生没有固定职业。这些学生的收入主要与工作的绩效直接挂钩，即便是这样的学生还是选择了参加成人高等教育的学习去提升自己，这的确令办学者感到责任之重。在接受调查的成人学生当中，一般的员工占70.54%，其他占11.5%。他们虽然多数处于企业的基层，但其学习目的单纯为文凭的占24.34%，为了拓展社交的占1.58%，其他占4.9%，为了拓宽知识面、深造专业的占69.18%。从以上的调查分析不难看出，成人学生参加学习很不容易，他们希望能做到文凭与知识并重。

2．成人学生更注重知识的应用

在有限的学习时间内，72.16%的学生希望提高专业知识的应用能力，包括知识表达、交流与应用以及专业的人文知识等；12.96%的学生希望提高专业的理论水平；12.26%的学生希望提高其专业的操作能力。这说明成人学生最希望提高知识的应用能力，这一点对办学者设计其培养目标非常重要。当问到来我校学习的原因时，有七成成人学生的回答是被我校符合当前社会需求的专业设置所吸引，认为我校有品牌，文凭的含金量高。仅有三成的成人学生考虑了学校地理位置的方便度。在开设选修课方面，七成的成人学生要求学

到与专业有关的、与考证有关的和实用的课程；对于艺术类、社科类的课程，只被三成的学生所喜爱。可见，成人学生对知识的实用性极其重视。

3. 在教学过程中要求有互动

成人学生有着极其强烈的表达欲望，只有7.75%的学生愿意接受教师单纯的讲授，超过九成的成人学生希望通过学习能够建立一个多方位的交流平台，但这个平台仍以老师为主导。这说明成人学生对老师仍有依赖性，对师生间、学生间的互动愿望极强烈。

4. 成人学生希望学习有更多的自主性

仅有11.59%的成人学生希望完全按照学校编排的课程教学计划及进程来安排学习；18.17%的学生认为可以按照校方的课程设置，但要自己来安排学习进程；另外有七成的学生希望自己能够选择合适的课程进行学习，或能得到导师在选课方面的指导，或在教学计划中多设几个现成的模块，供学生选择，或干脆让学生搭建学习的课程结构。可见，成人学生在学习上很有主见，希望自主安排学习时间和学习结构。

5. 成人学生对教育及服务质量有期待

在调查中我们发现，成人学生对高校的资源最期待的四项指标依次分别是课程、教师、网上教学资源、实验室。这给了成人高等教育的办学者很大的启发，办好成人高等教育最重要的就是课程设置、安排合适的教师、电子教学管理资源的建设、实验室建设。活的教学资源更能吸引成人学生参加学习，如课程设置、教师的授课。在个性化服务方面，超过九成的成人学生需要个性化的培养方案及个性化的选课机制和管理服务。

综上所述，成年人的学习需求呈自主性、多样化、开放式。因此，成人高等教育不能囿于目前普通高等教育的教学模式，应坚持“以人为本”的教育理念，探索适合成人特点的多样化、个性化人才培养模式。

二、多样化、个性化培养是高等教育人才培养模式改革的必然趋势

进入21世纪，经济全球化正迅速改变传统的生产方式和管理理念，科技高新化正冲击着工业化社会所形成的学科界限，学科壁垒被打破，学科间的过渡类型（边缘学科、交叉学科）不断涌现。另外，企事业单位为了竞争和发展，需要各种各样的人才组合，既需要不同专业的人才，更需要不同规格、不同特点的人才，人才需求由传统的金字塔形走向扁平化，呈现棋格式的局面。这种复杂多变的社会需求，对原计划经济体制下高等教育形成的统一目标人才培养模式提出了新的要求。多样化、个性化人才培养是在充分了解社会和教育服务对象需求的基础上主动设计，为不同目的、不同能力或潜力、不同社会环境下的受教育者提供相适应的教育服务，并提供制度上的保障。

教育的基本职能有两条：一是促进人的全面发展，二是服务于社会和经济发展。多样化、个性化人才培养就是根据受教育者的个体差异和独特需要，积极引导，因材施教，尽可能为他们提供满足其要求、具有较强个体适应性的教育服务，能充分发展个人的一切能力和尊重个性，促进人的全面发展。同时，用辩证的观点看，个体需求与社会需求是趋同的，个体需求在很大程度上反映社会需求。多样化、个性化的人才培养又能满足市场经济条件下社会和经济发展复杂多变的人才需求，为社会提供各种各样的人才。所以，多样化、个性化的人才培养符合教育的基本职能，是高等教育人才培养模式改革的必然趋势。

受教育者提出的学习需求，在很大程度上反映了当今社会学科专业发展的最新动态。

作为人类文明传承重要场所的高等院校，在实施多样化、个性化人才培养的同时，也推动了自身的学科建设、教学改革、师资队伍建设，弥补了学校教学资源的不足，加强了学校与社会的联系，促使学校办出特色，进而提升学校的社会声誉。

三、实施多样化、个性化人才培养的模式

广东工业大学经近十年的探索与实践，在成人高等学历教育中实施多样化、个性化人才培养模式的改革，逐渐形成了“以人为本、激励潜能、注重应用、提升能力”的教学特色，得到了教育部和广东省教育厅的肯定。

多样化、个性化人才培养模式的实施，关键在于培养计划和教学管理模式能否引导且适应受教育者的需求，体现充分的多样性和灵活性。我校的做法有：

1．制订柔性结构的多样化专业培养计划

新培养计划围绕两个核心问题：①满足个体多样化的教育需求，课程设置既要保持学科体系，又要让受教育者有灵活选择的自由，使受教育者的主观能动性得到发挥，潜能得到激励。②社会个体以自身的能力服务于社会，知识是构成能力的基础，素质是提升能力的动力。为此，以能力（认知能力、实践能力、适应能力和交流协作能力）为主线构建课程体系。

针对成人学生的需求，学校设计方案的思路是：第一，要为大多数成人学生设计好主流的学习方案，因为超过一半的学生是希望按照学校所设计的课程方案进行学习的。我们为学生搭建了比较宽广的学科专业平台，方便学生更好地择业或转行。学校的公共课和跨专业的基础课统一了教学要求和教学大纲，保证学生具备相应学历教育的专业基础知识和基本技能。第二，学习进程既设计了标准进程，又允许学生自己安排学习进程。所有必修课、选修课都允许成人学生根据自己的工作时间、生活及收入的情况设计合理的修读计划。第三，以能力为主线，设计了主流专业课程。这类课程与全日制本科相比，突出课程的实用性，适应成人的教育特点。第四，学生在每个模块上都有选修的空间，可以在全校开出的非本专业计划的所有课程中选择自己喜欢的课程进行学习，并可作为任选课学分。第五，设置足量的实践教学环节，把电工考证、数控机床考证等环节纳入培养实践教学环节，供学生选修，以保证成人学生专业应用能力的养成。

执行这种专业培养计划需要丰富的教学资源。广东工业大学是以工科为主，工、理、经、管、文、法协调发展的多科性省属重点大学，目前在校的全日制本科生有 4 万人，教学资源丰富，经科学合理安排，学校把这项改革列为重点支持项目。

2．开放式的教学管理

教学管理是指为实现教育目标，根据一定的原则、程序和方法，对教学活动进行计划、组织、领导和控制的过程。前者归学籍管理，后者属学生管理。我校实行的完全学分制（包括选课制、弹性学制和学分绩点制）和专业导师制，为学生营造了良好的教学环境，实现了学生自主学习、按需学习、学以致用，保证了多样化、个性化人才培养模式的顺利实施，使学生在教学过程中高效率地达成既定的学习目标。

学生参照专业培养计划自主选课，允许跨专业、跨学科选课，对已掌握的知识和技能，经一定考核后可免听或免修，对学得不满意的课程可重修。每学期按学生选读的学分收费，从学分绩点反映学生的学习状况。学制适当放宽（高升本为 4 ~ 7 年，专升本为 2 ~

5年），并规定了最低毕业学分（高升本为140学分，专升本为85学分），学生根据自己的情况安排学业，可在某学期多修、少修甚至不修。学生可自由转换专业，转专业后，之前修读的与本专业相关的课程承认学分。基础平台部分主干课程实行教师挂牌上课，并有意把教师上课时间岔开，学生可根据时间安排和兴趣选择任课教师。

3. 功能强大的教学管理平台

开放式的教学管理使管理工作量骤增，加上成教学生居住地域分散、学习时间不同等因素，如果没有先进的管理手段，多样化、个性化人才培养就难以实现。我校经多年研制，于2002年成功使用"基于Internet/Intranet的计算机教学管理信息系统"。该系统集教学管理、网上教学和交流于一身，充分体现"以人为本"的管理理念。

新的教学管理平台包括教学管理8项、学生服务18项、教师服务1项，不仅实现了教学管理现代化，而且进一步整合和优化了学校的教学资源。教学管理平台还建立了学习网站，使学校丰富的教学资源不受时间、地点的制约而被充分利用；部分教师把答疑、辅导挂在学习网站上，便于与学生交流。教学管理平台还开通了"院长信箱"，以处理各类咨询、投诉，并提供思想交流平台，将学生、教师、专业导师、学校行政无形地连接起来，使大学的校园扩展到社会。

4. 建立完善的制度体系

我校在多样化培养方面有完善的成人教育制度体系。制度体系包括了学分制学生学籍的管理细则、学分制的管理办法、考试的管理办法、毕业设计的管理办法、学位授予的工作细则、学生考勤的管理办法、表彰与违纪的处理办法、学生申诉的办法、学生作业的有关规定。这些条款都是结合成人教育多样化培养的措施而设置的。我校制定了适合成人教育学分制管理的经费分配管理办法，确定了经费分配与职责挂钩的原则，建立了按专业结算与按课程结算相结合的经费分配机制；制订了与多样化培养相适应的收费方案，实现了按学分、按课程学科门类收费，把教学计划、教学大纲发至学生手中。通过《学生办事指南》，向学生详细介绍了各种办事程序。开设"学分制理论与实践"课程，教会学生利用以人为本的培养机制和个性化服务条件，充分满足自己的个性化需求，为自己定做个性化的成人高等教育。

5. "一站式"处理学生个案

学校的成人高等教育实行一级管理，柜台式服务，"一站式"受理学生的各种个性化要求，逐一解决，从不推诿。前台由管理人员解答学生问题，科长审批各种申请，重大问题通过领导班子研究，共同商议解决，及时向学生反馈处理意见。

6. 定期的教学调查制度

成人高等教育与全日制的根本区别在于成人学生有一定的社会阅历。如果学校所设立的评教措施只是走过场的话，就会在社会上造成负面影响。学校必须有计划地从不同角度收集各种学生意见。学校可以通过召开各种专题会，聆听学生的意见；同时定期发放问卷，征询各层次学生的主流意见及非主流意见，及时作出调整。按主流设计方案，为非主流的学生预留多样选择的空间。配合使用网上评教、督导听课、院长信箱等措施，使学院能及时掌握学生的思想动态、行为动态，以便及时对学生作出积极的回应。

从计划经济下统一目标的人才培养模式到多样化、个性化人才培养模式的实施是一种变革，它需要教育观和教育质量观的大转变。尽管实施中出现的问题仍有待研究和解决，但它是构建学习型社会的必然要求，也是社会主义市场经济体制下高等教育人才培养模式变革的必然趋势。

参考文献

[1] 张力. 我国高等教育发展理念创新问题探析 [J]. 中国高等教育界，2006 (10)：25.

成人高等教育中实行网络教育的调查研究

黄仁伦　廖吉娜
（广州中医药大学继续教育学院　广东　广州　510405）

【摘　要】为了更好地推进我校成人高等教育的网络教育，本文主要从以下几个方面对我校成人高等教育中实行网络教育的情况进行了调查分析：影响学生网络学习意愿的因素、学习过程中遇到的主要问题、系统功能模块的建设、网络与面授学时数的比例等。

【关键词】成人高等教育　网络教育　调查分析

一、背景

成人教育的绝大部分学生是在职学习，时间非常紧张，既要工作又要学习，还有不少学生要照顾家庭，如何平衡各方面的情况，就成了各高校不得不认真思考的问题。另外，随着现代科技成果在教育领域应用范围的不断扩大，网络教育逐渐成为教育现代化的重要标志，要以现代教育思想和学习理论为指导，充分发挥网络的各种教育功能和丰富的网络教育资源优势，向学习者提供一种网络教和学的环境，传递数字化内容。开展以学习者为中心的网络教育，将不可避免地引发成人高等教育的变革。

我校成人高等教育从2008年9月开始尝试进行网络教育，从开始的公共课到目前的专业课，从单一的专业到目前的所有在校专业，从校本部扩展到教学点。目前，我校已有40门课程应用到成人高等教育的教学中。经过3年多的试验，我们认为应该对我校成人高等教育的网络教育进行一次完整的梳理和总结，以期为下一步网络教育的发展打下良好的基础和制定正确的发展方向，使其发生质的飞跃，故特地进行了此次调研。

二、目的

了解我校成人高等教育中实行网络教育的实际情况，学生对网络教育的态度和看法；是否愿意继续进行网络学习；在网络教育学习过程中存在的主要问题，以及找到解决问题的办法；影响学生进行网络学习的主要因素；学生对网络教育的满意度（满意度另行撰文统计分析），等等。

通过对以上问题的调查了解和统计分析，为我校成人高等教育的教学形式和教学手段开辟了一条新的途径。

三、研究方法

本次调查选取了我校有进行网络教学的班级、专业：中药学、药学、护理学、中医学、中西医临床医学和针灸推拿学等；层次：专科和专升本；学习形式：业余和函授；年级：2010 级和 2011 级，覆盖的范围非常广泛。本次发放的问卷共 1 100 份，回收有效问卷为 1 036 份，有效回收率为 94.2%。

本次调查采用卡方检验公式进行数据分析。

四、数据处理与研究结果

1. 研究样本基本情况

表 1　样本基本情况表

<table>
<tr><th colspan="2">类别</th><th>人数</th><th>百分比（%）</th><th>愿意网络授课人数</th><th>愿意网络授课百分比（%）</th></tr>
<tr><td rowspan="2">年级</td><td>2010</td><td>368</td><td>35.5</td><td>202</td><td>54.9</td></tr>
<tr><td>2011</td><td>668</td><td>64.5</td><td>496</td><td>74.3</td></tr>
<tr><td rowspan="2">性别</td><td>男</td><td>342</td><td>33.0</td><td>296</td><td>86.5</td></tr>
<tr><td>女</td><td>694</td><td>67.0</td><td>402</td><td>57.9</td></tr>
<tr><td rowspan="5">年龄</td><td>20 岁以下</td><td>92</td><td>8.9</td><td>52</td><td>56.5</td></tr>
<tr><td>20～25 岁</td><td>508</td><td>49.0</td><td>298</td><td>58.7</td></tr>
<tr><td>26～30 岁</td><td>270</td><td>26.1</td><td>208</td><td>77.0</td></tr>
<tr><td>31～39 岁</td><td>138</td><td>13.3</td><td>118</td><td>85.5</td></tr>
<tr><td>40 岁以上</td><td>28</td><td>2.7</td><td>22</td><td>78.6</td></tr>
<tr><td rowspan="2">培养层次</td><td>专升本</td><td>492</td><td>47.5</td><td>370</td><td>75.2</td></tr>
<tr><td>专科</td><td>544</td><td>52.5</td><td>328</td><td>60.3</td></tr>
<tr><td rowspan="2">学习形式</td><td>业余</td><td>852</td><td>82.2</td><td>546</td><td>64.1</td></tr>
<tr><td>函授</td><td>184</td><td>17.8</td><td>152</td><td>82.6</td></tr>
<tr><td rowspan="2">是否在职</td><td>在职</td><td>882</td><td>85.1</td><td>646</td><td>73.2</td></tr>
<tr><td>非在职</td><td>154</td><td>14.9</td><td>52</td><td>33.8</td></tr>
<tr><td rowspan="5">上网条件</td><td>非常好</td><td rowspan="2">334</td><td rowspan="2">32.2</td><td rowspan="2">254</td><td rowspan="2">76.1</td></tr>
<tr><td>比较好</td></tr>
<tr><td>一般</td><td>498</td><td>48.1</td><td>360</td><td>72.3</td></tr>
<tr><td>比较差</td><td rowspan="2">204</td><td rowspan="2">19.7</td><td rowspan="2">84</td><td rowspan="2">41.2</td></tr>
<tr><td>非常差</td></tr>
</table>

（续上表）

类别		人数	百分比（%）	愿意网络授课人数	愿意网络授课百分比（%）
居住地与学校之间的距离	非常远	110	10.6	82	74.5
	比较远	438	42.3	322	73.5
	适中	338	32.6	206	60.9
	比较近	126	12.2	76	60.3
	非常近	24	2.3	12	50.0
计算机操作能力	不会使用	32	3.1	2	6.3
	能正常开关机，会一些简单的操作	376	36.3	186	49.5
	能熟练操作计算机，并能接收下载资源	594	57.3	484	81.5
	非常熟悉计算机，并能解决一些软、硬件故障	34	3.3	26	76.5
总人数		1 036	100	698	67.4

如表1所示的卡方检验结果显示，学生的基本情况，如年级、性别、年龄、培养层次、学习形式、是否在职、上网条件、居住地与学校之间的距离、计算机操作能力均对学生的网络授课意愿有显著性影响（$p<0.01$），其中所有学生中有67.4%的学生愿意通过网络进行学习。

2. 专业对学生网络学习意愿的影响

通过抽查学校主要专业，如中医学、中药学、药学、针灸推拿学、护理学、中西医临床医学等专业，了解专业对学生进行网络学习意愿的影响，相关结果见表2。

表2　专业对学生网络学习意愿的影响

专业名称	人数	愿意网络学习人数	网络学习百分比（%）
中药学	240	192	80.0
药学	182	134	73.6
护理学	150	106	70.7
中医学	136	82	60.3
中西医临床医学	88	48	54.5
针灸推拿学	240	136	56.7

如表2所示，中药学、药学和护理学等非医学专业的学生更愿意通过网络进行学习，且卡方检验结果显示有显著性差异（$p<0.01$）。

3. 愿意进行网络学习学生期望的网络与面授学时数比例

在抽查的学生中，有67.4%的学生愿意进行网络学习。为了更准确地了解他们对网络学习的期望，我们进一步对网络与面授学时数的比例进行了统计分析，见下图。

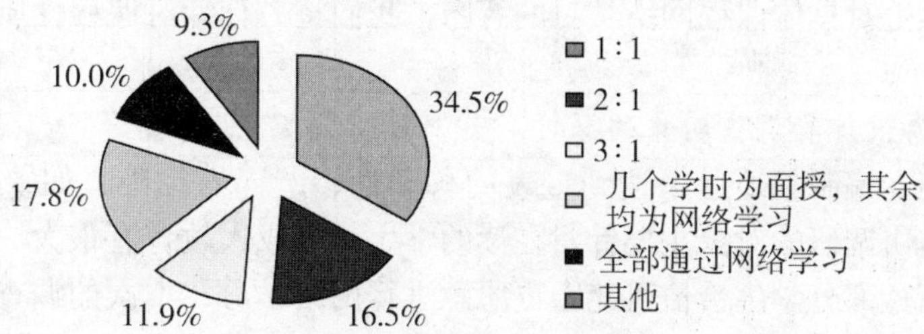

网络与面授学时数比例

如上图所示，在愿意进行网络学习的学生中，有34.5%的学生希望网络与面授的学时数各占一半，有超过55%的学生希望面授学时数少于或等于1/3，有27.8%的学生甚至希望只有几个学时为面授或全部通过网络学习。

4. 学生在网络学习过程中遇到的主要问题

通过调查统计分析表明，学生在网络学习过程中，遇到的主要问题从人次的多少排序分别为：不能与教师进行沟通交流（430人次）；不习惯网络教学（368人次）；网络平台功能有限（298人次）；自己的上网条件有限（208人次）；要上网，比较麻烦（192人次）；课件打不开（153人次）；面授学时数偏少（147人次）。

5. 加强系统功能建设

通过调查统计分析表明，学生对我校的网络学习系统提出了建设性的意见，希望完善如下模块的建设：试题试卷模块（552人次），答疑讨论模块（502人次），作业练习模块（295人次），资源库模块（236人次），学习时间控制模块（150人次）。

五、讨论

1. 基于学生自身基本情况对网络学习意愿影响的探讨

从调查数据可以看出，学生自身的基本情况对其网络学习意愿有非常明显的影响。从年级上来看，2010级的学生比2011级的学生更不愿意进行网络学习，分析其原因，可能是2010级的学生现在已经开始进入到专业课的学习，一般而言，学生对专业课还是希望以面授的形式进行；但从年龄上来看，年龄大（26岁以上）的学生反而更希望进行网络学习，这可能与他们的工作压力和家庭负担有很大关系。成人教育并不意味着低年级学生的年龄就会比高年级学生的年龄要小，所以，与前面年级对网络学习意愿的影响结果并不冲突，反而与专升本的学生比专科学生更愿意进行网络学习的结果相吻合。还有一点，学生的计算机操作能力对其网络学习意愿有显著的影响。为了提高学生的计算机操作能力，可以加强新生入学时的计算机水平学习，甚至将计算机应用网络课件发放给学生，以加大其学习的方便性。

2. 基于课程性质的探讨

在本次的调查设计中，有针对每个专业的每门课程进行的调查，但最后在本次的统计结果中并没有体现出来，主要在于课程太多、比较分散，因而工作量太大，最后放弃了本文中对课程性质影响的统计。但基本上能看出，绝大多数学生对公共课是基本赞成进行网络学习的，只是对专业基础课和专业课，学生觉得应该进行面授或加大面授的学时数。为了更好地掌握学生对具体课程网络学习的意愿，我们将另行针对课程性质进行更加详细的统计分析。

3. 基于问卷设计和调查对象的探讨

本研究在问卷编制上还远未达到量表的科学性、严谨性标准，如缺乏信度和效度分析。还有就是本次调研的对象主要针对在读的学生，但成人教育有很大一部分学生经常不来学校上课，而这部分学生恰恰可能会更愿意进行网络学习，本次的调查未对这部分未到学校上课的学生进行实地调查，从而影响了网络学习意愿的百分比。

结束语

随着现代信息技术和网络学习的不断完善和推进，在成人高等教育中利用网络教育教学已成为一种必然趋势，我校需要根据各专业课程、学生本身的情况加以调整，继续加大成人教育网络教育的建设投入和提高教学质量。

参考文献

[1] 陈巍. 成人高等教育机构开展网络教育的实证研究［J］. 开放教育研究，2010，16（5）：27～34.

[2] 赵军. 基于学生满意度的高校本科教学质量调查研究［J］. 教育研究与实验，2010（10）：51～55.

第五编

经验交流

中山大学继续教育现状分析及对推进服务地方发展的思考

梁征宇　蒋海红　潘金山　颜文展
（中山大学教务处　广东　广州　510275）

【摘　要】良好的继续教育制度是继续教育可持续发展的基础。面对日新月异的社会经济发展，高校继续教育要做好服务地方发展，需要在实践中不断摸索高校继续教育管理体制和运行机制，对继续教育内部管理制度进行自我调整、改革与创新，以促进继续教育事业的健康发展。

【关键词】高校　继续教育　服务地方

依据《中山大学继续教育管理规定》（中大教务〔2009〕90号），本文将继续教育定义为：中山大学继续教育是指从事各类继续教育培训以及学习时间在一年以内的高级研修班（包括一年以内不授学位的研究生核心课程研讨班）。中山大学继续教育是学校高等教育事业的一个重要组成部分，并将继续教育事业纳入学校成人教育发展规划，根据地区、行业对人才的需求和学校继续教育事业发展的状况，合理规划学校继续教育事业。因此，为了更好地发挥中山大学教育资源优势，构建灵活开放的继续教育办学体系，推动学校继续教育事业健康、有序地发展，学校对继续教育事业实行积极鼓励、大力支持、正确引导、依法管理的方针。学校鼓励举办高层次、高新技术、高技术含量且具有前瞻性的高级研修班、研讨班。

一、中山大学继续教育发展及现状与地方社会经济发展的现实需求

1. 中山大学继续教育发展及现状

中山大学继续教育一贯坚持“优质办学、服务社会”的宗旨，遵循“充分利用办学资源，为社会提供优质服务”的办学理念，以社会需求为导向，以在职人员为主要对象，致力于为地方经济建设和社会发展培养各类专门人才。为适应不断发展变化的社会经济发展需求，我校继续教育管理体制也在不断地进行自我调整，在学校“建设居于国内一流大学前列、具有国际影响的高水平大学”的目标框架下，通过一系列机构职能的调整和制度的探索与设计，学校继续教育呈现出“百花齐放”的发展局面。

2002年，中山大学在对继续教育“一个定位，八个关系”的论述中明确了我校继续教育工作的方向及办学指导思想，理顺了办学思路，为建立健康的办学环境奠定了基础。

2004年，学校实施继续教育管理和办学功能相分离，成立了成人教育管理处为继续教育归口管理的职能部门，各办学单位设立了继续教育培训中心开展继续教育办学活动，较好地理顺了原有的管理与办学职能混淆的“裁判员与运动员”的矛盾关系。

2008 年，学校将原成人教育管理处职能划归教务处。随后，学校实行主管教学的副校长统一管理研究生教育、本科教育和继续教育。学校继续教育服从学校整体发展的布局，将大学教育作为一个整体来考虑，强化继续教育办学的规范管理与自我约束。2009 年学校重新修订了《中山大学继续教育管理规定》系列文件，并开展了一系列理论与实践的探索，理顺了学校管理部门与办学单位的组织关系，激发了办学单位创新办学新模式、新路子，探索办学激励机制的积极性，完善监督机制。

2010 年成立了以主管校长为领导的“中山大学继续教育指导委员会”，并在学校继续教育指导委员会的指导下，完善继续教育项目管理制度和合作办学项目的具体实施细则。

2009 年 9 月，中山大学成为中组部、教育部确定的 13 所全国干部教育高校培训基地之一。2011 年 6 月，中山大学成为广东省专业技术人员继续教育基地之一。

目前我校继续教育已形成多形式、多层次、多学科、多专业的全方位面向社会继续教育办学服务体系。

（1）近年来，针对地方政府部门和企事业单位的需求，我校结合学科特色与优势，通过课程定制、校企合作、产学结合等方式，每年开展 230 多个个性化继续教育培训项目。项目涵盖干部培训、企业培训和个人技能培训等，涉及医疗卫生、金融、保险、营销、物流、法律、IT 高新技术、城市规划、公共事业、社会服务管理等领域，年培训人数超过 3 万人次。我校继续教育教学方式灵活，不仅在课堂授课，还在企业、在现场授课；不仅有老师讲授，还有学员讨论、成果分享；不仅有严肃的学习，还有轻松的互动。

（2）作为中组部指定的 13 个全国干部教育培训基地之一，我校每年为全国各地地方政府培训干部 3 000 多人。我校长期承办涵盖全国各地党政机关、国有企事业单位委托的各类国家干部继续教育及培训工作，并与广东省委组织部、广州市委组织部等各级组织部门建立了长期党政干部培训合作关系。如我校接受国家发改委布置的任务，在全国安排 8 个东部城市为西部城市举办各类专题培训（简称“西部班”），帮助西部地区培养人才。截至目前，来自西藏、新疆、内蒙古、陕西、云南、贵州、四川、湖南、湖北、广西、青海等全国各地的 1 650 人次曾在我院西部班受训。

2. *地方社会经济发展的现实需求将为我校继续教育提供持续强劲的动力源*

广东经济改革开放 30 多年以来，社会经济实现了跨越式发展：经济总量迅速增加，社会事业快速发展，广东经济、社会由“广东制造”、“世界工厂”向“广东创造”、“智慧广东”转变，发展模式从粗放到集约、产业结构从低端到高端实现了大调整、大转变。

如何解决社会经济发展取得的成就与“幸福广东”目标的差距，在新的形势下，历史客观要求政府官员要以全球视野，站在战略和全局的高度，转变传统社会管理观念，通过学习新的理论、新的知识、新的经验，不断实践总结，掌握城市发展的规律，寻找城市发展的出路，提高城市管理水平，才能更好地实行政府的有效的科学管治。经济发展要求企业家不断创新，增强自主创新能力，创立企业品牌和核心价值。大规模干部培训和企业家培训已经形成制度和趋势，也客观地创造了大量的培训市场。据《人民日报》2012 年 5 月 10 日报道：干部培训已经成为广东各级领导班子建设的“加油站”，广东正逐步形成分层次组织、多渠道实施、大规模推进、高质量发展的干部培训新格局。4 年来，广东共培训干部 486. 5 万人次，比上一个 4 年增长了约 67%；其中省委组织部统一调训干部 7 万多人次，比上一个 4 年增长了约 69%。根据广东省和广州市 2008—2012 年大规模培训干部工作的实施意见，广东省力争用5年时间把全省现有的196万多名干部轮训一遍，广州市确保5年内将县处级以上的领导干部轮训一遍。

而据《南方日报》2011年5月20日报道：根据《国家中长期人才发展规划纲要(2010—2020年)》和《广东省专业技术人员继续教育条例》，我省全面推进专业技术人员知识更新继续教育的重点在装备制造、信息、生物技术、新材料、海洋、金融财会、生态环境保护、能源资源、防灾减灾、现代交通运输、农业科技、社会工作十二大领域。每年要重点培训10万名人才，到2020年共计培训100万名高层次、急需紧缺和骨干专业技术人才。

此外，根据《珠江三角洲地区改革发展规划纲要（2008—2020年）》等战略发展规划，促进地方经济发展方式转变与产业结构转型升级、加强和创新社会管理，推进新型国际化城市建设等，都迫切需要将继续教育工作纳入地方经济和社会发展大局中来谋划。在新形势下，对继续教育的教学内容与课程体系、教学方式和技术手段等提出了更高、更为多元化的要求。

二、我校继续教育“十二五”服务地方的工作思路、工作目标、重点工作①

1. 工作思路

我校构建服务地方建设事业的继续教育人才培养体系的总体思路是：以建设普通教育、继续教育与职业教育协调发展，在国内外有较高知名度、特色鲜明、高水平的继续教育培训基地为主要切入点，积极培育高端继续教育的品牌教学项目，全面构建立足于广东、辐射全国、依托行业、开放办学、服务于地方建设事业的继续教育办学和培养体系。

2. 工作目标

根据区域经济和社会发展对人才的需求，我校将继续发挥全国干部教育培训基地及广东省专业技术人员培育基地的作用，依托自身教学科研优势，整合优化继续教育人才培养体系，适时调整人才培养规模，创新培养模式，加强与政府部门、企事业及行业的合作，建立联合培养机制，提升人才培养层次，强化我校覆盖“珠三角”地区、辐射全国的继续教育中心的地位。

在未来五年我校拟开展个性化的定制服务，着力培育政府部门、企事业及行业、产业实际发展所需要的医疗卫生、金融保险、现代物流、信息服务、科技服务、商务会展、创意产业、人力资源服务、电子信息、新一代通信等重点领域的富有创新意识、高技能应用型人才培训项目。

3. 重点工作

（1）建设具有我校鲜明特色的干部培训基地。在现有的广东省高级公务员公共行政管理知识专题研究班等项目基础上，以各类政府部门党政干部、企业经营管理者、专业技术人员和军队干部为培训对象，开展以短期专题培训和专题研究为主的具有国际性、时代性、开放性特点的培训项目，为广东省培养面向新世纪的高级公共管理人才、复合外向型领导人才和未来领导干部。

（2）开拓具有区位优势的培训项目。在现有的培训项目，如受教育部港澳台办、香港

① 中山大学服务地方发展行动方案——服务地方建设事业的继续教育人才培养体系的构建.

中联办委托对港澳地区人士开展的一系列国情培训班，以及独创“理论学习与实训课程”、“海外考察”培养模式的面对广州市软件工程师的师资培训班基础上，利用学校的区位优势、国际化办学优势及我校与粤港澳地区企事业单位的密切合作关系，形成一大批优质、稳定的实训基地。

（3）创新继续教育医学培训模式。通过开展一系列“请进来，走出去”服务基层医务工作人员的培训项目和举办“医学大讲堂——广东省医学前沿巡回讲演”活动等建立起基础与临床、教学与医疗紧密联系的桥梁，为广东省医疗卫生事业的发展提供有力的人才培训支持。

（4）配合实施国家人才发展总体战略，开展西部对口支持培训服务。我校作为国家发改委“东部城市对口支持西部地区人才培训项目”广州市定点培训机构，就西部地区关注的热点举行一系列人才专题培训（包括少数民族干部的培训）。

我校不断提高各类教育资源整合的能力，紧密联系行业的实际，根据行业发展需求和新培养模式，开展个性化定制服务，开发了一批针对性强、充分体现地域和资源优势的培训项目。

三、在继续教育管理体制改革中强化服务地方职能

为实现上述工作目标，我校紧密结合社会经济发展的需要，充分发挥我校学科优势，加强对各类继续教育办学的管理，规范办学行为，提高办学质量，充分整合利用社会优质资源，积极拓展继续教育，提高服务地方经济社会的水平与能力，致力于为地方经济建设和社会发展培养人才。

（1）在建立健全继续教育办学的各项规章制度，建立与市场机制相适应的继续教育管理体制和运行机制，优化办学项目申报程序化、规范化管理等基础上，探索在推进为地方服务的同时兼顾社会效益与经济效益的思路，扩大我校影响力，提升我校美誉度。

（2）发挥政策的导向作用，建立健全科学合理的激励机制，充分调动和提高各级管理人员与办学单位的办学积极性。近年，各办学院系根据继续教育事业的发展需要，结合学院建设发展的实际，内部主动加强了机构和人力资源的合理配置，各办学单位内部职能进行优化重组，探索项目主任负责制与激励机制，有效提高了管理水平和工作效率。在政策的导向作用下，办学单位的办学活力、各方面的积极性得到有效增强；在招生管理、课程设计、师资聘请和收费管理等方面形成了有效的自我约束机制。

（3）发挥智力优势，提升培训质量，从被动等待各级政府部门安排培训任务或企业找上门变为主动出击，主动了解培训方需求，开发各种培训菜单；聚焦粤港澳，辐射全中国，大力拓展省外培训市场，在公共管理领域，经济金融管理领域，企业经营管理领域，法律管理领域，医疗教学资源服务、医学继续教育领域，IT 行业培训领域，语言培训领域等方面形成若干个中山大学的培训品牌，并在全国范围内打响中山大学的培训品牌。

例如在 MPA 教育和干部培训教育中，在充分利用校内强大的学科实力和优质教学资源的同时，发挥毗邻港澳和国际化办学的优势，与美国、英国、日本、芬兰、瑞典、新加坡及中国香港、澳门等国家和地区的高等学校及培训机构合作进行课程开发与开展教学活动，形成了高起点、重创新、多形式、严管理、求实效的干部培训特色。采用理论熏陶、情景模拟、案例分析等多种教学方法，注重管理能力、综合分析能力、科学决策能力、依

法行政能力、沟通协调能力的培养和训练，为党政机关及非政府公共部门培养高层次、复合型、应用型的专门人才，为广东省、珠江三角洲、香港、澳门等地提供行政管理核心课程培训服务。在成熟的MBA、EMBA培训方面，引进国外品牌学校先进的课程和师资，优化教学资源，实施国际交流与合作办学，课程学分互认，提升课程教学质量。我校的培训还会针对当下经济的热点问题为企业或特定的服务对象提供“加快转变经济发展方式”系列专题研修班和“中小企业管理”系列专题研修班等，通过系统深入的专题培训学习，与大家名师近距离接触，拓宽管理视野，更新管理知识，吸收最前沿的管理理念，提升管理人员和企业经营者的管理能力，并获得华南最高学府校友的认同，在同一个终身继续学习与高端商务交流的平台上取得更大的发展空间。

学校继续教育发展以与广东经济地位发展相符为基本要求，作为华南地区的继续教育重镇的中山大学，对社会负有“教育服务社会”不可推卸的责任和承担着光荣的使命。

（本文得到2011年广东省继续教育体系建设示范项目的资助）

参考文献

［1］中山大学服务地方发展行动方案——服务地方建设事业的继续教育人才培养体系的构建.

［2］中山大学全国干部教育培训基地建设方案.

华南理工大学继续教育基地探索与实践

罗　毅　甄艳玲　刘　婷　吕晓芹
（华南理工大学继续教育学院　广东　广州　510640）

【摘　要】本文以华南理工大学继续教育基地建设为实例，介绍其建设内容和创新点，并对新时期高校继续教育基地发展模式和机制进行探索。

【关键词】继续教育基地　建设与创新

继续教育是高校人才培养体系的重要组成部分，是高校服务社会的重要渠道，是构建终身教育体系的重要环节。为了推动高校继续教育改革创新，提升高校服务社会能力，推进学习型社会建设，实现科教兴国和人才强国战略，教育部启动了“高等学校继续教育示范基地建设”项目，先期推动50所高校在“十二五”期间与数十个行业领域联合建立继续教育基地，探索新发展时期高校继续教育体制机制、面向行业企业的办学与服务模式以及人才培养模式，在构建终身教育体系中发挥引领、示范和辐射作用。

作为项目先期实施单位，华南理工大学对此十分重视，紧抓机遇，坚持研究与应用并重，以能力建设和品牌建设为核心，积极推进改革创新。自2010年项目启动以来，学校围绕项目建设要求，组织专家对继续教育的现状与需求、项目实施方案反复调研、论证。2011年，学校进一步把“继续教育示范基地建设”列入广东省教育综合改革试点项目，加大基地建设各类资源的整合和投入，对项目进行统筹规划、全面部署和实施。以制度建设为抓手，完善继续教育体制机制建设，以整合融通各类形式继续教育为重点，积极推动继续教育办学、服务模式与人才培养模式的创新，主动服务地方经济建设，构建独具华南理工特色的继续教育体系。

一、华南理工大学继续教育基地建设的主要内容

1. 高度重视、科学规划，从体制机制上推进继续教育基地建设

（1）从战略高度抓好示范基地建设，完善工作体系。

华南理工大学高度重视继续教育示范基地的建设，把它纳入了学校中心工作中，举全校之力，推进基地建设工作。成立继续教育示范基地建设领导小组和工作小组，由主管继续教育工作的学校领导任小组组长，相关院系部处负责人担任成员，配备精兵强将从事基地建设改革试点工作；设立学校成人高等教育教学指导委员会、非学历继续教育办学管理委员会和高等教育自学考试委员会三大机构，对学校继续教育示范基地建设进行统筹规划和指导；继续教育示范基地以继续教育学院为依托，继续教育学院在三大机构领导下对全校继续教育办学机构进行办学管理、质量监督，确保办学质量和品牌，并统筹整合全校资源，推动示范基地建设成为学校服务社会窗口、人才增值窗口、知识创新窗口和机制改革

窗口。

（2）构建多层次、多类型、开放式的继续教育制度体系，保障基地质量。

学校注重制度建设，坚持以制度促规范、促发展，已初步构建了多层次、多类型、开放式的继续教育制度体系，建立规范办学和质量保障的长效机制。为营造良好发展环境、完善体制机制，学校实施统一归口管理，建立全校继续教育办学机构统一审批、管理、督导和证书管理与发放制度；推行继续教育办学准入机制、淘汰机制、考核机制、办学奖励机制；鼓励办学机构实行薪酬与绩效挂钩的人力资源管理机制、项目负责制、目标责任制；建立办学机构之间的合作协调机制，不断推动我校继续教育向制度化、规范化、科学化方向健康发展。围绕基地建设，学校出台了一系列成人学历教育与非学历继续教育管理条例，涉及合作办学、招生管理、市场拓展、教学管理、考试管理、项目管理、办学评估、证书管理、收费管理、人员聘用等方面的制度近60个。

为实施质量提升战略，学校构建了全方位的质量保障体系，建立目标管理体系、组织管理体系、规章制度与教学文件管理体系、教学质量监控体系、教学质量评估与反馈体系等质量保障体系，实行办学机构年报与评估制度、教学信息反馈制度、教学督导制度、教学检查制度、网上学习与教学评价制度、培训后跟踪评估制度、常规性教学评估制度，实现规范办学与质量保障的长效机制，促进我校继续教育办学水平不断提高。

2. 融通各类办学形式，构建继续教育“立交桥”，创新继续教育发展模式

依托继续教育学院“网络教育、成人教育、自学考试、非学历培训四位一体”的办学平台，通过融通继续教育的人才培养目标、教学要求、课程特点、考核评价等因素，整合各类资源，建立了教学主体评价、教学对象评价、教学内容评价、教学手段评价等多套评价体系，以构建继续教育融通机制。

（1）融合网络教育、成人教育，创新继续教育教学模式。为实现资源共享、优势互补，学校有机整合网络教育和成人教育各自的优势，结合课程特点、教学资源和成人学习特性，优化组合课堂面授教学和网络课件教学，实施“面授＋网络”教学模式试验改革，满足不同教学需要，提高教学效果。新型教学模式的实现，既弥补了远程教学“时空分离”的不足，又充分发挥了现代教育技术在成人教育中的作用，改进了成人教育的教学手段和教学方法，缓解了成人学生的工学矛盾，有效地解决了成人教育办学中师资紧张等问题。

（2）构建学分互认机制，实现非学历教育与学历教育的有效衔接。学校顺应人才市场需求，依托学校学科和品牌优势，引入企业技术力量与实训基地等优质资源，与企业联手打造“华工数码”、“华工财经”、“华工设计”等职业技能培训品牌，以知识和技术的先进性、实用性与有效性为出发点，定制培训课程体系和教材，积极推进“工学结合、以企业需求为导向、以学科知识为基础、以实践能力为核心”的定制式应用型人才培养模式改革，打破学科与专业壁垒、技能培训与学历教育壁垒，建立学历教育与非学历教育课程衔接、沟通制度。以非学历职业技能认证课程和学历教育课程为载体，构建课程学分互认的质量认证标准，实现课程学分互认和学习成果转换，推进非学历继续教育发展模式创新。

（3）借助远程助学手段，促进自学考试与高职高专相沟通。学校重视自学考试专业建设，同时注重创新助学形式和手段。利用学校资源优势，开发自学考试远程教育平台，制作自学考试辅导网络课件，大力发展自学考试远程教育和业余教育形式，发展自学考试与

高职高专院校相沟通的试点工作。利用学校自学考试远程教育平台，整合校内外资源，发挥高职高专院校设备、师资、实验实习环节等方面的优越条件，构建了集学员在线学习、教师网上辅导和学校教务学籍管理三位一体的服务体系，促进了自学考试与高职高专院校相沟通的试点工作，拓宽了自学考试的生源渠道。目前华南理工大学已成为广东省“高等教育自学考试综合改革试点单位和助学辅导示范基地”。

3. 积极面向社会、行业和企业办学，“量身定做”、“送教上门”，主动服务地方经济建设

（1）创办行业企业直属班，提高继续教育服务社会的能力。学校整合教学资源，兴办行业企业直属班，真正实现送教上门，形成联姻行业企业办学新模式。以行业、企业人才需求为导向，打造“学科知识＋实践技能”相结合的创新型课程体系，推进“面授＋网络”教学模式，实行送教上门，联合培养，为企业、行业的发展及现代产业的转型升级提供了智力和人才支持。目前已为机械、土建、电力、电子、食品、汽车、旅游、酒店管理等多个领域近百家企业举办行业企业直属班，受到行业、企业和学员的欢迎和认可。代表企业有深圳富士康科技集团、捷普电子有限公司、广东电力集团、恩斯迈电子有限公司、广州酒家集团有限公司、李锦记有限公司、欧派橱柜有限公司等。

（2）打造各类行业人才培训基地，为行业发展提供人才资源支持。学校充分发挥品牌、学科、师资优势，以“产学研对接”方式、“高校、政府、企业、行业互动与合作”方式，打造了多个培训基地，促进服务区域发展、服务行业和企业发展。华南理工大学作为“广东省专业技术人员继续教育培训基地”，为广东省专业技术人才知识更新工程作出了重要贡献；与地方政府合作，共建“干部培训基地”，为地方经济发展提供了强大的人才和智力支撑；与广东省中小企业局共同打造的“广东省中小企业人才培养基地”，目前已培养了近 3 000 名中小企业骨干精英；作为华南地区首家国家级知识产权培训基地“华南理工大学国家知识产权培训（广东）基地”，培训了 4 000 余名专门人才；“职业技能与认证资格培训基地”为 IT、食品、建筑等行业提供了人才支持和技术保障。

（3）主动面向行业、企业开展继续教育办学与服务，成果显著。结合广东省现代产业转型升级和继续教育知识更新工程实施，华南理工大学主动面向行业、企业开展继续教育办学与服务，取得显著成效。2010 年，与广州市远程教育中心联合办学，面向广州市总工会 300 多万产业工人和广州市公务员干部，通过网络方式培训了数十万人次；充分发挥电力的学科优势，为以南方电网为代表的电力行业系统培训了数十万专业技术与管理人才；与深圳永兴元科技有限公司校企合作，面向全国保险从业人员，开展保险人员的素质保障与能力提升工程；为广东省食品行业和公共安全行业举办了高级餐饮服务食品安全管理员、社会治安视频监控系统监看员培训班共 33 期，培训学员 1 485 人，计划近几年内将实施为 100 万食品行业从业人员、50 万公共安全从业人员提升素质的培训工程。

4. 构建立体化、数字化继续教育学习港，完善远程培训服务模式与机制，拓展办学和服务空间

（1）建立继续教育数字化公共服务平台，促进资源整合与开放共享。为适应当前国家教育发展趋势，实现继续教育数字化资源共建共享，探索建立了面向学习型城市终身学习公共服务平台，以开放、共享和多元的新型教育环境给学习者提供方便、灵活及个性化的学习条件和受教育机会。依托学校优秀师资、专业管理人员和企业技术队伍，以及遍布广

东省市地区近百个网络教育校外学习中心和成人教育函授教学站，构建了以学员为中心的服务体系，采用“一站式”的服务模式，确保学习支持服务质量。

（2）打造立体化、数字化继续教育学习港，拓展服务空间。以优质教育资源的“集聚超市”形式，打造立体化、数字化继续教育学习港，提供便利、灵活、个性化和多样化的学习服务和数字化学习支持，使数字化学习港成为人们终身学习的“共享广场”，探索面向行业和区域发展的以卫星、电视和互联网等为载体的非学历继续教育远程开放办学与终身学习服务模式。与广州远程教育中心校企合作，利用双方优势，全面打造线上网络服务、线下实体店服务的标准化数字化学习中心，为学习者提供远程接待、培训、考试一体化服务，创造教育就在身边、学习总在身边的环境，有效地利用现代技术，创新服务体系，提高我校服务社会能力，拓展继续教育的服务空间。

二、华南理工大学继续教育基地建设的创新点

（1）整合网络教育和成人教育优势，创新了网络教育、成人教育教学模式，实施了“面授＋网络”教学模式的试验改革。

（2）构建继续教育“立交桥”，实现各类形式继续教育纵向衔接、横向沟通，促进继续教育发展模式和服务模式创新，并建立一套有效的教学质量保障体系，确保基地人才培养质量。

（3）构建“以企业需求为导向、以学科知识为基础、以实践能力为核心”的定制式应用型人才培养模式，联姻行业、企业，实施行业企业直属班的创新实践。

（4）构建了立体化、数字化继续教育学习港，实现教学资源共享最大化，扩大了继续教育的受众面，适应全民学习的时代需要，增强了服务经济社会发展的能力。

华南理工大学继续教育基地通过两年多的探索和实践，在原有经验的基础上积极推进改革、创新，实现了预期建设目标，取得了良好成效。通过基地建设，进一步创新了学校发展理念，完善了继续教育体制机制建设，促进了办学模式创新和人才培养模式创新，拓宽了办学空间，提升了服务社会的能力，扩大了学校影响力。

加快推进华南理工大学继续教育基地探索与实践，对学校继续教育的科学发展具有里程碑式的意义，对探究继续教育基地的模式与机制、人才培养模式、远程开放办学与服务模式等都具有重要的创新意义。相信在教育部和省教育厅的大力支持下，华南理工大学继续教育基地建设成果将日益显现，将会更好地推动学校继续教育向品牌化、制度化发展，为地方经济建设、学习型社会发展和我国终身教育体系的完善作出更大的贡献。

华南理工大学业余学生思想政治教育方略探索

吴榜中 谢丽红
（华南理工大学继续教育学院 广东 广州 510640）

【摘 要】加强普通高校业余学生思想政治教育已成为共识，但业余学生的特殊性使这项工作在新形势下面临着更大的挑战。本文拟阐述普通高校业余学生思想政治教育面临的新情况，并就如何加强普通高校业余学生思想政治教育方略作初步的探索。

【关键词】普通高校 业余学生 思想政治教育

随着社会主义市场经济发展的不断深入，普通高校业余学生思想政治教育的客观环境、教育对象发生了深刻的变化，这就对业余学生工作者提出了新的要求。如何加强普通高校业余学生的思想政治教育，已经成为普通高校业余学生体制改革的一项重要内容。教育者必须探讨思想政治教育的自身素质、组织机构、教育内容、教育方法和教育手段，把握新时代变化的脉搏，切实推进普通高校业余学生的思想政治教育。

普通高校业余学生思想政治教育，是高等学校全面实施素质教育，加强社会主义精神文明建设，构建和谐社会的具体体现。认真研究新时期成教学生思想政治教育的核心问题，是坚持和巩固马克思主义在我国意识形态领域指导地位的需要，是加强和改进教育方法、贯彻党的教育方针的需要，是构建终身学习型社会的需要。

一、当前我校业余学生的思想状况及特点

我校业余学生的基本组成形式有成人教育、网络教育、自学考试及非学历教育培训班等。以上教育形式与普通高等教育相比，具有对象广泛、形式层次多样和开放性三大特点。业余学生的对象特点，决定了业余学生的背景的差异性。参加业余学习的学生既有在职人员，也有普通高考落榜生、中学教育毕业生和待业青年，他们不分民族、种族、家庭出身、性别、年龄、职业、党派、宗教信仰、教育程度、财产状况、居住条件和身体情况等，都可以参加学习，可见业余学习是没有围墙的大学。业余学生的学习形式以业余为主，基本上是上课来、下课走，学生在校时间短、流动性大，同时，业余学生还具有多重社会角色，他们在接受教育的同时还受工作单位、家庭和社会的影响。

二、当前业余学生思想政治教育现状及存在的问题

1. 理想和信仰不同

业余学生的工作经历大不相同，自身素质参差不齐，年龄、身份、家庭环境、文化基础以及所处的人际关系等方面均存在较大差异。他们一方面利益观念、家庭观念和学习观

念较强；另一方面，他们的职业道德、社会责任感尚不足。虽然对“三个代表”重要思想、科学发展观等政治理论有一定的了解，但在实践中又不能完全把个人的理想和事业融汇到社会主义现代化的建设中去。

2. 工学矛盾明显

“一切向钱看”的观念导致部分学生在人生追求上发生了变化。他们在关心国家命运和社会变革的同时，对某些政治活动漠不关心，政治观念相对淡薄，重文凭轻学习。很多学生都有工作经历，他们重视学习专业知识，但认为学习政治理论、接受思想政治教育是可有可无的。此外，业余学生的年龄差别大、生源结构较复杂、自身素质参差不齐。他们的到课率相对低，受教育时间少。且由于各行业的特点不一，除了教育行业外，业余学生几乎没有统一的休息时间，即使是国家法定的节假日也由于时间短、旅途劳顿而不能及时返校学习。这种开放性的学习给思想政治教育工作在时间和空间上带来了一定的复杂性、艰巨性与局限性。

3. 业余学生对社会现象的认同不一

大部分的业余学生是哪里来回哪里去，尤其是比较年轻的业余学生，他们在参加研究生和公务员考试时没有得到与普通全日制学生同等的待遇，部分甚至没有考试的机会等。这些现象使得业余学生对思想政治教育的认识普遍有一定的模糊性，从而放松了对自己的要求，甚至有的学生选择了自暴自弃。

4. 人生观、价值观不同

由于大部分业余学生经历了由“学生”到“社会人”，再由“社会人”到“学生”的两次角色转换，在这两次角色转换过程中，其具有了成熟的“社会人”经历，使他们的思想观念、价值观念、成才观念和道德观念具有相当大的差异。因此，传统的思想政治工作的内容、方式无法移植到网络教育学生的身上。

5. 学习形式不同

业余学习的师生处于分离状态，比较缺乏集体教育的影响，更缺乏校园文化的熏陶，学生遇到学习、思想上的问题，只能通过媒体与老师、同学进行间接交流，缺乏现场感，因而思想政治教育容易失去时效性和主动性。

6. 业余学生思想观念的更新使思想政治教育难度更大

随着对外开放的进一步扩大，学生对各种思想道德文化的接受和选择有了更广阔的空间，社会上思想道德和价值观念的多样性使他们的思想观念和价值取向呈现多元化。部分学生思想信念不坚定、精神生活空虚，甚至道德观念也发生了很大的转变，表现为是非观念淡薄、缺乏社会责任感、诚信度下降等。学生中独生子女的比例日益增加，他们有较好的受教育条件和生活条件，但以自我为中心的意识强，而团结协作能力、应变能力和心理承受能力较低，在困难面前容易出现畏难情绪。此外，业余学生的人事关系、组织关系等不纳入高校管理，导致他们对高校的认同感不足。并且学校与其工作单位缺乏沟通，难以形成教育合力。这些原因均使思想政治教育无法有效地开展。

7. 网络时代、微博时代对思想政治教育提出挑战

微博时代正推动生活方式、社会文化机制和价值观念的变革。思想政治教育是一个开放型的系统，开放的国际环境和传播媒介为学生提供了大量信息，使人与人之间的思想交流更加频繁，周围环境使人们的思想心理状态对教育的影响更加明显，使学生思想政治教

育的范畴更加广阔，也给思想政治教育带来了前所未有的挑战。业余学生思想活跃、信息灵通且求知欲望强，而现实生活中的享乐主义、个人主义滋长蔓延，假冒伪劣产品已成为社会的公害，一些腐败现象频频曝光，这些内容在网络上广为传播，冲击着他们的思想。再加上高校和社会各方面共同营造的环境氛围不够理想，使思想政治教育的效果大打折扣。如何创立科学健康的微博时代文化，是摆在教育者面前的又一项新的课题。加大信息应用力度，把网络的宣传与教育功能有效地引入思想政治教育领域，这是思想政治教育推向网络前沿阵地的必经之路。

三、业余学生思想政治教育工作的思考及探索适合业余学生思想政治教育的工作方法

新形势下，普通高校业余学生的思想状况和行为方式对教育者提出了更高的要求。为了使思想政治教育水平跟上时代的新步伐，教育者必须积极探索加强学生思想政治教育的科学方法和有效途径。

1. 注重提高教育者自身素质是加强学生思想政治教育的前提条件

学生思想政治教育的实施原则和教育效果取决于教育者自身的素质。具体地说，普通高校业余学生能否在教育教学的全过程中，坚持以热爱祖国、热爱社会主义为主旋律，以科学的政治理论武装学生头脑、以高尚的道德风尚陶冶学生情操，这在很大程度上取决于教育者自身的政治素质、道德品质和业务水平。因此，加强教育者的思想政治教育，使自身的思想政治素质不断得到提高尤为重要。教育者要转变观念，善于观察，勤于思考，加强自身道德修养，提高综合素质，不但应具备坚定的思想信念、强烈的政治责任感和渊博的政治理论，还必须具备求实务实、不断创新的工作作风和廉洁自律、无私奉献的优良品质。只有这样，才能做到以教育者的人格力量感染学生，切切实实加强学生的思想政治教育。

2. 建立健全学生组织是加强学生思想政治教育的重要保障

建立健全学生组织，组建班委会和临时业余学生党支部，物色责任心强的学生担任班干部和支部书记，这是做好学生思想政治教育的重要保证。要求班干部、支部书记和党员学生起带头作用，了解学生的思想动态，掌握学生行为、活动的规律，利用身边骨干学生的榜样力量去带动学生，利用优秀学生的言行去影响学生，能收到事半功倍的效果。让学生树立自我教育的观点，倡导自己教育自己，在学生中形成自我约束、自我提高的风气，形成热爱学校、关爱社会和刻苦学习的良好风尚。

3. 搞好成人教育学生思想政治教育，必须转变教育理念

胡锦涛同志指出："坚持以人为本，就是要以实现人的全面发展为目标。"在成人教育学生的思想政治工作中，我们首先要树立"以人为本"的理念，把成人教育的思想政治工作做细、做活，培养成教学生终身学习的意识。20 世纪 60 年代中期，法国学者保罗·朗格朗提出终身教育的观念，立即受到国际社会的关注和重视，树立终身教育的理念逐渐成为各国教育规划的指导思想。其次，要坚持以学生为中心，坚持教育与成人学生特点相结合，坚持党团教育与自我教育相结合，坚持解决思想问题与解决实际问题相结合的原则，以提高思想政治工作的实效性。再次，要把广大学生的利益作为一切工作的出发点和落脚点，不断满足学生的合理需求，解决学生的实际困难，关心他们的思想、学习、工作、生

活、心理等各方面的问题。抓住热点和难点问题，能解决的解决，不能解决的做好思想工作，动之以情，晓之以理，认真疏导，使思想政治工作变成具体的关爱。

业余学生自主意识、自尊心强，对他们进行思想政治教育，要善于把握他们的内心世界，坚持以理服人、以情感人和疏导教育的原则。在施教过程中，要尊重学生，理解学生，关心学生，要少说教，少给理论，少居高临下，多倾听，多沟通，多参与，多用平等的方式与他们交流讨论，在尊重信任中互动。通过耐心细致的工作、善解人意的语言和真挚的情感来感染学生，通过启发、诱导、引导和指导等方法，激发学生的内在情感，使他们主动、愉快地接受教育。成教学生除全日制脱产班外，与教师的关系相对松散，彼此应该十分珍惜、有效利用在学校集中面授的学习时间，加强交谈和接触，形成亲切和谐的师生关系。在施教过程中还应该主动解决成教学生在学习、生活中遇到的实际困难、思想困惑等现实问题，关心体贴他们，以情感人，引起他们情感上的共鸣，促使他们振奋精神、努力向上。通过座谈讨论、协商对话进行疏导式的双向交流，在教师和学生、管理者和学生间架起相互理解、信任的桥梁，由“通心”达到“同心”，使思想政治教育达到春风化雨、润物无声的境界，从而增强思想政治教育的感染力和说服力。

4. 搞好业余学生思想政治教育工作，必须坚持思想教育与专业教育相结合

业余学生的特点也决定了必须把思想教育渗透到专业教育的各个环节当中。学生的思想问题往往是在学习的过程中反映出来的。深入了解成教学生的学习要求，不仅是了解学生思想的重要途径，而且也是做好思想政治工作的着力点之一。无论教师还是干部都要把解决成教学生的学习问题作为思想教育的出发点，在解决实际问题中渗透教育思想。

做业余学生的教师负有双重任务，在完成教学工作的同时，还应配合学校做好学生的思想政治工作，要摆脱教学与思想政治工作两不相干的观念。因此，要选聘热爱成人教育工作、了解成人教育规律和特点、教学态度严谨且教学效果好的教师任教，严把教学关，同时以教师高尚的人格魅力感染学生。要加强学风、考风建设，杜绝弄虚作假等不良风气，使成人教育思想政治工作贯穿于整个教学过程中。同时通过推进教育、教学改革，使思想教育与专业教育更好地结合。

5. 搞好成人教育学生思想政治教育工作，针对成教学生的思想特点，必须拓展教育途径，挖掘教育资源，创造良好的育人环境方针

首先，要选配理论素养高、教育能力强的老师，加强马克思主义理论课和德育课的思想教育主渠道，积极引导学生思考深层次的问题，提高学生自身的理论修养。其次，要紧跟科技发展，利用网络开展思想政治教育。江泽民同志指出：“互联网是开放的，信息繁杂多样，既有大量进步、健康、有益的信息，也有不少反动、迷信、黄色的内容。互联网已成为思想政治工作一个新的重要阵地。国内外敌对势力正竭力利用它同我们和政府争夺群众，争夺青年。我们要研究其特点，采取有力措施应对这种挑战。”成教学生的分散性、流动性使网络成为开展思想政治教育的重要途径。网络文化已成为影响青年学生思想品德、价值导向的重要方面。根据“趋利避害”的原则，我们要充分利用网络，积极建设，加强管理，用正确、积极和健康的思想文化信息占领网络阵地。再次，要充分挖掘学校的教育资源，在条件许可的情况下，接纳成教学生参与校园文化活动，使其融入学校这个大家庭，受到良好的文化熏陶。

6. 搞好成人教育学生思想教学教育工作，必须加强干部队伍建设

邓小平同志指出："一个学校能不能为无产阶级培养合格的人才，培养德、智、体全面发展，有社会主义觉悟的有文化的劳动者，关键在教师。"成教思想政治工作者整体素质的提高直接影响着成教思想政治工作的质量。一方面，这支队伍要通过不断加强学习，严于律己，率先垂范，言传身教，开拓进取，与时俱进，提高自身素质，达到时代要求。另一方面，这支队伍要采用新方法、新手段和新视野来开展工作。要主动热情地与学生交朋友，使学生愿意将他们的欢乐与苦恼展现在思想政治工作者的面前，因"人"制宜，"对症下药"。要满腔热情倾注真诚的爱，以自己的实际行动，使学生感受到教师所做的一切都是为了他们的成长与进步，都是出于对他们的爱。心诚则灵，只要功夫到家，思想政治工作的目的和效果是一定能够达到的。

7. 结合业余学生的实际情况，培养和提高学生的基本素质

业余学生的思想政治工作应以培养学生形成正确的学习动机、端正的学习态度和激发与引导学生的自我教育为主要目标。据调查，目前超过50%的学生以获得文凭为学习动机，缺少知识需求和能力提高的动力，因此，业余学生的思想政治工作必须贴近学生的情况，务求实效，切忌形式主义。

苏联教育家苏霍姆林斯基说过："真正的教育是自我教育。"自我教育是一种自我扬弃、自我优化的过程。随着社会的发展，外在的强化作用趋于减弱，来自成教学生本身的内在控制作用日益增强。在市场经济大潮下，成教学生自尊、自立和自强的意识不断提高。成教学生大部分已是成人，自我意识比较成熟，不少人在单位是领导，在家里是家长，本身就是教育者，有较强的自我约束、自我管理和自我教育能力。因此，对成教学生进行思想政治教育要充分认识并利用这一特点，让他们广泛地参与到思想政治教育过程中来，发挥他们的主人翁精神和自我教育能力。同时，利用成教学生在年龄经历、思想水平和认识能力方面存在的较大差异，发挥他们各自的优势，达到自我教育、自我完善、共同提高的目的，把他们由受教育者变成主动进行的自我教育者。充分发挥他们的主观能动性，使主导教育内化为他们的自觉行动，实现由"他律"走向"自律"。

8. 加强网站的文化建设和宣传

充分利用网络来搭建开展思想政治工作的虚拟平台是一个融思想性、知识性、趣味性及服务性为一体的学生"网上家园"，是做好网络教育学生思想政治工作的基础。为此，我们依托网络创建了思想政治工作平台，有计划地开展征文、摄影等比赛，组织网上专题讲座、专题讨论等，使学生思想政治教育工作充满生机和活力，使学生潜移默化地接受思想政治教育，从而唤起学生的自主意识，培养他们自我负责、自我管理的行为能力。

9. 发挥业余学生会和党团组织的作用，引导和发挥学生党员的先锋模范作用

由于业余学生的学习形式具有师生分离的特征，原有的思想政治教育方式需要改革与创新。

华南理工大学的成人教育、网络教育，分别于2008、2009年成立了业余学生会，以党员社区、网络党课、视频会议、网上群组讨论等形式开展党员活动，引导和发挥学生党员的先锋模范作用，有利于学生端正学习态度，规范求学行为，提高思想素质。郑州大学远程教育学院开展的网上党团建设活动，已经取得良好的效果。要重视发挥业余学生党团组织、学生会和社团的"自我管理"、"自我服务"、"自我教育"作用。业余学生社会化

程度较高，民主参与意识较强，基础知识较完备，独立思考能力较强，他们与教育者之间比较容易建立一种彼此尊重、民主、平等、相互学习的师生双向互动关系。要积极尝试在业余教学班中建立党小组或党支部，充分发挥党员的先锋作用和加强党员的学习教育，以提高业余学生的思想政治素质。业余学生的党建工作也是学生思想政治教育工作中的重要环节。要加强对业余学生中的党团组织、学生会以及社团的领导和指导，充分发挥这些组织团结凝聚业余学生的作用，增强他们的参与意识，充分发挥他们在业余学生思想政治教育工作中的“三自”作用，引导他们积极开展内容丰富多彩、健康向上的政治、学术、科技、文体、社会实践等活动。

10. 延伸思想政治教育的空间，形成学校、家庭和社会三结合的思想政治教育

家庭和社会的各种因素对网络教育学生的影响比全日制学生要大得多，这就要求我们必须注重延伸思想政治教育的空间，努力形成学校教育、家庭教育和社会教育于一体的思想政治教育，最大限度地利用家庭与社会的教育资源和积极因素为网络教育学生的思想政治教育服务。比如，根据各个时期社会上出现的有代表性的社会现象或事件，通过 BBS 或视频会议系统组织学生开展分析、讨论，帮助学生学会正确认识和分析复杂问题的方法，提高学生思想政治教育的针对性。我们要不断努力拓展教育活动空间，鼓励成教学生参加社会实践。社会实践是成教学生运用所学知识在社会实践中检验自己能力和综合素质的有效途径，是高校育人的一个重要环节。社会实践活动能使思想政治教育入情入理入耳入脑，也使成教学生开阔视野，了解中国国情，开拓未来，培养实事求是、艰苦奋斗、脚踏实地和与时俱进的精神，增强他们的组织纪律观念、集体主义观念。通过社会实践培养、锻炼和提高成教学生观察社会、分析事物的思想方法和各种实际能力，培养理论联系实际的作风，使他们明确自身历史责任，促进“知”和“行”的统一。实践的过程，既是成教学生专业知识应用过程，也是成教学生政治素质培养过程。社会实践的形式多种多样，具体运用时应针对不同对象、不同情况选择适当的形式和方法。对于已走上工作岗位的成教学生，其社会实践应与自身工作相结合；对于部分年龄小、无工作经验的学生，则通过开展社会调查、参观访问、专业实习和参加各种公益活动等形式参与社会实践。还要紧跟科技发展，利用网络开展思想政治教育。当前，因特网发展日新月异，影响日渐扩大，可在校园网络的信息中渗透思想政治教育内容，在网上有针对性地为学习马列课程的学生提供各种参考资料；通过电子邮件让成教学生就普遍关心的热点、难点问题进行自由讨论，并由教师给予指导解答；利用网络创造平等信任的情境进行正确引导，帮助成教学生树立正确的人生观、世界观和价值观；建立心理咨询网站，通过网络实现与成教学生“促膝谈心”，引导成教学生正确处理心理问题；同时，要建立和完善有关规章制度，规范网络运用，加强对局域网、校园网的管理，增强成教学生网络法律意识和道德观念。

11. 优化利用环境开展成人教育学生思想政治教育

对成教学生而言，思想政治教育环境主要是指社会环境、家庭环境和校园环境，这些环境对成教学生的思想道德和心理素质产生影响和制约作用。马克思主义认为：人创造环境，同样环境也创造人。因此，通过充分发挥环境与思想政治教育周围的自然条件和社会条件，发掘积极因素，排除消极因素，优化环境资源，使环境因素成为成教学生思想政治教育的有效手段。

（1）营造适应成教学生学习的优良校园文化环境。整洁美丽的校园、严谨勤奋的校

风、团结进取的风貌、形式多样的校园文化，会形成一种蓬勃向上的驱动力，这对成教学生是一种无形的感召力量。通过开展丰富多彩的校园文化活动，寓思想政治教育于校园文化活动，既能拓宽思想政治教育的渠道和方法，又能丰富和充实思想政治教育的内容。通过这些活动，把思想政治教育的要求以“随风潜入夜，润物细无声”的方式内化为成教学生的优良品质。通过营造积极向上的校园文化环境来加强成教学生思想政治教育，这比单纯用行政命令、机械说教方式来限制、改变、左右学生的思想、行为、心理情绪及价值观念更为有效。尤其对于年龄跨度大、自身素质参差不齐的成教学生更是如此。

（2）优化适应成教学生成长的家庭环境。家庭环境与人的成长密不可分。家庭是人生接受道德熏陶的第一所学校，是人生第一个道德活动的场所。家庭教育的身教和示范方式，具有春风化雨、润物无声的作用。良好的家庭环境不仅能强化思想政治教育的效果，还能促进社会的稳定和发展。成教学生年龄跨度大，在家庭中有的是儿（女），有的是父（母），无论在家庭中充当何种角色都应该发挥优良的家庭美德，尊老爱幼、夫妻恩爱、家庭和睦。对于优化适应成人教育学生成长的家庭环境，学校应发挥重要作用，可通过电话、书信或家庭走访的方式来加强与成教学生家庭的联系，及时反馈学生在校的学习生活情况，充分发挥家庭的积极作用。学校还应在教育目标和方法等方面与家长达成共识，使学校教育与家庭教育同步，营造平和宽松的家庭环境，促进教育效果的提高。

（3）与学生工作单位共同做好成教学生思想政治教育。成教学生中有相当一部分人已经走上工作岗位，学习结束后大都要返回原单位工作，受其原单位管理的意识较强。所以，学校在开展其思想政治教育工作时，应该加强与学生工作单位的联系，采取各种措施互通信息，共同做好成教学生的思想和管理工作。学校通过电话、信函或发送 E-mail 等形式定期与成教学生所在单位沟通学生在校的各种情况，对于成教学生遇到的工学矛盾，希望得到其单位的大力支持，解决他们的后顾之忧；对于成教学生取得的成绩充分予以肯定，并希望其单位也予以奖励；对成教学生的错误行为如实反映，希望得到其单位配合，共同对其进行批评教育。总之，加强与成教学生单位的联系是做好成教学生思想政治工作的重要手段。高校成教办学单位应该充分利用这一资源，提高成教学生思想政治教育工作的有效性。

四、结束语

在职学生参加业余学习来去匆匆，教育者要利用校园网络对学生进行教育和引导，使网络思想政治教育活动生动活泼、扎实有效。华南理工大学继续教育学院建立了党建网站，开设“党建动态”、“学生风采”、“学生之星剪影”等栏目，在继续教育学院没有专职学生工作管理干部、办学规模又比较大的情况下，为学生党员提供较好的自我教育、自我管理的交流平台，对在职学生开阔视野、转变思维方式，增强思想政治教育的针对性、实效性都具有重要意义。

目前，业余学生的思想政治教育还处于探索期，业余学生教育工作者要进一步总结经验，在实践中逐步加以完善。在加强业余学生思想政治教育的同时，要加强对他们的心理健康教育；在提高他们思想政治觉悟的同时，要注重提高他们的心理健康素质，使业余学生都能以健康的心理品质去面对繁重的学习和激烈的竞争，成为在思想政治素质和心理素质上都合格的人，使业余学生的思想政治工作真正适合学习者的实际需要。

总之，加强普通高校业余学生的思想政治教育，任重而道远。教育者只要科学地认识思想政治教育的地位和作用，继承和发扬思想政治教育的优良传统，积极探索在新形势下加强思想政治教育的新思路，就一定能够承担起历史赋予的重任，为普通高校业余学生的健康发展发挥其应有的作用。

参考文献

[1] 关学丰，王兰英. 成人教育基础［M］. 北京：中国人事出版社，1990.

[2] 罗树华. 终身学习思想发展史略［J］. 山东教育科研，2004（11）.

[3] 曹宗杰. 论成人高校思想政治工作创新［J］. 河南教育学院学报，2005（5）.

[4] 毛泽东著作选读［M］. 北京：人民出版社，1986. 803.

[5] 新世纪的思想政治工作纲要［M］. 北京：中共中央党校出版社，2001. 45.

[6] 吴小花. 如何继承和发扬高校科学文化传统［J］. 咸阳师范学院学报，2008（2）.

结合医学类成人的特点，探索课程改革创新之路

罗奕川 龙大宏

（广州医科大学继续教育学院 广东 广州 510182）

【摘 要】医学类成人学员存在较大的工学矛盾，为了让学员们能更加有效地参与学校的教学活动，从中学到有用的知识，学校需要依据学员的特点，在课程设置上进行教学改革。我校的具体措施有两点：①依据成人学习的特点调整课程结构，体现适用、够用为度以及一定的前瞻性。②构建模块式课程体系，便于学员选修。同时，在课程管理时注重方式方法的运用，疏导学员的学习压力，调动学员学习自主性，从而促进其学习。

【关键词】医学 成人 课程 改革

2010年，国家颁布了《国家中长期教育改革和发展规划纲要（2010—2020年）》，把“基本形成学习型社会”作为未来10年我国教育的三大战略目标之一。成人教育将成为终身教育的重要一环，是实现学习型社会的必要构成。对于工作在医疗卫生一线的工作人员来说，与其他职业相比，他们对知识的更新需求更大，成人高等教育是满足这一需求的重要环节。

我校从1986年起开办成人高等教育，教学模式基本参照普通高等教育，课程体系也一样，每次培养方案的修订均以普教为蓝本，要求面面俱到，导致本、专科在同一专业内课程设置类同较多。学生在专科毕业后，继续修读专升本课程时，发现类同的课程有“炒冷饭”现象，从而降低了学生的求学欲望，间接造成学生缺课现象。

近几年来，我校通过各种渠道，如毕业生调查、用人单位走访等方式收集社会对成人教育教学情况的意见和建议，并在教学开展中不断探索教学改革方向。我们发现：学员多数认为课程科目繁多，考试压力大，课程设置内容本、专科重复较多，与实际工作联系不够紧密。用人单位反映，毕业生虽然提高了学历层次，但业务素质没有比接受继续教育前提高多少，尤其是护理专业本科毕业生，没能在科研等方面在科室工作中起到骨干作用，因此建议学校加强专升本学员科研能力的培养。

我校经过三年多的教学改革探索，开展了在任意选修课程内增加以通识教育为主的专题讲座，实施了严格规定毕业论文撰写格式、要求，定期给毕业班开设论文撰写讲座等形式多样的改革措施；实施效果良好，到课率明显提高，论文质量也得到保证。为了更好地推进以课程整合、创新为主的教学改革，我校于2010年以旧版的人才培养方案为基础，拟订新培养方案初稿，并通过以系为单位与专业课程负责人座谈形式，在学生代表和教师代表参加的评教评学会议上调查专业课程设置意见，同时，向各方征询学校课程改革建议等形式对初稿进行反复修改；最终把科研能力的培养和专业新进展作为专升本课程设置的重点，把夯实专业基础作为专科课程的设置重点，重新规划课程体系。

一、新课程设置的目标

医学类成人教育的目的在于提高医护人员的业务素质，提高其适应医疗业务变化的能力，满足其知识不断更新的要求[1]。因而，成人学习主要是学习和更新应用性知识以及与实践相连的必要的理论知识，以开发潜能为关键，体现适用、够用为度的特点，注重学员的应用能力、创新能力和社会适应能力的培养。

学校将坚持通识教育和专业教育相结合，在重视专业教育的同时，适当开展跨学科的通识教育，拓展专业以外的视野，不断完善成人高等教育人才培养体系，以利于我校成人高等教育的可持续发展。

二、医学类成人学员特征分析

1. 我校成教学员基本情况

我校 2003、2007、2011 年高基统计表汇总资料

年份	总人数（人）	性别		女性分年龄段						休退学主要原因前三位
		女性（人）	所占比例（%）	>30 岁（人）	所占比例（%）	20~30 岁（人）	所占比例（%）	<20 岁（人）	所占比例（%）	
2011	20 532	18 481	90.01	5 004	27.08	13 372	72.36	105	0.57	1. 其他 2. 学习成绩不好 3. 患病
2007	18 593	15 998	86.04	3 695	23.10	12 263	76.65	40	0.25	1. 其他 2. 学习成绩不好 3. 出国
2003	6 906	5 524	79.99	907	16.42	4 612	83.49	5	0.09	1. 患病 2. 出国 3. 停学实践（求职）

注：休退学主要原因中“其他”为高基统计表内除“患病”、“停学实践（求职）”、“贫困”、“学习成绩不好”以及“出国”五个原因以外的各种原因。经学校与办理休退学的学生沟通，了解到属于“其他”原因中相当部分学员是由于家人需要照顾而办理休退学。

从上表数据我们可以看出，近几年来，就读医学类的成人学员中女性人数逐年增加，而且年龄分布较广，出现两极分化的现象。另外，影响学员学习的主要因素体现在家庭、工作以及健康等方面，工学矛盾比较突出。

2. 成人学员普遍特点

成人高等教育主要是对已走上各种生产或工作岗位的从业人员进行教育。由于接受成人高等教育的均是成年人，与接受普通全日制教育的学生相比有其特征：其优势是学习目的明确，有较强的理解力，能借助自身的工作实践经验考虑和分析问题；同时，成人学员也有自己的劣势，如机械记忆能力差，原有的文化水平参差不齐，年龄跨度大，平时有家务、公务缠身，很难像普通全日制学生那样把全部的精力和时间都用到学习以及与学习有关的活动上。

3. 医学类成人学员的特殊性

目前，医学类成人学员均为在职一线医护工作者，在工作上需要三班轮值，导致了医学类成人学员的学习时间较其他类别的成教学员少而不固定；同时，对于年轻医护工作者存在排班相对较多、排班不能随意调整的情况，导致其学习与工作冲突尤为明显。

此外，他们在学习上急需了解现代医学科技发展、新技术、新成果和新动向，希望通过学习提高自身职业素养。因此，医学类成人学员的学习压力也比其他类别成教学员要高。

学校如能根据学员的特点，在课程设置上，贴近学员的需求开设课程，同时在课程管理上注重方式方法的运用，疏导学员的学习压力，充分调动学员学习自主性，就能促进其学习，提高学校的教学质量。

三、新课程设置的改革实践

教与学是一对矛盾，学校提供的课程设置是否合适，教师在实际教学过程中讲得好坏，都与学生是否积极参与息息相关。为了有效解决上述问题，我校考虑以课程设置为切入点，提供能满足学员需求、对学员有吸引力的课程，并从以下两方面改变已有的课程体系。

1. 依据成人学习的特点调整课程结构，具体要求如下

（1）加强课程内容对工作的适用性。学员面对的工作和生活需要具体而深入，如果能够通过专题、实践、讨论等形式来接触新知识、新技术，将有利于其创新能力的发展。

（2）灵活实施课程安排，以适应学员的差异性。成人学员之间的知识层次和知识结构存在较大差异。成人教育必须加大选修课程，增设通识课程教育，以增强课程体系的弹性，拓展学员的自我发展空间，激发其学习自主性。

（3）加强学员学习特点的适应性。各个成人学员在生理、心理、社会经历、社会角色等方面差异很大，学习时间难以保证，统一组织的学习活动难以保证。因此，在教学过程中要注重增加网络学习模式，把基础知识、能在课本上直接获取的知识，通过网络自学形式，让学员在学校规定的时间内完成自主学习；同时，调整面授学习时间，把需实操、讨论的问题留在课堂上，当面讲授。

（4）注重前瞻性。课程建设要从现实社会需求出发，反映当代社会、科学技术的发展，同时又能不断更新教学内容，拓展知识领域[2]。

2. 构建模块式课程体系

我校以满足社会需求、促进学院个性发展为宗旨，体现“以学员为中心”的办学理念，进行知识系统的重组与整合，力求形成逻辑知识和分析问题能力相结合的课程新体系。既要满足专业知识体系的要求，又要适应学员的个性发展。我校于2010年启动了新一轮的人才培养方案修订工作。通过与系、教研室反复商讨，逐步形成了新课程体系。新课程体系由通识平台、专业基础平台、专业平台以及专业选修4个模块构成，其主要特点

如下：

（1）突出了成人教育的特色。一是调整了理论课与实践环节的比例，要求学生将学到的知识转化到实际工作中，突出操作技能的培养；二是优化了课程体系设置，突出实用性、针对性；三是实现了通识教育和专业教育相结合，面授教学与网络教学相结合的新教学模式。

（2）课程体系以平台加模块的形式整合课程，前四个学期要完成通识平台、专业基础平台以及专业平台的必修和限选课程，第五学期为模块化学习，学员可根据自身的工作性质选修。专科以职业技能课程模块以及继续教育课程模块为主，鼓励学生通过学习上述模块以获取职业资格证书和继续教育学分，允许其免修部分专业课程体系内的任意选修课；专升本以工作岗位模块课程为主，如护理学根据社会需求将任选课课程划归为五大专业选修模块，分别是护理管理方向、ICU护理方向、社区护理方向、涉外护理方向以及助产护理方向，护理学专业学生可根据自身工作需求进行选修。

（3）在专科课程设置上，力求体现出“中专课程的提升，专升本课程的基础”，起到承上启下的作用。在重视专业基础教育的同时，适当跨专业打通公共基础课和专业基础课。

在专升本课程设置上，增设了各专业的通识教育课程，如专题讲座；同时减少与专科层次重复设置的课程，整合部分专业基础课程，加大专业课程比重，力求把专业课讲深讲透。根据医院对在岗医护人员应具备一定的科研能力的要求，以及成教学生已具备相关专业工作经验的实际，新方案的修订注重培养专升本学生的科研能力和论文撰写水平，因而，在课程设置上，增加了科研论文撰写讲座以及科研实践要求，加大了毕业论文学分比重。此外，将部分理论课程录制为网络课件，方便在职学生学习。

（4）医学生应具备一定的实践操作的要求，通过规范临床技能实践，我校重新修订了专科各专业的实习大纲及要求，突出学员动手能力的培养，为其日后从事科研活动打好基础。由于专升本学生多为来自一线工作的医护人员，已在专科层次的培养中完成了较好的临床实习，因而在专升本阶段不安排毕业实习，而改为社会实践，要求学员一入学就开始准备自己的毕业论文。

（5）改革考核方式。减少闭卷考试，增加开卷考试或半开卷考试，允许学员自带笔记供考试查看，但不许交流。通过考查学员的应对能力来衡量学员对知识的运用能力，减轻学员“死记硬背”的应试压力。

四、课程改革的展望

我校成教新版人才培养方案已于2012年起全面实施。从目前的运行情况看，新培养方案实施顺利，受到广大师生的好评，这是教学改革良好的开端。为了更好地实现人才培养的目标，我们仍需不断完善课程管理模式，从复制型与考试型的课程管理向目标型、发展型课程管理模式转变。学校以成人学习者的个性发展为基点来组织、实施课程，鼓励学习者探索自己感兴趣的知识领域，进行自主学习，让教师作为成人学习者的学习伙伴和引导者，强调教师和学习者在课程开发与实施过程中的交互作用。为此，我们将为探索和实现新医学成人课程体系而坚持不懈。

参考文献

[1] 王兴涛．医学成人高等教育教学改革思路［J］．齐齐哈尔医学院学报，2010，31（13）：2131～2132.

[2] 唐云峰，吴水盛．临床医学成人教育的现状及教学改革思考［J］．中国现代医生，2008（20）：126～127.

深化成人高等教育教学模式改革的积极探索
——汕头大学"村官班"培养模式总结

陈文光　杨展德　陈颖杰
（汕头大学继续教育学院　广东　汕头　515061）

【摘　要】"村官班"项目是成人高等教育教学模式改革的一次积极探索，在成人学历教育培养方案制订与实施、教学过程管理等方面进行了一系列创新，取得了积极的成果。本文总结和介绍了"村官班"项目的办学特色，并对开展特色项目办学作了进一步的探讨。

【关键词】成人高等教育　教学模式　村官班　探索

成人高等学历教育具有自身的规律和鲜明特色，在办学过程中应当按照培养目标要求，适应培养对象的特点来开展教育教学活动。近几年来，针对成人高等教育"普教化"及"工学矛盾"等问题，我校深入贯彻以人为本的教育教学理念，在成人学历教育培养方案制订与实施、教学过程管理等方面进行了一系列创新，并取得了积极的成果。

2009年，受汕头市委组织部的委托，我校设计并开办了行政管理（农村与乡镇管理）专业专科班（下称"村官班"），其目的在于深化改革，探索符合成人高等教育规律的学历教育教学模式，根据新农村建设的要求和汕头农村干部的实际情况，和地方组织共同探讨基层干部培养的新模式，为农村基层干部的学习与交流提供一个平台。

一、"村官班"项目的背景

1. 是推动新农村建设的需求

加快农村改革发展，建设社会主义新农村，基层干部是关键环节。努力培养造就一支高素质的农村干部队伍，将为推进新农村建设进程，推动经济社会发展提供思想政治保证、人才保证和智力支持，是新农村建设的迫切需求。汕头市委、市政府为贯彻党中央建设社会主义新农村的指导精神，提出了"千名村官进大学"的要求，委托汕头大学用4年时间为汕头市855个行政村（含涉农社区）培养农村基层干部及后备人选1 000名，力争每个村都有1名以上具有大专或以上学历的村干部。

2. 是成人高等教育服务社会的体现

成人高等教育的本质就是培养实用人才，并通过人才培养实现服务社会的功能，促进经济社会的发展。成人高等教育为社会提供的服务，不是被动地满足社会的各种需要，而应具备引导性和前瞻性，充分考虑到社会发展的方向和需求，自觉地协调自身与经济社会发展的关系。

"村官班"项目的培养对象是有志于从事农村基层工作的青年干部。他们已经在社会上承担一定的义务和责任，有着强烈的学习愿望，同时也存在一定的困难。从现实条件考虑，采用"不脱产、不离土"、"以学习促进实践，以实践带动学习"的培养模式，更符合培养对象的特点，更贴近于新农村建设中干部培训的实际需求。我们认为，这一项目对推动新农村建设有着十分重要的战略意义，作为粤东地区唯一一所综合性大学，汕头大学应当充分发挥高等学校的优势，为汕头地区的教育发展和经济社会发展提供强有力的支持。

目前，“村官班”项目已经进行了两年的实践，分两期共录取 1 024 名村官学生入学就读，各项教学活动进展顺利。开办“村官班”是成人高等学历教育和农村基层干部培训相结合的创新性尝试，符合成人高等教育改革的方向，得到了上级部门的大力支持和社会各界的关注和肯定。我校将继续积极探索、稳妥推进“村官班”的发展，努力将其办成成人学历教育教学模式的创新平台，办成有汕大特色的干部培训平台，办成村官学生学习、交流和沟通的平台。

二、“村官班”培养模式的特色

1. 适应农村发展需求，量身定制人才培养方案

农村基层管理不同于一般的行政管理，制订符合新农村发展需求的培养计划是项目的关键。我们根据成人高等教育规律和基层干部培养规律，结合汕头新农村建设和发展的实际需要，对“村官班”的培养目标作了定位和细化，对教学计划进行了合理的调整和优化，力求改变成人学历教育培养计划普教化的倾向。

在培养目标上，定位于着重培养学生掌握农村社会学和农村行政管理的基本理论与管理技能。通过学习，使学生掌握现代行政管理的知识，熟悉农村政策分析传播及农村经济社会统计方法、农村法规应用等技能，培养具有较强的策划、管理、经营、调研和交际能力，成为从事农村基层行政管理的专门人才。

在培养计划上，注重三个结合：一是基础理论和农村具体工作实践相结合；二是国内外经济社会发展形势和汕头市情相结合；三是传授知识和启发思维相结合。按照“实际、实用、实效”的原则对原行政管理专科专业的教学大纲和教学计划进行调整与优化，在基础课和专业课的建设方面进行了一系列的改革，同时加大实践教学的比重，增强人才培养的适应性和针对性，力求改变成人学历教育培养计划中存在的“普教化”的倾向，办出项目的特色。如在公共课上，用“毛泽东思想、邓小平理论与三个代表概论”代替“大学英语”，将“大学英语”改为选修课，这一调整对加强农村基层干部的思想建设更具有现实意义；在通识课上，增设“心理健康”、“社交礼仪”、“应用逻辑”、“演讲与辩论”等课程，旨在培养和提高农村基层干部的人际沟通技巧和写作能力；在专业主干课上，针对农村的实际问题，调整设置了“农村社会学”、“农村行政法”、“农村财税与金融”，取代了原来的“社会学”、“行政法学”、“财政与金融”等课程。通过调整，课程内容与农村工作相关度更高，通过提升理论知识指导实践，更好地帮助村官班学员完成实际工作。村官们普遍认为课程计划“贴近现实，对工作很有用”。

在成绩评定上，强调理论结合实际、理论指导实践的原则。要求村官学生在 3 年的学习生活中，紧密结合农村的实际情况和面临的突出问题，以培养目标为导向，带着问题和思考参加课堂学习，带着知识和解决问题的构思回到农村进行实践。在这个过程中，让学生以主动、实践与理论知识相联系的方式获取知识、提高能力，并逐渐形成研究问题、解决问题的思维方式。学生的毕业论文由市委组织部提出命题领域，学生自主选择，学校教

师指导。论文不仅作为学校毕业考核的内容，同时作为各级组织部门考核村官干部的重要依据和村官学生对汕头新农村建设建言献策的第一手材料。

2. 精心安排教学内容，教学形式多样

为保证“村官班”的办学质量，我校坚持从严治学，精心组织教学活动。除了严格实施教学计划，派出优秀教学团队赴各教学班授课辅导外，还通过组织学术讲座和实践活动等形式帮助学生更好地掌握、消化书本知识，加深理解，拓宽视野。例如：通过香港李嘉诚基金会邀请麻省理工专家学者为“村官班”开设“汕头社区可持续发展研究”专题学术讲座；聘请多年从事农村基层管理工作的领导干部给学生讲授在农村基层管理中所碰到的各种问题和解决方法；组织学生参加农村社会调查，了解各村不同的实际情况和面临的问题，探讨解决问题的方法，促进学生之间的交流，等等。

3. 健全教学质量监控机制

健全的教学质量监控机制是检验教学效果的基本途径。为加强教学管理、及时评估学生学习质量，我校建立了教学计划实施执行情况检查与报告制度。通过定期的教学检查进行阶段性总结，全面了解教学动态，发现教学过程中出现的问题，及时反馈教学计划执行情况和急需落实解决的问题，促使任课教师按照教学工作规范组织教学，保证课堂教学质量；教学检查还通过加强各教学班教学文件建设工作，完善教学管理资料，实现教学管理的规范化来实现；在考试、考核上，运用抽考方式对各门课程教学效果进行评估和监督，每次考试均派出巡考小组，到各区县教学班监督考场情况，保证考试的有序进行；定期在学生中开展表彰活动，对鼓励先进、树立良好的学风起到了积极作用。

4. 学校、区县共同管理，构建教学管理新模式

为方便学生和不影响他们的工作，我校在各区县建立了6个教学班，采用学校、区县共同管理的教学管理模式。各教学班的教学由继续教育学院通过教学点直接管理，各区县组织部门参与本区县班级管理工作，并有专人与学院保持经常性沟通。日常工作由学院班主任与各区县班主任具体组织实施，建立了一套学生管理和考勤登记制度，对学生实行严格的管理，以保证教学和管理工作到位。各区县组织部门从干部培训角度积极配合教学进程实施，在教学检查中，我们经常看到组织部门的干部进行课堂考勤。

5. 培养经费筹措方式有特色

本着为农村科学发展服务的原则，我校在“村官班”项目上实行学费优惠政策，学校每生每年优惠600元，汕头市提供每生每年1 000元，各区县提供每生每年500元，各镇（街道）提供每生每年500元，村官学生个人每年付200元，这一做法最大限度地减轻了农村基层干部学习的经济负担，保证了项目的顺利进行。

我校充分重视“村官班”项目的开展，学校领导专门作了研究部署，并作出“严格按照教学计划，精心安排，全心投入，选派优秀的教学团队，认真授课，创新教学方法”的指示。该项目的开展，既是为地方培养人才，支持地方发展，服务地方工作，直接参与到汕头加快发展的进程中来，也是一次教学模式和教学对象的创新，对我校积累经验、丰富教学模式和拓宽教育渠道具有重要意义。

三、举办成人高等教育特色项目的几点体会

（1）开拓特色项目，是社会对成人高等教育的要求。在我国高等教育步入大众化阶段

的今天，越来越多的人有实现自我、完善自我和发展自我的需求。作为高等继续教育重要组成部分的成人学历教育，应走出“普教化”误区，主动适应社会教育需求和社会成员继续学习的需求，实行开放办学。在遵循成人高等教育规律和人才成长规律的基础上，针对同一个地区、同一个行业的特殊群体的高等教育需求，开办特色专业，制订特色人才培养计划，形成特色办学模式，实现有针对性、适应性和应用性的人才培养，这是成人高等教育发展的切入点和重要途径。

（2）根据社会需求进行培养目标定位，是成人高等教育的重要特征之一。实践证明，成人高等教育培养目标定位不应当简单地出自逻辑推定，而应当直接与地方或区域的人才需求对接，应当体现综合素质与职业能力并重，以强化职业素养培养为主要特色。培养目标既要反映社会变迁对人才规格的新需求，还应满足个体适应社会变迁、实现自我发展的要求。要将培养个体的综合素质与职业能力放在首要位置，使学生不仅掌握基本专业知识和技能，更具备适应社会发展所需的创新、合作等职业能力。

（3）要量身定制特色培养计划。培养计划是实现人才培养目标的总体设计和实施计划，是实现特色办学的关键环节。培养计划应当遵循成人高等教育发展的规律，符合人才成长规律和培养目标的要求，同时具有鲜明的职业特色。

要围绕培养目标设计特色培养计划，培养计划应突出提高培养对象综合能力、增强其学习能力和创造能力的重点，本着基本理论够用，加强实践指导，体现学科知识的新进展，注重培养科学精神和人文精神等原则，注重提高创新能力和职业实践能力。

（4）充分发挥各方面积极性，推进开放办学。学校与用人单位合作办学，实现办学主体、办学模式的多元化，有助于在全社会实现教育资源优化，打破封闭办学的局面，走讲质量、重效益的内涵式发展道路。

①开放办学有利于增强学校与社会互动。学校主动与社会沟通，以社会需求为导向办学，可以适应不同单位的社会需要和不同群体学习的要求；用人单位出于自身发展和人才培养的需要参与办学，有着很强的针对性，有利于推动成人高等教育教学的改革，突出办学特色，满足社会和个人发展的需求。

②开放办学有利于组织教学过程，改善办学环境，提高办学质量。可根据合作单位的工作特点合理组织教学活动，摆脱“工学矛盾”的困扰；将合作单位的技术设备、管理人员纳入教育资源范畴，为办学提供更优越的条件；合作单位车间、机房等均可作为实践场所，为实现“以学习促进实践，以实践带动学习”的应用型人才培养模式提供条件；有利于进一步探索学历教育与职业资格沟通、衔接的方式和实践，形成有特色的高等教育服务。

③开放办学有利于改变教育经费投入的结构。合作单位将培训费用投入到学历教育办学中，在实现其职业培训目标的同时，有利于增加对成人教育的供给，缓和办学经费不足的紧张局面，解决投资渠道单一的问题；可以减轻学生的经济负担；推进成人教育办学与职业教育的互通互利，改善成人高等教育发展的外部环境。

总之，“村官班”特色办学模式为当前成人高等教育办学提供了新的思路，完全有可能在我国成人教育体系中发挥特殊作用。

基于SWOT模型分析的珠三角地方高校成人教育发展策略研究

杨丹宇

（东莞理工学院成人教育学院　广东　东莞　523808）

【摘　要】在分析东莞理工学院成人教育现状的过程中，引入SWOT模型，将各种影响因素用系统分析的方法加以整合匹配，为科学制定东莞理工学院成人教育的发展战略打好基础，进而以此为例，提出珠三角地方高校成人教育的发展应明确其在学校办学中的定位，实施特色化战略、联盟化战略和质量生存战略。

【关键词】SWOT模型　珠三角地方高校　成人教育　发展策略

改革开放以来，珠江三角洲（简称“珠三角”）在经济社会取得重大成就的同时，高等教育事业也得到快速发展，一批地方性普通高校在珠三角区域经济发展中发挥着日益重要的作用，东莞理工学院就是其中的一个代表。本文试以东莞理工学院为例，运用SWOT模型分析，将各种影响因素用系统分析的方法加以整合匹配，为科学制定东莞理工学院成人教育的发展战略打好基础，进而为珠三角地方高校成人教育发展战略的制定和实施提出合理的建议。

一、SWOT模型分析的主要特点

SWOT模型又称为态势分析法，是由旧金山大学的管理学教授韦里克于20世纪80年代初提出来的，是一种能够较客观而准确地分析和研究一个单位现实情况的方法[1]。“SWOT四个英文字母分别代表优势（Strength）、劣势（Weakness）、机会（Opportunity）和威胁（Threat）。从整体上看，SWOT可以分为两部分：第一部分为SW，主要用来分析内部条件；第二部分为OT，主要用来分析外部条件。”[2]

SWOT模型可以为单位制定发展战略，提供分析影响因素的思考框架。它的思路特点主要是：对影响单位发展的优势因素（Strengths）、弱势因素（Weaknesses）、机会因素（Opportunities）和威胁因素（Threats）进行极限罗列分析，并依照一定的次序，按矩阵形式排列起来，从控制或减弱不利因素影响、发挥自身优势的立场出发，把各种因素相互匹配起来加以分析，从中得出结论。因此，SWOT分析模型可以清楚地确定单位内部与外部的优势和缺陷，了解单位所面临的机遇和挑战，对于制定单位未来的发展战略有着至关重要的意义。

二、东莞理工学院成人教育现状的 SWOT 分析

1. 优势（Strength）

（1）管理机制完善。东莞理工学院成人教育从思想观念、制度、条件保障等多个层面入手，不断创新管理机制，着力构建教学质量监控与保障体系。在长期的工作实践中，学校制定和完善了 80 余项教学管理制度，对成人教育的专业建设、课程建设、教材建设、实验室建设等教学基本建设均明确了质量要求；建立了教学激励机制，设立了课堂教学综合考评奖等奖项；在教学管理过程中严格执行教学管理规章制度，对不遵守教学工作规范的教师以及违反校纪校规的学生，按照规定予以严肃处理，以维护教学管理规章制度的严肃性；形成了一套规范与灵活、约束与激励相结合的教学管理制度，确保了教学工作的有序运行。

（2）师资力量雄厚。高校是知识最密集、人才最集中的地方。东莞理工学院目前的师资队伍中有教授 80 人，副教授 186 人，具有硕士以上学位的教师占 64.3%，其中博士 104 人（《东莞理工学院 2008 年年鉴》），已建成了一支数量足够、结构合理、整体素质不断提高且发展趋势好的师资队伍。

这些良好的教育资源为东莞理工学院成人教育的发展提供了雄厚的师资力量，为东莞理工学院面向社会开展成人高等教育，举办不同类别、不同层次、不同专业的学历教育及非学历教育的高研班、培训班创造了良好的条件。

（3）科研实力强。东莞理工学院拥有雄厚的科研实力。2005 年以来，学校每年到账的科研经费连续超过 1 000 万元，全校科研经费总额达 4 300 多万元，教师人均科研经费超过 7 万元。截至 2008 年底，学校承担了国家级自然科学基金项目 14 项，出版著作 48 部，发表学术论文 2 208 篇，获各类成果奖 38 项。（《东莞理工学院 2008 年年鉴》）科研的发展，极大地促进了教学水平的提高。

同时，学院还通过申请承担国家、省市科研项目，开展与东莞市相关镇、街区以及企业的强强联合，开办科技成果转化和技术培训班，使之向现实生产力转化，促进高新技术的推广和应用，为成人教育学生提供广阔的社会实践空间。

2. 劣势（Weakness）

（1）对成人教育的定位不清。与大部分高校一样，东莞理工学院的中心工作以普通本科教育为主。特别是随着高校扩招，学生规模变大，学院把更多的精力投入到全日制本科教学和科学研究的发展上，成人高等教育在学校事业发展规划中只占很少的分量。同时，成人教育的目的也开始发生变化，功能与地位降低，规模开始减小，有些干部教师甚至提倡把发展成人教育变成学校创收、改善教师福利的手段。

（2）师资优化配置不到位。目前，社会上成人继续教育（主要包括函授、夜大、成人脱产等成人高等学历教育，网络教育、大学后继续教育和自学考试助学等非学历培训）多种形式并存，各种教育形式各自为营，相互争夺生源、场地、师资和资金，不仅造成招生分散，也造成教师资源的“外流”，学校不少教师乐于在校外讲课，而不愿在本校的成人教育中承担教学任务。同时，由于学院教师的教学、科研任务繁重，加上学校的政策导向等因素，相当部分的教师特别是高水平的教师对参与成人教育的主动性和积极性明显不足。

（3）生源质量下降。目前，在东莞有各种各样的成人高校、教学点、函授站、培训基

地等，据2007年的统计，东莞有成人高等教育机构5所、乡镇成人文化技术学校32所，另有经教育行政部门审批开办的民办成人教育培训机构340个[3]。这些教育机构对东莞理工学院成人高等教育办学质量造成了不小的影响。而且高校扩招以来，生源质量下降，成人高考的录取分数线越划越低，因而录取的学生学习能力和水平随之而降。

3. 机会（Opportunity）

（1）成人招生政策日趋开放。近年来，广东省成人高等教育发展迅速，每年成人高校计划招生已达5万多人。2007年成人高校在校生为56.8万多人，已与普通高校形成“共分天下”的格局。成人招生政策也日渐开放，国家承认学历的各类高、中等学校在校生（不含中等职业技术学校应届毕业生）以外的在职、从业人员和社会其他人员均可报考。2008年更首次允许成人高校的应届毕业生（即2009年春季入学报到时能取得专科毕业证书者），报名参加本省成人高校的专升本考试。

（2）市场需求旺盛。经过30年的发展，东莞形成了以制造业为主、以电子资讯产业为支柱的外向型经济结构，工业企业达到2万多家，其中外资企业有1万多家，东莞已成为国际性的加工制造业基地和中国重要的外贸出口基地、中国经济发展最快的地区之一。但是，东莞人口受高等教育的整体水平较低（见表1至表3）。随着经济社会的快速发展，东莞迫切需要提高劳动者的科学文化素质，迫切需要更多受过高等教育的专门人才。东莞的高等教育可谓是方兴未艾，而成人高等教育由于其弹性学制和相对较低的进入门槛，必将吸引众多的生源，在相当长的时期内都将大有市场，大有作为。

表1　每万人受教育程度的人数分布　　单位：人

	大学（大专以上）	高中（含中专）	初中	小学
东莞市2000年	214.7	1 557.9	5 941.9	1 749.5
东莞市1990年	55.5	711.6	3 339.2	4 027.3
广东省2000年	356	1 288	3 669	3 314.5
广东省1990年	133.8	892.8	2 304.1	4 045.1
广东省2005年	541			

数据来源：广东省统计局．东莞市统计局东莞市第五次全国人口普查主要数据公报．

表2　东莞成人高等学历教育发展情况　　单位：人

年份	招生人数	在校学生数	广播电视大学学生数
2000	1 697	3 642	1 362
2002	4 925	8 945	2 034
2003	5 039	7 343	2 407
2004	5 558	10 562	3 285

（续上表）

年份	招生人数	在校学生数	广播电视大学学生数
2005	6 387	12 665	4 169
2006	6 278	17 261	

数据来源：国研网.

表3　东莞理工学院成人高等学历教育招生人数统计

录取年份	总人数	新莞人	占总人数比例（%）	本科	占本科比例（%）	专科	占专科比例（%）
2003	4 390	1 151	26.22	74	12.94	1 077	28.21
2004	4 998	1 763	35.27	148	18.81	1 615	38.35
2005	4 606	1 846	40.08	234	21.41	1 612	45.89
2006	4 863	1 931	39.71	172	14.56	1 759	47.77
2007	4 960	1 923	38.77	283	19.37	1 640	46.87

（3）社会教育环境的优化。党的十六届四中全会强调建设学习型社会的战略意义，并把发展继续教育、构建终身教育体系作为学习型社会构建的主要组成部分。东莞理工学院作为一所地方高校，在社会公民知识更新、知识复合性培训等方面，在举办成人教育培养、培训各类社会人才方面，应该发挥更重要的作用。

4．威胁（Threat）

（1）名校效应小，缺乏专业性强的传统优势专业。作为一所新建的地方性本科院校，东莞理工学院首先面对的就是缺乏名校效应，还没有形成自己的传统优势专业，也少有行业（特别是垄断行业）的支撑，成人教育更是如此。这往往使之在与名校或与名校联合办学的成人高校、培训机构竞争时，在某种层面上会处于劣势。

（2）缺乏相应的政策措施来规范、扶持成人教育。目前，我国普通高校举办继续教育工作还缺乏专门的管理机构，致使普通高校继续教育缺乏统一管理、协调和监控，因此呈现多头管理、缺乏整体考虑和协调的现象，对发展中出现的新情况和新问题，探讨研究还不足，未能及时制定出台关于普通高校继续教育的发展规划，也没有建立继续教育法规制度、有效的激励措施和约束机制，致使成人继续教育缺乏依法治教法律法规的支撑，从而使得普通高校成人继续教育处在不稳定的边缘状态或夹缝之中，难以保证成人教育的质量。

此外，对东莞理工学院而言，办学经费来源主要是地方财政。由于机制等原因，这些有限的经费大都只能用在普通高等教育中，对成人继续教育投入则相对很少，这也在一定程度上限制了学院成人教育的发展。

三、东莞理工学院成人教育 SWOT 分析的启示

综上分析，东莞理工学院成人教育的发展是机遇与挑战并存，困难和希望同在，关键

在于制定符合环境变化的发展策略，扬长避短，化解威胁，抓住机会，发展自己。从SWOT发展策略来看，第一可实施SO战略，发扬优势，抓住机遇；第二可实施ST战略，扩大优势，消除威胁；第三可实施WO战略，利用机会，克服劣势；第四可实施WT战略，改变劣势，防范威胁。根据SWOT模型分析，我们可将这四种战略排列成道斯矩阵（见表4），以便在制定或实施东莞理工学院成人教育发展战略时对影响发展的利弊因素一目了然，从而使发展战略更具科学性。

表4　东莞理工学院成人教育发展的SWOT矩阵

	优势（Strengths）	劣势（Weaknesses）
内部因素	可以控制与利用的内在积极因素 1. 管理机制完善 2. 师资力量雄厚 3. 科研能力强	可以控制与努力改善的内在消极因素 1. 对成人教育的定位不清 2. 教师资源相对紧张 3. 教育质量下降
	机会（Opportunities）	威胁（Threats）
外部因素	不可以控制但能利用的外部积极因素 1. 广东成人招生政策日趋开放 2. 市场需求旺盛 3. 社会教育环境的优化	不可以控制但可以弱化的外部消极因素 1. 名校效应少，缺乏专业性强的传统优势专业 2. 缺乏相应的政策措施来规范、扶持成人教育

对珠三角的地方高校来说，东莞理工学院成人教育的SWOT分析具有重要的启示作用，各高校在制定或实施本校成人教育发展策略的过程中，应该特别注意以下几个方面：

1. 明确成人教育在学校办学中的定位

作为一所经济发达城市的新建地方本科院校，东莞理工学院清楚地意识到，必须举办成人教育来满足服务地方经济社会建设的需要，承担起更多、更大的社会责任；必须从传统精英教育的思想中解放出来，树立高等教育大众化观念；必须树立多样化、特色化的办学理念，根据自身条件和使命在高等院校之林中找准自己的位置；必须坚持普通教育与成人教育并举的发展战略，明确成人教育在学校办学中的地位和作用；必须科学制定并有效实施有自身特色的成人教育发展战略，做大做强学院的成人教育。

从东莞理工学院成人教育发展的实际情况来看，珠三角地方高校在成人教育的办学定位上不宜面面俱到，各高校应根据自身状况有所侧重，要有所为有所不为，集中有限资源办好其中一种教育形式，并力争产生规模效应。但是，具体到各个学校则应该根据自身状况，在普通高等教育和成人教育之间有所侧重。学校应以整体发展战略的眼光来明确成人教育在学校办学中的地位，应根据学校办学特点、总体实力等状况来考虑制定成人教育的发展战略，并围绕成人教育的发展战略进行相应的资源配置，如果要大力发展，则应加大投入；如果实力有限，则应适当收缩。

2. 紧抓成人教育的质量工程

成人教育市场的竞争归根结底是人才培养质量的竞争，因此，深化教学改革，提高人才培养质量，走内涵式发展道路，是东莞理工学院发展成人教育的根本选择。学校成人教育各专业教学计划应该由“三级教学平台”构成，即课程体系由公共基础知识平台、专业基础理论平台和专业知识技能平台三级教学平台构成。通识教育课程应注重文理渗透，科学与人文素质教育相结合，为学生构建公共基础知识平台。这一平台课程的构成体现“广”与“同”的特点。“广”指课程涉及自然科学、技术、人文、社科等多个学科门类；“同”指相同学科门类的必修课设置相同。学科基础课程按照学科类别设置，为学生构筑比较扎实的专业基础理论平台。

专业知识技能平台课程应具有“新”和“活”的特点。“新”是指把本专业新的技术、工艺、规范等应用性知识及时加入到教学内容中；“活”是指灵活设置课程模块，适应人才市场变化需求和满足学生个性化要求。根据东莞经济社会发展的特点和对人才知识结构的需要，在公共基础知识平台中增设“大学语文”、“管理学概论”等课程；在工、管、经等门类的专业知识技能平台中开设具有地方特色的课程，如“广东（东莞）经济研究”、“东莞 IT 行业发展战略”、“报关理论与实践专题”、“东莞制造业现状及发展趋势系列讲座”、“东莞历史文化研究”等，以增强学生对地方经济文化的认识了解和为地方社会经济服务的意识，提高学生的就业竞争力。

3. 成人教育的特色化发展战略

所谓特色化发展战略，就是成人教育的特色必须与大学自身的特点相符合，从而使高校在长期办学过程中累积的氛围与风气成为继续教育的优势特色。东莞理工学院的办学思路是“坚持走创新之路、走特色之路、走质量办学之路、走科学管理之路”，这在潜移默化中对学校成人教育产生了深远影响。

东莞理工学院依托东莞的产业优势，从东莞对电子信息、现代制造业、管理等高层次应用型人才的迫切需求出发，进行成人教育专业建设。电子及通信设备制造业、电气机械及器材制造业、纺织业、文教体育用品制造业等行业是东莞的支柱产业，是东莞市工业总产值保持快速增长的主要推动力，因此，在成人教育招生中，学校应向这些专业倾斜（见表5）。

表5　规模以上工业10大行业总产值所占比重比较

10大行业名称	占规模以上工业总产值比重（%）				
	1995年	1999年	2002年	2005年	2007年
1. 电子及通信设备制造业	18.8	28.4	37.2	29.7	27.5
2. 电力、蒸汽、热水的生产和供应业	16.2	14.1	8.8	9.7	8.0
3. 电气机械及器材制造业	5.9	6.7	6.9	11.5	12.6
4. 纺织业	10.2	7.2	8.4	4.8	3.9
5. 塑料制品业	5.3	4.6	4.4	4.7	4.8

（续上表）

10 大行业名称	占规模以上工业总产值比重（%）				
	1995 年	1999 年	2002 年	2005 年	2007 年
6. 金属制品业	2.1	3.1	2.9	3.6	4.1
7. 服装及其他纤维制品制造业	4.3	5.0	3.0	3.1	3.0
8. 文教体育用品制造业	6.0	4.6	3.5	2.9	2.6
9. 造纸及纸制品业	3.8	3.3	4.3	4.7	5.0
10. 皮革、毛皮、羽绒及其制品业	4.7	3.9	2.9	2.5	2.8
合计	77.3	80.9	82.3	77.2	74.3

数据来源：东莞统计年鉴.

学校紧跟地方经济发展、文化建设，不断优化成人教育的学科专业结构。东莞的外向型经济及大量的外资企业需要大量的管理、国际贸易的人才，对外语、国际商务人才的需求也不断增加。学校在成人教育专业中设置了工商管理、会计学、国际经济与贸易、行政管理、人力资源管理、汉语言文学、英语等管理类、经济类和文学类专业。

东莞理工学院成人教育的特色化发展战略，对珠三角地方高校成人教育来说，要办出特色，首先要努力在专业建设和教学模式上求实、求新和求优。求实，是指开设的专业和培训项目符合当地经济社会发展急需，教学方式符合学习对象的工作生活实际；求新，是指开设的专业符合当地经济社会发展战略目标，具有一定的前瞻性，教学方式较多采用现代化教学手段，形式新颖；求优，是指开设的专业和培训项目人无我有，人有我优，人优我特，教学方式注重实践环节，学生学习收益堪称优良[4]。

在高等教育大众化时期，特色化是成人教育在发展阶段中的一个战略性选择问题。珠三角地方高校成人教育实施特色化的发展战略，是关系到一个学校成人教育的生存、发展的长久大计，必须严谨以待、认真地思考，充分发挥自身优势，办出特色，创出品牌。

4. 成人教育的联盟化发展战略

所谓联盟化发展战略，就是指教育机构之间为了实现教育资源的最佳配置和效益最大化而结成的优势互补、有合作也有竞争的教育联合体。东莞理工学院成人教育的联盟化发展战略，主要表现在和镇区的合作办学，和国内外名牌高校的联合办学，这些合作与联合，不但为社会生源提供了方便、优质的教育资源，也促进了学院成人教育的发展。

这种联盟化发展战略有重要的启示作用，在目前珠三角地方高校成人教育办学资源相对紧张的情况下，尝试用自己的品牌与一些知名度不高的学校或虽有较强的办学实力但尚未取得举办高等教育资格的学校进行合作，应该说这种合作方式取得了“三赢”的效果：对于借牌院校而言，在招生形势不好、教育资源富裕的情况下，举办成人教育使闲置资源得到充分利用；对名牌高校而言，品牌资源价值能得到充分体现，也能获得一定的经济和社会效益；对社会而言，可使许多希望接受高等教育的人有了继续受教育的机会。

同时，我国加入 WTO 以后，教育市场面临着全球化和国际化带来的巨大冲击和挑战，国外教育机构进入我国教育市场已成为必然，优胜劣汰、弱肉强食的市场法则已给我们敲响了警钟。因此，珠三角地方高校成人教育的发展必须着眼未来，以积极的姿态迎接挑战，可以借鉴单位集团发展的经验，走联盟化发展之路，形成规模办学，从而提高与国外教育机构竞争的实力。

通过联盟化发展开展合作性竞争，有利于继续教育面向市场、面向整个社会，进一步拓宽自己的办学思路；有利于充分挖掘办学潜力，实现教育过程中的优势互补；有利于更多更快地获取信息，内求团结，外求发展；有利于共同开拓和培育发展环境，最终实现各种教育资源优化配置，增强办学活力，形成规模效益。

综上，笔者认为，只要珠三角地方高校能对成人教育的机会与威胁、优势与劣势进行正确分析，并积极探索、大胆实践，制定合理的发展策略，就能使学校的成人教育事业稳健发展，培养出符合社会需要的各类人才，为珠三角地区社会经济的发展作出自己的贡献。

（本文获2009年第七届全国成人教育优秀科研论文二等奖）

参考文献

[1]［美］迈克尔·波特．竞争优势［M］．陈小悦译．北京：华夏出版社，2005.19.
[2] 刘富钊．国外现代继续教育制度与实施［M］．成都：四川大学出版社，1988.11.
[3] 东莞市统计局．2007年东莞市国民经济和社会发展统计公报［R］，2008-03-31.
[4] 张群．论成人教育创新［J］．中国成人教育．2003（12）：20~21.

继续教育与科技产业发展相融合的现状与建议

——基于五邑大学继续教育学院的个案分析

邓　铭　胡克章

（五邑大学　广东　江门　529020）

【摘　要】构建教育资源丰富的继续教育平台可以为社会发展提供持续的推动力，为社会提供更多更好的终身学习机会，这既是成人继续教育自身可持续发展的需要，也符合区域经济快速发展的要求。继续教育需顺应潮流，积极主动与当地科技产业相融合，以满足企业及个人的需要，实现校、企及个人的多赢。但在融合过程中仍存在一些问题，如专业设置闭门造车，简单照搬普通高等学校本、专科人才培养方案和教学计划，“双师型”师资匮乏等，使继续教育未能“引领”社会及科技产业的发展，不能充分满足其需要。

【关键词】继续教育　科技产业发展　融合

一、继续教育如何科学、准确定位

继续教育在不同历史时期、不同国家有不同的含义，在我国理论界也有不同的认识。随着国家相继出台《关于改革和发展成人教育的决定》（1987 年）和《关于进一步改革和发展成人高等教育的意见》（1992 年）等相关文件后，“继续教育”专指“对具有大学专科以上学历和中级以上职称的专业技术人员和管理人员”的再教育，即“大学后的继续教育”[1]。这一认识被大家普遍接受。

科学、准确的办学定位是开展继续教育的基本依据。社会进步，教育先行，构建教育资源丰富的继续教育平台可以为社会发展提供持续的推动力。普通高等学校成人继续教育工作在实施终身教育、为社会提供更多更好的终身学习机会方面，肩负着极其重要的责任，是成人继续教育自身可持续发展的需要，是区域经济快速发展的需要，同时也符合与地方科技产业发展相融合的要求。

发展继续教育既是大学成人教育服务地方的客观要求，也是加快高等教育大众化进程的重要途径之一。高校继续教育应定位为融合区域经济创新发展的重要载体和途径之一，是沟通大学与企业之间的桥梁与纽带，是文化传承、人才培养和科学技术推广的重要阵地。发展继续教育更能推动校内教育教学改革，加速高校自身的科技成果转化，带动学科建设创新、课程建设改革和师资队伍建设优化，促进大学继续教育开放式、立体型办学体系的形成，实现学校、企业及个人的多赢局面。

二、继续教育与江门科技产业发展相融合的现状与建议

本文仅以本人供职的五邑大学为例，分析继续教育与江门科技产业发展相融合的

现状。

从创办的那一天起，五邑大学就把普通高等教育和成人高等教育一并列入学校的办学议程，同步发展。早在1985年，五邑大学建校初期就设置了成人教育部，开办了干部专修班，后调整为五邑大学成人教育办公室。1988年五邑大学开始面向社会招收夜大和函授教育的成人教育学生。1994年，五邑大学成人教育学院正式成立。1996年学校通过省高教厅的夜大、函授的教学水平合格评估。2001年，成人教育学院正式更名为五邑大学继续教育学院。学院坚持落实学校“内外合力，特色发展，面向地方，服务社会”的办学方针，紧紧围绕地方经济社会发展的需求，针对成人高等教育的特点，积极为五邑侨乡开办成人学历教育、提供各类培训服务。经过近30年的建设和发展，我校继续教育在专业设置、办学规模、办学条件和教育质量等方面均取得了长足的进步，学科结构更趋合理，社会声誉逐步提高。学院开展有专科升本科、高中起点专科层次以及业余、函授等形式的学历教育。同时还开展多种形式、不同层次的继续教育培训，充分依托当地产业优势，构建与江门现代产业体系相适应的继续教育，逐步成为与五邑地区社会经济文化发展相融合的继续教育培训基地。

继续教育要与地方社会经济发展相融合，专业课程的设置或培训项目的开发不应坐在办公室里闭门造车，而必须主动走出去，分门别类地进行大规模的社会调研，摸清江门市目前主导产业和新兴产业的发展趋势，并顺应潮流当机立断地对相关专业进行调整：增设必需的，摒弃与社会经济和产业发展脱节的专业课程或培训项目。

江门市发布的《科学和技术发展“十二五”规划》确定我市“十二五”科技发展的总体规划是：“科技整体实力全面提高，基本建成珠江三角洲西部区域性科技创新中心；突出科技创新体系建设和战略性新兴产业发展两大重点；实施企业研发机构建设、主导产业关键共性技术突破和科学普及三大工程；形成绿色光源（LED）、轨道交通、清洁能源（核电）装备和生物医药四大产业。”[2] 五邑大学继续教育学院紧跟形势，积极主动以市场为导向，以新兴产业和主导产业需求为导向，已率先设置与江门新兴科技产业发展相融合的相关专业。例如2011年我院已开设应用物理学（LED光源与照明、科技干部管理两个方向）专升本专业，同时江门信息产业局委托我院进行的LED产业人才师资培训班，计划培训十期，已完成两期；对名列中国化学纤维行业10强的企业、全国500家重点企业和广东省50户工业龙头企业及在A股主板上市的江门新会美达锦纶股份有限公司人员进行应用技术理论与实践等课程培训，等等。

与此同时，我们也主动摒弃了一批经实践检验已与江门市产业发展趋势及实际需要脱节的专业或课程，例如2011年成人高考招生目录及时剔除了2010年高中起点专科：汉语、工业分析与检验等专业；专升本：数学与应用数学、化学工程与工艺（工业分析方向）等专业。

继续教育在与江门科技产业发展相融合的过程中也存在一些问题，如简单照搬普通高等学校制订的人才培养方案和某些课程设置，因人设课，以及“双师型”师资的严重匮乏等，导致专业课程变更的灵活性不强，未能如愿引领社会发展，不能充分满足社会和新兴科技产业发展的需要。成人高等教育的人才培养方案和继续教育培训项目的开发，应定位在构建适应社会和地区经济发展、专业基础扎实、具有较强适应能力的高素质应用型人才体系上。成人高等教育的人才培养方案和继续教育培训项目应充分尊重成人学生的需要，根据当地科技产业的发展情况，制定出融合当地科技产业发展的人才培养目标。这些都有待我们在今后的工作中采取切实可行的措施来改进、提高。

大力开展继续教育培训工作，把高校潜在的教育培训资源优势转化为实实在在的继续教育培训优势。为此，我们建议：

（1）加快与江门科技产业发展相融合的步伐，以与江门市合作承办各类短期培训班为依托，以五邑大学培训中心为基地开办社会需求的相关培训为补充，充分发挥我校主体办学的资源优势，使我院的继续教育拓展成面向市场、走社会化及全方位继续教育的立体型培训模式，力争在培训渠道、层次、规模、效益等方面实现稳步提升。

（2）加强与当地政府部门的联系，尤其是与掌握垄断资源部门的联系，与它们多沟通，争取培育新的项目，并为区域经济建设发展开展更新知识、提高技能的培训。

例如，加大“专业技术人员公修课”培训工作宣传力度，提高教学和服务质量，办学人数和经济效益有了飞速提高，2011 年办学人数比 2010 年增长了 11. 38 倍，学校经济收入增长了 12. 3 倍。在此基础上，进一步与市人力资源和社会保障局沟通，2011 年又成功争取到“专业技术人员专业课”的培训。为江门市行政服务中心公务员每个季度进行一次菜单式、模块化专项培训：2011 年开设了公共服务的顾客关系处理、干部信息化能力考前辅导、缓解工作压力、公务员礼仪、公文写作等课程。在此基础上，2012 年又增加了“加快转型发展、建设幸福侨乡”——江门“十二五”发展展望、现代产业基础知识、提高行政服务能力、LED 基础知识、音乐欣赏等专题讲座，深受行政服务中心领导和学员好评，取得了良好的社会效益。2012 年又同江门市政府办公室签订了新的培训合同，对青年干部开展了培训工作。目前已与江门市政府办公室、市人社局、组织部、教育局、电力局、江门海关、行政服务中心等 229 家企事业单位建立了良好关系，其中与我校有培训意向的有 165 家，已实际开展调研的企事业单位有 120 家，已完成的培训和考试项目有 66 项，2011 年为江门市培训人才 37 363 人次，为学校创收 520 万元，较上年增长 20. 32%。

（3）尝试与境内外大学合作开展技能等培训工作。为江门市电视大学进行数控车工、数控铣工车工、铣工、刨工、磨工、钳工、电焊提供实训培训；与重庆大学、大连理工大学及广东工业大学联合进行工程硕士考前培训，同时与香港城市大学专上学院合作实验教学培训。建立和完善全方位、宽领域、多渠道的教育合作新格局，逐步成为与五邑地区社会经济文化发展相融合的继续教育培训基地。

五邑大学继续教育学院要发挥江门地区继续教育的龙头作用，引领江门科技产业发展，要成为五邑地区以融合发展为特征的继续教育服务中心。江门继续教育要实现由发展相对落后的“学习型”、“赶超型”，向水平相对较高的“引领型”、“示范型”转变[3]，统筹继续教育与经济社会融合发展，使继续教育发展成为江门科学发展的人才支持与智力保障高地之一；同时要改变继续教育被动适应经济社会发展的局面，充分实现继续教育主动引领区域经济社会发展的作用，使继续教育促进江门现代产业的持续发展，提高服务经济社会的能力；另外，力求满足侨乡人民教育多样化的需求，建立和完善全方位、宽领域、多渠道的立体化继续教育，开创与内地、港澳台等地区合作的新格局，充分依托区域经济产业优势，构建与现代产业体系相适应的江门继续教育培训基地，实现继续教育的均衡协调特色发展，使江门继续教育走出一条具有地方特色和符合自身特点的区域创新融合发展之路[4]。

参考文献

[1] 朱涛. 论继续教育的定位、现状及走向 [M]. 成人教育：历程·思考·探索——朱涛成人教育研究论文自选集. 南昌：江西人民出版社，2004. 134～144.

[2] 江门市科学和技术发展“十二五”规划 [N]. 江门日报，2011－09－06（A01).

[3] 罗伟其. 着力打造南方教育高地的思考与实践 [N]. 学习时报，2011－01－03（第13版).

[4] 罗伟其. 以提高质量为核心推进广东高教全面融入区域创新发展 [J]. 中国高等教育，2011(11)：8～11.

巩固既有成果　促进未来发展

廖仕湖

（暨南大学教育学院　广东　广州　510632）

【摘　要】本文回顾了暨南大学成人高等教育“十一五”期间已取得的建设成就，在此基础上，提出了“十二五”和中长期的发展目标、主要任务和具体措施，促使学校成人教育事业有较大的发展。

【关键词】成人教育　建设成果　发展规划

一、暨南大学教育学院“十一五”期间的发展状况

1. 建设成果

“十一五”期间，我校成人教育贯彻学校面向海外、面向港澳台的办学方针，本着服务地方、服务本省的宗旨，充分发挥综合性大学学科齐全的优势，统一认识，努力实践，“十一五”期间取得了显著成效：

（1）坚持把大力发展海外成人教育作为我们工作的重中之重，想方设法谋划好海外和港澳成人高等教育的发展，扩大海外成人教育办学规模。

①关注市场热点，提高办学效益。按照市场机制运行，加强与海外、港澳协办单位的沟通，要把握发展机遇，认真做好市场调查，关注市场热点，利用综合性大学学科门类齐全的优势，根据市场需求多开专业、开新专业，增强我校在海外、港澳招收在职人员的吸引力，提高成教办学社会效益。我校于2007年在泰国新开办了华文教育专业。

②重点抓好招生录取工作，扩大办学规模。在港澳办学，有很强的政策性、时效性，要重点抓好招生计划申报工作。根据国务院侨办的指示精神，吃透国家给予我校单列申报招生计划的有关文件精神，用足优惠政策，招生计划报国务院侨办和教育部批准。根据港澳有关高等教育法例，及时准备大量的办学资料，通过协办单位向当地政府职能部门申报，获得批准后再招生。在招生录取工作中，遵照教育部有关招考科目、招生对象的条件等规定，单独组织考试。同时，国务院侨办又批准我校的海外、港澳成人教育学生免于参加广东省学士学位外语统考，改变了港澳学生在暨大念完专科后再到华侨大学念专升本的局面。

③注重教学管理各环节，保证教育教学质量。结合港澳、海外的需求完善教学计划，适当开设一些符合当地实情、应用性更强的课程；选派熟悉境外学生特点和教学方法、教学效果好的教师到境外授课，保证他们在海外、港澳授课的连续性；组织教师为函授学生编写自学指导书，帮助学生理解和消化教学内容；在切实加强基础理论教学的同时，重视加强实验、实习、社会调查等实践性教学环节。如组织法学专业学生到广东省高级人民法

院旁听民事诉讼庭审，组织会计专业学生到广州会计师事务所实习，组织中医专业学生回内地中医院实习等。

“十一五”期间，我校在海外开办了对外汉语、社会学、物流管理、应用心理学、会展管理等 14 个专业。继中国香港和澳门以及印度尼西亚等地办学之后，2007 年我校首次在泰国开设教学点并招收华文教育专业学生。目前，我校海外在学学生达 1 967 人，其中中国香港学生 132 人，中国澳门学生 1 201 人，印度尼西亚学生 505 人，泰国学生 129 人，创海外成人教育办学规模新高。

（2）国内成人教育办学稳步发展。

我校根据市场需求恢复和开辟新的教学点，扩大深圳、珠海学院、中山教学点的办学规模，恢复佛山、顺德等一批老校外教学点。出于老市区生源充足并为学生提供方便的考虑，我校增设广州侨光专修学院教学点，形成较完善的校外教学点网络。同时，开设新专业，增加新的办学层次，努力扩大招生规模。2006 年以来我校开办的新专业有物流管理、税务、网络工程、书法学、人力资源管理、知识产权、投资学、公共安全管理等，增加了高中起点本科的招生。2006 年我校国内录取新生 1 842 人，其中专升本 1 142 人，专科 700 人；2007 年国内录取新生 2 385 人，其中专升本 1 381 人，专科 1 004 人；2008 年录取新生 2 748 人，其中专升本 1 690 人，专科 1 058 人；2009 年录取新生 2 986 人，其中专升本 1 664 人，高起本 222 人，专科 1 100 人。“十一五”期间我校国内成人教育共招生 9 961人。目前，我校国内成人教育在学学生 8 700 多人。

（3）建立健全教学质量保证体系，注重办学质量。

质量是成人教育的生命线，在大力拓展成人教育办学规模的同时，更要保证教学质量。我们从以下各方面抓好教学管理和学生管理：

①重新制定印发了《暨南大学成人高等教育学分制学籍管理规定》等 9 个成人教育、自学考试管理文件，进一步完善和规范管理成人教育。

②实行检查制度。坚持全院教工每周轮值检查教学工作和课堂纪律，发现问题及时处理。

③做好班主任工作。学院要求班主任经常深入学生课堂，收集、反馈学生对教学工作的意见，以便改进工作。要求班主任做好临时学生党支部和班委会的组建工作，指导学生干部抓好班级管理。目前，各班委会健全，函授、夜大本科班级中设立了 50 个临时学生党支部，共有党员 557 人。学院党委采用各种方式加强对学生临时党支部的工作指导，要求各党支部发挥战斗堡垒作用，教育党员在学习、工作中发挥模范带头作用，自觉遵守考场纪律，努力完成学习任务。

④从严管理做好考试工作，根据成教学生人数多、教学点分散、考试类别复杂的特点，抓好各个工作环节的落实。开学初的正常补考、往届结业生返校补考以及期末考试工作我们都给予高度的重视，从通知教师命题、印刷试卷以及考试时间表的编排，每个环节、每场考试都有专人负责，扎实落实，预防教学事故发生。并派出管理人员到校外教学点检查指导期末考试工作。

⑤做好学生奖惩工作。在函授、夜大学生中组织评选优秀学生、优秀学生干部活动，每年都评选出优秀学生和优秀学生干部。严肃处理违反纪律的学生，并按照学校规章制度给予校纪处分。

教育学院不断完善教务管理软件系统，目前正在使用的教务管理系统是由学校信息所为教务处开发的。普通教育管理与成人教育管理存在很大的差异，其系统在功能上不太符合成人教育的管理特点，为使管理系统更加具有科学性和实用性，我院加大投入，再与学校信息所合作开发出了新的教务管理软件，增添了新的功能，包括短信群发、收费注册、排课排考、教材订购、毕业及学位审定等功能。此项工作已和信息所签订了协议，于2010年完成并投入使用，大大改善了教学管理手段。

进一步完善教学管理制度，不断完善学分制，继续加强教学管理和教学质量监控，把好教学质量关。2008年5月广东省教育厅公布了我校参与评估的澳门教学点获得优秀的结果，教育学院和成人教育各办班院系巩固成人教育成果，总结教学管理经验，进一步加强成人高等学历教育教学工作的管理，继续提高教学质量。

（4）非学历教育自学考试办学形式多样。

①高质量完成广东省自考办交给的各项任务，包括组织自学考试命题、组题和审题工作，自学考试大考、独立办班、非学历教育考试的评卷组织工作（23万多份），自考学生毕业证书副署学校公章工作等。

②与省内高职高专院校合作，努力扩大“相沟通”辅导班的规模。自学考试和非学历培训工作同样承担着拓展市场和办学形式的艰巨任务，学院领导班子同样把这项工作的开展放在重要的位置上，认真学习科学发展观，加大力度做好继续教育和培训工作，促进自学考试和培训工作的发展。在做好自学考试常规管理工作的前提下，本届班子拓展思路开拓市场。两年来，我们走出校门，深入到多个职业技术学院，联系与有关职业学院举办自学考试与高职高专“相沟通”的辅导班，积极拓宽继续教育培训和自学考试的路子，扩大非学历教育培训市场。目前我校已和广东科贸职业学院、广州涉外经济职业技术学院、阳江职业技术学院开办会计电算化、物业管理等10个专业的自学考试双沟通辅导班。目前，我校自学考试独立办班及“相沟通”辅导班在校生1 600多人。承担全国计算机、英语等级考试考点工作，考生人数多达12 857人次。

（5）“十一五”期间，我校为印度尼西亚及中国广东省、港澳地区培养了成人本、专科毕业生6 598人，其中海外成人教育毕业生962人。我校主考自学考试会计、新闻、物业管理等专业本、专科毕业生8 578人，短期培训各类人员1 200人次。成人教育毕业生普遍受到用人单位和社会的好评，对弘扬中华文化和港澳的稳定繁荣起到了积极的作用，赢得了较高的社会声誉。不少国内毕业生成为省市各级政府、经济管理部门的领导和业务骨干，部分港澳毕业生已成为香港、澳门地区的社会精英，如全国人大代表罗叔清、郑耀棠、王如登、李泽添等是社会学专业香港班的毕业生；社会学专业澳门班毕业生李沛霖、姚洪明、潘玉兰、梁庆庭、梁玉华、刘焯华等，分别担任了全国政协委员、全国人大代表、澳门立法会议员和澳门立法会主席，成为“港人治港、澳人治澳”的精英；印度尼西亚毕业生大多在当地从事华文教育工作，为当地华文教育的发展作出了贡献。

（6）引进专业人才，重视教职工的工作和待遇。为了充实管理人员队伍，2008年我校引进了物理专业硕士毕业生2人，教材管理人员1人。学院领导平时注重教职工的管理水平和工作效率，同时关心职工的思想、工作和生活待遇，关心职工的切身利益，帮助教职工排忧解难。学院党委认真关心教工的进步，2006年6月发展两位教工新党员，2009年7月发展一位教师新党员。针对学院要求提升职务得不到解决，多年积压下来的管理人员较多的实际情况，2006 年提拔正科级干部 1 人，2007 年提拔副科级干部 1 人，2009 年提拔副科级干部 2 人、正科级干部 2 人、副处级干部 1 人和正处级干部 1 人，2009 年还拟提拔副科级干部 3 人，已提拔的同志干劲足，还未提拔的同志觉得有奔头。学院鼓励教师积极参加本专业学术活动，为教师自身提高和发展创造条件，有 3 位教师在职攻读并获得硕士学位，1 位教师在职攻读博士学位。学院工会关心教职工的工作生活，经常组织职教工开展丰富多彩的活动。学院已成为一个积极向上、团结和谐的“大家庭”。

2. 不足与问题

教育学院要应对新形势下出现的新情况，不断提高办学效益，完成学校交给的任务，面临的困难和问题还比较多，主要有：

（1）随着近年来我国我省普通高校的扩招，成人教育生源逐步减少，上级主管部门对招生计划压缩，进一步扩大招生规模面临较大困难。

（2）近年学院管理人员不断缩减，工作压力和工作强度不断增大，管理干部年龄偏大、人员配备不足造成管理困难，也制约我校成人教育的发展。

（3）非学历教育管理部门被撤销，造成管理工作关系不顺，培训工作和自学考试工作没有独立的管理机构，对开展工作十分不利。

（4）在港澳举办成人教育，不能根据区域需要和自身情况自主地决定成人教育办学规模、专业设置，无法适应市场需求。在澳门举办成人教育需经当地政府的审批，审批时间过长，并且澳门政府限制开办一些专业，例如，澳门政府不允许我校在澳门开办应急管理新专业，我们只能在珠海开办，生源为此受到影响。又如，我校主办、香港专业进修高等学院协办的中医专业毕业生联名写信给胡校长和学校，要求解决在香港报考中医执照资格的问题，这实已超出学校的能力范围。

二、“十二五”期间和中长期发展面临的机遇、挑战与总体目标

经过半个世纪成人教育实践的发展，普通高校成人教育已形成多形式、多层次、多专业的办学体系，与普通高等教育形成了相互协调、和谐发展的格局。我校成人业余教育体系的形成，以及对成人教育教学规律的遵循，能满足成人在职学习的特点，促进成人学生有效学习。我校成人教育对帮助成人学生学会学习、全面发展，在构建学习型社会、落实科学发展观等方面具有重要的教育价值。

1. 机遇和挑战

据统计，2007 年我国接受成人高等教育的学生约 530 万，而广东接受成人高等教育的学生约 46 万，约占全国成人高等教育学生的 8.7%。2008 年全国成人高考报名的考生比 2007 年增加 10 万多人，其中仅广东就增加 5.1 万人。从近年来成人高考报名的情况来看，普通高校以其品牌、资源及信誉优势一直成为绝大多数考生的首选，在高等教育由精英教育阶段发展到大众化阶段过程中，成人高等教育功不可没。从上述有关数字可见，广东省区域经济发展对成人高等学历教育的需求是非常强烈的，仍然保持强劲的增长势头，广东省成人高等学历教育发展还有较大空间。因此，教育学院要认清形势，抓住国家制定实施《珠江三角洲地区改革发展规划纲要》的重大机遇，制订和修订成人教育发展规划，向上级申请增加招生指标，努力把国内成人教育做大做强，把我校成人教育的发展融入广东经济建设发展之中。同时，要根据港澳地区的实际需求，大力发展海外、港澳成人教育。

随着我国科学技术水平的提高，成人教育办学形式也呈现出多元化格局。因此，学校对成人教育应给予足够的重视，加大成教改革力度，认真规划成人教育发展，提高成人学历教育质量，申请开办网络教育，开展职业培训以及自学考试等，应对“十二五”和中长期发展面临的挑战，进一步提高我校成人教育办学水平。

2. 总体目标

成人高等教育是我国高等教育的重要组成部分，发展成人高等教育对构建终身教育体系、形成学习型社会、促进社会经济发展、实现全面建设小康社会的目标具有重大的战略意义。学校提出发展成人教育办学规模，给我们工作提出新的要求和目标，教育学院以科学发展观为指导，围绕学校发展的中心开展工作，大力拓展海外办学市场。发展国内成人教育办学规模，在做好校内班管理工作的基础上适当发展校外教学点。继续加强继续教育、专业培训和自学考试管理工作。不断提高成人教育管理水平、办学层次和办学效益。建立和完善重大问题决策的民主化、科学化程序，建立多层次、多类型的成人教育办学体系。

（1）2015 年目标。

我校是一所多学科的综合性大学，是国家重点建设的“211 工程”大学。学校确定了“侨校 + 名校”的发展战略，近年来以“211 工程”建设为龙头，各项工作再上新台阶。我校在成人教育工作中，根据学校的定位开展工作，一切从高水平学校的大局出发，根据学校的定位向高层次发展，提高成人教育办学层次，从过去成人教育主要开办专科教育转变到专升本教育为主，逐年减少业余专科招生计划，增加专升本招生计划。我院把办学的更多精力放在教学改革和教学管理上，不断修改和完善教学管理体制，提高教学管理水平，不断完善学分制，以利于学生解决工学矛盾，教师因材施教，促进成人教育工作向高水平发展。海外办学要大力开辟市场，进一步提高学校在海外的竞争力。加强与海外协办单位的联系，根据社会需求积极申报招生计划，多开专业，开新专业，积极扩展生源，港澳、海外学历教育办学规模达到 2 500 人。进一步重视提高海外班的教学管理水平，落实各项管理措施，保证教学秩序和教学质量。国内学历教育适度发展，国内学历教育办学规模达到 10 000 人，在做好校内班管理工作基础上适当发展校外教学点，加强教学管理和教学监控，提高教学水平。

（2）2020 年目标。

教育学院发展的重点仍然是继续贯彻“面向海外、面向港澳”办学方针，凸显侨校特色，在继续办好目前中国香港和澳门以及印度尼西亚、泰国海外教学点的基础上，努力拓展更多的海外办学点，不断扩大海外的办学规模，港澳、海外学历教育办学规模达到 3 000人。专业设计要更加适应社会要求，课程设置要更加符合海外实际，学习方式要更加适应学生特点。

国内成人教育适度扩大招生规模，学历教育办学规模达到 1.2 万人，重点做好教学管理工作，进一步提高教学质量和办学水平。

积极开展非学历教育，加大培训工作的力度，拓展培训市场。

三、“十二五”期间和中长期发展的主要任务及具体措施

从世界成人教育发展史来看，成人高等教育最初源于西方大学推广运动，此后大学成

人教育发展经久不衰。在我国，普通高校也是长期以来承担成人高等学历教育的主体，在今后我国社会发展的一段时期内，仍将继续承担成人学历提升的责任。经过多年发展，我校的成人教育已拥有严格的教学质量保证和成熟的管理运行体系，对那些不曾走进大学校园的成人学生，无疑充满了强烈的吸引力，他们渴望享受我校的优质资源。

1．主要任务及预期指标

近几年来，全国大部分省、市成人教育的生源逐年减少，我省成人高等学历教育的社会需求却呈现出旺盛之势。成人教育作为绝大多数普通高校的一个办学组成部分是客观存在的，普通高校仍然是广东成人高等教育发展的主要阵地。教育学院要利用侨校和综合性大学的优势，与时俱进，为建设“侨校 + 名校”作贡献。

（1）不断扩大学历教育办学规模，到 2015 年境内外学生达到 1.25 万人，到 2020 年境内外学生达到 1.5 万人。

（2）积极申办网络远程教育，扩展成人教育办学空间，优化教学手段。

（3）加大力度继续做好继续教育和培训工作。

（4）加强管理干部队伍自身建设，引进高素质年轻管理干部，要求他们的专业知识水平能胜任管理岗位的工作，改善管理干部队伍的年龄结构和知识结构。

（5）加大成人教育教学改革和创新，健全教学质量保证体系，不断完善教务管理软件系统，加强教学质量监控，不断完善学分制度，从而提高教学质量。

2．具体措施

（1）有一个团结、高效的领导班子。不断完善各部门、各岗位的职责制度，加强部门之间的协作沟通，做到部门职责清晰，岗位职责明确，管理更加科学规范。

（2）不断完善成人教育学籍管理制度，建立规范管理体系，加强教学质量监控，完善教学评估体系。

（3）继续优化教学管理手段，建立科学高效的教务管理网络系统。

（4）进一步提高管理人员队伍素质，认真履行管理工作职责，进一步端正思想，改进服务态度，改进工作作风，进一步树立为教学服务、为师生服务的意识。

（5）教师以人为本，关爱学生，改进授课方法，扩充授课内容，提高授课质量。

（6）拥有高质量的办学硬件。

四、“十二五”期间和中长期发展的问题与建议

1．问题

（1）由于我省普通高校的扩招，成人教育生源逐步减少，广州石牌地区高校林立，生源分流，加上校本部办学场地不足，因此，成人教育在校本部的发展空间有限，如果不面向基层增设校外教学点，境内办学规模将难以扩大。

（2）随着成人教育教学管理水平的提高，对管理人员的素质要求也越来越高。教育学院目前管理干部队伍年龄偏大、配备不足，因而造成工作难度加大，需要补充熟悉计算机业务的管理人员。

（3）学生出勤率偏低，课堂秩序有待改进。考试作弊时有发生，有的学生甚至请人代考，考试管理有待加强。班主任工作、临时学生党支部的工作也有待加强。

（4）非学历教育管理部门专业培训部被撤销，不利于开展继续教育和培训工作。

（5）学校教学场地紧张，致使成人教育排课有时遇到困难，班级调课频繁，影响教学秩序。

2. 对策和建议

（1）继续拓展海外、港澳成人教育，面向基层多设校外教学点，申请或恢复佛山、顺德、东莞等一批新老校外教学点，扩大境内外办学规模。

（2）建议学校恢复2005年教育学院部室机构设置，即学院办公室、教务办公室、学历教育部、海外教育部、专业培训部，均为副处级建制。

（3）建议学校党委继续将行政管理人员和教师的职务、职称晋升问题放在重要的议事日程内，学院将积极向学校申请增加提拔科级干部的名额，分期分批解决教工的职务晋升问题，充分调动教职工的积极性。

（4）加强管理干部队伍自身建设，建议学校允许教育学院招聘高素质的年轻管理干部2~3人以充实到学院办公室、海外教育部等部门中去，提高成人教育的管理水平和工作效率。

（5）统筹配置学校资源，排课适当照顾成人教育的业余性质，晚上、周末等业余时间尽量给予成人教育更大空间。

（6）根据成人教育的特点，改进教学管理。修订教学计划，减轻学生负担。由于报考专升本专业对大专所学专业要求不严，应为专科专业基础欠缺的学生补上专业基础课，使专科学生和专升本学生顺利衔接。调整学生的授课时间，同一专业既有晚上上课也有周六日上课的班级安排，为学生解决难题。

（7）建议学校继续重视成人教育，为成人教育办学创造良好的条件。学院将作出不懈的努力，保证我校成人教育可持续发展。